2023
国际军备控制与裁军

李驰江 ◎ 主编

世界知识出版社

图书在版编目（CIP）数据

2023 国际军备控制与裁军 / 李驰江主编 . --北京：世界知识出版社，2023.10
ISBN 978-7-5012-6689-0

Ⅰ.①2… Ⅱ.①李… Ⅲ.①军备控制—研究报告—世界—2023②裁军问题—研究报告—世界—2023 Ⅳ.①D815.1②E118

中国国家版本馆 CIP 数据核字（2023）第 185010 号

责任编辑　刘豫徽
责任出版　李　斌
责任校对　陈可望

书　　名　**2023 国际军备控制与裁军**
　　　　　2023 Guoji Junbei Kongzhi yu Caijun
主　　编　李驰江

出版发行　世界知识出版社
地址邮编　北京市东城区干面胡同 51 号（100010）
网　　址　www. ishizhi. cn
电　　话　010-65233645（市场部）
经　　销　新华书店
印　　刷　北京虎彩文化传播有限公司
开本印张　720 毫米×1020 毫米　1/16　34⅞印张
字　　数　446 千字
版次印次　2023 年 10 月第一版　2023 年 10 月第一次印刷
标准书号　ISBN 978-7-5012-6689-0
定　　价　139.00 元

写在《国际军备控制与裁军》
出版二十周年之际

2023 年是中国军控与裁军协会编辑出版《国际军备控制与裁军》二十周年。

2004 年 5 月，《国际军备控制与裁军》首次由世界知识出版社出版发行。此后，中国军控与裁军协会每年邀请国内军控领域专家，就上一年度的国际军控、裁军和防扩散领域重大事件、发展趋势及其影响撰写论文并汇编出版。论文集成为国内第一部研究国际军备控制与裁军问题的年度专著，填补了国内军控领域的出版空白，产生了重要影响。

二十年来，《国际军备控制与裁军》忠实记录了国际军控裁军领域的重要历史进程，全面反映了中国在国际军控、裁军和防扩散领域发挥的建设性作用，精确传递了中国军控智库和学术界的权威观察和深邃思考。作为国内军控裁军领域的权威出版物，论文集翔实准确、全面客观、系统连贯地反映了国际军控裁军领域的发展动态及特点，对推动中国特色军控外交理论实践创新，积极宣介中国军控政策、理念和倡议，服务中国军控外交发挥了独特的作用。论文集汇聚了国内军控知名专家和学者的智慧，既是社会各界深入了解国际军控裁军事务的重要窗口，也是研究国际军控裁军问题不可或缺的重要参考文献，受到国内外读者的重视和欢迎。

二十年来，国际战略格局与安全形势发生深刻演变，国际军控、裁军和防扩散进程经历了深度调整。论文集始终紧跟国际军控、裁军和防扩散领域最新发展动向，在关注核、生物、化学、防扩散等传统军控领域的同时，加大对网络、外空、人工智能等新兴战略安全领域的研究力度，及时、全面、客观地反映了国际军控裁军领域的新形势、新特点。

值此二十周年之际，我谨向世界知识出版社、各兄弟单位，特别是各位专家学者多年来对《国际军备控制与裁军》的鼎力支持和贡献表示诚挚的感谢。同时，我要感谢社会各界及广大读者的长期厚爱和鼓励。

万里征途远，秣马再起程。中国军控与裁军协会将继续"不忘初心、牢记使命"，深入学习贯彻党的二十大精神，以习近平新时代中国特色社会主义思想特别是习近平外交思想为引领，努力推动中国特色军控外交理论与实践创新，积极阐释中国军控政策、理念和倡议，推动构建人类命运共同体，积极倡导和维护多边主义，继续在国际军控、裁军和防扩散领域发挥建设性作用。中国军控与裁军协会将本着服务中国军控外交、践行"智库、桥梁和广播"作用的宗旨，把《国际军备控制与裁军》办出特色，不断提升其国内外影响力，为中国军控外交事业作出新的贡献。

张　炎
中国军控与裁军协会会长

前　言

《2023 国际军备控制与裁军》应约与读者见面了，作为中国军控与裁军协会编撰的年度出版物，本书收录了 14 篇论文，涉及核、外空、生物、网络、人工智能、导弹防御等领域最新情况和态势，基本涵盖了过去一年国际军控、裁军、防扩散领域的重大事件，反映了中国专家学者对相关问题的认识与看法。

2022 年，受乌克兰危机影响，全球地缘政治竞争和大国博弈加剧，国际军控、裁军与防扩散进程经历深刻调整。美国拜登政府将大国竞争视为国家安全战略的核心，先后出台《国家安全战略》《核态势审议报告》《导弹防御评估报告》等文件，继续推动美英澳三边安全伙伴关系、四边机制等盟友体系，大幅提升军费，谋求压倒性军事优势，严重冲击全球战略稳定。美西方国家与俄罗斯关系持续恶化，集团对抗和核战争阴影重现。美俄仅存的《新削减战略武器条约》履约受挫，两国战略稳定对话停滞，可能引发全球核武库逆势上涨。受多重复杂因素影响，《不扩散核武器条约》第十次审议大会无果而终。由于美国拒绝回应朝鲜和伊朗的正当合理安全关切，朝鲜半岛核问题和伊朗核问题的对话僵局仍未取得突破。新兴科技推动世界新军事革命加速发展，主要国家纷纷就生物安全、外空安全、网络安全、人工智能军事应用等新兴领域治理提出主张，相关全球安全治理进程和博弈更趋激烈。

在严峻复杂的国际安全形势下，中国继续为维护世界和平与稳定贡献正能量。2022 年 4 月，习近平主席在博鳌亚洲论坛提出"全球安全倡议"，倡导以新安全观为理念指引，以相互尊重为基本遵循，以安全不可分割为重要原则，以构建安全共同体为长远目标，走出一条对话而不对抗、结伴而不结盟、共赢而非零和的新型安全之路。这一重大倡议是对联合国宪章精神的传承和弘扬，为消弭和平赤字提供了治本之策，为应对国际安全挑战贡献了中国方案。在中国积极推动下，2022 年 1 月五核国领导人发表了《关于防止核战争与避免军备竞赛的联合声明》，重申"核战争打不赢也打不得"的重要共识，同意加强核武器国家对话合作，降低核战争风险。在中国和广大发展中国家积极推动下，《禁止生物武器公约》九审会达成最后文件，决定进一步加强公约有效性，设立工作组在遵约与核查、国际合作、科技审议、国家履约等方面开展实质性工作，致力于探讨达成包括具有法律约束力方式在内的加强公约措施。中国上述倡议和努力得到国际社会的广泛好评和支持。

2023 年是中国军控与裁军协会连续第二十年编辑出版本论文集，旨在为国内专家学者提供展示自己学术成果的平台，同时希望对研究国际军控、裁军、防扩散等问题的学者有所启迪。书中各位专家观点仅代表作者个人，不代表中国军控与裁军协会的看法。由于课题组水平所限，书中谬误在所难免，恳请国内外专家和读者批评指正。最后，诚挚感谢世界知识出版社领导和有关编辑，以及所有作者为本书出版付出的辛勤努力，感谢广大读者长期支持和关爱。

《国际军备控制与裁军》课题组
2023 年 4 月于北京

目　录

国际军控形势特点及趋势

邓门佳　刘冲　陈庆鸿　巩小豪

国际军控形势特点及趋势

邓门佳　刘冲　陈庆鸿　巩小豪

内容提要： 2022 年，世界进入新的动荡变革期，乌克兰危机进一步加快了全球安全格局的大震荡、大分化、大重组、大演进，国际安全险乱环生，秩序重建举步维艰。核战阴霾正卷土重来，美欧带头扩军进一步推升全球军备竞赛风险，核不扩散形势遭遇严峻挑战。在中美战略博弈日益加剧、美俄关系持续恶化、地区和平进展波折不断的背景下，未来集团合作与阵营对抗将抵消国际军控前进动力，美俄核裁军陷入僵局或引发全球核武库逆势上涨，地区安全风险骤升必然阻碍核不扩散进程，以人工智能为代表的新兴领域军控有望为传统的国际军控体系注入新的动力，但围绕国际规则制定和话语权的争夺也更趋激烈。

关 键 词： 国际军控；军备竞赛；核裁军；战略稳定
作者单位： 中国现代国际关系研究院国际安全研究所

2022 年，乌克兰危机延宕难决，美国以中国为"假想敌"推进安全战略，各国纷纷加大军事投入，国际安全合作集团化，大国博弈竞争对抗化。与此同时，新一轮技术革命与国际安全格局陡变同频共振，非传统安全与传统安全问题交织涌现，给国际核军控和裁军体系带来严重的冲击。

一、2022 年国际军控形势特点

在美西方深度介入下，乌克兰危机日益呈现长期化、扩大化前景，核武器使用问题成为国际社会关注焦点。美欧借地区局势动荡加快"扩军备战"，引发全球多国效仿跟进。美俄中断双边战略稳定对话，加剧大国战略误解误判风险。美英计划向澳大利亚转让核潜艇、日本等无核武器国家拥核决心更加坚定，严重恶化全球核不扩散形势。在多重负面因素的冲击下，国际社会在推动国际军控谈判中艰难前行。

（一）乌克兰危机加剧大国对抗，核战阴霾笼罩全人类

乌克兰危机是冷战后俄罗斯与北约矛盾的集中爆发，在美西方深度介入下，冲突日益呈现长期化、扩大化的前景，事实上形成了俄与北约军事集团的军事对抗，大国间冲突对抗的风险达到冷战结束以来的最高点，核战阴影重回更引人忧虑。2022 年初，五个核武器国家领导人发表联合声明，重申"核战争打不赢也打不得"。但乌克兰危机爆发后，核武器使用问题成为国际社会关注焦点。俄罗斯方面宣布将俄军威慑力量调至特殊战备状态，随后美俄均进行核力量演习，引发国际忧虑。联合国秘书长古特雷斯称，"核战争的前景现在又回到了可能的范围之内"。[1] 随着战场形势变化和美西方介入力度加大，核战风险再次升高。9 月 21 日，俄罗斯总统普京宣布部分动员令，并威胁"将使用一切可用的手段"捍卫领土完整。[2] 北约则

---

[1] Max Fisher, "As Russia Digs In, What's the Risk of Nuclear War? 'It's Not Zero'," *The New York Times*, March 16, 2022, accessed October 12, 2022, https://www.nytimes.com/2022/03/16/world/europe/ukraine-russia-nuclear-war.html.

[2] 《普京宣布局部军事动员 誓言行使一切可用手段自我捍卫》，联合早报网，2022 年 9 月 21 日，https://www.zaobao.com/realtime/world/story20220921-1315234，访问日期：2022 年 11 月 3 日。

一边大肆渲染核风险，一边却又不顾局势升级危险而大搞核威慑演习。美总统拜登称，当前核安全风险为1962年古巴导弹危机以来最高。[①] 10月，美国公布《核态势审议报告》，武断认定中国与俄罗斯准备使用或威胁使用核武器，为中俄量身定制核威慑战略，准备采取一系列措施增强"以核止战"能力，凸显大国常规冲突的核升级风险。11月2日，俄罗斯外交部发表阻止核战争发生的声明，指出俄坚定、持续地致力于阻止核战争的发生，核武器仅用于防御。俄仅在遭到大规模杀伤性武器攻击，或者遭到常规武器攻击且国家生存受到威胁时才会使用核武器。[②] 12月7日，俄罗斯总统普京在召开公民社会和人权发展委员会年度会议时表示，核战争威胁正在增加，强调俄罗斯没有失去理智，不会在世界各地"挥舞核武大棒"，而是将核武器作为防止冲突扩大的威慑性因素。[③]

（二）美欧带头"扩军备战"，推升国际军备竞赛风险

受乌克兰危机刺激，多国扭转长期以来的低军费开支态势，借地区局势动荡走向"扩军备战"之路。其中涨势最猛的当数一直以"重经济轻军事"形象示人的欧洲国家，深受乌克兰局势触动的多个欧洲大国纷纷宣布要补足"历史欠账"，全面向北约看齐。此前被法国总统马克龙宣判"脑死亡"的北约意外"重获新生"，部分欧洲中立国家拥抱北约渐成潮流。北约划定的军费开支占GDP的比例达到2%的标准原本不受欧洲人待见，但如今已成为考验其是否真正从乌克兰危机中吸取教训的试金石，多个欧

---

① "Ukraine War: Biden Says Nuclear Risk Highest since 1962 Cuban Missile Crisis," BBC, October 7, 2022, accessed October 25, 2022, https://www.bbc.com/news/world-us-canada-63167947.

② 《俄罗斯呼吁"核五常"不要推动大规模杀伤性武器挑衅》，俄罗斯卫星通讯社，2022年11月3日，https://sputniknews.cn/20221103/1045220601.html，访问日期：2022年11月3日。

③ 《普京：俄罗斯不会首先使用核武器》，新华社，2022年12月8日，http://www.news.cn/world/2022-12/08/c_1129193445.htm，访问日期：2022年12月30日。

洲国家竞相转变立场以示"诚意"。转变最为迅速，力度最大的当数欧洲经济领头羊德国。二战结束以来，德国对军备发展一直较为克制。冷战结束后，德国大规模削减联邦国防军人数，目前德国军队人数只有 18.37 万。[1] 2 月 27 日，乌克兰危机爆发仅 3 天后，德国总理朔尔茨就宣布设立总额达 1000 亿欧元的联邦国防军"特别国防基金"，并将今后每年德国国防开支占 GDP 的比例提高到 2% 以上，[2] 这是德国自两德统一后首次大幅追加国防预算。朔尔茨高调宣称，该基金将令德国军备开支出现"量子级飞跃"。

在欧洲带头大哥的"示范"下，瑞典、芬兰、瑞士、奥地利等长期在地缘政治关系中保持中立的国家，防务立场也出现明显转变，不断向北约靠拢。瑞典政府宣布，计划将年度军费开支提高至 GDP 的 2%，以应对乌克兰危机加剧后欧洲"不断恶化的安全局势"。法国、英国、意大利、西班牙等欧洲大国概不例外，接连宣布大幅增加本国国防预算。据北约峰会公报，到 2022 年底，欧洲盟国和加拿大的实际防务开支将比 2014 年增加 3500 亿美元，9 个北约盟国国防预算 2022 年将达到或超过 GDP 的 2%，19 个盟国已经制定出到 2024 年达标的明确计划，还有另外 5 个盟国作出具体承诺将在之后达标。[3] 欧洲自冷战结束后弥漫了 30 余年的安逸气氛荡然无存，恐俄亲美心态作祟下，欧洲已经陷入军备竞赛泥潭。

---

① 《德国联邦国防军有能力保卫国家吗？》，德国之声，2022 年 2 月 25 日，https://www.dw. com/zh/%E5%BE%B7%E5%9B%BD%E8%81%94%E9%82%A6%E5%9B%BD%E9%98%B2%E5% 86%9B%E6%9C%89%E8%83%BD%E5%8A%9B%E4%BF%9D%E5%8D%AB%E5%9B%BD%E5% AE%B6%E5%90%97/a-60916285，访问日期：2022 年 11 月 3 日。

② 《德国受刺激了：立即释放 1000 亿欧元更新国防》，法国国际广播电台，2022 年 2 月 27 日，https://www.rfi.fr/cn/%E5%9B%BD%E9%99%85/20220227-%E5%BE%B7%E5%9B%BD %E5%8F%97%E5%88%BA%E6%BF%80%E4%BA%86-%E7%AB%8B%E5%8D%B3%E9%87%8A% E6%94%BE1000%E4%BA%BF%E6%AC%A7%E5%85%83%E6%9B%B4%E6%96%B0%E5%9B% BD%E9%98%B2，访问日期：2022 年 11 月 3 日。

③ "Fact Sheet: The 2022 NATO Summit in Madrid," The White House, June 29, 2022, accessed October 25, 2022, https://www.whitehouse.gov/briefing-room/statements-releases/2022/06/29/fact-sheet-the-2022-nato-summit-in-madrid/.

欧洲军费应声上涨，亚太国家亦随风而动。美国参议院推进的 2023 财年国防授权法案拟拨款 8470 亿美元用于军费开支，堪称"天价"预算。日本防卫省向 2023 年 4 月开始的下一财年申请 5.59 万亿日元军费预算，再创历史新高。日本防卫省给出的借口则是"欧洲发生的事情也可能在印太地区出现"。① 美国在亚太地区的另一盟友澳大利亚也宣布，将 2023 年 6 月结束的本财年预算国防开支增加 8%，到 2026 年，将军费开支提升至占 GDP 的 2% 以上，以应对"二战以来最具挑战性的地缘政治环境"。②

美国及其盟友企图通过大涨军费"加强"自身安全，殊不知在这种过时的冷战思维和零和博弈心态驱使下，罔顾他人安全，一味加强自身军力只会让域内国家感受到威胁，反过来进一步增强其不安全感。这场正在加速演进的新一轮全球军备竞赛表明，冷战结束后的世界和平红利正在逐渐消失，未来的世界局势注定不会风平浪静。

（三）核不扩散形势严重恶化，全球战略稳定雪上加霜

战略稳定方面，2021 年拜登政府上台后，美俄核裁军似乎显露了一丝希望，两国领导人共同发表《战略稳定联合声明》，举行 3 次战略稳定对话，探讨未来军控的可能性。但是，自乌克兰局势恶化以来，美俄双边战略稳定对话中断，美俄双边核裁军的最后一根支柱——《新削减战略武器条约》的履约也受到挑战。俄罗斯外交部 2022 年 8 月 8 日发表声明，称将"被迫"取消美方对俄方设施的核查，原因是美国借制裁对俄飞机关闭领空、实施签证限制，使得俄很难在美国领土进行核查，从而违反了条约核

---

① 《日本 2023 财年防卫预算申请额创新高》，新华社，2022 年 9 月 1 日，http://www.news.cn/world/2022-09/01/c_1128966226.htm，访问日期：2022 年 11 月 3 日。

② "Australia Boosts Defence, Pacific Diplomacy Spending in Budget," Reuters, October 25, 2022, accessed October 28, https://www.reuters.com/world/asia-pacific/australia-boosts-defence-pacific-diplomacy-spending-budget-2022-10-25/.

查的对等原则。① 美国新版《核态势审议报告》认为战略稳定面临新威胁，美国须采取综合措施提高核威慑力。要使用核武器应对核攻击与非核战略攻击，大力发展并谋求前沿部署战术核武器，强化核武器在美国家安全中的作用。尽管美国公布了"核武器不处于一触即发的高戒备状态"等政策，但难以阻止大国之间误解误判不断加剧的危险。

全球核不扩散体系，也正面临冷战结束以来最严峻挑战。近年来发达国家之间私相授受，转让核材料、核技术的风险增加。美国和英国打算在美英澳三边安全伙伴关系（AUKUS）框架下向澳大利亚转让核潜艇，其载有的高浓铀数量可制造 60—80 枚核弹头。2022 年 7 月，英国又宣布向澳大利亚派遣核潜艇分队，使盎格鲁-撒克逊小圈子内的核合作变得更加扑朔迷离。不仅如此，"核共享"成为无核国家变相寻求核威慑的时髦选项。所谓"核共享"，是美国为了安抚北约盟国，增加其核保护伞的可信性，而在北约框架内设立的核风险与责任共享机制。根据该机制，美国在欧洲盟国土地上部署核武器。这些核武器和平时期由美国控制和保管，但战时会装上盟国战机，交由无核武器国家的飞行员来控制。据英国查塔姆研究所统计，美军方已在比利时、德国、荷兰、意大利和土耳其储存约 150 枚 B61 核航弹。② 乌克兰危机后，乌克兰外长库列巴明确表示"乌 20 世纪 90 年代放弃核武库是个错误"，③ 由此也刺激更多国家开始寻求"核保护伞"。波兰多次表露参与北约"核共享"的意愿，10 月初波兰总统透露已经与美国商讨

---

① 《俄罗斯宣布暂时退出〈新削减战略武器条约〉的设施核查机制》，新华网，2022 年 8 月 9 日，http://www.news.cn/world/2022-08/09/c_1128899915.htm，访问日期：2022 年 12 月 25 日。

② "NATO Planners Put the F-35 Front and Center in European Nuclear Deterrence," *Defense News*, April 14, 2022, accessed October 25, 2022, https://www.defensenews.com/global/europe/2022/04/13/nato-planners-put-the-f-35-front-and-center-in-european-nuclear-deterrence/.

③ "Ukraine Foreign Minister: Giving Up Nuclear Weapons Wasn't Smart," *Washington Times*, February 11, 2022, accessed October 25, 2022, https://www.washingtontimes.com/news/2022/feb/22/dmytro-kuleba-ukraine-foreign-minister-giving-nucl/.

在波兰境内部署核武器的提议。① 北约也加紧更新核武计划，包括向成员国出售可携带核弹的F-35战机和升级欧洲境内的核弹存储设施。日本右翼大肆鼓噪与美"核共享"，岸田政府则与美磋商强化"延伸威慑"。韩国国内也热议在韩重新部署美国战术核武器，鼓吹对朝"以核制核"的声浪不断高涨。

更值得关注的是，美国出现一种危险声音，主张奉行赤裸裸的双重标准，将防扩散与意识形态挂钩，对于盟国或西式"民主国家"的核扩散高抬贵手，而对其他国家的扩散行为严防死守。受美俄核武器现代化计划刺激，英国提升了核弹头总量的上限；印度不断扩大核武库规模，引进并继续发展新型核运载系统。美国新版《核态势审议报告》提出进一步强化与盟国之间的"核共享"，计划在美日韩以及美日韩澳之间举行更高级别的会议，强化所谓危机管理磋商。美国还将继续在"印太"地区部署战略轰炸机、核常两用战斗机和核武器，并通过弹道导弹潜艇访问和战略轰炸机巡航显示"核肌肉"。这将严重侵蚀国际核不扩散机制的道义基础，给世界带来更大的核扩散风险。

（四）全球安全形势风高浪急，国际军控谈判艰难前行

在全球疫情蔓延、世界经济持续低迷、地区冲突四起等多重负面因素的冲击下，国际社会在推动国际军控谈判中举步维艰，但作出了难得有益的尝试。2022年1月3日，中国、俄罗斯、美国、英国、法国五个核武器国家领导人共同发表《关于防止核战争与避免军备竞赛的联合声明》。声明强调，"核战争打不赢也打不得"，核武器应服务于防御目的、慑止侵略和

---

① "Poland Suggests Hosting US Nuclear Weapons Amid Growing Fears of Putin's Threats," *The Guardian*, October 5, 2022, accessed October 25, https://www.theguardian.com/world/2022/oct/05/poland-us-nuclear-wars-russia-putin-ukraine.

防止战争。五核国重申不将核武器瞄准彼此或其他任何国家，强调维护和遵守双多边军控、裁军及防扩散协议与承诺的重要性，以及避免军事对抗、防止军备竞赛。此次声明是在美俄、中美关系持续紧张的背景下，联合国安理会"五常"在核武器问题上抛开了分歧，首次就核武器问题共同发声，也是继 2000 年五国领导人在纽约举行会晤并发表声明后，再次就重大国际议题共同发声，体现了五国防止核战争的政治意愿，也发出了维护全球战略稳定、减少核冲突风险的共同声音。①

2022 年 11 月 28 日至 12 月 16 日，《禁止生物武器公约》（以下简称《公约》）第九次审议大会在日内瓦举行。《公约》于 1972 年缔结、1975 年生效，迄今已有 185 个缔约国。《公约》对于禁止和销毁生物武器、防止生物武器扩散发挥了不可替代的重要作用。在中方积极推动下，大会达成最后文件，决定进一步加强《公约》有效性，促进全面遵约，并为此设立工作组，在遵约与核查、国际合作、科技审议、国家履约等方面开展实质性工作，致力于探讨达成包括具有法律约束力方式在内的加强公约措施。本次大会为广大缔约国围绕核查与遵约等问题展开全面深入研讨，以全面加强《公约》机制、增强《公约》有效性提供了宝贵契机。此外，由中国等 20 余国科学家共同提出的《科学家生物安全行为准则天津指南》得到了与会各方普遍欢迎和高度关注，成为本次大会受到最广泛认可和支持的倡议。在全球地缘局势紧张、新冠肺炎疫情反复延宕、生物科技迅猛发展的背景下，此次大会是近年来国际军控与裁军领域多边努力取得的重要突破，为国际社会打破僵局，重启多边谈判，达成有法律约束力的核查议定书打

---

① 《2022 年国际军控领域十大事件》，中核战略规划研究总院，2023 年 1 月 2 日，https://www.atominfo.com.cn/zhzlghyjzy/yjbg/1283390/index.html，访问日期：2023 年 3 月 5 日。

开了大门，对加强全球生物安全治理具有重大和深远意义。[①]

二、2023 年国际军控形势不容乐观

当前，国际秩序重塑进入酝酿期，大国战略博弈进入关键期，科技革命创新进入井喷期。在中美博弈加剧、美俄关系恶化、地区局势复杂多变的局面下，大国战略互疑加剧，新兴技术军事应用潜力逐步被挖掘，未来国际军控领域恐将面临更多不确定性、不稳定性。

（一）阵营对抗抵消国际军控前进动力

乌克兰危机和美西方对俄实施的"超规则、超严厉、超领域"制裁，标志着冷战结束后国际秩序进一步崩解，一些地区矛盾借机冲破原有安全格局，在乌克兰危机刺激和大国挑拨下再次升温。在复杂严峻的国际安全新形势下，阵营对抗严重威胁世界和平与安全。俄乌战事短期内看不到减缓趋势，各方都还有继续打下去的政治意愿和军事潜力。加之美欧持续扩大对乌克兰军援力度、种类和规模，美德甚至还向乌克兰提供主战坦克。据称，乌克兰领导人泽连斯基甚至还要求美欧提供战机、军舰甚至潜艇、远程导弹等大规模进攻性武器。美媒 2023 年 2 月透露，美准备再向乌克兰提供价值 20 多亿美元的军事援助，其中包括远程火箭和其他武器弹药。未来，国际社会面临如何结束乌克兰危机、重返和平发展轨道的难题，地区国家也面临是滑入一个分裂的世界、还是携手合作共克时艰的关键选项。

---

① 《2022 年国际军控领域十大事件》，中核战略规划研究总院，2023 年 1 月 2 日，https://www.atominfo.com.cn/zhzlghyjzy/yjbg/1283390/index.html，访问日期：2023 年 3 月 5 日。

2022 年 8 月 1 日，《不扩散核武器条约》（NPT）第十次审议大会在纽约联合国总部举行，全面审议核裁军、核不扩散、和平利用核能等领域履约情况，各缔约国围绕下一步国际核军控议程展开激烈博弈。美国等西方国家执意要在此次审议大会的成果性文件中，加入"确保乌克兰当局能掌控包括扎波罗热核电厂等设施至关重要"的条文。由于各方分歧较大，审议大会最终未能通过会议成果文件。广受瞩目的审议大会无果而终，无核国家对核裁军进程止步甚至逆转深表失望，反映了在有核国家之间矛盾重重的背景下，越来越难以团结国际社会携手迈向"无核世界"。第十次审议大会主席兹劳维宁在闭幕讲话中强调，当前国际局势对此次审议大会谈判进程和会议结果产生了巨大的消极影响。

（二）美俄核裁军前景黯淡，全球核武库或逆势反弹

随着国际安全格局的深度调整，全球安全形势的急剧恶化，美俄等传统核大国对核武器威慑效应的认知和判断导致全球战略力量格局和战略稳定态势更趋复杂。瑞典斯德哥尔摩国际和平研究所 2022 年 6 月中旬发布的年度报告称，尽管 2021 年全球核弹头数量略有减少，但展望未来十年，核武库可能"触底反弹"。这将是全球核裁军进程的重要转折点，20 世纪 80 年代以来核弹头数量持续削减的总体趋势将画上休止符，核武器在国际政治中的地位再度上升。联合国秘书长古特雷斯在《不扩散核武器条约》第十次审议大会上表示，各国正在寻求虚假的安全，储存并花费数千亿美元购买末日武器，据统计，全球现存放着近 1.3 万件核武器。[①]

全球出现逆裁军趋势，主要是因为美俄双边核裁军前景黯淡。美国和

---

① 《联合国秘书长警告：误解和误判将把人类带向核毁灭的深渊》，联合国新闻网，2022 年 8 月 1 日，https://news.un.org/zh/story/2022/08/1107022，访问日期：2022 年 12 月 25 日。

苏联是冷战期间核军备竞赛的主要参与方，曾囤积了高达 7 万枚核弹头。因此，国际社会公认这两个超级核大国在全球核裁军进程中负有特殊优先责任。经过 30 多年的努力，全球核弹头数量减少八成多，主要是美苏/俄削减历史包袱的成果。南非放弃核武器这类举动虽具有重要防扩散意义，但就全球核弹头数量削减而言，则显得微不足道。展望未来，全球核弹头数量要进一步大幅削减，关键还是要看美俄是否能下定决心裁减其巨大核武库。因为美俄两家经过多年裁减后，剩下的核弹头数量仍占全球总数的九成以上。

2022 年 3 月，美以乌克兰危机为由宣布对俄实施系列制裁，其中包括对俄所有航班关闭领空。此举直接导致《新削减战略武器条约》框架下的俄现场视察人员无法乘坐飞机进入美境内。2022 年 8 月 8 日，俄罗斯外交部宣布，因美国对俄单边制裁致使俄人员无法按照《新削减战略武器条约》规定进入美境内展开现场视察，俄被迫暂停条约双边核查机制。在俄宣布暂停条约双边核查机制后，美俄虽同意就此展开接触，但对话始终未能启动。世界上两个拥有最大核武库的国家数十年来首次面临相互监督和彼此透明机制遭到完全破坏的风险。2023 年 1 月 19 日，俄罗斯联邦安全会议副主席梅德韦杰夫在社交平台上发文称，"核大国在常规战争中输掉可能会导致核战争爆发"。2 月 21 日，在乌克兰危机爆发将满一周年之际，俄罗斯总统普京在发表国情咨文时宣布，俄罗斯将暂停参与《新削减战略武器条约》，该条约是美俄间仅存的双边核裁军条约，对维护美俄乃至全球战略稳定具有重要意义。基于对军控前景的悲观看法，西方国家部分人士警告称，"全球军备控制架构已经瓦解"，美国《外交政策》载文称国际军控或许正进入一个"黑暗时代"。

（三）地区安全风险骤升，核不扩散进程或陷入僵局

2022 年以来，东北亚地区局势持续升温，朝鲜和韩国相互"以强示强""以狠斗狠"。据不完全统计，朝鲜全年共发射了近 70 枚导弹，且朝鲜试射多款新型战略导弹引发了外界高度关注。朝鲜外务省警告称，一旦韩美联合军演动用美军战略核武器，可能引发朝方的相应措施，进而导致核战争爆发。韩国总统尹锡悦指示韩军指挥官要强化"备战"态势，扬言"不惜一战"。韩国国防部长李宗燮表示，韩国将同美国加紧商讨落实强化对朝"延伸威慑"力量的措施和方案，透露韩国将加强美国"核保护伞"，甚至"长期在韩国部署美国战略资产"，扩大韩美联合军演规模。日本则正式通过新版"安保三文件"，明确提出将发展可对敌方导弹基地发起直接攻击的"反击能力"，并将大幅提升防卫预算，采取多项新举措强化防卫能力。未来数年日本或彻底掏空"专守防卫"原则。此外，日本《读卖新闻》2023 年 3 月 8 日援引消息称，美国已经与日本、韩国就建立三边核威慑磋商机制进行接触。2023 年是朝鲜建国 75 周年和朝鲜战争停战 70 周年，此举必定进一步刺激朝鲜强烈反应。在乌克兰危机背景下，各方协调合作为朝鲜半岛局势"踩刹车"、推动半岛无核化的动力和努力严重受挫。未来东北亚陷入失序混乱、对立升温的风险加大。

中东地区，由伊朗核问题引发的地区摩擦、冲突甚至战争的风险不容忽视。2021 年 4 月以来，伊朗核协议相关方在维也纳举行多轮会谈，讨论美伊恢复履约问题，美国间接参与谈判。① 但 2022 年伊朗与西方国家之间紧张关系加剧，使得原本就停滞不前的谈判面临更多困难。2022 年 8 月 4

---

① 《恢复伊核谈判：伊欧积极 美国消极》，《人民日报海外版》2022 年 12 月 31 日，第 6 版，http://paper.people.com.cn/rmrbhwb/html/2022-12/31/content_25957117.htm，访问日期：2023 年 1 月 10 日。

日起，新一轮伊朗核协议恢复履约谈判在维也纳举行。欧盟向伊朗核协议相关方提交了一份关于恢复履行 2015 年伊朗核协议的"最终文本"，伊朗随后就此回应并给出修改提议。但美对谈判态度冷淡，拒绝了伊朗提出的所有附加条件。① 美欧对"伊朗在核计划上的加速升级"感到担忧，美情报机构指责伊朗以超出 2015 年伊朗核协议规定的规模和水平，来提高其铀浓缩库存。随着谈判再次陷入停滞，伊核问题的走向仍不明朗。2022 年 12 月，以色列国防部长本尼·甘茨罕见地公开给出明确时间表，称以色列可能在两三年内袭击伊朗核设施。2023 年 1 月，即将离任的以国防军参谋长阿维夫·科哈维也声称，以色列已经为可能对伊朗发动的袭击做了"充分准备"。

（四）围绕人工智能等新兴领域的军控博弈更趋激烈

随着原有军控体系的分崩离析，各国围绕外空、网络、人工智能等新技术领域的行为规范和管控规制成为军控领域的新热点。人工智能领域，2023 年 2 月 15 至 16 日，由荷兰主办的"军事领域负责任使用人工智能"峰会在海牙举行。中美等 60 多国签署声明，支持在军事领域"负责任使用"人工智能，这对规范全球人工智能军事化发展、维护人类社会福祉意义重大。但声明并不具有法律约束力，各国在致命性自主武器系统军控中仍然存在诸多难以克服的分歧，如概念和标准不一致、政治和利益追求不一致。人工智能军事应用的高性价比及问责困难等现实问题，也注定了人工智能军控短期内难以实质性推进。与此同时，美国将人工智能技术发展作为维护其国家安全的重中之重，炒作中国在人工智能两用技术上的进步

---

① 《2022 年国际军控领域十大事件》，中核战略规划研究总院，2023 年 1 月 2 日，https://www.atominfo.com.cn/zhzlghyjzy/yjbg/1283390/index.html，访问日期：2023 年 3 月 13 日。

是试图通过在战略性关键技术领域实现突破，以"改变战争游戏规则"，对美军进行弯道超车，并取得在国际新秩序中的领导地位。美在加紧发展自身军事人工智能技术实力的同时，企图通过贸易制裁、出口管制、投资审查、限制科技人才交流等方式控制关键技术的出口与转让。美还拉拢盟国打造所谓技术联盟，企图构建美国主导的人工智能技术标准，垄断新兴技术国际话语权。例如，2021年6月美国与欧盟携手成立美欧贸易和技术委员会，谋求制定人工智能和网络安全通用标准，确保美及盟友在包括人工智能在内的新兴技术领先地位。

生物领域，生物科技迅猛发展，生物安全风险不断涌现，主要大国在生物安全领域的博弈日趋激烈。美俄就美国在乌克兰生物实验室安全问题激烈交锋。2022年俄罗斯国防部披露多份文件指出，美国及其北约盟友在乌克兰开展了一系列高危生物研究，包括"通过候鸟传播高致病性禽流感病毒""能够引发鼠疫、炭疽和霍乱等致命疾病的危险病原体"等多个项目。联合国安理会应俄罗斯要求多次就乌克兰生物实验室问题举行公开会议。此外，拜登政府持续强化生物安全战略规划，谋求全球公共卫生治理主导权。10月，美国发布《国家生物防御战略及实施计划》，提出采取"全政府—全社会"策略应对生物安全风险；美国国务院计划组建"全球卫生安全与外交局"，强化"美国外交系统应对全球公共卫生安全危机及其派生的国家安全挑战能力"。美国国会企图再次对新冠病毒溯源问题进行政治操弄，严重干扰各国疫后发展，破坏国际生物军控合作成果。

三、结语

当前，传统安全与非传统安全之间的联系从未如此紧密，统筹传统安全和非传统安全的需要也从未这样迫切。面对日益复杂动荡的国际安全形势，面对国际核军控和裁军中的诸多问题，世界各国唯有以共赢思维应对复杂交织的安全挑战，以和平方式解决国家间的分歧争端，以团结精神适应深刻调整的国际格局，敦促核大国继续承担核军控和裁军责任，推动有核武器国家之间重建战略互信，才能真正守护世界和平安宁，实现普遍安全、共同安全。

【核政策与核裁军】

新时代的核军控问题

伍　钧

《不扩散核武器条约》第十次审议大会进程与影响

蒋翊民

从拜登政府《核态势审议报告》看美国核态势调整

宋岳　王颖　赵畅

新时代的核军控问题

伍　钧

内容提要：核军控最基本作用是消除核战争风险，维护国家和全球的安全。在可预见的将来，即使美国和俄罗斯裁减核武器条约谈判进展顺利，双方的核武器仍将占全球核武器总数的90%以上。美俄在国际核裁军进程中负有特殊优先责任，应该继续削减部署和库存的核武器。导弹防御技术等高新技术武器的发展，对战略稳定性产生影响，应该在未来军控安排中考虑。中国作为国际核军控的积极参与方，始终恪守不首先使用核武器政策，核武器数量维持在国家安全所需的最低水平，为国际核军控努力作出了特殊的贡献。

关　键　词：核军控；核军控影响因素；战略稳定
作者单位：中国工程物理研究院战略研究中心

一、引言

军备控制是各国降低直接军事冲突风险、以和平手段解决彼此分歧的重要途径。核武器作为超强毁伤的终极武器，被认为是国家安全的最后一道屏障，美俄英法等核武器国家都强调核武器在国家安全中的作用，将其视为支撑国家安全的基石。中国始终坚持不首先使用核武器政策，核武器在防范其他国家对中国核威胁中发挥重要作用。依据《不扩散核武器条约》,[①] 核武器国家都承诺 "要真诚地谈判核裁军", 实现无核武器世界。支持核裁军已经成为国际共识, 体现一个国家是否支持和平处理国家之间的关系, 维持全球安全与稳定的姿态。

任何军控安排, 必须以维护国家安全为基本要务, 核军控涉及国家安全的基石, 核裁军、核透明直接关联到核武器的生存能力、国家核战略的应用等方面, 需要全方位考虑核军控对国家安全的影响。

当今高新技术飞速发展, 外空、网络以及无人自主武器系统在高新科技发展的推动下进展迅速, 核、反导、网络、外空以及无人自主武器系统相互纠缠, 相互影响, 未来核军控还应该考虑这些高新技术武器对战略安全格局的深远影响。

二、核军控主要进程

美俄 (苏联) 是世界上最大的两个核武器国家, 核武器数量、规模和类型都远超国家安全需要。美俄 (苏联) 双边核军控是全球核军控的重要方面, 两国过去达成的一系列核军控协议缓和了紧张对峙局面, 消除了冷战时期悬在全球的核战争阴影, 为全球核裁军树立了榜样。其他国家和广大无核武器国家也在积极推动核裁军, 为全球核军控发挥了独特的作用。在多边层面, 联合国大会和裁军谈判会议是核军控的重要机制。

(一) 美俄双边核军控进程

冷战时期, 美苏为争夺全球霸权, 在核武器领域开展激烈军备竞赛,

---

① United Nations Office for Disarmament Affairs, *Treaty on the Non-Proliferation of Nuclear Weapons* (NPT), http://www.un.org/disarment/WMD/Nuclear/NPT.shtml.

各自生产数万枚不同型号的核武器，采取"先发制人""试图取得核战争胜利"的核战略，部署的核武器处于一触即发的高戒备状态。空军和海军长期携带核武器执勤，引发了大量的核武器安全事故，任何人为或设备故障都可能增加给世界造成毁灭的核战争的风险。① 古巴导弹危机后，为有效管控竞争，美苏启动了限制与削减战略武器谈判，达成了一系列核军备控制以及削减条约。

美苏 1972 年 5 月达成《限制反弹道导弹系统条约》（《反导条约》，ABM），② 被视为美苏开展双边核军控的基础。《反导条约》限制了双方反导系统部署区域、部署数量以及系统性能，明确指出发展导弹防御会破坏战略稳定，承认应共同考虑削减战略进攻武器和限制反导能力。

在限制进攻性战略武器方面，美苏 1972 年在签署《反导条约》的同时达成《美苏关于限制进攻性战略武器的某些措施的临时协定》（SALT-Ⅰ）③，1979 年达成《美苏限制进攻性战略武器条约》（SALT-Ⅱ）④，SALT-Ⅰ 和 SALT-Ⅱ 限制了美苏部署核武器的上限，双方商定使用国家技术手段对条约进行核查。尽管 SALT-Ⅱ 一直没有生效，美苏双方还是遵守了条约的限制。1987 年 12 月达成《美苏消除两国中程导弹和中短程导弹条约》（《中

① Harold A. Felveson（ed.），*The Nuclear Turning Point: A Blueprint for Deep Cuts and De-alerting of Nuclear Weapons*（Washinton, D. C.：Brookings Institution Press, 1999），pp. 101－128.

② US Department of State, *Treaty between the United States of America and the Union of Soviet Socialist Republics on the Limitation of Anti-Ballistic Missile Systems（ABM Treaty）*, Archived Content, http：//2009-2017. state. gov/t/avc/trty/101888. htm.

③ US Department of State, *Strategic Arms Limitation Talks（Salt Ⅰ）*, Archived Content, http：//2009-2017. state. gov/t/isn/5191. htm.

④ US Department of State, *Treaty between the United States of America and the Union of Soviet Socialist Republics on the Limitation of Strategic Offensive Arms（SALT－Ⅱ）*, http：//2009-2017. state. gov/t/isn/5195. htm.

导条约》，INF)①，规定两国不再保有、生产或试验射程在 500—5500 公里的陆基巡航导弹和弹道导弹及其发射装置。1991 年 7 月 31 日，美苏在经过 9 年谈判后正式签署《美苏关于限制和削减进攻性战略武器条约》（又称《第一阶段削减战略武器条约》，START-I)；② 1993 年 1 月，美俄两国签署《美俄关于第二阶段削减和限制进攻性战略武器条约》（START-Ⅱ，条约一直没有生效)。③ SALT 与 START 系列条约降低了两国进攻性战略武器部署规模，并对核武器部分技术指标作出了限制。2002 年 5 月，美俄签署《关于削减进攻性战略力量条约》（又称《莫斯科条约》)，④ 规定双方削减部署的核武器到 2200 枚，但并没有关于核查和透明的安排；2010 年 4 月，双方签署《美俄关于进一步削减和限制进攻性战略武器措施条约》（《新 START 条约》)，⑤ 计划在 7 年内将洲际弹道导弹的数量降至 700 枚，核弹头数量降至 1550 枚，并将用于发射核弹头的已部署和未部署发射工具数量降至 800 个，采用了大部分 START-Ⅰ 的核查安排（部分被简化)。该条约在 2021 年 2 月到期，拜登政府上台后，美俄在《新 START 条约》到期前火速续约 5 年。⑥

从美苏（俄）核裁军历程看，双方能够达成条约的因素很多，但核力

---

① US Department of State, *Treaty between the United States of America and the Union of Soviet Socialist Republics on the Elimination of their Intermediate-Range and Shorter-Range Missile (INF Treaty)*, http://2009-2017. state. gov/t/avc/trty/102360. htm.

② US Department of State, "Article by Article Legal Analysis of the START Treaty and Its Associated Documents, " http://2009-2017. state. gov/t/avc/trty/103731. htm.

③ US Department of State, *Treaty between the United States of America and the Russia Federation on Further Reduction and Limitation of Strategic Offensive Arms (START Ⅱ)*.

④ US Department of State, *Treaty between the United States of America and the Russia Federation on Strategic Offensive Reductions (The Moscow Treaty)*, http://2009-2017. state. gov/t/avc/trty/126011. htm.

⑤ US Department of State, *New START*, http://2009-2017. state. gov/t/avc/newstart/index. htm.

⑥ US Department of States, "On the Extension of the New START Treaty with the Russian Federation, " February 3, 2021, https://www. state. gov/on-the-extension-of-the-new-start-treaty-with-the-russian-federation/.

量大致均衡是前提，有较强控制核军备的意愿或需求是根本，维持双方的战略稳定性是底线。双方经过激烈博弈、利益互有取舍，基本在双方满意的条件下达成一系列条约。

然而，随着美俄综合国力对比失衡，美单边主义不断抬头，美俄双边核军控机制受到严重冲击。2001 年 12 月 13 日，小布什政府宣布退出《反导条约》。① 随即，俄罗斯退出 START-Ⅱ。② 2019 年 8 月，美特朗普政府以俄违约为由退出《中导条约》。③ 2022 年乌克兰危机爆发后，美俄关系跌至后冷战时代以来新低。2023 年 2 月 21 日，俄宣布暂停履行美俄仅存的双边核军控条约《新 START 条约》。④

（二）国际多边核军控进程

核武器诞生之初，人类就在想方设法消除核武器，避免人类被毁灭。自 1946 年以来，联合国通过一系列决议，呼吁消除核武器。当前，比较有影响力的多边核军控平台主要包括：联合国大会、联合国大会第一委员会、

---

① US Department of State, *Treaty between the United States of America and the Union of Soviet Socialist Republics on the Limitation of Anti-Ballistic Missile Systems (ABM Treaty)*, Archived Content, http://2009-2017. state. gov/t/avc/trty/101888. htm.

② 2000 年 4 月，俄罗斯在杜马批准该条约时附加了条款，其中一条是美国不退出《反导条约》，2002 年 6 月 13 日小布什政府发表声明，宣布尽快部署导弹防御系统。俄罗斯外交部 2002 年 6 月 14 日宣布，START-Ⅱ条约无法生效，俄罗斯不再受该条约约束。《俄罗斯不再受俄美第二阶段削减战略核武器条约束缚》，2002 年 6 月 14 日，中国日报网，http://news. sohu. com/95/31/news201523195. shtml。

③ 2018 年 10 月 20 日下午，美国总统特朗普在出席位于内华达州中期选举政治集会活动后表示，"俄罗斯长期违反《中导条约》，中国不受《中导条约》约束，美国将要退出《中导条约》。除非俄罗斯、中国同美国一道全部消除这种武器系统，否则美国不会重返《中导条约》"。2019 年 2 月 1 日，美国白宫发言人佩诺希发表声明，美国将启动程序，退出《中导条约》。2019 年 8 月 2 日，美国宣布退出《中导条约》，"U. S. Withdrawal from the INF Treaty," August 2, 2019, https://2017-2021.state. gov/u-s-withdrawal-from-the-inf-treaty-on-august-2-2019/index. html。

④ 《普京：暂停参与〈新削减战略武器条约〉》，凤凰网，2023 年 2 月 21 日，http://h5. ifeng. com/c/zaker/8Nadwr7TtcB。

日内瓦裁军谈判会议（简称"裁谈会"）、《全面禁止核试验条约》组织筹备委员会、《不扩散核武器条约》（NPT）审议大会等。

联合国大会第一委员会处理裁军、威胁和平的国际挑战等国际安全事务，是联合国大会唯一一个有权获得逐字记录报道的主要委员会，在《联合国宪章》和联合国相关机构的授权范围内处理裁军和国际安全事务，人类命运共同体理念多年写入联大一委决议。①

日内瓦裁军谈判会议系国际社会唯一多边核军控权威谈判平台。20 世纪 60 年代，国际社会在裁谈会达成《不扩散核武器条约》，成为当前国际核不扩散体系的基石。1996 年，裁谈会通过谈判达成《全面禁止核试验条约》文本，后在联合国大会经多数表决通过。② 20 世纪 90 年代初，"禁产条约"正式列入裁谈会议题，目的是禁止为核武器或其他核爆炸装置生产裂变材料。因各方分歧较大，条约谈判至今未能启动。近年来，裁谈会工作未能取得实质进展。

《全面禁止核试验条约》组织筹备委员会 1996 年成立，总部设在奥地利维也纳。它是一个临时组织，负责建立《全面禁止核试验条约》核查制度，为条约生效做准备。

《不扩散核武器条约》审议大会是国际社会平衡推进核裁军、核不扩散、和平利用核能的重要平台，也是无核武器国家推动核裁军的重要国际平台。依托条约第六条规定，无核武器国家持续要求核国家履行核裁军义务。近年来，无核武器国家对核武器国家核裁军进程迟缓不满，积极推动 2000 年第七次审议大会通过 "13 项核裁军步骤"，2010 年第九次审议大会

① 《联合国大会第一委员会：裁军与国际安全》，https://www.un.org/zh/ga/first/index.shtml。

② United Nations Office for Disarmament Affairs, *Comprehensive Test Ban Treaty*, http://treaties.unoda.org/t/ctbt。

通过"22项核裁军行动计划"，①努力对核裁军进程施加影响。2022年8月，《不扩散核武器条约》第十次审议大会在纽约召开，会议未能达成成果文件。

2017年3月，在五核国集体缺席的情况下，个别激进无核武器国家推动在联合国启动《禁止核武器条约》谈判。2017年9月20日，《禁止核武器条约》②达成并正式开放签署。2020年10月，该条约得到50个国家批准，达到生效门槛。根据条约规定，条约已于2021年1月22日生效，于2022年6月召开首次缔约国会议。五核国均未签批条约，并表示不受条约约束，该条约不能构成国际习惯法。该条约开创了核武器国家未参加谈判情况下达成核裁军条约的先例，但其权威性、普遍性和有效性存在缺陷。

三、影响未来核军控的因素

核军控安排必须服务于国家安全，一个国家很难签署对本国安全产生负面效果的条约或协议。随着高新技术快速发展，大国战略攻防技术和装备竞争已进入新的快速发展阶段，许多高新技术武器对全球战略稳定形成影响，间接影响了核军控进程。

（一）反导技术发展为核军控带来新挑战

为追求绝对战略优势，美国于2001年退出《反导条约》，并持续开发导弹防御系统，整体技术发展呈加速趋势。美突破曾经承诺的有限防御能力的目标，其导弹防御的作战对象已经延展到拦截巡航导弹、高超声速武

---

① 田景梅：《国际核不扩散机制》，中国原子能出版社，2016，第52—54、第62—64页。

② United Nations Office for Disarmament Affairs, *Treaty on the Prohibition of Nuclear Weapons*, http://treaties. unoda. org/t/tpnw.

器、无人机等方面。美计划将陆基中段反导拦截系统的拦截器改造成共用拦截器，并同步建设反导作战指挥控制系统与探测系统。2021 年 12 月 6 日，美国国防部宣布位于美国阿拉斯加州克里尔基地的"远程识别雷达"正式投入使用。① 2022 年 10 月，美国国防部发布新版《导弹防御评估报告》，② 重申美国本土导弹防御的首要地位，提出导弹防御发展的重点是建立全国导弹防御系统，在美国全境能够拦截没有先进突防能力的任何来袭导弹。本土防御方面：美国国土弹道导弹防御体系以地基中段防御系统（GMD）为中心，致力于提升系统能力和可靠性，开发下一代拦截器（NGI），并全面增强导弹挫败能力；任何对手对关岛或任何其他美国领土的攻击都将被视为对美国的直接攻击；重点发展集成的、可互操作的和分层的一体化集成防空和反导能力，在一体化防控反导能力中，美国反无人机拦截能力纳入系统开发。

俄研制的 S-550 新型防空导弹系统顺利通过了国家测试并已进入作战值班，俄罗斯计划让 A-235"努多利河"与 S-500"普罗米修斯"系统密切配合，建立多梯次反导"核保护伞"，完善陆基战略导弹预警系统，以陆基系统为抓手推进能力提升。俄罗斯已部署以"沃罗涅日"等型号雷达为主的陆基导弹预警雷达体系。③

日本作为无核武器国家，深入参与美国全球导弹防御计划。美日共享导弹监测信息，日本的导弹防御雷达可以增强美国的导弹预警能力，间接对战略武器的裁减构成影响。日本以朝鲜发展导弹为理由，着重提升海基

---

① 李帆、张云飞、李航宇、李信淦、宋瑞：《2021 年世界防空反导综述及对我国发展的启示》，《战术导弹技术》2022 年第 3 期。

② US Department of States, *National Defense Strategy*, http://2009-2017.state.gov/national-defence-strategy/.

③ "Russian Nudol Anti-ballistic Missile Successfully Tested," April 27, 2021, https://defenceredefined.com.cy.

中段防御能力。已建成由"爱国者"系统、"萨德"系统和"标准-3"
"系统-3"等构成的多层防空反导拦截体系,决定部署两套"岸基宙斯盾"
反导系统。2020年9月24日,日本防卫大臣岸信夫宣布,移动式海上导弹
平台将替代先前准备部署的"陆基宙斯盾"导弹防御系统。

(二)远程精确打击武器可以发挥战略作用

2002年,布什政府出台的《核态势审议报告》[①] 提出了核与非核的战
略打击力量概念,要求发展远程打击移动机动目标的战略力量,在1小时
内对全球范围目标实施快速、精确的打击。多年来,美国一直在开发本土
部署和前沿部署的(战区级)高超声速导弹技术,并取得重要进展,开始
转向武器应用。[②] 美国正在加快高超声速技术武器化、实战化的发展步伐。
2016财年开始,美国高超声速领域经费预算逐年递增,2023财年达48亿
美元。

2017年12月22日,俄罗斯总统普京在国防部会议上表示,"发展高精
度武器是新版国家武器装备计划的优先任务","计划的重点是多功能、高
效率、高精度的攻击武器"。俄《2018—2027武器装备计划》明确注重高
超声速精确制导武器的研发。[③] 在高超声速滑翔导弹方面,俄重点研制了
"先锋"高超声速战略滑翔飞行器,最大飞行速度20马赫,射程超10 000
千米,可以集成到SS-19等多款洲际弹道导弹上。2018年12月,"先锋"
高超声速战略滑翔飞行器成功进行第五次飞行试验,2019年底进入战备值

① "Briefing 'Nuclear Posture Review'," US Department of Defense, January 2002, https//: www.
defenselink. mil/news/jan2002/t01092002_ t0109npr. html.

② USAF Scientific Advisory Board, "USAF Scientific Advisory Board Study Technology Readiness for
Hypersonic Vehicles," 2014.

③ 刘都群、安琳、武坤琳:《2017年俄罗斯精确打击武器发展回顾》,《飞航导弹》2018年
第5期。

班状态。俄声称，该导弹能够突破现有的任何导弹防御系统。在乌克兰危机中，俄使用了"匕首"高超声速武器，效果良好。尽管受西方国家经济制裁，预计未来俄罗斯仍将对远程精确制导武器进行更多投入。

（三）人工智能技术可能对战略稳定性增加不确定因素

作为可能影响战略稳定的全新因素，人工智能已成为各国竞相争夺的战略制高点之一。将人工智能引入情报、监视和侦察系统，将会增强拥有核优势的国家通过第一次打击解除对方核武装的信心，从而增强其在危机或冲突期间先发制人打击对方核力量的冲动。将人工智能引进导弹防御系统，可有效提升导弹的拦截能力和核力量的生存能力，进而引发新一轮战略攻防竞争。人工智能与核指挥控制系统的深度耦合可能导致因虚假或错误信号而导致的核使用风险，甚至可能诱发核战争。①

事实上，将人工智能应用到战略武器正逐渐成为现实。俄"波塞冬"无人水下潜航器已经引入人工智能应用，以规避危险区域。② 美空军"忠诚僚机"已开始样机试飞，可以通过自主学习，代替有人机执行各种危险任务。美国国防部利用人工智能技术从无人机收集的视频数据中识别目标，并探索利用人工智能跟踪核导弹的方法。

（四）外空成为战略对抗的焦点

作为战略安全的新疆域，外空安全成为各国关注焦点。美长期反对在裁谈会讨论外空军控议题，反对谈判外空非武器化条约，同时大力研发外

---

① 伍钧：《高新技术发展及对全球战略稳定性的影响》，载《第二届万寿国际安全研讨会论文集》，当代世界出版社，2020，第115—120页。
② 《俄军今秋将测试"波塞冬"无人潜航器 可摧毁航母或海军基地》，《电子产品可靠性与环境试验》2020年第4期。

空武器，推进外空军力建设，推动太空作战与常规作战的深度融合。美还计划将反导武器引入太空，对外空的军事利用已经发生根本转变。美国太空司令部 2019 年正式启动，统一指挥各军种太空作战力量；组建太空军，构建外空军事同盟体系，以形成独立的作战和外空情报监测能力。2022 年10 月美国出台新版《国家安全战略》，明确将太空视为作战疆域。美国防部于 2022 年 8 月发表《太空政策》文件，认为外空是国家军事力量的优先领域。外空支撑多领域结合，是未来国家安全中的联合军事运作结合点；美军要进行在外空中、从地面到外空、从外空到地面的活动，在外空部署先进空间能力，以威慑冲突。①

俄罗斯 2020 年进行了三次直升式反卫星导弹测试，该弹可以摧毁近地轨道卫星。俄罗斯将对国家太空监视系统进行改进，将重点提升系统信息探测和数据处理能力，加强太空综合保障能力建设。

（五）网络攻击在战略攻防中运用

网络空间安全是国家安全的一个重要方面，与战略利益关联日益紧密。各军事强国和军事集团纷纷加大网络攻防投入，网络空间战场化态势日益凸显。

2016 年 6 月，北约正式将网络空间确定为与陆、海、空、天并列的作战域，将网络空间防御融入联盟的行动规划和作战任务中。自 2016 年起，美国国防部斥巨资加强网络空间安全，并支持进攻性和防御性的网络空间军事行动。特朗普政府上台后，增强网络跨域威慑的攻击性与网络攻防界限的模糊性，美国网络空间不断向实战化方向聚集。2022 年 12 月 6 日，拜

---

① Office of the Under Secretary of Defense for Policy, "Space Policy," August 30, 2022, https://www.esd.whs.mil/DD.

登政府公布《国防部 2023 财年预算》，在网络领域投资 695 亿美元。①

网络攻防已经成为激烈对抗的领域，网络攻击可能产生重大战略效果。对伊朗的"震网"病毒攻击②、对俄罗斯的电网基础设施攻击，③ 都产生严重的后果。特别是若利用网络攻击银行等民用基础设施，可以影响国家的金融体系，影响战略稳定。

四、新时代的核军控

从技术角度，当前尚没有任何武器能够替代核武器，核武器仍是维护全球战略稳定的重要力量，是未来核军控的核心问题。截至 2021 年初，全球约有 1.31 万枚核弹头。根据美国科学家网站数据，美、俄、英、法共约有 1900 枚弹头处于高度戒备状态。其中美④俄⑤拥有的核弹头约占全球总数的 91%，在核裁军中负有特殊优先的责任。

（一）未来核军控重点

在"首先使用核武器""打赢核战争"的战略指导下，美俄在冷战时期进行疯狂军备竞赛。冷战后，东西方关系缓和，美俄双方达成了一系列

---

① *National Defense Authorization Act for Fiscal Year 2023*, December 6, 2022.

② 李东：《震网病毒事件浅析及工控安全防护能力提升启示》，《网络安全技术与应用》2019 年第 1 期。

③ "U. S. Escalates Online Attacks on Russia's Power Grid," *The New York Times*, June 15, 2019, https://www.nytimes.com/2019/06/15/us/politics/trump-cyber-russia-grid.html.

④ Hans M. Kristensen, Matt Korda, "Nuclear Notebook: United States Nuclear Weapons, 2021," *Bulletin of Atomic Science*, January 12, 2021, https://thebulletin.org/premium/2021-01/nuclear-notebook-united-states-nuclear-weapons-2021/#post-heading.

⑤ Hans M. Kristensen, Matt Korda, "Nuclear Notebook: How Many Nuclear Weapons Does Russia Have in 2021," *Bulletin of Atomic Science*, March 15, 2021, https://thebulletin.org/premium/2021-03/nuclear-notebook-russian-nuclear-weapons-2021/#post-heading.

核军备控制条约，进行一定程度的核武器削减。但双方都没有放弃冷战时期形成的打赢核战争的战略思想和在国家安全中对核武器的依赖，美国从没有放弃首先使用核武器，反而扩大核武器的应用范围，提出用核武器进行"跨域"威慑，使核裁军难上加难。

美俄目前仍拥有世界上绝对多数的核武器，在可预见的时期内，这一状态不会发生根本改变。美俄率先进行深度核裁军，是实现全球核裁军的根本前提。国际社会已经形成"美俄带头进行核裁军，其他国家积极参与"的共识，美俄过去一直承认"美俄在核裁军中有优先责任"。因此，美俄双边核裁军进程将是未来削减全球核武器库存的主要方式。

拜登政府上台后，认可核军控在维护战略稳定、控制军备竞赛以及降低核风险等方面的战略价值，同时出于重塑美所谓军控领导地位等现实政治考量，在2021年1月上台后即与俄将《新START条约》延期五年，并加强同俄在军控问题上的接触。2021年6月，美俄实现首脑峰会，双方围绕反对核战争与维护战略稳定等问题达成共同声明，并决定启动双边战略稳定对话。

但美挤压俄战略空间的意图不减缓，采取一系列措施打压俄。美依托北约东扩不断前置部署导弹防御能力，将"宙斯盾"系统与相关雷达前沿推进部署至波兰与罗马尼亚；美发展全球导弹防御、加快实施核力量现代化计划，全面挑起全球核攻防竞争；北约长期刻意无视俄安全需求，不断挑战俄战略底线。这些举措都将引起俄罗斯的反弹，对核军控产生影响。俄表示美国发展导弹防御会破坏全球战略平衡，将通过发展不对称手段（例如增加诱饵，变轨等）来对付导弹防御。

在下一步核军控问题上，俄主张讨论涵盖战略进攻性和战略防御性武器在内的所有具备战略影响的武器，不仅包括洲际弹道导弹等战略武器运载工具，还应包括导弹防御系统、外空武器、网络安全、人工智能军事应用等，以及北约占优势的常规军事力量、美驻外军事基地、海基巡航导弹等问题。美则重点主张限制俄战略和战术核武器，以及所有洲际导弹运载工具，尤其是对俄战术核武器及高超声速武器表示关切，反对讨论导弹防御问题，不愿讨论外空军控问题。

从长远看，美俄保持核军控对话对双方都有利。美国可以借助《新START条约》的核查与透明机制了解俄罗斯的战略武器情况，俄罗斯可以借助条约限制美国发展。未来美俄出于各自需要，也有可能在2026年《新START条约》到期后进行新条约谈判。

在联合国多边平台，无核国家继续大力推进《禁止核武器条约》，促进更多的国家批约。在没有核武器国家参加的情况下，条约很难发挥作用。无核国家还将利用《不扩散核武器条约》审议大会，督促核武器国家落实2000年和2010年核不扩散审议会的决议，推动核透明以及多边核裁军进程。

（二）中国为国际核军控发挥了建设性作用

2014年12月，习近平总书记在中共中央政治局第十九次集体学习上明确指示："我们不能当旁观者、跟随者，而是要做参与者、引领者，善于通过自由贸易区建设增强我国国际竞争力，在国际规则制定中发出更多中国声音、注入更多中国元素，维护和拓展我国发展利益。"核军控事关我战略安全核心利益，同时事关人类命运福祉，长期以来，中国以"人类命运共同体"理念为牵引，为国际核军控发展作出特殊的贡献。

中国积极参加国际核军控进程，为核裁军作出了独特的贡献。中国坚定走和平发展道路，始终坚持自卫防御的核战略，在任何时候和任何情况下都不首先使用核武器，不对无核武器国家和无核武器区使用或威胁使用核武器。中国在坚决维护国家主权、安全和领土完整的同时，坚持把自身核力量维持在国家安全需要的最低水平，不与其他国家比投入、比数量、比规模，不与任何国家搞核军备竞赛。中国的核政策具有高度的稳定性、连续性和可预见性，是对国际核裁军事业的重要贡献。中国一直呼吁所有核武器国家都应坚持不首先使用核武器的政策，并达成具有法律约束力的条约。中国负责任的核政策决定中国的核武器是维护国际安全的一支重要力量，在不首先使用核武器的情况下不存在发生任何核战争的可能。

中国一直积极推动五核国对话与合作。北京时间 2022 年 1 月 3 日晚 9 点，中、俄、美、英、法五个核武器国家领导人共同发表《关于防止核战争与避免军备竞赛的联合声明》。这是五国领导人首次就核武器问题共同发声，也是继 2000 年五国领导人在纽约举行会晤并发表声明后，再次就重大国际议题共同发声。中国为达成上述内容积极的联合声明贡献了重要智慧。在声明磋商过程中，除推动各方同意强调"核战争打不赢也打不得"外，中国还推动写入重申不将核武器瞄准彼此或其他任何国家等重要内容。中国还牵头五核国完成制订新版《五核国核术语》，支持五核国向《不扩散核武器条约》十审会提交减少战略风险的共同工作文件。中国并一直积极协调五核国与东盟就《东南亚无核武器区条约》议定书签署问题重启对话。中方主张，五核国应保持并加强对话合作，致力于重建战略互信，并继续为履行《不扩散核武器条约》核裁军义务作出努力。

此外，中国一贯支持《全面禁止核试验条约》尽早生效，始终恪守"暂停试"承诺，稳步推进各项履约筹备工作。中国支持裁谈会达成全面平衡工作计划，并根据"香农报告"及其所载授权，尽早启动"禁产条约"谈判。中国还积极参与联合国相关核军控机制工作，核裁军核查政府专家组等，作出了积极贡献。①

（三）未来核军控进程应坚持"人类命运共同体"理念

"人类正处在一个挑战层出不穷，风险日益增多的时代"，全球战略安全形势持续深刻变化，传统安全领域问题仍存，新兴领域问题不断涌现，大国战略竞争持续加剧，国际社会对安全问题更为关切，对核军控问题更加重视，对大国在军控领域的立场姿态更加敏感。核军控在新时代面临着一系列突出挑战。

2017年1月，习近平主席在日内瓦联合国总部发表《共同构建人类命运共同体》演讲，②强调对话协商、共建共享、合作共赢，这一理念与核军控的根本目的就是消除核战争高度一致。2022年4月，习近平主席在博鳌亚洲论坛年会上提出了全球安全倡议，强调应坚持共同、综合、合作、可持续的安全观。重视各国合理安全关切，秉持安全不可分割原则，构建均衡、有效、可持续的安全架构。在当前复杂严峻的国际安全形势下，"核战争打不得也打不赢"③已成为国际共识。"世界上没有绝对的世外桃源，一国的安全不能建立在别国的动荡之上"。④通过平等协商对话，妥善照顾各方的安全利益，谋求互利共赢才是实现核军控目标的正确途径。如果在战略安全领域忽视他国的安全利益，试图建立"绝对安全"，必将不能长久，也必将产生更大风险。

---

① 《中国裁军大使李松在〈不扩散核武器条约〉第十次审议大会上关于核裁军议题的发言》，中华人民共和国外交部，2022年8月，https://www.mfa.gov.cn/web/wjb_673085/zzjg_67 3183/jks_674633/jksxwlb_674635/202208/t20220808_10737252.shtml。
② 习近平：《共同构建人类命运共同体》，《求是》2021年第1期。
③ 《五个核国家领导人关于防止核战争与避免军备竞赛的联合声明》，中华人民共和国外交部，2022年1月3日，http://www.mfa.gov.cn/web/ziliao_674904/1179_674909/202201/t20220103_10478507.shtml。
④ 习近平：《共同构建人类命运共同体》，《求是》2021年第1期。

五、结语

　　美俄拥有全球90%以上的核武器，两国在核军控中的优先责任是客观现实，因此美俄继续大幅度削减核武器是国际社会的普遍期待。同时，伴随着大国竞争加剧和战略新疆域高新技术发展，全球战略安全环境正发生深刻变化，国际社会需要综合考虑国际安全形势，以构建"人类命运共同体"为指引，坚持多边主义，加强对话协商，积极落实中国提出的全球安全倡议，共同推动新时代的核军控行稳致远。

《不扩散核武器条约》
第十次审议大会进程与影响

蒋翊民

内容提要：2022 年 8 月 1—26 日，《不扩散核武器条约》第十次审议大会在美国纽约联合国总部举行。会议全面审议了条约运行与缔约国履约情况，会上各方矛盾复杂、斗争激烈，最终因乌克兰危机相关问题未能协商一致达成成果文件。此次审议大会是国际安全形势复杂演变背景下的一次重要会议，集中反映了各方在多边核军控和核不扩散领域的不同诉求，会议无果而终具有深层次根源，恐将进一步加剧各方对立，也将使国际核不扩散机制持续面临严峻挑战。

关 键 词：《不扩散核武器条约》；审议大会；大国竞争

作者单位：中国工程物理研究院战略研究中心

2022 年 8 月 1—26 日，《不扩散核武器条约》（NPT）第十次审议大会在因疫情多次推迟后在美国纽约联合国总部召开。151 个缔约国及国际原子能机构（IAEA）等 20 余个国际组织参加会议。[①] 在当前全球战略安全形势愈发严峻、国际核军控进程困难重重与防扩散形势不断恶化的复杂背景下，

[①] Final Document Part Ⅰ Organization and Work of the Conference, "Tenth Review Conference of the Parties to the Treaty on the Non-Proliferation of Nuclear Weapons, " UN, August 26, 2022, https://documents-dds-ny. un. org/doc/UNDOC/GEN/N22/600/83/PDF/N2260083. pdf?OpenElement.

本次审议大会得到各方前所未有的高度关注，是当前国际核军控与防扩散领域的重大事件，其进程波折震荡至破裂，凸显了当代国际核军控与防扩散领域复杂敏感的现实局面。

一、会议背景

《不扩散核武器条约》是国际核不扩散体系的基石，条约于 1968 年 7 月在联合国开放签署、1970 年正式生效，现有 191 个缔约国。[①] 根据《不扩散核武器条约》第 8 条第 3 款规定，缔约国应在条约生效后五年召开审议大会以评估条约执行情况。[②] 依据该规定，《不扩散核武器条约》缔约国自生效以来已举行了 9 次审议大会。本次审议大会原计划应于 2020 年上半年召开，但受新冠肺炎疫情影响多次推迟，最终确定于 2022 年 8 月举行。

此次审议大会召开的背景尤为复杂。近年来，随着大国关系持续紧张，对抗冲突加剧升级。受此影响，国际核军控与核不扩散形势愈发严峻，《中导条约》等重要核军控条约解体、朝鲜半岛核问题、伊朗核问题等热点问题持续恶化。美国与俄罗斯虽就《美俄新削减战略武器条约》（简称"新 START 条约"）延期达成一致，但围绕后续军控安排分歧严重。部分无核武器国家对核武器国家已丧失耐心，以"核武器违反国际人道主义法"为旗帜，以《禁止核武器条约》为工具，持续强化向核武器国家施压，进一步激化双方矛盾。2022 年 2 月，俄罗斯对乌克兰发起"特别军事行动"，国际安全形势更趋严峻。面对严峻复杂的国际安全形势，各方普遍预测审

---

① UNODA, *Treaty on the Non-Proliferation of Nuclear Weapons*, https://treaties. unoda. org/t/npt.

② Background, Tenth Review Conference of the Parties to the Treaty on the Non-Proliferation of Nuclear Weapons (NPT), https://www.un. org/en/conferences/npt2020/background.

议大会协商一致达成成果文件面临巨大挑战。①

二、会议进程

本次审议大会为期四周，可大致分为一般性辩论、委员会报告讨论与大会成果报告磋商三个阶段。各方在一般性辩论阶段系统阐述基本立场，围绕委员会报告与大会成果报告激烈较量，在坚持底线的同时也表现适度灵活，最终因乌克兰危机相关问题未能协商一致形成成果文件。

（一）组织安排

根据前期筹备会商定结果，本次审议大会主席由阿根廷外交部常务副部长兹洛维宁（Gustavo Zlauvinen）大使担任，依照《不扩散核武器条约》下核裁军、防扩散与和平利用核能三大支柱分别设立三个委员会。第一委员会由马来西亚艾迪德（Syed Mohamad Hasrin Aidid）大使担任，主要审议核裁军相关条款执行情况，下设一个附属机构，由保加利亚斯托耶娃（Lachezara Stoeva）大使担任主席，专题审议消极安保、无核武器区与核裁军未来重点举措等问题。第二委员会由波兰克罗斯（Dominika Krois）大使担任主席，主要审议防扩散相关条款执行情况，下设一个附属机构，由瑞典马克维奇（Annika Markovic）大使担任主席，专题讨论朝鲜半岛核问题、中东问题和 1995 年中东问题决议的执行情况等。第三委员会由荷兰丹尼森（Ingeborg Denissen）大使担任主席，主要审议和平利用核能相关条款执行情况，下设一个附属机构，由加纳约翰逊（Philbert Johnson）大使担任主

---

① Dr Wilfred Wan and Dr Tytti Erästö, "Looking beyond the NPT: Next Steps in Arms Control and Disarmament," Stockholm International Peace Research Institute, September6, 2022, https://www. sipri. org/commentary/essay/2022/looking-beyond-npt-next-steps-arms-control-and-disarmament.

席，专题审议和平利用核能重点问题。① 各委员会及附属机构将根据各自职责总结讨论情况形成成果文件草案，经各委员会主席初步整合后提交大会主席，由其主持形成最终成果文件草案。

根据日程安排，此次审议大会为期四周，可大致分为三个阶段：第一阶段为一般性发言，贯穿前两周，主要由缔约国宣示立场，并向各委员会提交案文要素用于起草成果文件。第二周周末，各委员会将分别发布各自授权范围内的成果文件初稿。第二阶段为委员会报告讨论，主要为第三周，由缔约国针对委员会文件初稿提供反馈意见，并就存在分歧开展磋商。各委员会根据反馈与磋商进展不定期滚动更新成果文件案文，并在第三周周末提交至大会主席。第三阶段为成果文件核心国家磋商，由大会主席根据各委员会成果文件草案组织形成大会最终成果文件草案，并召集五核国以及主要无核武器国家针对重点问题开展小范围磋商，以期协商一致达成大会成果文件。②

（二）各方立场

核武器国家方面，美国代表团团长布林肯（Antony Blinken）在大会发言中表示，《不扩散核武器条约》机制当前面临严峻挑战，突出表现在朝鲜半岛核问题、伊朗核问题久拖不决，扎波罗热核电站存在严重安全安保风险。在核裁军问题上，美呼吁核武器国家落实"负责任行为"，承诺暂停生产核武器用裂变材料（以下简称"暂停产"）、增加透明度，称已准备好

---

① "Final Document Part Ⅰ Organization and Work of the Conference, Tenth Review Conference of the Parties to the Treaty on the Non-Proliferation of Nuclear Weapons," August 26, 2022, https://documents-dds-ny.un.org/doc/UNDOC/GEN/N22/600/83/PDF/N2260083. pdf?OpenElement.

② Gaukhar Mukhatzhanova, "10th NPT Review Conference: Why It Was Doomed and How It Almost Succeeded," *Arms Control Today*, October 2022, https://www.armscontrol.org/act/2022-10/features/10th-npt-review-conference-why-doomed-almost-succeeded.

继续同俄谈判替代新 START 条约的军控新框架，并将提出降低核风险一揽子计划，具体包含危机热线等措施。在防扩散方面，美将继续支持国际原子能机构加强保障监督，呼吁更多国家加入附加议定书，特别强调美英澳三国核潜艇合作并非核武器转让，其他国家也有此类合作先例，将遵循最高防扩散标准同国际原子能机构密切合作。在和平利用核能方面，美积极宣传其落实联合国可持续发展目标、同英共同发起和平利用核能对话，鼓励开发微堆等措施。①

俄罗斯外交部防扩散与军控司副司长维什涅韦茨基（Igor S. Vishnevetskii）表示，俄继续履行新 START 条约，已单方面承诺不在欧洲首先部署陆基中程导弹，强调未来军控需考虑影响战略稳定的所有因素，统筹考虑进攻性与防御性战略武器，需涵盖所有具备军事核能力的国家。俄表示北约国家"核共享"违反《不扩散核武器条约》关于禁止向无核武器国家转让核武器控制权等规定，强调美对伊朗核问题与朝鲜半岛核问题持续恶化负有责任，主张国际原子能机构需在充分尊重广大无核武器国家主权的情况下实施保障监督。②

英国代表团团长斯特劳（Graham Stuart）表示，俄对乌克兰"武装侵犯"违反《不扩散核武器条约》义务，释放威胁性核言论"不负责任"。在核裁军方面，英宣称其是五核国中核武库规模最小的国家，支持美提出的核武器国家"负责任行为"，强调核武器国家需提升透明度；在防扩散方面，英支持国际原子能机构加强保障监督，称将尽快批准核安保相关国际

---

① "Secretary Antony J. Blinken's Remarks to the Nuclear Non-Proliferation Treaty Review Conference," U. S. Department of State, August 1, 2022, https://www.state.gov/secretary-antony-j-blinkens-remarks-to-the-nuclear-non-proliferation-treaty-review-conference/.

② "Statement by Mr. Igor Vishnevetskii, Deputy Head of the Delegation of the Russian Federation at the 10th NPT Review Conference (General Debate)," UN, https://www.un.org/en/conferences/npt2020/documents.

条约；在和平利用核能方面，英称将同美密切合作共同推动和平利用核能国际对话。①

法国外交部贝尔图大使（Philippe Bertoux）表示，全球军控机制面临严峻挑战，俄对乌军事行动违反《布达佩斯备忘录》，释放恐吓性核言论引发严重关切。法重申维护《不扩散核武器条约》在全球防扩散机制中的基础地位，在核裁军方面将继续推进《全面禁止核试验条约》（CTBT）早日生效与"禁产条约"谈判尽早启动，支持核裁军核查国际合作，重点依托五核国进程推动降低风险；在防扩散方面将继续支持国际原子能机构强化保障监督；在和平利用核能方面继续重视防扩散与和平利用核能协调平衡推进。②

中国代表团团长傅聪大使指出，当前部分国家执着于"大国战略竞争"，导致全球战略安全环境不断恶化，推升军备竞赛与军事冲突风险。围绕如何维护《不扩散核武器条约》机制，中国强调应平衡推进条约三大支柱，坚持共同安全理念，拥有最大核武库的国家应该履行特殊、优先责任，进一步大幅、实质削减核武库，为其他核武器国家加入核裁军进程创造条件。中国支持核武器国家合作减少核风险，坚持政治解决热点核扩散问题，强调美英澳核潜艇合作构成严重核扩散风险，违反《不扩散核武器条约》的目的和宗旨，核共享安排违反《不扩散核武器条约》规定等。③

---

① "Let Us Strengthen the Cornerstone of Our Efforts to Deliver a World Free of Nuclear Weapons: Minister Stuart to UN General Assembly," GOV. UK, August 1, 2022, https://www.gov.uk/government/organisations/foreign-commonwealth-development-office.

② "Conférence des Etats Parties Chargée d'Examiner en 2022 Le Traité sur la Non-prolifération des Armes Nucléaires," August 3, 2022, Tenth Review Conference of the Parties to the Treaty on the Non-Proliferation of Nuclear Weapons.

③ 《维护〈不扩散核武器条约〉，促进世界和平与发展——中国代表团团长、外交部军控司司长傅聪在〈不扩散核武器条约〉第十次审议大会一般性辩论中的发言》，2022年8月2日，http://un.china-mission.gov.cn/zgylhg/cjyjk/npt/202208/t20220803_10732605.htm。

在无核武器国家方面，享受核保护伞的美盟友国家与广大无核武器国家立场分化、阵营分野。荷兰、德国、日本等享受美核保护伞的无核武器国家要求核武器国家加强核武库透明，尤其要求公开核武库规模等数量信息；关注降低核风险，要求核武器国家落实对话、热线等危机管控具体举措；欢迎美俄延期新 START 条约，要求中国加入美俄核军控谈判；谴责朝鲜与伊朗，要求其立即停止"挑衅与升级"；呼吁持续推广国际原子能机构保障监督附加议定书，要求加强核供应国集团等进出口控制机制。①

奥地利等激进国家全面否定核威慑，呼吁核武器国家尽快加入《禁止核武器条约》，坚决反对核武器国家在核裁军问题上设置诸如维护战略稳定、考虑安全环境等前提条件，反对以降低核风险替代核裁军，反对以降低核风险为由拖延核裁军进程；敦促朝鲜停止核导开发，呼吁有关各方立即重返伊朗核协议；支持国际原子能机构保障监督附加议定书，反对少数国家利用进出口控制阻碍无核武器国家和平利用核能的权利。②

印度尼西亚等指责核武器国家推进核力量现代化与发展低威力核武器等行为严重损害《不扩散核武器条约》机制，敦促核武器国家切实履行核裁军义务，要求尽快谈判一项包含全部销毁核武器时间表的"全面禁止核武器公约"，尽早缔结具有法律约束力的消极安全保证国际法律文书，要求核武器国家与享受核保护伞的美盟友国家提升透明度，停止核共享；关切核不扩散问题，敦促朝鲜立即停止核导研发，呼吁伊核相关各方尽快恢复

---

① *Non-Proliferation and Disarmament Initiative（NPDI）Group Statement at General Debate of the 10th NPT Review Conference*, August 2, 2022, Tenth Review Conference of the Parties to the Treaty on the Non-Proliferation of Nuclear Weapons, https://estatements. unmeetings. org/estatements/14. 0447/20220802/5yCvs2GlukFS/2VqfzNBbg8Pc_en. pdf.

② "Tenth Review Conference of the Parties to the Treaty on the Non-Proliferation of Nuclear Weapons（NPT）Main Committee Ⅰ Statement by Austria," August 5, 2022, Tenth Review Conference of the Parties to the Treaty on the Non-Proliferation of Nuclear Weapons, https://estatements. unmeetings. org/estatements/14. 0447/20220805/0bad2a2LLCFI/jfveTaCgmzpF_en. pdf.

履行全面协议。① 印尼特别关注美英澳核潜艇合作，强调核能军事应用合作破坏《不扩散核武器条约》纯洁性，呼吁应对海军动力堆项目实施更加严格的核查与监测措施。②

（三）分歧与交锋

综观会议进程，各方围绕核裁军、核共享等老问题对立依旧，针对美英澳核潜艇合作、乌克兰危机等新热点交锋激烈。

老问题方面，围绕如何推进核裁军，奥地利、墨西哥等将安全环境、战略稳定视为核武器国家拖延核裁军的借口说辞，坚决反对为核裁军设置先决条件，要求成果文件加入核裁军缺乏进展等内容，坚持为核裁军设置可衡量标准，要求大会肯定《禁止核武器条约》对《不扩散核武器条约》具有促进作用。③ 美则强调核裁军近年来取得了切实进展。④ 俄也表示已切

① *Statement by The Delegation of the Republic of Indonesia on Behalf of the Group of the Non-Aligned States Parties to the Treaty on the Non-Proliferation of Nuclear Weapons at the 10th Review Conference of the Treaty on the Non-Proliferation of Nuclear Weapons Main Committee Ⅰ New York*, August 2022.

② "The 10th Review Conference of the Parties to the Treaty on the Non-Proliferation of Nuclear Weapons General Debate National Statement of the Delegation of the Republic of Indonesia by H. E. Mr. Tri Tharyat Deputy Minister for Multilateral Cooperation Ministry of Foreign Affairs of the Republic of Indonesia New York," August 2, 2022.

③ *Tenth Review Conference of the Parties to the Treaty on the Non-Proliferation of Nuclear Weapons (NPT) Main Committee Ⅰ Statement by Austria*, August 5, 2022, Tenth Review Conference of the Parties to the Treaty on the Non-Proliferation of Nuclear Weapons, https://estatements. unmeetings. org/estatements/14. 0447/20220805/0bad2a2LLCFl/jfveTaCgmzpF_ en. pdf.

④ *Statement by the United States Main Committee Ⅰ The Tenth Review Conference of the Parties to the Treaty on the Non-Proliferation of Nuclear Weapons Statement by Ambassador Adam M. Scheinman New York*, August 4, 2022, https://estatements. unmeetings. org/estatements/14. 0447/20220804/TEbL4TnUYGys/85 Jdj0kWrEn4_en. pdf.

实履行核裁军义务，反对核裁军毫无进展等说法。① 英则称推进核裁军必须以维护安全利益为前提。② 大会经权衡后采取折中立场，在成果文件草案中既反映安全环境、战略稳定等内容，同时承认核裁军缺乏进展，罗列了《禁止核武器条约》谈判达成生效等客观事实，回避了对《禁止核武器条约》评价等内容。

"核共享"是俄及部分无核武器国家与美及其北约盟友自冷战时期就存在的长期分歧，③ 近期更因日韩政客寻求在亚太复制"核共享"等动向持续升温。④ 俄继续强调北约"核共享"违反《不扩散核武器条约》关于不转让核武器控制权等规定。⑤ 中国则重点强调反对在亚太地区复制核共享安排。⑥ 德国等北约国家辩称，"核共享"在《不扩散核武器条约》达成之前就已存在，《不扩散核武器条约》谈判时已就该问题向各国充分说明并获得

① *Statement by the Deputy Head of Delegation of the Russian Federation Andrei Belousov in Exercise of the Right of Reply at the Tenth NPT Review Conference*, Tenth Review Conference of the Parties to the Treaty on the Non－Proliferation of Nuclear Weapons, August 10, 2022, https://estatements. unmeetings. org/ estatements/14. 0447/20220810/D351QNnMvkG1/UQWnVY8x5mN1_en. pdf.

② *Statement by the by the United Kingdom Main Committee I The Tenth Review Conference of the Parties to the Treaty on the Non－Proliferation of Nuclear Weapons Statement by H. E. Mr Aidan Liddle*, Ambassador to the Conference on Disarmament, bahttps://estatements. unmeetings. org/estatements/14. 0447/ 20220805/0bad2a2LLCFl/1PQ8qryXKUvu_en. pdf.

③ Martin Butcher, Nicola Butler, "NATO Nuclear Sharing and the NPT－Questions to be Answered, " BITS, June 1997, https://www. bits. de/public/researchnote/rn97-3. htm.

④ Sayuri Romei, "The legacy of Shinzo Abe: A Japan Divided about Nuclear Weapons, " August 24, 2022, https://thebulletin. org/2022/08/the-legacy-of-shinzo-abe-a-japan-divided-about-nuclear-weapons/.

⑤ *Statement by the Deputy Head of the Delegation of the Russian Federation at the Tenth Review Conference of the Parties to the Treaty on the Non－Proliferation of Nuclear Weapons*, Cluster I, Nuclear Disarmament, https://estatements. unmeetings. org/estatements/14. 0447/20220805/0bad2a2LLCFl/wmWa 2EPyL5Yj_en. pdf.

⑥ 《中国代表团关于核裁军问题的发言，第十次 NPT 审议大会》，联合国，2022 年 8 月 5 日，https://estatements. unmeetings. org/estatements/14. 0447/20220805/0bad2a2LLCFl/PmmvYxjAphl8_zh. pdf。

谅解。① 大会最终未将反对核共享等内容写入成果文件草案。

核透明是进入 21 世纪以来历次审议大会的重点议题。无核武器国家将核武器国家增加透明度作为审议其落实核裁军义务的重要手段。美英法出于各自战略安全利益等考虑，也支持核透明。在会上，日本、荷兰等要求核武器国家必须公开核武库规模与结构、运载工具数量类型、核材料数量与类型、核武器现代化计划等具体信息。② 中国等强调核透明必须考虑核武库规模与安全环境。大会充分考虑中国等相关国家立场，未在成果文件草案中涉及要求公开核武库具体数据等内容。

朝鲜半岛核问题同样是进入 21 世纪以来《不扩散核武器条约》审议大会的热点，近年来，随着朝鲜核导项目持续推进，其国际关注也愈发升温。在会上，美英法等联合盟友发布朝核问题联合声明，要求朝鲜立即停止导弹试射等"挑衅活动"。中俄则强调会议成果文件草案应综合平衡阐释朝核问题，强调应坚持朝鲜半岛无核化大目标，并采取分阶段同步走的基本思路。③

新热点方面，近年来由于大国战略安全关系持续紧张，加之乌克兰危机等重大事件刺激，国际社会对核冲突风险越发关注。美重点要求核武器

---

① *Statement by the Federal Republic of Germany Main Committee 1 Delivered by Ambassador Thomas*, Tenth Review Conference of the Parties to the Treaty on the Non‑Proliferation of Nuclear Weapons UN, https: //estatements. unmeetings. org/estatements/14. 0447/20220810/D351QNnMvkG1/Xv3mKIkv5geS_ en.pdf.

② "Broadly‑Likeminded Group Joint Statement NPT Review Conference, " UN, August 10, 2022, Tenth Review Conference of the Parties to the Treaty on the Non‑Proliferation of Nuclear Weapons, https: // estatements. unmeetings. org/estatements/14. 0447/20220810/D351QNnMvkG1/pfIHVt7D6pFD_ en. pdf.

③ 《关于核不扩散问题》，中国代表团提交的工作文件，不扩散核武器条约缔约国 2020 年审议大会，联合国，2021 年 11 月 29 日，https: //documents-dds-ny. un. org/doc/UNDOC/GEN/N21/ 359/42/PDF/N2135942. pdf? OpenElement。

国家落实公开核武器规模、建立危机热线等一系列具体措施。① 中俄等则强调减少核风险需考虑国际安全环境与国家合理安全需求，应首先解决引发风险的根源，反对一面刻意挑起危机，一面宣称管控危机的虚伪做法，反对不顾他国安全关切强行推动某些具体措施。② 经各方协商，大会最终在成果文件草案中罗列未来减少核风险工作的主要方向，简要列举鼓励各国采取的具体措施。

2021 年 9 月，美英澳宣布开展核潜艇合作，计划在未来 30 年内帮助澳大利亚建造至少 8 艘核潜艇，引起国际社会高度关切。③ 中国强调三国核潜艇合作涉及武器级高浓铀，存在严重扩散风险。④ 俄罗斯也强调三国核潜艇合作可能触发军备竞赛。⑤ 澳大利亚等辩称澳获取搭载常规武器的核动力潜艇符合《不扩散核武器条约》，正在同国际原子能机构密切开展合作，将及时向国际社会通报相关情况。澳大利亚强调，国际原子能机构保障工作顺利开展，总干事格罗西也对三国合作的开放透明表示满意。⑥

---

① "Secretary Antony J. Blinken's Remarks to the Nuclear Non-Proliferation Treaty Review Conference," U. S. Department of State, August 1, 2022, https://www.state.gov/secretary-antony-j-blinkens-remarks-to-the-nuclear-non-proliferation-treaty-review-conference/.

② 《中国代表团在〈不扩散核武器条约〉第十次审议大会上关于核裁军议题的发言》，2022 年 8 月 5 日，第十次 NPT 审议大会第一委员会，https://estatements.unmeetings.org/estatements/14.0447/20220805/0bad2a2LLCFl/PmmvYxjAphl8_zh.pdf。

③ 中国军控与裁军协会、中核战略规划研究总院：《危险的合谋：美英澳核潜艇合作的核扩散风险》，2022 年 7 月，https://www.atominfo.com.cn/zhzlghyjzy/yjbg/1236785/index.html。

④ 《中国代表团关于防扩散问题的发言》，第十次 NPT 审议大会，2022 年 8 月 10 日，https://estatements.unmeetings.org/estatements/14.0447/20220810/LjeKGDTUGLWL/lLcGoXVx1SFU_zh.pdf。

⑤ *Statement by the Deputy Head of Delegation of the Russian Federation Andrei Belousov in Exercise of the Right of Reply at the Tenth NPT Review Conference*, August 10, 2022, https://estatements.unmeetings.org/estatements/14.0447/20220810/D351QNnMvkG1/UQWnVY8x5mN1_en.pdf.

⑥ "Austrian Exercise of the Right of Reply at the Tenth NPT Review Conference," Tenth Review Conference of the Parties to the Treaty on the Non-Proliferation of Nuclear Weapons," UN, August 2, 2022, https://estatements.unmeetings.org/estatements/14.0447/20220802/d9cjQBjtSPPR/WAyS7eFtYpst_en.pdf.

乌克兰危机是此次大会无法回避的尖锐问题。美英法联合北约无核武器国家群起指责俄罗斯，抨击俄军事行动以及威胁性核言论违反《联合国宪章》等国际法，有悖于《不扩散核武器条约》宗旨精神，强调在扎波罗热核电站附近的军事行动破坏电站正常运行，阻碍国际原子能机构保障监督，导致严重安全与安保风险，要求恢复乌克兰当局对扎波罗热核电站的"合法管辖"。[1] 俄则强调美西方外部干预与乌现政府民族主义政策是导致地缘政治危机的最主要原因，坚决反对将恢复乌克兰当局对扎波罗热核电站"合法管辖"等内容加入成果文件。[2] 针对核武器使用问题，俄明确表示美西方臆测俄可能使用核武器毫无根据，俄已经在 2020 年 6 月发布的《俄罗斯核威慑国家基本政策》中系统阐述了可能动用核武器的具体条件。扎波罗热核电站遭袭是乌克兰刻意所为，目的是对俄抹黑。各方围绕该问题分歧严重，就相关案文始终无法达成一致，争议直至最后一刻。为争取最后机会，大会主席多次推迟闭幕会议，但仍无法促成各方妥协，最终无奈宣布会议无法达成最终成果文件。[3]

三、观察思考

《不扩散核武器条约》第十次审议大会是在国际安全形势不断恶化、国际核军控机制愈发动摇与乌克兰危机持续升级等特殊背景下召开的一次审

---

① *Joint Statement on Ukraine*, Tenth NPT Review Conference, U. S. Department of State, August 26, 2022, https://www. state. gov/wp-content/uploads/2022/09/Joint-Statement-on-Ukraine. pdf.

② *Statement by the Deputy Head of Delegation of the Russian Federation Andrei Belousov in Exercise of the Right of Reply at the Tenth NPT Review Conference*, UN, August 10, 2022, https://estatements. unmeetings. org/estatements/14. 0447/20220810/D351QNnMvkG1/UQWnVY8x5mN1_en. pdf.

③ "Non-Proliferation Treaty Review Conference Ends without Adopting Substantive Outcome Document Due to Opposition by One Member State," UN Meeting Coverage, August 26, 2022, https://press. un. org/en/2022/dc3850. doc. htm.

议大会。会议显示各国在肯定《不扩散核武器条约》价值、维护《不扩散核武器条约》机制与强化《不扩散核武器条约》作用等方面虽有基本共识，但围绕诸多重大问题严重对立，在俄乌局势刺激下对抗更加尖锐。会上各方激烈交锋，深刻反映了当今全球战略安全复杂敏感形势。

（一）会议波折震荡终至破裂是当今战略安全形势下偶然中的必然

此次《不扩散核武器条约》审议大会的结局，表面上是由于乌克兰危机事件所致，但事实上源于近年来全球战略安全形势恶化催生的各方深层次矛盾。

从乌克兰危机本身看，其演化发展具有复杂地缘政治根源，更涉及了《不扩散核武器条约》框架下的三大支柱。在核裁军领域，该问题涉及核风险与安全保证；在防扩散领域，该问题涉及敏感核材料管制；在和平利用核能领域，该问题涉及核设施战时安全等问题。

从更深层次看，受安全环境恶化等因素刺激，核武器国家与无核武器国家之间的分歧已涉及核武器作用以及对核威慑理解等根本问题。广大无核武器国家将《不扩散核武器条约》视为是核武器国家与无核武器国家的"大交易"，认为无核武器国家放弃拥有核武器，理应换取核武器国家提供安全保证并通过核裁军最终消除核武器。[1] 部分无核武器国家对核武器国家已经丧失耐心，全盘否定核武器与核威慑，反对核武器国家以战略稳定为理由"拖延"核裁军，认为核威慑的内核就是威胁使用核武器，不可避免将导致核风险，强调乌克兰危机更证明了核风险的现实严峻性。核武器国家则继续维护核威慑具有积极正面作用，强调推进核裁军必须考虑战略稳

---

[1] Andrew Coe and Jane Vaynman, "Collusion and the Nuclear Nonproliferation Regime," *Journal of Politics* 77, no. 4 (2015), "The United States and the Role of Nuclear Co-Operation and Assistance in the Design of the Non-Proliferation Treaty," *The International History Review* 36, no. 2 (2014).

定。这突出反映了广大无核武器国家与核武器国家围绕核武器作用以及核威慑战略影响的根本分歧，深刻反映了无核武器国家在国际战略安全严峻形势下对核风险的恐惧担忧。

在核武器国家内部，五核国围绕如何落实核裁军义务及具体措施同样存在严重分歧。美大力推动核领域负责任行为，拒绝强调美俄优先特殊责任，力推减少核风险、核透明与暂停产。① 俄强调未来核军控必须包含导弹防御，必须综合考虑涉及战略稳定的所有因素，不反对将更多国家纳入实质核裁军。英法从自身战略利益出发，优先强调暂停核武器用裂变材料生产，着力通过推进核裁军核查国际合作拉近与无核武器国家距离。② 这一态势反映出核武器国家在当前战略环境下的差异化战略考虑与政策选择。

在无核武器国家内部，面对日益严峻的国际安全环境，享受核保护伞的美盟国与其他无核武器国家也开始分化。美盟国虽有无核武器国家身份，但享受美延伸威慑的安全红利，事实上成为核裁军的阻碍因素，引起了一般无核武器国家的强烈不满，迫使美盟国不得不抱团澄清，双方在会上激烈交锋。从侧面反映出不同类型无核武器国家在复杂安全形势下为强化安全而各寻出路的焦虑心态。

综观会议进程，表面上各方虽围绕诸多重大分歧达成妥协，终因乌克兰危机相关问题未能取得成果，看似事出偶然，实则具有深层必然。这一局面实际上是全球战略安全形势深刻调整背景下，各方矛盾对立的一次爆发。有学者已经指出，"即便会议达成成果文件，也只是延缓矛盾，《不扩

---

① "Principles and Responsible Practices for Nuclear Weapon States Working Paper Submitted by France, the United Kingdom of Great Britain and Northern Ireland and the United States of America," July 29, 2022, NPT/CONF. 2020/WP. 70.

② 关于英国对未来核军控的优先事项，参见 "Global Britain in a competitive Age," The Integrated Review of Security, Defence, Development and Foreign Policy, March 2021, p. 80。法国对未来核军控的优先事项，参见"Our priorities," France TNP, https://www.francetnp.gouv.fr/our-priorities?lang=fr。

散核武器条约》所面临的问题已经无法完全在《不扩散核武器条约》框架下得到解决"。①

（二）会议破裂余震难消，将长期影响国际核军控与防扩散进程

作为一次在特殊时期召开的审议大会，各方虽对大会成果不抱过高期待，但也希望能借此机会弥合分歧、提振信心。大多数国家虽对成果文件草案不满，但都做好妥协准备。即便如此，大会仍未能取得协商一致，将各方不满情绪推至临界边缘。

美及其盟友利用俄此次独家反对协商一致，掀起新一轮对俄指责攻击。在俄宣布拒绝接受成果文件草案后，美英法联合40余国发表声明，继续抨击俄军事行动威胁扎波罗热核设施运行，导致严重核风险。② 美代表更宣称俄乌局势，特别是扎波罗热核电站问题完全是由于俄罗斯的"战争选择"。③ 俄罗斯则针锋相对予以回击，强调对成果文件草案的批评广泛存在，会议最终破裂应当归咎于"乌克兰及其后台"绑架了整个会议。④ 俄学者在会后也撰文强调，有理由相信某些国家甚至在大会召开前就试图通过设置与《不扩散核武器条约》无关的议题，强行在大会文件中塞入俄罗

---

① Dr Wilfred Wan and Dr Tytti Erästö, "Looking beyond the NPT: Next Steps in Arms Control and Disarmament," Stockholm International Peace Research Institute, September 6, 2022, https://www.sipri. org/commentary/essay/2022/looking-beyond-npt-next-steps-arms-control-and-disarmament.

② *Joint Statement on Ukraine*, 2020 Review Conference of the Parties to the Treaty on the Non-Proliferation of Nuclear Weapons, U. S. Department of State, August 26, 2022, https://www.state.gov/wp-content/uploads/2022/09/Joint-Statement-on-Ukraine. pdf.

③ *U. S. Statement at the Closing Meeting of the Tenth Review Conference of the Parties to the Treaty on the Non-Proliferation of Nuclear Weapons Ambassador Adam Scheinman*, U. S. Department of State, August 26, 2022, The United Nations, New York, https://www.state.gov/wp-content/uploads/2022/08/U. S. -Final-Statement-at-the-Tenth-NPT-Review-Conference-1-1. pdf.

④ "Non-Proliferation Treaty Review Conference Ends without Adopting Substantive Outcome Document Due to Opposition by One Member State," UN Meeting Coverage, August 26, 2022, https://press.un.org/en/2022/dc3850. doc. htm.

斯无法接受案文，进而迫使俄罗斯阻挡大会文件通过。①

广大无核武器国家因对成果文件草案中核裁军内容不满，对草案有所保留，而大会最终未就这一妥协产物协商一致，加剧其不满情绪。埃及代表"新议程联盟"国家强调成果文件草案未实现条约下防扩散与核裁军义务的平衡。② 墨西哥代表60余个《禁止核武器条约》缔约国表示成果文件草案在核裁军方面存在严重不足。③ 奥地利外交部军控司司长卡门特大使在会后表示，即便此次《不扩散核武器条约》审议大会达成成果文件，会议也难言成功，因为核裁军与防扩散领域缺乏进展。④ 因力推《禁止核武器条约》谈判达成而获得诺贝尔和平奖的"国际禁止核武器运动"更撰文表示，《不扩散核武器条约》机制已经陷入危机，强调《禁止核武器条约》应该发挥作用，呼吁更多国家加入《禁止核武器条约》。

2022年下半年以来的国际军控形势发展显示，《不扩散核武器条约》第十次审议大会破裂导致的余震远未平息。美俄双边关系持续走低，两国对话进程受到波及。2022年10月，俄在最后一刻取消与美关于新START条约履约问题磋商。⑤ 2023年初，双方围绕新START条约问题的纷争进一

---

① Sergey Batsanov, Vladislav Chernavskikh, and Anton Khlopkov, "10th NPT Review Conference: The Nonproliferation and Peaceful Uses of Nuclear Energy Pillars," *Arms Control Today*, October 2022, https://www.armscontrol.org/act/2022-10/features/10th-npt-review-conference-nonproliferation-peaceful-uses-nuclear-energy.

② *Statement at the Closing Session of the 10th NPT Review Conference by Egypt on behalf of the New Agenda Coalition (Brazil, Ireland, Mexico, New Zealand, South Africa and Egypt)*, UN, https://estatements.unmeetings.org/estatements/14.0447/20220826/q82W3cj6s5AC/MjzMRUvpgw8N_en.pdf.

③ *Closing Statement TPNW Supporting States*, UN, August 26, 2022, https://estatements.unmeetings.org/estatements/14.0447/20220826/q82W3cj6s5AC/2DpugfhGk9QE_en.pdf.

④ "Reflections on the Tenth NPT Review Conference," Vienna Center for Disarmament and NonProliferation, October 19, 2022, https://vcdnp.org/reflections-tenth-npt-review-conference/#:~:text=The%20Review%20Conference%20took%20place,crisis%20in%20nuclear%20arms%20control.

⑤ Shannon Bugos, "Russia Delays Meeting on New START," *Arms Control Today*, December 2022, https://www.armscontrol.org/act/2022-12/news/russia-delays-meeting-new-start.

步升级。2023 年 1 月，美国务院报告提出因现场视察问题无法确认俄是否继续履约。① 2023 年 2 月，俄总统普京正式宣布暂停执行新 START 条约义务。② 与此同时，广大无核武器国家的不满情绪持续累积，继续蓄力推广《禁止核武器条约》。有学者指出，如果《不扩散核武器条约》审议大会在下一个审议周期还是无法形成成果文件，那么这一机制将可能面临深刻的系统性危机。③

（三）国际安全环境持续恶化可能令《不扩散核武器条约》机制面临更多严峻挑战

当前，国际战略安全格局正经历前所未有之大变局，特别是美国执意挑起大国战略竞争不断升级，势必进一步激化《不扩散核武器条约》机制的内在矛盾，不可避免将对《不扩散核武器条约》机制产生多方面复杂挑战。

一是某些大国为强化竞争优势正在挑战防扩散红线。《不扩散核武器条约》谈判达成和全球核不扩散机制建立的历史显示，大国围绕防扩散重要性与必要性存在共识是构建和维护《不扩散核武器条约》机制的最重要因

---

① *Report to Congress on Implementation of the New START Treaty Pursuant to paragraph（a）（10）of the Senate pursuant to paragraph（a）（10 Consent to Ratification of the New START Treaty（Treaty Doc. 111-5）*, U. S. Department of State, January 23, 2023, https://www. state. gov/wp-content/uploads/2023/01/2022-New-START-Implementation-Report. pdf.

② "Address by the President of the Russian Federation," Kremlin, February 21, 2022, http://en. kremlin. ru/events/president/transcripts/67828.

③ Sergey Batsanov, Vladislav Chernavskikh, and Anton Khlopkov, "10th NPT Review Conference: The Nonproliferation and Peaceful Uses of Nuclear Energy Pillars," *Arms Control Today*, October 2022, https://www. armscontrol. org/act/2022-10/features/10th-npt-review-conference-nonproliferation-peaceful-uses-nuclear-energy.

素之一。① 但当前美西方国家出于战略竞争与地缘政治等考虑，一意孤行推进存在严重扩散风险的美英澳核潜艇合作，着力强化区域延伸威慑安排，显示其在决策权衡中正在将战略竞争置于优先地位，不仅暴露了其严重的双重标准，更将严重损害《不扩散核武器条约》机制公信力，加剧《不扩散核武器条约》本已存在的内在歧视性。

二是核武器国家间对立加剧令核裁军取得进展更为艰难。长期以来，核武器国家间围绕如何推进核裁军本就存在分歧。近年来，随着国际战略形势震荡演进，加之高新科技军事应用突飞猛进，核武器国家间围绕核军控与裁军问题凝聚共识更加困难。特别是受乌克兰危机等重大事件影响，核武器国家间战略关系更加紧张。在此背景下，各方保持共识存量已经不易，围绕核裁军问题取得合作增量面临重重困难。

三是核裁军僵局可能进一步推升无核武器国家的激进举措。奥地利、墨西哥等一百多个无核武器国家在 2017 年 7 月谈判达成《禁止核武器条约》，堪称是近年来国际核军控领域的标志性事件之一。该条约彻底否定核武器与核威慑，暴露了无核武器国家与核武器国家对核武器作用认识的根本性分歧，也同承认核武器国家合法地位的《不扩散核武器条约》产生了直接矛盾。2022 年 6 月，该条约缔约国根据条约规定在奥地利召开第一次缔约国大会，高调通过了会议宣言以及后续行动计划。尽管奥地利等国持续强调《禁止核武器条约》旨在强化《不扩散核武器条约》的核裁军义务，但事实上已经启动了同《不扩散核武器条约》平行的国际进程。如无核武器国家与核武器国家矛盾持续激化，不排除后续激进国家复制《禁止核武器条约》谈判过程，依托缔约国大会平台通过要求核武器国家落实核

---

① George Bunn, *Arms Control by Committee, Managing Negotiations with Russians* (Palo Alto, CA: Stanford University Press, 1992), p. 49–83; Roland Popp, Liviu Horovitz and Andreas Wenger, *Negotiating the Nuclear Non-Proliferation Treaty Origins of the Nuclear Order* (Geneva: Routledge, 2017).

裁军义务等文件，势必将对《不扩散核武器条约》机制的权威性与影响力造成进一步冲击。

四、结语

《不扩散核武器条约》自生效至今，已经成为核军控与防扩散领域最具普遍性的条约，在遏制核扩散、提升国际安全等方面发挥了不可替代的作用。《不扩散核武器条约》第十次审议大会暴露的各方矛盾，不但同《不扩散核武器条约》机制本身存在的固有问题相关，而且同当前国际战略安全形势深刻演变、大国战略关系持续紧张等因素具有密切联系。核武器作为人类目前拥有毁伤能力最强的终极武器，抑制其扩散符合全人类的利益。各方应本着更为理性务实的态度，通过对话弥合分歧。核武器国家需要充分考虑无核武器国家的合理关切，以分阶段、分步骤方式落实核裁军义务，拥有最大核武库的国家更应切实落实核裁军特殊优先责任。无核武器国家也应客观理性认识核武器作用，要充分认识核裁军本身的敏感性与复杂性。只有各方基于共识共同推进，才有可能实现全面禁止、彻底销毁核武器的最终目标。

从拜登政府
《核态势审议报告》看美国核态势调整

宋岳　王颖　赵畅

内容提要： 2022 年 10 月，美国防部发布新版《国防战略》[1] 报告，为体现拜登政府以"一体化威慑"为核心的国防战略，《核态势审议报告》和《导弹防御评估报告》作为其附件一并发布。新版《核态势审议报告》进一步强化核武器在美国家安全政策中的作用，细化"定制"核威慑战略，谋求以核军控打压遏制对手核力量发展，并加快推进美"三位一体"核力量全面现代化及核军工转型升级，将对全球战略安全与稳定、国际多边军控裁军与防扩散进程产生严重消极影响。本文梳理拜登政府《核态势审议报告》的主要内容，并在此基础上分析美核态势调整。

关 键 词： 拜登政府；核态势审议；核政策；核军控

作者单位： 中核战略规划研究总院

冷战结束后，国际安全形势和战略格局发生重大变化。为重新审视核武器的地位作用，全面评估面临的核威胁，有效指导核政策与核战略制定，克林顿政府开始进行核态势审议，并于 1994 年出台美第一版《核态势审议报告》，主要内容包括核威胁判定、核武器作用、核威慑战略、核军控政

---

① U. S. Department of Defense, *2022 National Defense Strategy*, October 2022, https://media.defense. gov/2022/Oct/27/2003103845/-1/-1/1/2022-NATIONAL-DEFENSE-STRATEGY-NPR-MDR. PDF.

策、核力量发展等 5 个方面。此后的小布什①、奥巴马②、特朗普③政府均延续此做法，上台后第一时间开展核态势审议，迄今共发布四版《核态势审议报告》，内容基本维持上述 5 个方面，主要变化体现于根据国际安全环境、战略对手的发展变化对自身核威慑战略、核宣示政策、核力量建设等作出调整。此次拜登政府公布的为美第五版《核态势审议报告》。

一、拜登政府《核态势审议报告》主要内容

新版《核态势审议报告》由核心提要、核威胁挑战、核武器作用、核威慑战略、地区核威慑、核军控、核力量、核军工等 8 部分组成，可归纳为 5 个方面。

（一）在核威胁判定上，明确 6 大核威胁来源，提出 4 类核威慑挑战

明确 6 大核威胁来源。新版《核态势审议报告》认为，国际安全环境持续恶化，核大国军事对抗风险加剧，依次将中国、俄罗斯、朝鲜、伊朗、核扩散、核恐怖主义视为美面临的核威胁。一是中国。中国推动核武库扩张、现代化和多样化，初步建成"三位一体"核力量，到 2030 年至少拥有 1000 枚核弹头，意图建立具有高度生存能力、可靠性和有效性的庞大多样化核武库，可能以核武器胁迫美及其盟友和伙伴，是对美国防领域步步紧

---

① Department of Defense, *Nuclear Posture Review*, January 2002, https://uploads. fas. org/media/Excerpts-of-Classified-Nuclear-Posture-Review. pdf.

② Department of Defense, *Nuclear Posture Review*, April 2010, https://dod. defense. gov/Portals/1/features/defenseReviews/NPR/2010_ Nuclear_ Posture_ Review_ Report. pdf.

③ Department of Defense, *Nuclear Posture Review*, February 2018, https://media. defense. gov/2018/Feb/02/2001872886/-1/-1/1/2018-NUCLEAR-POSTURE-REVIEW-FINAL-REPORT. PDF.

逼的全面挑战。二是俄罗斯。俄提高核武器在国家安全中的作用，稳步推进核力量全面现代化，拥有多达 2000 枚非战略核武器，并同步发展多种新型战略进攻性武器，对美及其盟友和伙伴构成持久生存威胁。报告还称，中、俄持续提升整合网络、太空、信息、先进常规打击等非核能力，对核力量进行补充。三是朝鲜。朝持续提升、扩大并多样化核、弹道导弹、非核能力，对美及印太地区构成持久和日益增大的威胁。四是伊朗。伊朗目前未谋求发展核武器，但正在开展受"伊朗核协议"限制的核活动，引发美极大关切。五是核扩散。安全环境变化、伊朗和朝鲜核活动、俄乌冲突等可能加剧核扩散风险。六是核恐怖主义。制造大规模杀伤性武器的知识、物项和技术持续扩散，对美及其盟友和伙伴构成威胁。

提出 4 类核威慑挑战。新版《核态势审议报告》提出，安全环境恶化给美核威慑带来 4 方面挑战。一是竞争对手提高核武器在国家安全中的作用，导致冲突升级的风险加剧，特别是俄可能为赢得地区冲突或避免战败首先使用非战略核武器。二是为应对中国的核扩张及核战略调整，美可能需要调整自身核战略和核力量。三是美如同时与中、俄发生冲突，可能需要以核武器应对。四是网络、太空、空中和水下等领域能力发展给威慑效能发挥和管理冲突升级带来挑战。

（二）在核武器作用上，强调核武器具有不可替代的独特威慑效果，提出"根本作用"核宣示政策

强调核武器具有不可替代的独特威慑效果。新版《核态势审议报告》强调，在可预见的未来，核武器将继续发挥其他武器所不能替代的独特威慑效果，明确美核武器发挥三方面作用：一是慑止战略攻击，强调核武器不仅用于慑止一切形式的核攻击，还用于慑止可导致严重后果的非核战略攻击；二是保护盟友和伙伴安全，强调延伸威慑是美同盟体系的基础和核

心，并有助于防止盟友和伙伴发展核武器；三是在威慑失败时实现美国的目标，强调在威慑失效时使用核武器，以对美及其盟友和伙伴最有利的条件和尽可能低的损伤程度结束冲突，声称美不会故意以核武器瞄准平民或民用目标。报告同时强调"防范未知风险"不再是美核武器的作用。

提出"根本作用"核宣示政策。新版《核态势审议报告》申明美核武器的"根本作用"是慑止对美及其盟友和伙伴的核攻击，美只在极端情况下才会考虑使用核武器，以维护美及其盟友和伙伴的重大利益。声称美不会对签署《不扩散核武器条约》并遵守核不扩散义务的无核武器国家使用或威胁使用核武器。明确指出重点考虑到盟友可能受到非核战略攻击的影响，美现阶段不会采纳"唯一目的"或"不首先使用"核宣示政策。

（三）在核威慑战略上，制定针对不同威胁和不同地区的"定制"核威慑战略

针对不同威胁"定制"核威慑战略。一是对中国，将采用灵活的威慑战略和军力态势，向中国明确传达核武器不能阻止美保护盟友和伙伴，也不能胁迫美以不可接受的条件终止冲突，防止中国认为可以通过使用核武器获得优势，具体手段包括 W76-2 海基低当量潜射核弹头、战略轰炸机、核常两用战斗机、空射巡航导弹。二是对俄罗斯，将以"三位一体"核力量应对大规模核攻击，以搭载 B61-12 核航弹的 F-35A 核常两用战斗机、W76-2 海基低当量潜射核弹头、"远程防区外"空射核巡航导弹应对俄地区核威胁，确保俄不会对使用核武器的后果作出误判，并降低俄发动针对北约的常规战争和在常规冲突中使用非战略核武器的信心。三是对朝鲜，向其表明只要对美及盟友和伙伴使用核武器就会导致政权终结，将以核武器慑止朝非核战略攻击，并对朝核扩散行为进行追究。四是对伊朗，美依靠非核优势来慑止伊朗开展地区侵略，同时不允许伊朗获得核武器。新版

《核态势审议报告》同时强调，在制定和执行"定制"核威慑战略时，将采取一系列措施管理升级和误判风险，如加强对网络和太空威胁的防御、开发能够控制升级风险的作战概念和作战能力、对武器和指控系统进行抗压测试、消除与对手间的误判并加强对话等。

针对不同地区的"定制"核威慑战略。一是在欧洲—大西洋地区维持强大而可信的核威慑，指出美国的战略核力量和前沿部署。核武器为欧洲和北美之间提供重要政治和军事纽带。在继续推进 F-35A 战斗机和 B61-12 核航弹部署的同时，增加对俄监视、演习，提高北约核常两用战斗机戒备状态、生存能力等，加强北约核与非核能力整合，强化盟友核任务分担。二是在印度洋—太平洋地区维持强大而可信的核威慑，强调对印太地区及盟友和伙伴安全承诺坚定不移。将构建集成能力、概念、部署、演习和定制策略于一体的综合方案，加强与日本、韩国、澳大利亚等盟友的延伸威慑对话磋商，在保持核力量灵活部署能力的基础上，通过战略核潜艇到港访问和战略轰炸机巡航等提高美战略力量在该地区显示度，协同核与非核要素、利用盟友和伙伴的非核能力，支持美核威慑任务。

（四）在核军控政策上，重新强调军控作用，明确双边、多边核军控构想

重新强调军控作用。报告称，美致力于降低核武器在国家安全中的作用，将重新强调军控、防扩散、降低核风险、阻止军备竞赛，打造集威慑与军控于一体的全面平衡战略，明确将通过军控手段限制对手核能力发展，助力美核威慑效能发挥。

双边核军控构想。一是对俄罗斯，强调俄仍是美核军控重点，但未来美俄核军控谈判应考虑中国核力量增长因素，明确美将继续履行《美俄新削减战略武器条约》，并已准备好与俄就该条约到期后的新军控框架进行谈

判，优先关注提高透明度和降低核风险。二是对中国，声称尽管中国一直不愿与美开展军控对话，但美已准备好与中国围绕消除军事冲突、危机沟通、信息共享、相互克制、降低风险、新兴技术及未来核军控路径等战略议题进行接触，提出中国应暂停生产核武器用易裂变材料，或向国际社会保证其民用核设施不会用于生产军用核材料。此外，美强调为未来的军控协议做好储备，提高核查与监测技术能力，加强军控人才培养。

多边核军控构想。一是防扩散，支持《不扩散核武器条约》、国际原子能机构及其保障监督体系、无核武器区等，致力于加强国际核不扩散体系，对伊朗进行有原则的外交努力，对朝鲜采取经校准的外交手段并继续致力于朝鲜半岛完全、可核查的无核化，将推动五核国就核政策、降低核风险、核军控核查等进行交流。二是核禁试，承诺努力推动《全面禁止核试验条约》生效，支持条约组织筹委会、国际监测系统和国际数据中心的建成投运、现场视察机制的建立，强调条约一旦生效，俄、中有义务遵守"零当量"禁核试标准。三是核禁产，支持启动"禁产条约"谈判，前提是协商一致和所有关键国家参与，将继续遵守"暂停产"承诺并鼓励中国宣布"暂停产"。

（五）在核能力发展上，继续推进"三位一体"核力量、核指挥控制与通信系统、核军工基础设施全面现代化

"三位一体"核力量现代化。一是陆基，以配装 W87-0/Mk21 和 W87-1/Mk21A 核弹头的新一代"哨兵"洲际弹道导弹，一对一替换现役 400 枚"民兵"-Ⅲ洲际弹道导弹，强调项目延期将增加成本和风险，必须投入充足经费。二是海基，对新一代"哥伦比亚"级战略核潜艇投入充足经费，共建造 12 艘，2030 年开始交付，替换现役 14 艘"俄亥俄"级战略核潜艇；推进"三叉戟"-ⅡD5 潜射弹道导弹第二轮延寿计划；继续 W88 核弹

头延寿和 W93/Mk7 新型核弹头研发。三是空基，对新一代 B-21 新型战略轰炸机投入充足经费，至少采购 100 架；对新型"远程防区外"空射核巡航导弹及其配装的 W80-4 核弹头投入充足经费；退役 B83-1 核重力炸弹，发展新的对深埋加固目标的打击能力。四是非战略核力量，保留 W76-2 海基低当量潜射核弹头，但定期评估其威慑价值；取消新型海基核巡航导弹研制项目，原因是能力冗余、经费限制及军控作用有限等；继续以 F-35A 核常两用战斗机和 B61-12 核航弹替换北约现役 F-15E 及 B61-3/4 核航弹。

核指挥控制与通信系统现代化。明确核指挥控制与通信系统 5 项基本功能：探测、预警和攻击特征评估，核作战规划，决策支持会议，接收和执行总统指令，管理和指挥核力量；将增强对网络、太空和电磁脉冲等威胁的防御，加强综合战术预警和攻击评估能力，改进核指挥所和通信链，发展先进的决策支持技术，整合作战规划与行动。

核军工基础设施现代化。强调冷战结束后美核军工主要以库存武器维护为主要任务，部分生产基础设施已经拆除，其他生产能力无法继续维持，要求必须对核军工基础设施进行重建、翻修和现代化，并为此提出以"风险管理战略""生产韧性计划""科技创新倡议"为三大支柱的核军工转型升级战略。一是"风险管理战略"，加强国防部和能源部国家核军工管理局协调整合，将一系列核现代化计划进行优先级排序，识别评估风险，监测核威慑任务的整体推进状况。二是"生产韧性计划"，全面推进钚弹芯、铀加工设施、锂加工设施、氚材料供应、高能炸药研制以及抗辐加固微电子元器件等的生产能力现代化，涵盖初次、次级、氚和非核部件在内的武器全要素生产能力，旨在提高核军工生产灵活性、供应链的安全性和韧性、生产能力裕量，消除单点故障。三是"科技创新倡议"，聚焦利用科学和技术手段提高武器设计和生产现代化水平，缩短研发和生产周期，降低成本。

二、美核态势调整

总的看，拜登政府有意强化核武器在美国家安全政策中的作用，进一步加强核威慑与核打击能力，同时注重新兴军事技术对核威慑效能发挥的影响，并有意以核军控打压遏制对手核力量建设发展。

（一）进一步提高核武器地位作用

大国竞争背景下，美进一步强化核武器在国家安全战略中的作用，确定"打一场、慑一场"的总体军事目标。美新版《核态势审议报告》继续宣称仅在极端情况下使用核武器，但首次明确"与两个拥有核武器的国家几乎同时发生冲突将是一种极端情况"，主要强调避免多向开战，要求在参与一场全域冲突的同时，以核武器慑止其他方向的"机会主义侵略"，并重点防范中国、俄罗斯相互策应。当前，美正加紧评估美俄中三边核平衡条件下的新威慑战略，[①] 未来美核力量建设规划亦将依此作出调整，核武器在美国家安全政策中的作用愈加凸显。

（二）持续强化战略核打击能力

美长期对对手核力量规模、质量和作战能力保持高度警觉，正在抓紧实施包括核指挥控制与通信系统在内的核力量及基础设施更新和现代化。在整体能力上，重点提高生存和响应能力，提升力量部署、信息传递和应对方案的灵活性，增强对极端环境的适应性；在作战功能上，侧重加强精

---

① Tara Copp, "US Military 'Furiously' Rewriting Nuclear Deterrence to Address Russia and China, STRATCOM Chief Says," Defense One, August 2022, https://www.defenseone.com/threats/2022/08/us-military-furiously-rewriting-nuclear-deterrence-address-russia-and-china-stratcom-chief-says/375725/.

确打击、突防、弹道多样化、武器再调配和战场评估等关键属性。美国战略核打击能力不断提升，体现了更强的战略威慑性，意在继续扩大对对手的核战略优势。[1]

（三）加快推动核军工转型升级

多重因素叠加耦合促使美加快推进核军工转型升级。政治上，大国竞争背景下，核武器地位作用进一步凸显；军事上，美有满足禁核试条件下长期保持核武库"安全、安保、可靠"和"易于制造、维护、认证"等需求；技术上，钚弹芯等关键核部件的进一步老化可能导致核威慑面临失效风险。目前，缺乏可靠的生产能力已成为美核军工基础设施面临的最急迫挑战。为此，美寻求利用科学和技术优势，引入现代化、低成本生产技术和方法，加快提高核军工基础设施灵活性和响应性。[2]

（四）加紧打造核威慑"印太"包围圈

2018年《核态势审议报告》首次提出将针对不同核威胁"定制"核威慑战略。新版《核态势审议报告》在总体延续这一政策的基础上，进一步明确核威慑运用的手段。特别是在"印太"方向，美提出由空基核力量和海基低当量核武器组成慑战一体、显隐结合的全方位核威慑体系，通过提高美战略核潜艇、战略轰炸机等战略力量在本地区的灵活部署，强化核力量在美"印太"军事战略中的作用。同时，美突出强调发挥盟友体系优势，注重盟友常规军事力量的支持作用，意欲联合日本、韩国、澳大利亚加紧

---

[1] Hans M. Kristensen, Matt Korda, "United States Nuclear Weapons 2022," *Bulletin of the Atomic Scientists*, 78, no. 3 (2022): 162-184, https://doi.org/10.1080/00963402.2022.2062943.

[2] Brad Roberts, et al., "Stockpile Stewardship in an Era of Renewed Strategic Competition," Center for Global Security Research Lawrence Livermore National Laboratory, April 2022, https://cgsr.llnl.gov/content/assets/docs/CGSR_Occasional_Stockpile-Stewardship-Era-Renewed-Competition.pdf.

打造"印太"核威慑包围圈。

(五) 注重先进技术对核威慑影响

以高超精打、太空对抗、网络攻防、军事智能等为代表的新兴作战能力与核导为主轴的战略威慑力量日益相互交织，引发战略形态、战略战术、编制指挥体系的深刻调整，一定程度上影响甚至触动核力量的威慑效能和战略地位。[①] 为适应未来体系作战需求，美加快推进核作战链条与新兴作战能力的整合，提升核和非核"一体化威慑"的灵活性和有效性。美新版《核态势审议报告》明确提出统筹核常运用，以常补核、以核助常；强化天网能力，削弱对手对天网的先发打击效能。

(六) 以核军控打压遏制对手核力量建设发展

新版《核态势审议报告》服务美大国竞争战略，继续大肆炒作所谓中、俄"核威胁论"，动员纠集盟友、挑唆诱导无核武器国家，并在核透明、"暂停产"等重点核军控议题上对对手发起新的挑衅攻势。拜登政府着力重塑美核军控领导地位、强调战略稳定和降低核风险，其实质是构建由美主导、于美有利的核军控新秩序，打压遏制对手核力量建设发展。

三、结语

拜登政府对美核政策、核战略、核力量、核军控等相关内容进行调整，其基本出发点是维持美军事霸权地位。新版《核态势审议报告》提出所谓

---

① Keir A. Lieber, Daryl G. Press, "The New Era of Counterforce Technological Change and the Future of Nuclear Deterrence, International Security," 41, no. 4 (Spring 2017): 9-49, https://direct.mit.edu/isec/article/41/4/9/12158/The-New-Era-of-Counterforce-Technological-Change.

核武器"根本作用"，以模糊隐晦的表述回避掩盖其拒绝放弃先发制人核打击的真实意图，同时达到配合其"一体化威慑"国防战略实施、抢占核军控道义制高点的目的，取消个别武器型号也更多是出于能力冗余和经费限制等诸多因素的现实考量。实际上，拜登政府仍致力于推进美"三位一体"核力量、核指挥控制与通信系统、核军工基础设施全面现代化。

美国是世界上拥有最大核武库的国家，始终负有核裁军特殊优先责任。然而，作为校准美核战略与核政策航向的一次机会，新版《核态势审议报告》却走回了渲染大国竞争、鼓吹阵营对抗的老路。纵观拜登政府核政策调整，几乎全盘延续了此前费用高昂的"三位一体"核力量现代化计划。不仅如此，美还对中国正常的核力量现代化指手画脚、妄加揣测。该报告充斥冷战思维与零和博弈理念，折射出美国谋求绝对军事优势的霸权逻辑。

美国是世界上第一个拥有核武器的国家、唯一实战使用过核武器的国家、第一个在境外部署核武器并向其他国家提供所谓"核保护伞"的国家。因此，美国不但没有资格对其他国家指手画脚，还应该对自身的核军控劣迹多加反省，摒弃冷战思维和霸权逻辑，采取理性、负责任的核政策，切实履行核裁军特殊优先责任，为维护全球战略稳定、增进世界和平与安全发挥应有作用。

朝鲜半岛核问题与伊朗核问题评估

鹿　音

内容提要：朝鲜半岛核问题与伊朗核问题是两大地区核不扩散热点问题。2022 年，上述热点问题仍处于僵局。美国对朝鲜和伊朗的政策没有出现实质性变化，美朝、美伊关系依然紧张，相关外交对话和谈判步履维艰。美国并未重视朝鲜的正当合理安全关切，亦未解决伊朗在恢复"伊朗核协议"谈判中的诉求，而朝鲜、伊朗都保持了发展其核能力的选项。为解决朝核与伊核问题，在制裁施压、动武及对话谈判的选项中，只有推动务实对话与谈判进程，才是解决上述问题的有效途径。

关 键 词：核不扩散；朝鲜半岛核问题；伊朗核问题

作者单位：国防大学国家安全学院

传统的地区核不扩散问题以朝鲜半岛核问题（下称"朝核问题"）和伊朗核问题尤为典型，尽管各有其独特的历史经纬，但都涉及相关国家安全诉求、大国战略及政策调整、核能力发展水平等因素。朝核问题与朝美关系密不可分，而伊朗与美国的关系也是伊朗核问题的关键。近年来，随着大国战略竞争态势加剧，全球核不扩散形势也更加不容乐观，朝核问题与伊朗核问题均陷入了久拖不决，难有突破，甚至危机四伏的困境。

一、能力评估

朝鲜核导能力持续发展。伊朗的核能力也在谈判进展缓慢的背景下继续提高，其丰度为 60% 的铀持续增加，同样引发国际社会的关注。

（一）朝鲜核导能力

朝核问题长期僵持，拜登政府执政以来并无任何积极解决问题的意愿。2022 年以来，朝鲜不断释放加强核导能力的信号。

首先，颁布核武器相关政策法令。朝鲜领导人反复强调要加强核导力量发展。2022 年 4 月，在朝鲜人民革命军建军 90 周年阅兵式上，朝鲜领导人金正恩公布了朝鲜核武器的两个使命，第一个是基本使命，"遏制战争"，第二个使命为次要使命，指"若任何势力企图侵害朝鲜的根本利益，我们不得不按次要目的使用核武。朝鲜应时刻做好随时使用核武坚守使命和发挥遏制力的准备"。[①] 2022 年 9 月 8 日，朝鲜颁布了《关于朝鲜民主主义人民共和国核武力政策》的法令，同时废止了 2013 年 4 月通过的朝鲜民主主义人民共和国最高人民会议《关于进一步巩固自卫拥核国地位》的法令。新法令从法律上系统规定了朝鲜核武器的使用原则、使用条件、核武力组成、指挥控制、核武力的经常性态势、加强并更新核武力质量和数量以及核不扩散等各方面内容。根据该法令，其核武器使用原则如下：朝鲜将针对国家和人民的安全受到严重威胁的外部侵略和攻击，作为最后手段使用核武器。朝鲜在无核国家不与其他拥核国家勾结参与反对朝鲜民主主义人

---

① 《金正恩出席阅兵式阐明发展核武决心》，韩联社，2022 年 4 月 26 日，https://cn.yna.co.kr/view/MYH20220426014400881，访问日期：2022 年 9 月 20 日。

民共和国的侵略和攻击行为情况下，针对这些国家不进行核威胁或使用核武器。同时，朝鲜在以下情况下可以使用核武器：朝鲜遭到或被判断为即将遭到核武器或其他大规模杀伤性武器攻击时；国家领导机构和国家核武力指挥机构遭到或被判断为即将遭到核及非核攻击时；国家重要战略对象遭到或被判断为即将遭到致命军事攻击时；为防止战争的扩大和长期化以及要掌握战争主动权的作战需求不可避免时；发生对国家的存亡和人民的生命安全造成毁灭性危机的事态而不得不拿核武器应对的状况时。① 金正恩在第十四届最高人民会议第七次会议上指出，新颁布的《核武力法令》是"值得大书特书的重大事件"，是"依法固定核武力政策，从而拥核国的地位已经不可逆变"，朝鲜"决不会先弃核或实现无核化，不会进行此类的任何协商，也没有兑换的筹码"。②

其次，持续发展核导能力。朝鲜同时具备生产武器级钚和浓缩铀的能力。2022 年 9 月，国际原子能机构发表报告称，朝鲜仍在进行铀矿开采活动，朝鲜宁边的放射化学实验室（后处理工厂）存在运行迹象，5 兆瓦石墨反应堆仍在运行。2018 年 5 月朝鲜炸毁的丰溪里核试验场出现新动向，朝鲜于 2022 年 3 月开始恢复测试隧道相关建设。③

在导弹领域，朝鲜以频繁的发射试验提高导弹质量。美国国会研究处的报告认为，朝鲜正在开发具有某些关键特征的核武器运载系统，以提高

---

① 《颁布关于朝鲜民主主义人民共和国核武力政策的法令》，朝中社，2022 年 9 月 9 日，http://www. kcna. kp/cn/article/q/04dcac6deb9f11a3e3d36f56f8d63da95f0e629e6d35b7e3154b4226597df4b8.kcmsf，访问日期：2022 年 12 月 3 日。

② 《敬爱的金正恩同志在第十四届最高人民会议第七次会议上发表施政演说》，"朝鲜·锦绣江山"网站，2022 年 9 月 11 日，http://www. nicedprk. com/show. php? cid = 13&id = 407，访问日期：2022 年 12 月 2 日。

③ "Application of Safeguards in the Democratic People's Republic of Korea," Report by the Director General, IAEA, September 7, 2022, accessed December 22, 2022, https://www. iaea. org/sites/default/files/gc/gc66-16. pdf.

机动性、可靠性、效力、精确度和生存能力。朝鲜需要最大限度地发挥有限数量的武器、发射器和弹头的影响……一个关键因素是继续进行测试，以发展、确保和展示能力。① 2022 年朝鲜发射导弹次数为历年来最多，全年发射各型导弹 42 次，② 包括 2022 年初成功试射高超音速导弹及 11 月洲际弹道导弹 "火星-17" 的发射试验。另据朝中社报道，2022 年底，在金正恩的指导下，国防科学院进行了具有战略意义的重大试验，此次重大试验为另一个新型战略武器系统开发工作提供了坚定的科技保证。③ 该试验后来被朝鲜官方宣布为高功率固体火箭发动机地面试验，并暗示朝鲜全新洲际弹道导弹将在短期内问世。金正恩在 2022 年底召开的六中全会上表示，"要大量生产战术核武器，让核弹持有量呈几何级数增长，并加快新型洲际导弹研发，争取在最短时间内发射第一颗军用侦察卫星"。④

（二）伊朗核能力

2018 年美国退出 "伊朗核协议"，⑤ 美国对国际协议的履约信誉严重受损。拜登政府上台后，于 2021 年启动恢复 "伊朗核协议" 履约谈判，但美

---

① Mary Beth D. Nikitin, "North Korea's Nuclear Weapons and Missile Programs," Congressional Research Service, updated January 23, 2023, accessed February 1, 2023, https://crsreports.congress.gov/product/pdf/IF/IF10472.

② 此数据为笔者根据公开媒体报导统计得出，但另据美国政府官员称，朝鲜在 2022 年进行了前所未有的 63 次弹道导弹试验。参见 Mary Beth D. Nikitin, "North Korea's Nuclear Weapons and Missile Programs," updated January 23, 2023, accessed February 2, 2023, https://crsreports.congress.gov/product/pdf/IF/IF10472。

③ 《在敬爱的金正恩同志的指导下，国防科学院进行具有战略意义的重大试验》，朝鲜中央通讯社，2022 年 12 月 16 日，http://www.kcna.kp/cn/article/q/5423e068147b92829b052588227b402d.kcmsf，访问日期：2022 年 12 月 28 日。

④ 《详讯：金正恩称要成倍增加核弹持有量》，韩联社，2023 年 1 月 1 日，https://cn.yna.co.kr/view/ACK20230101001200881?section=nk/index，访问日期：2023 年 1 月 8 日。

⑤ 2015 年 7 月 14 日，联合国安理会 5 个常任理事国（中国、美国、英国、法国和俄罗斯）及德国与伊朗就《联合全面行动计划》（*Joint Comprehensive Plan of Action*, JCPOA）达成一致，该计划简称 "伊朗核协议"。

对伊政策调整步履维艰。受此影响，伊朗继续采取系列反制措施，其核能力持续发展。

首先，部分限制国际原子能机构对伊核活动的核查。根据 2020 年伊朗议会通过的《反制裁战略法》，① 伊朗于 2021 年 2 月开始限制国际原子能机构视察人员进入其核设施，拒绝向国际原子能机构提供伊朗核活动地点的监控视频资料。伊方并表示，在"伊朗核协议"恢复之前，不会向国际原子能机构提供监控摄像头的数据。②

其次，浓缩铀丰度和存量逐步提高。根据国际原子能机构 2022 年 11 月发表的最新报告，伊朗的浓缩铀库存总量为 3673.7 千克，包含 3323.1 千克六氟化铀形式的铀、241.6 千克氧化铀、49.3 千克燃料组件和燃料棒中的铀、59.7 千克液体和固体废料中的铀。在六氟化铀库存中，包括 62.3 千克丰度为 60% 的铀，386.4 千克丰度为 20% 的铀，1029.9 千克丰度为 5% 的铀，1844.5 千克丰度为 2% 的铀。③

再次，先进离心机规模加速扩大。据国际原子能机构公开报告显示，伊朗在纳坦兹和福尔多核设施中已安装了 IR-1 型、IR-2 型、IR-4 型、IR-5 型、IR-6 型等多款离心机级联，用于生产不同丰度的浓缩铀。④ 据美国研究人员评估，2022 年，伊朗安装的 IR-2 型离心机数量增加了一倍多，IR-

---

① 该法案要求伊政府根据国家需求制定核计划，进而用于对抗西方国家的制裁。参见《伊朗宪法监护委批准反制裁战略法案》，全国人大网，2022 年 2 月 8 日，https://www.npc.gov.cn/npc/c30834/202012/1dc3b15fdc06477baeb165b6c49eff86.shtml，访问日期：2022 年 12 月 8 日。

② 转引自岳汉景：《拜登政府对伊朗政策与伊朗核问题》，《国际关系研究》2022 年第 5 期，第 92—113 页。

③《根据联合国安全理事会第 2231（2015）号决议在伊朗伊斯兰共和国开展核查和监测》，国际原子能机构，2022 年 11 月 11 日，https://www.iaea.org/sites/default/files/22/11/gov2022-62_ch.pdf，访问日期：2022 年 12 月 8 日。

④ 同上。

6 型离心机数量增加了两倍多。① 先进离心机的安装和运行，意味着伊朗的铀浓缩能力明显提高。

美国国务院官员 2022 年 3 月称，据美国政府估计，伊朗目前只需一周就能生产出足够制造一枚核武器的高浓铀。美国国务院官员分析，如果伊朗恢复执行"伊朗核协议"义务，这个裂变材料的生产时间表将会延长，但延长的时间也将不到一年。② 但对伊朗是否把生产核武器的可能性变成现实，根据 2022 年美国情报界的年度威胁评估，认为"伊朗目前没有进行生产核装置所需的关键核武器发展活动"。美国国务院 2022 年 4 月的报告也包含了类似的结论。③

二、政策评估

美国是朝鲜半岛核问题与伊朗核问题的主要当事方，其政策调整备受关注。美国对朝政策的本质是消极应对、不作为，仅靠拉紧韩国，以军事同盟共同施压。美国对伊朗政策的调整也是有心无力，重新参与"伊朗核协议"的谈判又表现出瞻前顾后，矛盾重重的心态。

（一）美对朝政策调整

拜登政府对朝鲜政策评估 2021 年上半年就已经结束。国际社会普遍认

---

① Kelsey Davenport, "Iran in 2022: Cusp of Nuclear Threshold, United States Institute of Peace," USIP, December 21, 2022, accessed December 29, 2022, https://iranprimer. usip. org/blog/2022/dec/21/iran-2022-cusp-nuclear-threshold#: ~: text = In% 20November% 202022% 2C% 20Tehran% 20announced% 20plans% 20to% 20install, as% 20required% 20by% 20Nonproliferation% 20Treaty% 20% 28NPT% 29% 20safeguards%20obligations.

② "Iran and Nuclear Weapons Production," Congressional Research Service, July 25, 2022, accessed December 17, 2022, https://crsreports. congress. gov/product/pdf/IF/IF12106.

③ Ibid.

为，美国拜登政府对朝政策没有重大突破，只是以新面目延续了奥巴马政府时期的"战略忍耐"政策。2022 年美国的对朝政策依旧毫无进展，除了追加制裁，将主要力量集中在拉住韩国，迂回打压朝鲜上。而韩国尹锡悦新政府放弃了文在寅政府的对朝柔性政策，急欲显示对朝强硬，靠紧美国以压制朝鲜。美韩在应对朝鲜问题上找到共同需求，合作愈发紧密。

首先，拜登政府僵化使用制裁手段。依据拜登政府执政特点及官方对朝言论，可以预测其对朝政策难有突破，依旧以拖待变。对拜登政府而言，对朝主动作为的成本太高，收益却没有把握。在美国国内政治分裂，党争恶化的情况下，任何对朝政策的调整都可能成为共和党攻击民主党的靶子。与其冒险调整对朝政策，不如拉住韩国更加安全地获益。所以美国继续对朝鲜冷处置，面对朝鲜在核导领域的不断进展，也只能僵化地依靠制裁施加压力。2022 年，根据拜登政府第 13382 号和第 13687 号行政命令，美国共发起 5 次对朝单边制裁，[①] 制裁主要针对朝鲜大规模杀伤性武器和弹道导弹项目研发的个人和实体，有意向朝鲜政府提供大量金融服务的外国金融机构等。美国同时施压韩国，加强对朝制裁。10 月 14 日，韩国政府时隔 5 年对朝重启单边制裁，将与朝鲜研发核导和规避制裁有关的 15 名个人和 16 家实体列入单边制裁名单，以应对朝鲜所谓战术核武器威胁。[②] 12 月初，韩国政府再次对朝进行单边制裁。韩国自 2015 年 6 月以来共发起 6 次对朝

[①] "United States Designates Entities and Individuals Linked to the Democratic People's Republic of Korea's (DPRK) Weapons Programs," U. S. Department of State, January, 12, 2022, accessed December 8, 2022, https://www.state.gov/united-states-designates-entities-and-individuals-linked-to-the-democratic-peoples-republic-of-koreas-dprk-weapons-programs; "Sanctioning Network Supporting the Democratic People's Republic of Korea's (DPRK) Weapons Program," U. S. Department of State, March 11, 2022, accessed December 20, 2022, https://www.state.gov/sanctioning-network-supporting-the-democratic-peoples-republic-of-koreas-dprk-weapons-program/.

[②] 《简讯：韩政府时隔五年对朝实施单边制裁》，韩联社，2022 年 10 月 14 日，https://cn.yna.co.kr/view/ACK20221014001700881，访问日期：2022 年 12 月 15 日。

制裁，包括 124 名个人和 105 个实体。① 而尹锡悦政府执政半年即对朝鲜施加 2 次制裁，其配合美国的力度可见一斑。

其次，加强美韩同盟以威压朝鲜。文在寅政府执政期间，虽然也重视美韩同盟关系，但更关注改善朝韩关系，比较强调韩国自主性，不愿和美国一起刺激朝鲜，夸大所谓周边威胁。2022 年 5 月尹锡悦就任韩国总统后，情况发生明显变化。尹锡悦表示，将把韩国建成全球枢纽国家，把韩美同盟建成更高水平的全面战略同盟。② 尹锡悦政府的目标与美国拉紧美韩同盟的需求相吻合，韩国乘势采取一系列措施加强同盟关系。一是依托多边场合高调显示同盟紧密性。2022 年 5 月，韩国正式加入北约网络防御中心，成为首个加入该机构的亚洲国家；6 月中旬的香格里拉对话会上，美日韩三国防长发表联合声明，其内容首次提到台湾，这也是韩国在台湾问题上第一次明确附和美日发声；6 月底在马德里召开的北约峰会上，韩国首次受邀作为伙伴国之一参会，并举行美日韩三国首脑会面。二是积极参与双多边军演展示同盟军力。尹锡悦上台后明显加强并拓展与美及相关国家的军演力度。包括时隔五年恢复"乙支"系列军事演习；③ 自 2017 年以来首次举行"宙斯盾"反导演习；6 月底至 8 月初，以历史最大规模参加"2022 年环太平洋"军事演习；美 F-35 隐形战斗机自 2017 年以来再次在韩短期部署，与韩进行联合演习。同时，加强美日韩战略资产、反导、情

① 《韩国再次增加对朝单边制裁名单，分析称此举旨在与美国保持一致步调》，环球网，2022 年 12 月 3 日，https://baijiahao.baidu.com/s?id=1751144759153297170&wfr=spider&for=pc，访问日期：2022 年 12 月 6 日。

② 未来战略目标：韩国不应再局限于朝鲜半岛，而应迎接挑战，成为其所描述的"全球枢纽国家"，通过自由民主价值观和实质性合作促进自由、和平与繁荣。参见 Yoon Suk-Yeol, "South Korea Needs to Step Up—The Country's Next President on His Foreign Policy Vision," *Foreign Affairs*, February 8, 2022, accessed December 10, 2022, https://www.foreignaffairs.com/print/node/1128401。

③ 2022 年 8 月，韩国将"乙支自由卫士"（UFG）改名为"乙支自由之盾"（UFS），仍保持大型年度联合军演规模。

报与网络合作等。

（二）美对伊政策调整

拜登总统上台后面临严峻的美伊关系。有分析认为，就历史上美国所有总统就职之时所面临的美国伊朗关系紧张程度而言，拜登总统可以排在第二位，仅次于 1981 年在美国驻德黑兰大使馆人质危机背景下入主白宫的里根总统。与里根总统面对的被动美伊关系恶化不同，拜登总统接手的是美国主动恶化的美伊关系之糟糕局面。[①] 为此，拜登总统任内调整对伊朗关系变得十分必要和急迫。

首先，顺应地区战略调整缓和美伊关系。拜登政府执政以来，延续了自奥巴马政府开始从中东战略收缩的政策主基调。2022 年 7 月拜登首次中东之行表明，美国政府已开始调整其中东政策，重新审视中东的战略价值，并将大国战略竞争置于其中东外交的中心位置。拜登政府 2022 年 10 月最新发布的《美国国家安全战略》勾勒出美国新中东政策的框架，手段上体现外交优先，本质上依然是维持美国在中东的领导地位，其核心思想由五项基本原则组成：一是支持并加强与那些"遵守基于规则的国际秩序"的地区国家的伙伴关系，确保这些国家能抵御外来威胁；二是不允许外国或地区势力破坏中东航道的航行自由，不容忍一国通过军事集结、入侵或威胁来主宰该地区的另一国；三是消除对地区稳定的威胁，促进地区缓和，减少和结束冲突；四是在尊重主权和独立选择基础上，加强与地区国家的政治、经济和安全联系；五是促进地区的人权和价值观。拜登政府的对伊朗政策不能完全继续特朗普政府对伊朗的极限施压，但也不宜大幅减压，

---

① 范鸿达：《拜登政府对伊朗的缓和外交及美伊关系走向》，《西亚非洲》2022 年第 4 期。

至多只能小幅减压。① 为此，拜登政府除了口头宣示对伊朗缓和关系外，也没有再实施任何新的制裁授权，但继续制裁违反美国现行法律和行政命令的伊朗和第三国实体。②

其次，重视外交途径以重拾"伊朗核协议"。拜登上任以来，无论是战略调整还是利益需要，重返"伊朗核协议"，恢复履约谈判成为美政府缓和美伊关系的直接抓手。拜登还是总统候选人时，将特朗普政府的伊朗政策描述为"危险的失败"，认为特朗普试图单方面重新实施对伊朗的制裁，但几乎所有联合国安理会成员国都联合起来拒绝了他的赌博，而且，伊朗储存的浓缩铀还在成倍增加。③ 拜登承诺，只要"伊朗重新严格遵守'伊朗核协议'"，他就会让美国重新加入"伊朗核协议"，从而"为伊朗提供一条可信的回归外交的途径"。④

2021 年 4 月，旨在恢复履行"伊朗核协议"的谈判在维也纳举行。2022 年初，国际社会一度认为谈判"接近成功"。俄罗斯谈判代表乌里扬诺夫在接受俄《生意人报》采访时说，尽管还有几处需要磋商，但最终文件已在起草，"我们距离终点只有五分钟路程"。⑤ 然而，受乌克兰危机等因素影响，"伊朗核协议"谈判进程却一波三折。俄罗斯外长拉夫罗夫公开

① 岳汉景：《拜登政府对伊朗政策与伊朗核问题》，《国际关系研究》2022 年第 5 期。

② Carla E. Humud, Clayton Thomas, "Iran: Background and U. S. Policy," Congressional Research Service, November 30, 2022, accessed December 20, 2022, https://crsreports. congress. gov/product/pdf/R/R47321.

③ "Joe Biden Says Under Donald Trump, Iran's Uranium Stockpile Has Grown Tenfold," POLITIFACT, September 17, 2020, accessed December 18, 2022, https://www. politifact. com/factchecks/2020/sep/17/joe-biden/joe-biden-says-under-donald-trump-irans-uranium-st/.

④ Carla E. Humud, Clayton Thomas: "Iran: Background and U. S. Policy," Congressional Research Service, November 30, 2022, accessed December 22, 2022, https://crsreports. congress. gov/product/pdf/R/R47321.

⑤ 《伊核谈判"临门一脚"能否实现突破》，CCTV 网站，2022 年 2 月 10 日，https://news. cctv.com/2022/02/10/ARTI1BBdp7gR9XkwPb4OafLL220210. shtml，访问时期：2022 年 12 月 5 日。

表示，俄方要求美国至少国务卿级别的官员给予文字保证，目前因乌克兰危机对俄罗斯施加的制裁不能以任何形式影响俄罗斯与伊朗之间的经贸、投资与军事技术合作。① 从 3 月 11 日开始，谈判暂时休会。经过欧盟官员的协调，5 月各方重启谈判。6 月，美英法德等国就有关保障监督问题推动国际原子能机构理事会通过决议对伊施压，指责伊朗同国际原子能机构缺乏合作。作为回应，伊朗关闭了国际原子能机构部分监督设施。7 月，伊核谈判再现曙光，拜登在访问以色列时表示，外交手段是解决伊朗核问题的最好方式。② 8 月，欧盟出面向"伊朗核协议"相关方提交恢复 2015 年"伊朗核协议"的"最终文本"。9 月，谈判进入冲刺阶段，但美国的消极态度导致谈判再次搁浅。

一方面，2022 年 9 月，伊朗爆发的全国性骚乱将拜登政府的注意力从恢复履行"伊朗核协议"谈判上转移开，协议复苏的前景正变得黯淡。③ 另一方面，也有分析认为，拜登政府是因为对中期选举的顾虑而选择了消极谈判，既不想激化与伊朗的矛盾，又担心谈判成果成为共和党攻击的目标，影响民主党选情。④ 尽管拜登政府官员仍坚持认为，恢复履行"伊朗

① 范鸿达：《伊核协议恢复履行谈判与伊朗外交政策展望》，《当代世界》2022 年 6 月。

② Maureen Groppe and Francesca Chambers, "Tensions over Iran Nuclear Deal Disrupt Biden's Kumbaya Moment in Israel," *Chigago Times*, July 14, 2022, accessed December 8, 2022, https://chigagotimes.com/tensions-over-iran-nuclear-deal-interrupt-bidens-kumbaya-moment-in-israel/.

③ Carla E. Humud, Clayton Thomas, "Iran: Background and U. S. Policy," Congressional Research Service, November 30, 2022, accessed December 12, 2022, https://crsreports. congress. gov/product/pdf/R/R47321.

④ 2022 年 2 月，33 位共和党参议院议员警告拜登总统，称新的伊核协议必须通过国会审查，否则将阻挠新伊核协议的生效。参见《美共和党参议员警告拜登：新伊核协议必须经过国会审查》，澎湃新闻，2022 年 2 月 9 日，https://www.thepaper.cn/newsDetail_forward_16628775，访问日期：2022 年 12 月 24 日。

核协议"是防止伊朗获得核武器的最佳方式，① 但美方同时认为，短期内不太可能取得进展。2022 年 10 月，美国国务院发言人表示，鉴于伊朗持续的抗议活动，伊朗核谈判不是我们目前关注的焦点。②

从恢复履行"伊朗核协议"的谈判进程可以看出，"伊朗核问题"在拜登政府上台后取得一定突破属于意料之中，但也只能是有限的突破。拜登政府通过重拾"伊朗核协议"，体现了重视多边外交的姿态，但距离各方达成一致，真正重返协议，还有很长的路要走。

三、前景展望

地区核扩散问题的解决从来都不会太容易。制裁、动武和对话谈判都是选项，都可以摆在桌面上，但却没有真正轻松的选择。平衡各方利益，分析每一种选择的利弊，各方最终仍会走向谈判桌。

（一）制裁的前景

长久以来，制裁是美西方国家应对地区核不扩散问题的主要手段之一。但制裁是一把双刃剑，一方面可能作为筹码交换，压迫相关国家重返谈判桌；另一方面甚至是更有可能的结果，则是引发受制裁国的强烈反弹，使其国内力量空前团结。回顾历史，美西方国家对朝鲜和伊朗实施几十年的非法单边制裁，最后都没能使这两个国家停下发展核力量的脚步。在现实利益面前，多国制裁联盟内部的矛盾也会日益凸显，制裁的效果可能离初

---

① "Secretary Antony J. Blinken's Remarks to the Nuclear Non-Proliferation Treaty Review Conference," US. Department of State, August 1, 2022, accessed December 25, 2022, https://www.state.gov/secretary-antony-j-blinkens-remarks-to-the-nuclear-non-proliferation-treaty-review-conference/.

② 此处"持续的抗议活动"指 2022 年 9 月伊朗爆发的全国性骚乱。

衷越来越远。为了应对制裁，对外经济依赖度不高的朝鲜以超强硬应对强硬，而伊朗更是发展出相对稳定的反制裁措施。海牙全球正义研究所研究人员对美国制裁伊朗的效果进行了评估分析，认为制裁造成的压力并没有引起伊朗政策上的变化，而只是改变了伊朗政府的应对战略。制裁行为不仅不利于伊朗经济和人民的生活，而且对制裁发起国的利益也会产生不利影响。[①] 未来无论是解决朝核问题还是伊朗核问题，制裁手段的使用都会受到越来越多的掣肘。制裁显然不是从根本上解决问题的方法，甚至会起到反作用。单边制裁还易加深制裁国与受制裁国的直接矛盾，多边制裁达成一致也越来越难。

（二）动武的可能

用武力方式解决核扩散问题，国际社会从未达成过共识，大国单干也多是口头威胁或政治姿态。无论对朝核问题还是伊朗核问题，美国习惯于强调所有的选择方案都摆在桌面上，暗指谈判是方案，动武也是选项。对美而言，选择的关键困境在于军事打击后的经济和政治代价难以估计。美国并没有使用军事打击彻底摧毁朝鲜核武器的把握，而第一轮打击所必然招致的报复却可能是美国无法承受的。就军事打击伊朗而言，伊朗比较完整的军事力量同样让美国有所顾忌。拜登政府的官员们认为，目前不可能以军事方式应对伊朗核项目的挑战。[②] 在拜登执政期间，似乎还没有任何国会议员公开支持采取降低伊朗核能力的军事行动。可以确定，动武的可能

---

① Agnese Macaluso, "The Apparent Success of Iran Sanctions: Iran, Rouhani, and the Nuclear Deal, " *Working Paper 2, Working Paper Series*, the Hague Institute for Global Justice, August 2014, accessed December 26, 2022, https://thehagueinstituteforglobaljustice. org/files/cp/uploads/publications/working-paper-2-iran-sanctions_ 1409326879. pdf.

② "Senate Foreign Relations Committee Holds Hearing on the JCPOA Negotiations and United Sates' Policy on Iran Moving Forward, Congressional Transcripts, " May 25, 2022, accessed December 10, 2022, https://www. congress. gov/event/117th-congress/senate-event/LC69766/text.

一直以来都是模糊的意愿，而非真正严肃的选择。

（三）对话谈判的期待

在美朝、美伊多年的相互对抗中，美国在大国协调的框架下回应相关国家的核心关切并作出实质性让步后，核问题都出现了积极发展的态势，甚至有过阶段性成果，有效控制住了地区核扩散的趋势。多边对话与谈判既可以实现双方互利共赢，也兼顾了世界各国的合理关切，是化解核危机的重要途径。美国拜登政府需要调整政策，在解决核扩散问题上有所作为，而相关国家也要有意愿，用谈判解决安全诉求，以保生存，求发展。核项目不是不可以谈，但关键还是大国意愿有多强。当前，朝核与伊朗核问题都进入新阶段，通过双边及多边外交途径，用对话谈判解决核扩散问题是最现实的选择。但各方对于对话谈判所面临的阻力要有充分预期。

一是相关国家关系的长久矛盾。朝核问题的本质是美朝矛盾，伊朗核问题的关键是美伊关系。这两组国家关系本质上仍是敌对关系，并未实现国家关系的正常化。美朝、美伊在处理涉及彼此安全关切的问题时，某种程度上已形成长期对抗的历史惯性。相关国家的矛盾积累太久，仇视对方甚至成为某种政治正确，这导致双方回到谈判桌解决问题的门槛越来越高。

如果从冷战算起，美朝敌对关系已经持续 70 余年。朝鲜用核武手段保国家生存，美国则需要朝鲜真正"去核"以解除威胁。在目前的地区安全形势下，美国不可能改变朝鲜作为敌对国家的地位，朝鲜当然也很难完全放弃自己的核武器。美朝之间的无核化谈判只能在改善双边关系和无核化步骤和内容上讨价还价，双方都期待对方能在谈判过程中多让一步，但往往期待越高失望越大。美伊关系自 1979 年伊朗巴列维王朝被推翻开始，就形成了伊朗的"地区霸权"和美国全球霸权的结构性矛盾。[1] 其后的伊朗

---

① James A Bill, "Iran and the United States: A Clash of Hegemonies, " Middle East Report, Fall 1999, accessed January 12, 2019, https://www.jstor.org/stable/3012915.

84

政权一贯秉承强烈反美立场，特朗普的对伊政策更加剧了美伊关系的紧张。即使在拜登政府调整对伊政策的背景下，美国 2022 年 10 月出台的《国家安全战略》仍将伊朗定位为干涉邻国内政、通过代理人扩散导弹和无人机、策划伤害美国人并推进超出民用需求核计划的专制国家。而美国将继续与盟国和伙伴合作，提高它们遏制和反击伊朗破坏活动的能力。①

二是涉核谈判本身的复杂性。以签署"伊朗核协议"的谈判为例，从 2006 年欧盟高级代表推动伊朗核问题多边谈判的外交努力开始，到 2015 年 7 月最终签署"伊朗核协议"，将近十年的谈判触及了伊朗核问题的方方面面，包括伊朗核项目历史、民用核项目中可能用于军事的部分、铀材料丰度和存量问题、离心机的数量问题、国际原子能机构对伊朗核设施的视察和调查、解除制裁和解冻资产问题等。② 而对于已经有核武器的朝鲜，解决核问题的谈判直接与朝鲜若干个已成形武器项目相关。冻结、去核、核查等步骤涉及一国国家安全，尤其是核查步骤在操作中十分敏感，会使谈判更加复杂。

三是意外事件的干扰。意外事件使外交手段或谈判成果受阻，在解决朝核问题与伊朗核问题的过程中都曾出现过。第一次朝核危机爆发后，1994 年美朝签署《核框架协议》的进程相对顺利，但推动签署条约的朝鲜领导人金日成在当年 7 月突发心脏病去世，协议最后由继任领导人金正日签署。协议签署后美朝在履约问题上便矛盾不断，最终导致了第二次核危机爆发。意外事件使外交努力失败，本质上还是国家关系脆弱，互信严重缺失，直接影响解决核问题的对话或谈判。鉴于以上困难与核扩散问题必

---

① "National Security Strategy," The White House, October 2022, accessed December 10, 2022, https://www.whitehouse.gov/wp-content/uploads/2022/11/8-November-Combined-PDF-for-Upload.pdf.

② "伊朗核协议"的内容作为附件列入联合国安理会第 2231 号决议中，参见《第 2231 (2015) 号决议》，联合国，2015 年 7 月 20 日，https://documents-dds-ny.un.org/doc/UNDOC/GEN/N15/225/26/PDF/N1522526.pdf?OpenElement，访问日期：2022 年 12 月 5 日。

须得到控制的紧迫需求，各方均需面对现实，降低期待值，通过务实对话与谈判，努力和平解决朝核问题与伊朗核问题。

四、结语

在朝核问题上，中国的政策保持了相当的稳定性。中国始终坚持保持半岛和平稳定的政策总基调，支持通过对话谈判和平解决朝核问题，以实现半岛无核化的目标。中国外交部发言人指出："朝鲜长期面临安全上的外部威胁，这是半岛问题的根源所在。"[①] 2022 年 11 月，中国常驻联合国代表张军在安理会审议朝鲜半岛局势时表示，中方呼吁美方停止单方面渲染紧张对抗的做法，负起责任、拿出行动、体现诚意，切实回应朝方正当合理关切，为重启有意义的对话创造条件。[②] 在伊朗核问题上，中国同样坚持劝谈促和，反对有关国家推动国际原子能机构理事会通过决议对伊朗施压。中国代表强调，事实一再证明，施压无助于解决问题，其效果只会适得其反。尤其在伊方正与机构加强合作的情况下，美欧仍推动决议制造对抗，这种做法将导致机构政治化，中方坚决反对。中方敦促有关方以实际行动支持机构与伊方加强合作，通过对话弥合分歧。[③] 中国将继续与相关各方保持沟通协调，发挥劝和促谈的建设性作用，致力于通过政治外交方式和平解决朝核和伊朗核问题，维护全球核不扩散机制及地区和平与稳定。

---

① 《2022 年 2 月 9 日外交部发言人赵立坚主持例行记者会》，外交部网站，2022 年 2 月 9 日，https://www.mfa.gov.cn/web/wjdt_674879/fyrbt_674889/202202/t20220209_10640532.shtml，访问日期：2022 年 12 月 12 日。

② 《安理会审议朝鲜半岛局势 中国代表呼吁有关各方保持冷静克制》，中国新闻网，2022 年 11 月 5 日，https://www.chinanews.com/gj/2022/11-05/9887723.shtml，访问日期：2022 年 12 月 12 日。

③ 《中国代表：施压无助于解决伊核问题，效果只会适得其反》，中国新闻网，2022 年 11 月 18 日，https://www.chinanews.com.cn/gj/2022/11-18/9896920.shtml，访问日期：2022 年 12 月 7 日。

美英澳核潜艇合作与核领域全球治理：
困境与出路

赵学林　王春芬

内容提要： 美英澳核潜艇合作开启了核武器国家向无核武器国家非法转让大量武器级核材料的危险先例，是教科书级别的核扩散行径。三国合作不仅直接冲击了以《不扩散核武器条约》为基石的国际核不扩散体系，还严重损害了国际社会推进核领域全球治理的努力。为共同应对这一重大挑战，国际原子能机构理事会及大会连续七次设置单独正式议题，专门审议三国核潜艇合作问题，在《不扩散核武器条约》第十次审议大会上许多国家也都对三国合作充分表达了各自关切。中国积极参与核领域全球治理，始终倡导各国践行共商共建共享的全球治理观。以此为遵循，通过成员国主导的政府间审议进程应对美英澳核潜艇合作带来的防扩散挑战是唯一可行的解决途径。

关 键 词： 美英澳核潜艇合作；美英澳三边安全伙伴关系（AUKUS）；核领域全球治理；《不扩散核武器条约》（NPT）；核保障监督

作者单位： 中核战略规划研究总院

一、美英澳宣布建立
三边安全伙伴关系并执意推进核潜艇合作

2021 年 9 月 15 日，美国、英国与澳大利亚三国发表联合声明，宣布建立美英澳三边安全伙伴关系，进一步深化三国在战略安全与国防领域的合作，作为美英澳三边安全伙伴关系框架下的首个合作项目，美国和英国将协助澳大利亚建造至少 8 艘核潜艇。为此，澳大利亚取消了已进展多年的由法国建造常规动力潜艇的项目。除核潜艇外，澳大利亚还将通过美英澳三边安全伙伴关系获得一系列远程打击武器，包括"战斧"巡航导弹、联合空对地防区外导弹、远程反舰导弹、高超声速导弹以及精确打击制导导弹等，并形成制导武器本土制造能力。2021 年 11 月 22 日，美英澳三国共同签署《海军核动力信息交换协议》，正式允许澳大利亚获取美英机密的核潜艇信息。时任澳国防部长彼得·达顿在声明中表示，这份协议将有助于澳方就核潜艇采购项目完成预计 18 个月的前期研究；协议还将为澳大利亚人员提供建造、操作和维护核潜艇相关培训。12 月 1 日，美总统拜登向国会提交《海军核动力信息交换协议》。12 月 14 日，由美英澳三国成立的"澳大利亚核潜艇项目"联合指导小组举行会议，重申此前承诺，即尽可能早地将澳大利亚核潜艇投入使用，并商定三国在未来 18 个月内的后续步骤，安排各工作组详细审查在澳建造核潜艇所需的关键步骤。

2022 年 3 月 7 日，时任澳总理莫里森与国防部长达顿发表声明称，将在澳东海岸建造一个新的潜艇基地，用以停靠澳大利亚未来的核潜艇，同时支持美英核潜艇定期访问。作为澳大利亚自 20 世纪 90 年代以来新建的首个重要军事基地，该基地总投资预计超过 100 亿澳元。4 月 5 日，美英澳三国领导人发表关于美英澳三边安全伙伴关系实施进展的情况说明，表示自 2021 年 9 月宣布成立美英澳三边安全伙伴关系以来，三国在高级别官员小组、联合指导小组及工作小组等层面举行了多场会议，美英澳三边安全伙伴关系框架下的澳大利亚核潜艇项目及先进能力两条工作路线都已取得多项重要进展。6 月 15 日，美国会美英澳三边安全伙伴关系工作组提出"澳大利亚—美国潜艇军官输送法案"，允许澳皇家海军每年派遣两名军官参加美海军的核潜艇军官培训课程，这些接受培训的澳军官将被部署在美海军潜艇上进一步熟悉操作。8 月 22 日，美英澳向《不扩散核武器条约》第十次审议大会提交《美英澳三边安全伙伴关系下的合作》工作文件，承诺澳大利亚不寻求发展核武器，美英亦不会协助澳发展核武器；声称三国将以最高防扩散标准推进核潜艇合作，核心是提高透明度以及与国际原子能机构保持密切接触；强调三国核潜艇合作不违反《不扩散核武器条约》、国际原子能机构全面保障监督协定及其附加议定书、《南太平洋无核区条约》等法律义务；表示将采取四方面举措消除核扩散风险，包括澳大利亚不发展铀浓缩、后处理等核燃料循环能力，潜艇反应堆保持完整、焊封，与国际原子能机构合作制定核查方案，继续保证澳大利亚境内没有未申报活动等。

2023 年 2 月，美国防部长劳埃德·奥斯汀表示，美国与澳大利亚在尽早让澳大利亚拥有核潜艇方面取得了"重大进展"。2023 年 3 月，美英澳三国领导人举行会晤并发布核潜艇合作最终方案。① 根据该方案，三国将采取"先部署、再出售、后建造"的"三步走"方式：一是美英核潜艇分别从 2023 年、2026 年开始增加抵澳港口访问频次，并最早从 2027 年开始实现在澳轮换部署，同时澳大利亚将派员赴美英现场学习培训；二是从 21 世纪 30 年代初期开始，美向澳出售 3 艘"弗吉尼亚"级攻击型核潜艇，如澳大利亚需要可再出售 2 艘；三是采用英国下一代核潜艇设计和美核潜艇尖端技术，在英澳本土建造攻击型核潜艇（代号为 SSN-AUKUS），其中英澳将分别于 21 世纪 30 年代末期和 40 年代初期建成首艘 SSN-AUKUS 核潜艇。

---

① The White House, *Joint Leaders Statement on AUKUS*, March 13, 2023, https://www. whitehouse. gov/briefing-room/statements-releases/2023/03/13/joint-leaders-statement-on-aukus-2/.

二、美英澳核潜艇合作带来严重核扩散风险

一是严重违背《不扩散核武器条约》的目的和宗旨。作为目前世界上最具普遍性和约束力的核不扩散条约,《不扩散核武器条约》在防止核武器扩散方面发挥了至关重要和不可替代的作用,是当前国际核不扩散体系的基石。美国和英国作为核武器国家,借助核潜艇合作直接向无核武器国家输出成吨的武器级核材料,足以制造 64—80 枚核武器,是教科书级别的核扩散行径;澳大利亚作为无核武器国家,公然接受数量如此巨大的武器级核材料,无异于"一只脚跨过了核门槛"。该条约的目的和宗旨是防止任何形式的核扩散,三国核潜艇合作严重违背条约的目的和宗旨。

二是直接违反《国际原子能机构规约》。国际原子能机构是负责和平利用原子能活动的政府间国际组织,《国际原子能机构规约》是机构建立和运行的法律基础,也是机构制定和执行保障监督措施的法律依据。《国际原子能机构规约》第二条规定了机构的目标,即"机构应谋求加速和扩大原子能对全世界和平、健康及繁荣的贡献。机构应尽其所能,确保由其本身、或经其请求、或在其监督或管制下提供的援助不致用于推进任何军事目的"。美英拟向澳转让的武器级核材料与核潜艇设备、反应堆等物项以及相关技术援助,明显属于"军事目的",国际原子能机构若贸然对三国核潜艇合作实施保障监督,将直接违反《国际原子能机构规约》。

三是对国际原子能机构现行的保障监督体系造成极大挑战。保障监督是机构核查一个国家是否履行其不将核计划和核活动转用于核武器目的的国际承诺的活动。(1)在法律层面,美英澳核潜艇合作开启了核武器国家向无核武器国家非法转让武器级核材料的先例,严重违反《不扩散核武器条约》的目的和宗旨,而条约是机构所有全面保障监督体系的母法。机构

在严格遵守《国际原子能机构规约》规定的前提下，能否以及如何对三国核潜艇合作实施保障监督将面临严峻的法律挑战，特别是有关全面保障监督协定第 14 条的解释、适用及执行等问题也都未形成国际共识。（2）在技术层面，由于没有先例，如何在保护敏感信息的前提下达到有效监测的目的长期困扰国际社会，三国核潜艇合作也对机构带来了巨大的保障监督与核查技术挑战。

四是严重损害国际无核武器区条约。无核武器区是指有关地区内的国家集团在自由行使其主权的基础上，通过条约而自愿建立并被联合国大会所承认的没有核武器的地区。作为区域性核不扩散机制，无核武器区是国际核不扩散体系的重要组成部分。（1）严重损害《南太平洋无核区条约》精神。《南太平洋无核区条约》不仅禁止核武器，还禁止用于和平目的的核爆炸装置，以及决不允许向海洋里倾倒核废料及其他放射性物质，对核活动的限制非常坚决彻底，体现了南太平洋岛国和人民的共同诉求。[1] 而美英澳核潜艇合作使澳大利亚获得成吨的武器级高浓铀，使南太平洋地区笼罩在核扩散的阴霾之下，严重损害《南太平洋无核区条约》精神。（2）破坏东盟国家建立东南亚无核武器区的努力。未来澳大利亚核潜艇必将涉及进入东南亚水域相关问题，引发各国高度关切，并对地区国家产生现实威胁，破坏东盟国家建立东南亚无核武器区的努力。

五是不排除澳大利亚未来再次寻求发展核武器。二战结束后，澳大利亚数届政府都曾寻求过从英美采购战术核武器，[2] 或通过采购核运载系统间

---

① The United Nations, Office for Disarmament Affairs, "South Pacific Nuclear - Free Zone Treaty: Status," Last Update: May 11, 2012, http://disarmament. un. org/treaties/t/rarotonga and "Nuclear-Weapon-Free-Zones: South Pacific," Inventory of International Nonproliferation Organizations and Regimes, Center for Nonproliferation Studies.

② Australian Archives (ACT): A1945/13 186-5-3; Memo from Athol Townley, Minister for Air, to Philip McBride, Minister for Defense September 12, 1956, p. 1.

接获得核武器，① 甚至通过本土生产武器级核材料来制造核武器。② 尽管澳大利亚已经签署并批准《不扩散核武器条约》，但时至今日，澳大利亚国内仍然存在一股强烈的拥核思潮，部分澳学者更是不断抛出拥核论调。美英澳核潜艇合作涉及大量武器级核材料转让，而国际原子能机构现行保障监督体系无法对其进行有效监管。此外，鉴于澳大利亚历史上积累的核武器相关知识，特别是未来还将获得具有核能力的运载系统，一旦澳大利亚铤而走险，再次寻求发展核武器，其核突破时间将大大缩短，国际社会无法有效应对。

六是还将带来其他恶劣影响。（1）三国此举存在严重核安全风险。澳大利亚在不具备相应事故处置能力和经验的情况下操作运行核潜艇，一旦发生事故，大量放射性核废物流入海洋，不仅直接违反《南太平洋无核区条约》，还将严重破坏全球海洋环境并危及人类健康。（2）将引发核潜艇军备竞赛。美英澳三国之间的核潜艇交易将促使其他国家重新考虑其核潜艇选项，在追求核潜艇或表达过类似意愿的无核武器国家之中释放新的扩散动力。建造和运营这些核潜艇所需的资源和技术令大多数国家望而生畏，但美英澳核潜艇合作所开启的恶劣先例，很可能会刺激部分国家如法炮制拥有核潜艇，进而引发潜艇军备竞赛，甚至寻求突破核门槛，刺激地区国家发展军力，推高军事冲突风险，给世界和平与稳定带来巨大威胁。（3）对全球战略平衡与稳定产生深远消极影响。美英澳组建三边安全伙伴关系并开展核潜艇合作，实质是以意识形态划线，打造新的军事集团，这将加剧

---

① PRO: DO 35/8287; Memo from F. R. Carey, UK Joint Service Liaison Staff, to William S Bates, Office of High Commissioner for the United Kingdom, Canberra, October 31, 1958, p. 2; Cawte, Atomic Australia, p. 108.

② Archives of the Department of Foreign Affairs and Trade: Unregistered Document; Paper Department of Supply and A. A. E. C. , Costs of a Nuclear Explosives Programme, p. (Top Secret) .

地缘紧张态势和军事冲突风险。核潜艇不仅具备机动的战略打击能力，还有携带核武器的潜力，澳大利亚依附美英强化集团军事能力，将对核武器国家间的核平衡乃至全球战略稳定产生深远消极影响。

三、国际社会高度关注并积极应对三国合作造成的影响

美英澳核潜艇合作事关《不扩散核武器条约》的完整性、权威性和有效性，事关国际和地区安全稳定，引发国际社会高度关切，相关国际和地区治理机制及时作出反应。

（一）国际原子能机构启动并逐步深化政府间讨论议程

自 2021 年 9 月美英澳宣布建立三边安全伙伴关系并开展核潜艇合作以来，国际原子能机构理事会及大会连续七次设置单独正式议题，专门讨论"美英澳三国合作所涉核材料转让及其保障监督等影响《不扩散核武器条约》的各方面问题"，开启并逐步深化政府间讨论进程。这反映出国际原子能机构广大成员国对此事的严重关切，也说明此事超出了机构秘书处现有授权范畴，必须由机构成员国通过政府间进程探讨并寻求解决方案。

2022 年 9 月 13 日，国际原子能机构总干事格罗西首次就美英澳核潜艇合作问题向理事会提交书面报告。就程序而言这是正确的一步，但报告的实质内容严重偏颇。总干事的报告片面引述美英澳为自身行为辩解的言论，绝口不提国际社会对三国核潜艇合作存在核扩散风险的重大关切，无视很多国家关于三国合作违反《不扩散核武器条约》目的和宗旨的严正立场，并越权就本该由机构成员国讨论决定的事项得出了误导性的结论。需要强调的是，美英澳核潜艇合作事关《不扩散核武器条约》的完整性、权威性和有效性，相关保障监督问题涉及国际原子能机构所有成员国的利益，应

该由机构所有成员国共同讨论决定。

（二）《不扩散核武器条约》第十次审议大会各方高度关切

2022 年 8 月 1 日至 26 日，《不扩散核武器条约》第十次审议大会在纽约联合国总部举行。大会主席古斯塔沃·斯劳卫宁表示，美英澳三边安全伙伴关系问题已经引发多国关切，预计将成为此次会议上讨论的热点问题，三国核潜艇合作是否违反《不扩散核武器条约》精神应该由所有条约缔约国共同判定。印度尼西亚向大会提交"潜艇核动力推进"工作文件，对当前核不扩散机制下所开展的核潜艇合作表达严重关切，并呼吁所有条约缔约国共同就海军堆核查问题制定建设性办法。巴西向大会提交"巴西的海军堆计划以及《不扩散核武器条约》规定的保障监督机制"工作文件，强调其未来核潜艇反应堆将使用低浓铀燃料，并由巴西完全自主设计、开发、建造和组装，巴西核潜艇计划将不构成核扩散风险。伊朗、菲律宾、基里巴斯等国家代表也都对美英澳核潜艇合作提出了看法和关切。

美国、英国、澳大利亚三国向大会提交"三边安全伙伴关系"的工作文件，试图为自身开展核潜艇合作辩护，但引发国际社会广泛批评。多国人士纷纷表示，美英澳核潜艇合作明显违反《不扩散核武器条约》的目的和宗旨，具有严重核扩散风险，威胁地区和全球安全与稳定。三国应撤销错误决定，以实际行动回应国际社会关切，全面有效遵守国际核不扩散义务。

（三）国际学术机构和专家学者纷纷发声批评

美国普林斯顿大学公共和国际事务学院名誉教授弗兰克·冯·希佩尔、美国军控协会执行主任达里尔·金博尔等多位防扩散专家和美国政府前官员联名向美总统拜登致信，对美英澳三边安全伙伴关系将破坏国际核不扩散机制表达严重担忧。指出在美英澳三边安全伙伴关系框架下向澳大利亚提供以武器级高浓铀为反应堆核燃料的核潜艇，将对国际核不扩散机制产生严重的负面影响，其他国家可能会援引美英澳三边安全伙伴关系的先例来获得或生产高浓铀。

美国得克萨斯大学奥斯汀分校公共事务学院副教授、"防止核扩散项目"负责人艾伦·库珀曼表示，美英澳核潜艇合作将开启危险的核扩散先例，因为其他国家可以同样要求进口或生产用于核潜艇的大量高浓铀，从而为制造核武器创造出不可阻挡的途径。他还驳斥了美英澳三国关于"核潜艇反应堆中核材料不经过化学处理就无法直接用于核武器，而澳大利亚不拥有也不会寻求此类处理设施"的说法，指出核潜艇反应堆中核材料的形态与研究堆或医用同位素生产堆中的类似，而美国等国家呼吁将后者所使用的高浓铀燃料"低浓化"，原因正是在于其中高浓铀可以在小型、不可探测的设施中被快速转化为制造核武器的铀金属。

哈希特·普拉贾帕蒂在美国《国家利益》官网上发表了题为《糟糕的先例：美英澳三边安全伙伴关系有没有破坏核不扩散体系》的文章称，美英澳核潜艇合作加剧了核扩散风险，并为寻求核武器的国家开启了危险的先例。文章还表示，三国合作也暴露出美国的"双重标准"，即允许澳大利亚获得核潜艇，却对伊朗的核计划采取强硬立场。在 20 世纪 80 年代，美以防扩散为由阻挠法国和英国向加拿大出售核潜艇，但此次其向澳出售核潜艇的决定表明，美心安理得地按照自身喜好破坏核不扩散机制。

2022 年 7 月，中国军控与裁军协会和中核战略规划研究总院在北京联合发布《危险的合谋：美英澳核潜艇合作的核扩散风险》研究报告。这是中国学术机构首次发布关于美英澳核潜艇合作的专题研究报告，从学术角度传达出中国智库和学者关注核扩散风险、维护世界和平与安全的坚定声音。[①] 报告指出，三国核潜艇合作将开启核武器国家向无核武器国家非法转让成吨武器级核材料的恶劣先例，造成严重的核扩散风险。报告强调，三国核潜艇合作严重违背《不扩散核武器条约》的目的和宗旨，直接违反《国际原子能机构规约》，挑战国际原子能机构保障监督体系，损害无核武器区条约，并对全球战略稳定与国际及地区安全产生深远负面影响。报告还通过翔实的数据和材料，深入揭露了澳大利亚曾经寻求发展核武器的野心，引发国际媒体、军控专家学者的关注和讨论。

四、美英澳核潜艇合作冲击核领域全球治理

美英澳不顾国际社会批评与反对，执意推进三国核潜艇合作进程，不仅带来严重核扩散风险，冲击国际核不扩散体系，还给核领域全球治理带来政治、法律、技术等方面的深层次挑战。

（一）政治上，美英澳核潜艇合作挑动阵营对抗、进行地缘零和博弈，严重损害大国互信，加剧核领域全球治理困境

美英澳组建三边安全伙伴关系并开展核潜艇合作，实质是以意识形态划线，打造新的政治军事集团，这将加剧地缘紧张态势。美英澳三边安全伙伴关系与"四边机制""五眼联盟"一脉相承，都服从和服务于美国主导的"印太战略"，试图在"印太"地区另起炉灶，旨在挑动地区阵营对立，进行地缘零和博弈，这是逆时代潮流而动，是冷战思维死灰复燃。在国际社会普遍反对冷战和分裂之时，美方公然违背不搞新冷战的政策宣示，

---

① 中国军控与裁军协会、中核战略规划研究总院：《危险的合谋：美英澳核潜艇合作的核扩散风险》，2022 年 7 月，http://cacda.org.cn/ueditor/php/upload/file/20220720/1658303878139039.pdf。

拉帮结伙炮制盎格鲁-撒克逊"小圈子",集中整合资源向"印太"地区倾斜,运用高新技术和战略力量扩大其军事影响力,将地缘私利置于国际安全之上,加剧军事对立和冲突风险,严重损害大国间战略互信。

当前,世界百年未有之大变局和世纪疫情交织叠加,冷战思维阴魂不散,以军事同盟为标志的旧安全观回潮。在所谓"大国战略竞争"执念驱动下,大国间战略互信严重缺失,国际战略安全与军控形势不断恶化,以《不扩散核武器条约》为代表的国际核不扩散体系受到严重冲击,甚至面临冷战结束以来最严峻的新挑战。美英澳核潜艇合作与防止核扩散、避免核军备竞赛的国际期望背道而驰,对核领域全球治理进程而言更是雪上加霜。

(二)法律上,美英澳恶意利用《不扩散核武器条约》未直接约束无核武器国家发展核潜艇的"漏洞",强行援引机构全面保障监督协议豁免核查条款,将给机构保障监督体系带来严峻挑战

《不扩散核武器条约》是目前世界上最具普遍性和约束力的核不扩散条约,1968 年开放签署,1970 年生效,缔约国包括五个核武器国家在内的191 个国家。在 20 世纪 60 年代条约谈判之初,条约的早期草案原本涵盖了无核武器国家应该将其所有核活动均置于保障监督之下的要求,从而完全消除了出于任何原因对核材料豁免保障监督的可能。但当时意大利、荷兰等一些北约国家希望条约能给未来发展核潜艇预留出空间,英国也担心条约会限制其从美国进口核潜艇反应堆,美国为协调北约内部立场、推动尽快达成条约,对核潜艇反应堆相关问题开了"口子",最终没有在条约文本中作出明确规定。

事实上,当时美国已认识到这可能会形成条约的一个"漏洞",正如1965 年的美国一份立场文件所指出,"美国的立场是不希望制造一个可能

的漏洞，以便无核武器国家可能主张有权将其重要核设施免于保障监督，这可能会引起对这些核设施是否正在秘密开展核武器相关工作的怀疑"。鉴于当时很多国家的核潜艇计划才处于起步阶段，并且在可预见的未来只有核武器国家才有能力拥有核潜艇，美国在明确了解潜在后果的前提下依然选择为条约引入这个"漏洞"。

根据《不扩散核武器条约》要求，无核武器国家与国际原子能机构签订全面保障监督协定并接受机构核查，以确保其未将核能从"和平用途"转用于核武器或其他核爆炸装置。而针对无核武器国家用于"非和平用途"中的核材料，例如核潜艇反应堆中核材料，全面保障监督协定第 14 条规定，当事国可申请对其豁免保障监督，但需通知机构并报告此类核材料的总量和成分等信息，同时保证不会将其转用于核武器。目前世界上除了五个核武器国家和作为非《不扩散核武器条约》国家的印度拥有核潜艇，尚无无核武器国家成功拥有核潜艇的案例，因此第 14 条规定从未在现实中启用，加之《不扩散核武器条约》审议大会或机构理事会也未进行相关审议，国际社会对第 14 条规定的适用条件、概念定义、豁免范围以及程序等迄无定论。

国际社会普遍认为，第 14 条规定主要针对当事国自主研发，而非由他国援助当事国建造核潜艇的情形。这是因为《国际原子能机构规约》在机构成立之初就已明确规定，机构应确保在其监督或管制下提供的援助不致用于推进任何军事目的，因此若将第 14 条强行套用至当事国接受来自其他国家援助建造核潜艇的情况中，将使机构直接违反《国际原子能机构规约》上述规定，并危及《不扩散核武器条约》的目标和宗旨，这显然不是全面保障监督协定谈判者的本意。据报道，美英澳已向国际原子能机构通报三国开展核潜艇合作的消息，并与秘书处进行接触，其中必将涉及对核潜艇反应堆中核燃料进行保障监督相关的复杂法律问题，因此三国核潜艇合作无疑给机构现有保障监督体系带来了严峻法律挑战。

（三）技术上，美英澳核潜艇合作对国际原子能机构现行的保障监督与核查体系造成极大挑战

一方面，从实际情况看，国际原子能机构作为负责和平利用核能活动和执行保障监督的政府间国际组织，其现有保障监督措施仅在民用核活动方面有实践经验，例如核材料衡算、封隔监视、远程监测、环境取样等，对军用核活动实施保障监督尚无先例。鉴于无核武器国家核潜艇相关保障监督问题将对国际原子能机构保障监督体系产生深远影响和重要示范效应，必须由所有国家深入研究讨论并形成共识后确立相关规则，特别是任何保障监督安排及相应核查技术的科学性、合理性、有效性和可信性都需要认真研究、比较和验证。

另一方面，国际原子能机构现行保障监督体系无法对美英澳核潜艇合作进行有效监管，不能确保澳大利亚不发展核武器。澳大利亚虽没有核材料生产设施，但拥有较为雄厚的核技术基础，并已掌握铀浓缩技术，加之国际原子能机构无法对未申报的核材料或核活动进行及时有效探查，澳大利亚秘密建造核材料生产与核武器研发设施是完全有可能的。

五、以更广泛的全球应对寻求核领域全球治理出路

中国一直从全球安全治理的战略高度看待核领域治理问题，并积极参与核领域全球治理，始终倡导各国践行共商共建共享的全球治理观。以此为遵循，通过国际原子能机构成员国主导的政府间审议进程应对美英澳核潜艇合作带来的防扩散挑战是唯一可行的解决途径。

美英作为核武器国家，应摒弃陈旧的"冷战"思维和狭隘的地缘政治

观念，尽快停止危险的核扩散行径，立即撤销有关错误决定，忠实履行国际核不扩散义务，多做有利于国际核不扩散机制和世界和平安全的事。澳大利亚作为无核武器国家，在国际原子能机构全体成员国通过协商一致确定解决方案之前，应本着对本国人民和国际社会负责任的态度，停止与美英的危险合作。同时，国际社会应该推动国际原子能机构尽早成立所有成员国均可参加的特别委员会性质的机制，专题讨论对无核武器国家核潜艇动力堆及其相关核材料实施保障监督所涉及的法律与技术问题，并向机构理事会和大会提交建议报告，推动共同解决核领域全球治理中的这一重大挑战。

美国 2022 年《导弹防御评估》报告解读及影响分析

熊瑛　齐艳丽　吕涛　王林

内容提要：2022 年，美国拜登政府发布新版《导弹防御评估》报告，强调构建导弹防御与核能力相辅相成的综合威慑，采用更加综合的导弹挫败方法。报告将中国列为"步步紧逼的挑战"，将加强与盟国和伙伴在一体化防空反导领域的国际合作以应对共同威胁。未来将重视天基预警系统的发展，优先发展针对区域高超声速目标的防御能力，可能对全球战略稳定和"印太"地区安全产生重要影响。

关 键 词：导弹防御；综合威慑；高超声速防御；安全影响
作者单位：北京航天长征科技信息研究所

2022 年 10 月 27 日，美国拜登政府发布新版《导弹防御评估》报告，为美国导弹防御的未来发展提供指引。美国正在发展下一代拦截弹，全力构建"印太"地区反导体系，未来将优先发展探测能力，推动区域高超声速目标防御能力快速形成装备。美国导弹防御系统的发展可能对全球战略稳定和"印太"地区安全产生重要影响。

一、《导弹防御评估》报告要点

2022 年 10 月，美国拜登政府发布新版《导弹防御评估》报告。① 这是自 2010 年美国首次出台《弹道导弹防御评估》报告以来，美国第三次开展导弹防御评估。对比历次导弹防御评估报告可以看出，随着美国《国防战略》的调整和威胁目标的变化，导弹防御评估报告的名称、防御目标和潜在对手都在不断变化，拜登政府对美国导弹防御战略和政策的调整主要表现在以下方面。

2010 年、2019 年和 2022 年导弹防御评估报告对比

	2010 年版	2019 年版	2022 年版
报告名称	弹道导弹防御评估	导弹防御评估	导弹防御评估
防御目标	弹道导弹	弹道导弹、巡航导弹和高超声速飞行器等	弹道导弹、巡航导弹、高超声速飞行器和无人机等
潜在对手	朝鲜、伊朗等"流氓国家"	朝鲜、伊朗等"流氓国家"和中国、俄罗斯	朝鲜、伊朗、中国、俄罗斯、非国家行为体
防御手段	主动防御	首次提出综合的防御手段，包括主动防御、被动防御以及先发制人	继续发展主动、被动防御和先发制人打击相结合的防御体系。强调导弹防御和核武器相辅相成的综合威慑

---

① The Secretary of Defense, *2022 Missile Defense Review*, October 27, 2022, https://media.defense. gov/2022/Oct/27/2003103845/-1/-1/1/2022-NATIONAL-DEFENSE-STRATEGY-NPR-MDR. PDF.

	2010 年版	2019 年版	2022 年版
国际合作	东亚 北约 中东地区	印太 北约 中东地区 南亚 北美	印太 北约 中东地区 北美

资料来源：The Secretary of Defense, *2019 Missile Defense Review*, January 17, 2018, https://media. defense. gov/2019/Jan/17/2002080666/-1/-1/1/2019-MISSILE-DEFENSE-REVIEW.PDF; The Secretary of Defense, *Ballistic Missile Defense Review Report*, February 1, 2010, https://dod. defense. gov/Portals/1/features/defenseReviews/BMDR/BMDR_ as_ of_ 26 JAN10_0630_ for_ web. pdf; The Secretary of Defense, *2022 Missile Defense Review*, October 27, 2022, https://media. defense. gov/2022/Oct/27/2003103845/-1/-1/1/2022-NATIONAL-DEFENSE-STRATEGY-NPR-MDR. PDF。

（一）强调反导能力的战略威慑作用，构建导弹防御与核能力相辅相成的综合威慑

2022 年美国《国防战略》指出，综合威慑是一种汇集所有国家力量工具的框架。① 《导弹防御评估》报告明确指出，随着对手导弹武器的不断发展和进步，导弹防御系统将成为综合威慑战略中一种核心的"拒止性威慑"要素，对保卫美国本土和慑止针对美国的攻击至关重要。在综合威慑框架内，导弹防御和核能力是相辅相成的。美国的核武器是一种强有力的威慑，而导弹防御则通过拒止来促进威慑。如果威慑失败，导弹防御可能会降低攻击的影响。导弹防御直接在美国的定制威慑战略中发挥作用，以阻止朝鲜等国家对美国的攻击，并为针对美国的盟友和伙伴及各自海外部队的延

---

① The Secretary of Defense, *2022 National Defense Strategy*, October 27, 2022, https://media. defense.gov/2022/Oct/27/2003103845/-1/-1/1/2022-NATIONAL-DEFENSE-STRATEGY-NPR-MDR.PDF.

伸威慑作出贡献。美国将继续依靠战略威慑来应对和慑止中国和俄罗斯大规模洲际导弹对本土的威胁。战略威慑以安全、可靠和有效的核武库为基础，并通过强抗毁性的探测器和核指挥、控制和通信（NC3）架构进一步强化。

报告还指出，随着朝鲜导弹规模和复杂性的增加，美国还将继续采用综合的导弹防御方法，并以核与非核手段作为补充，使导弹防御能力超越朝鲜对本土的导弹威胁。本土防御方面，美国将研发下一代拦截弹，继续提高地基中段防御系统的能力和可靠性。区域防御方面，美国将继续加强与盟国和伙伴的合作，构建攻防一体化防空反导能力，融合各种能力和作战行动，以保卫本土、盟国和伙伴，保护联合部队，通过消灭对手的空中力量和导弹，确保己方部队行动自由。

（二）强调大国竞争，突出未来多元化的新兴威胁，发展主动、被动导弹防御相结合的导弹防御方法

2018 年美国《国防战略》将与俄罗斯和中国的长期战略竞争列为国防部的主要优先事项，[①] 2022 年美国《国防战略》将中国作为主要挑战，进一步强调所谓"中国构成的威胁"。新版《导弹防御评估》报告与《国防战略》一致，将中国称为"步步紧逼的挑战"，将加强与盟国和伙伴在一体化防空反导领域的国际合作以应对共同威胁。

报告认为，美国国家安全面临日益增长的挑战，其范围和复杂性预计在未来十年内将成倍增加。当前和新型的弹道导弹、巡航和高超声速导弹能力以及小型无人机等新兴威胁，使得美国防空反导系统的传统角色更加

---

① The Secretary of Defense, *2018 National Defense Strategy*, January 22, 2018, https://dod.defense.gov/Portals/1/Documents/pubs/2018-National-Defense-Strategy-Summary.pdf.

复杂化。美国的潜在对手正在获得射程更远、更复杂的导弹，并寻求通过复杂的信息系统和探测器为先进常规导弹带来军事优势。威胁者正在研发和部署机动导弹系统，以降低美国、盟国和合作伙伴探测、识别和应对其发射准备的能力。高超声速武器旨在躲避美国的探测器和防御系统，由于其双重（核/常规）能力、挑战性的飞行剖面和机动性，该类武器构成了越来越复杂的威胁。无人机拥有与巡航导弹类似的杀伤力，可以从各种各样的地点发射，几乎难以发现。无人机通常不被对手认为具有与大型导弹部队相同的破坏稳定的地缘战略影响，使其越发成为执行战术级别打击的首选方式。对手也在利用多种类型的导弹齐射——例如单向攻击无人机与火箭弹结合——试图击败导弹防御系统。无人机的使用可能会增加，对美国本土、海外人员、盟友和伙伴构成威胁。

为应对这些挑战，美国必须建立全面、分层、机动的一体化防空反导，随时准备利用每一个机会和所有飞行阶段削弱、干扰和挫败敌方导弹，并不断发展作战概念，强调分散和机动以确保在竞争环境中的弹性。作为综合威慑方案中一种已被证明的能力，主动和被动导弹防御将是应对未来先进威胁的重要解决方案。美国在战略上的当务之急是继续投资和创新，发展全面的导弹挫败能力，以保持威慑和提供保护，同时抵消不确定性。

（三）强化对一体化防空反导探测器网络的需求，以提升对先进威胁的探测和跟踪能力

新版报告在对未来技术的讨论中，将探测器放在首位。报告指出，美国需要反应灵敏、持久、弹性和效费比高的联合一体化防空反导探测器能力，对区域内现有和新型先进空中和导弹威胁进行探测、表征、跟踪和交战，提高本土对导弹威胁的预警、确认、跟踪、识别和溯源能力。探测器应当在威胁目标进出大气层时与指挥控制系统共享和传输数据，无缝应对

战区级威胁、执行本土防御任务及应对全球威胁。具有弹性的天基红外系统和雷达能够实现对本土和区域导弹和先进威胁的预警、探测和跟踪，现代超视距雷达能力能够改善本土针对巡航导弹和其他威胁的预警和跟踪能力。

（四）加强与盟国和伙伴的国际合作，进一步强化重点区域的防御与威慑

报告指出，加强与北美、"印太"地区、欧洲和中东特定国家的密切合作，仍然是美国一体化防空反导建设的重要优先事项。从战略角度看，这一领域的合作加强了共同保护，增强了延伸威慑，并在面对日益增长的区域导弹威胁、胁迫和攻击时，为盟国和伙伴的凝聚力提供了至关重要的保证。在作战方面，开展一体化防空反导相关合作在提高互操作性、降低对手反介入/区域拒止（A2/AD）能力有效性方面发挥重要作用。为了实现这些目标和目的，美国国防部将与盟国和伙伴开展更加广泛的双边、多边一体化防空反导安全合作活动，协调政策制定和作战规划；开展导弹防御试验；分享区域和全球导弹威胁信息；交流一体化防空反导作战愿景；加强和协调信息保护工作；支持现代化和未来能力发展；为联合研究、训练以及合作研发和生产提供新的机会。

在"印太"地区，美国将继续推进与日本、澳大利亚和韩国的双边和多边合作，加强信息共享和保护，提升反导武器装备的互操作性，推动盟友和伙伴研发天基和陆基探测跟踪系统，共同探索针对区域高超声速目标的防御技术和能力。在欧洲地区，美国将继续与北约盟国和其他欧洲伙伴密切合作，加强北约的一体化防空反导和弹道导弹防御，包括改进战备和准备状态，加强集成度和一致性，开展多边和双边演习，进行对外军售以及制定适用的国际军备合作倡议。

二、美国导弹防御体系发展动向

2022 年《导弹防御评估》为美国导弹防御系统的发展提供指引，未来美国导弹防御系统发展主要体现出以下趋势。

（一）发展新一代地基拦截弹，进一步提高地基中段防御系统的能力和可靠性

地基中段防御系统主要用于防御美国本土可能遭受的洲际弹道导弹袭击，由地基拦截弹、天基和陆基探测器网络以及指挥控制系统组成。目前，美国已经部署了 44 枚地基拦截弹，其中 4 枚部署在范登堡空军基地，40 枚部署在阿拉斯加的格里利堡。地基中段防御系统的部分能力已经得到了验证，具备拦截少量伊朗和朝鲜等国家的简易弹道导弹的能力。[1] 由于地基拦截弹的作战有效性和可靠性都比较低，美国启动了下一代拦截弹的研制工作，下一代拦截弹将采用新的助推器和杀伤器，并部署在现有发射井内，预计于 2027 年部署。[2] 同时美国正在开展现役地基拦截弹的延寿计划，升级推进器、处理器、威胁目标库等，提高系统的可靠性，以满足下一代拦截弹部署前本土防御需求。

---

[1] The Office of the Director, Operational Test and Evaluation, *2022 Annual Report*, January 2023, https://www. dote. osd. mil/Portals/97/pub/reports/FY2022/other/2022annual_ report. pdf? ver = 71JCDFc AlC9z_ UnuI9BOUQ%3d%3d.

[2] Jen Judson, "Industry Teams Move to Accelerate Work on MDA's Next-generation Missile Interceptor, " June 28, 2022, https://www. defensenews. com/pentagon/2022/06/27/industry-teams-move-to-accelerate-work-on-mdas-next-generation-missile-interceptor/.

（二）采用先进作战概念，全力构建以关岛防御为核心的"印太"地区反导体系，推动攻防一体化能力的发展

报告重点强调了关岛的独特地位，指出关岛是关键的区域力量投射平台和后勤节点的所在地，也是美国维护"印太"地区利益的重要作战基地。因此，关岛导弹防御体系结构将与其独特地位相称，建设关岛导弹防御体系将有助于保持综合威慑的整体完整性，并支撑美国在"印太"地区的作战战略。美国已经开始设计关岛导弹防御系统架构，将采用分布式部署方式，充分利用主动和被动防御手段，以防御弹道导弹、巡航导弹和高超声速导弹威胁。[①]

此外，美国还通过对外军售、联合研制、海外基地部署等方式，构建"印太"地区导弹防御系统。美国与日本联合研制"标准 3-2A"导弹，未来将联合开展高超声速武器拦截技术研究。美国升级了在韩国部署的"萨德"（THAAD）系统，初步具备"爱国者-3"分段改进型导弹（PAC-3 MSE）与"萨德"系统一体化作战能力，[②] 在韩国乌山空军基地成立了驻韩太空军小队，以更好地监视朝、中、俄三国。作战演练方面，美国开展多次联合反导演习，加强信息共享，提升反导系统的互操作性。美日韩自 2016 年起开始联合开展"太平洋龙"的导弹跟踪演习，旨在检验联合探测和跟踪朝鲜弹道导弹的能力。2022 年 8 月，澳大利亚和加拿大首次参与该演习，以提升五国反导系统的互操作性。演习期间，美海军阿利·伯克级驱逐舰"菲茨杰拉德"号发射了一枚"标准 3-1A"导弹，成功拦截了近程弹道导

[①] Peter Ong, "The Missile Defense Of Guam," Naval News, October 29, 2022, https://www.navalnews.com/naval-news/2022/10/the-missile-defense-of-guam/.

[②] "USFK Adds New Equipment to THAAD Base to Complete Upgrade Program," Yonhap, October 7, 2022, https://m-en.yna.co.kr/view/AEN20221007004000325.

弹目标，这也是 2016 年开始演习以来的首次拦截。①

针对"印太"地区，美国还将发展攻防一体化的作战能力。2022 年 10 月，在美陆军举行"会聚工程 2022"演习中，美陆军利用诺·格公司开发的特殊软件连接了一体化防空反导作战指挥系统（IBCS）和陆军先进野战炮兵战术数据系统（AFATDS），实现了反导系统与进攻型导弹指控系统的连接。美军通过一体化防空反导作战指挥系统在模拟环境中发现地面威胁，将目标信息（如行踪、发射点等）以数字方式传递给先进野战炮兵战术数据系统，随后打击系统对地面目标实施打击，成功实现了攻防一体化作战能力。②

（三）优先发展持久、弹性和灵敏的探测器能力，构建多星、多轨道的天基预警系统

目前，美国现役天基预警系统主要包括国防支援卫星和天基红外探测系统（SBIRS），部署在地球同步轨道和大椭圆轨道上，用于监视全球各地战略和战区弹道导弹发射。未来美国将全面推进高、中、低轨一体化卫星星座建设。2022 年 1 月 27 日，美国太空采购委员会签署了推进中轨道星座研发计划的决定，确定了构建由地球同步轨道、高椭圆极地轨道、近地轨道和中轨道卫星组成的多层网络，实现弹道和高超声速导弹的预警和跟踪。

美国首次提出在中轨道部署预警卫星。与地球同步轨道卫星相比，中轨道卫星更接近地球，减少了导弹预警信息传输所需的时间，能够更快和

---

① Jason Sherman, "U. S. Intercepted Ballistic Missile Target over Pacific while China Exercised around Taiwan," Inside Defense, August 12, 2022, https://insidedefense.com/daily-news/us-intercepted-ballistic-missile-target-over-pacific-while-china-exercised-around-taiwan.

② "Northrop Grumman Connects Multi-Service Capabilities at Project Convergence Creating One Resilient Force," November 3, 2022, https://news.northropgrumman.com/news/releases/northrop-grumman-connects-multi-service-capabilities-at-project-convergence-creating-one-resilient-force.

更高保真传输导弹预警信息。与近地轨道相比，中轨道探测器由于高度较高，飞越目标区域的时间更长，视野更广，可以在更长的时间内保持对导弹弹道的监控。在中轨道上部署9—36颗导弹预警卫星，即可实现全球持续探测。[1]

高轨方面，美国正在发展下一代过顶持续红外系统（OPIR），接替现役天基红外探测系统为美军提供导弹预警等红外预警探测能力。新系统将由5颗地球同步轨道卫星、2颗极地轨道卫星和未来作战弹性地面系统组成，预计2025年开始发射，2029年完成组网。新系统强调弹性和对抗环境下的生存能力，将采用高防护抗核加固平台以保障核战争环境下的通信能力，具备多种轨道适应性、在轨服务和燃料补加能力。星上还采用滤光器、限幅器、防激光涂层等被动防护技术，以及威胁预警探测器等附加载荷，采用激光通信链路进一步提升抗干扰和保密性能。美军还在研发结构附着感知技术、可展开触角技术、星上诱饵技术等所谓的弹性技术，对这种高价值目标予以重点保护。[2]

低轨方面，导弹防御局和太空发展局正在研发天基探测器，其中，太空发展局负责研发下一代"国防太空体系架构"导弹跟踪层卫星星座，导弹防御局负责研发高超声速和弹道跟踪天基探测器（HBTSS）。太空发展局计划于2023年部署8颗跟踪层卫星，2025—2026年完成28颗跟踪层卫星的部署，届时将具备针对重点区域的导弹和高超声速武器的探测、预警、

---

① Christopher Stone, "Orbital Vigilance: The Need for Enhanced Space-Based Missile Warning and Tracking," June 7, 2022, https://mitchellaerospacepower. org/wp-content/uploads/2022/06/Space_Based_ Early_Warning_Policy_Paper_36-FINAL. pdf.

② "Next-Gen OPIR GEO/Next Generation Overhead Persistent Infrared GEO," Global Security, https://www. globalsecurity. org/space/systems/next-gen-opir-geo. htm/.

跟踪和识别能力。[1] 高超声速和弹道跟踪天基探测器项目预计 2023 年发射，2024 年前开始在轨测试，未来将作为太空发展局跟踪层的一部分实现全面作战部署。

（四）近期实现区域性高超声速防御能力的快速部署，探索多种机理的拦截能力满足远期高超防御需求

美国将继续发展针对区域高超声速导弹威胁的主动和被动防御，寻求持续、弹性的探测器网络来表征和跟踪所有高超声速威胁，提升溯源能力，并为作战赋能。在适当的情况下，美国将与关键的盟国和伙伴共同研究和发展高超声速防御计划。

美国正在开展高超声速和弹道跟踪天基探测器、标准 6-1B 导弹和滑翔拦截弹等多项研究，未来将与宙斯盾舰等成熟武器装备构建针对区域高超声速武器的滑翔段和末段拦截能力。标准 6-1B 预计 2024 年部署，届时将具备区域高超声速武器的有限末段拦截能力，滑翔段拦截弹于 2030 年左右部署，将具备区域高超声速武器的分层防御能力。[2]

除主动防御外，网络和电子战可能在防御所有类型的高超声速威胁方面发挥重要作用。前沿部署的部队还可以通过被动防御手段使对手难以瞄准目标。从短期来看，现有基地可以更多地利用诱饵、伪装和其他形式的欺骗手段来干扰高超声速武器的末制导系统。从长期来看，联合部队将继续"从大型、集中、未加固的基础设施过渡到更小、分散、有弹性、适应

---

[1] Briana Reilly, "SDA issues Tranche 1 Tracking Layer Solicitation Targeting Launch before May 2025," Inside Defense, March 18, 2022, https://insidedefense.com/insider/sda-issues-tranche-1-tracking-layer-solicitation-targeting-launch-may-2025.

[2] 熊瑛、齐艳丽：《美国区域高超声速导弹防御方案未来发展分析》，《战术导弹技术》2022 年第 2 期，第 9—14 页。

113

性强的基地"。

美国战略和国际问题研究中心提出利用高超声速武器在飞行状态下的不稳定性，发展多种杀伤相结合的拦截方式，作为末段和滑翔段拦截弹的补充，支持多样化和分层防御，主要包括颗粒弹头、高功率微波武器和模块化有效载荷。[①] 颗粒弹头是利用导弹或机载平台在高超声速导弹早期飞行阶段的广阔空域中释放颗粒物来破坏或摧毁高超声速武器。高功率微波武器可以利用高超声速武器通信系统和抗辐射的漏洞来实现杀伤任务。高功率微波武器可以搭载在飞机或远程拦截弹上，既可以在高超声速武器的早期飞行阶段实施拦截，也可以作为末段防御的补充。模块化载荷可以将定向能武器、破片杀伤和颗粒弹头等多种防御载荷集成到一个通用助推器上，构建分层防御系统，可在来袭高超声速导弹弹道上多个点与其交战，并且采用不同的杀伤手段。

三、美国未来导弹防御体系对全球战略稳定的影响分析

美国反导新战略强调综合威慑，推动区域高超声速防御能力的装备化，着力发展"印太"地区导弹防御系统，将对全球战略稳定和"印太"地区安全都构成新挑战。美国将作战空间扩展到陆、海、空之外的太空，强调发展弹性的天基探测系统，将加速太空军事化进程。

[①] Karako T. , DahLgren M. "Complex Air Defense: Countering the Hypersonic Missile Threat, " Washington, D. C. : CSIS, 2022.

（一）美国基于大国竞争战略，强化导弹防御在"量身定制"综合威慑中的战略地位，将进一步削弱他国核威慑，对全球战略稳定构成新挑战

新版《核态势审议报告》明确提出采用综合威慑，利用核能力和非核能力为潜在对手量身定制威慑。《导弹防御评估》报告提出依靠战略威慑来应对和慑止中国和俄罗斯大规模洲际导弹对本土的威胁，将对美俄关系和中美关系产生巨大的负面影响，破坏大国之间的战略稳定性，可能引发核军备竞赛。美国未来将基于新的作战概念，发展性能更高的防空反导系统，对他国核力量的生存和突防能力构成更严峻的挑战，削弱他国的核进攻力量，刺激他国寻求反制导弹防御的技术和方法。其他国家可能被迫采取增加核弹头与运载工具的数量，或提高导弹的突防能力，以保持第二次打击的能力，维持战略稳定。

针对近年来全球高超声速武器的快速发展，美国又全面启动了高超声速防御系统的研制，可能进一步削弱他国高超声速武器的作战能力。根据目前规划，美国 2025 年左右将初步具备针对高超声速武器的探测能力和有限的末段拦截能力，2030 年将初步具备针对区域高超声速武器的分层防御能力。随着新兴导弹技术的发展，美国将不断强化反导能力，以应对各种导弹威胁。如此周而复始，从而产生无休止的战略防御性武器和战略进攻性武器之间的军备竞赛，对敌对双方乃至地区的稳定产生破坏性影响。

（二）美国加强"印太"地区导弹防御系统建设，将加剧地区局势紧张甚至引发地区冲突

首先，美国针对中国强化"印太"地区导弹防御系统建设，将削弱中国核威慑的有效性。其次，美国通过深化和盟友在反导领域的合作，将不

可避免地加剧"印太"地区国家间的对立，破坏现有的力量平衡，加剧地区局势紧张或引发地区冲突。日本作为美国在"印太"地区最重要的支点，在日本新版《国家安全战略》中将中国列为"前所未有最大战略性挑战"，① 将给中日之间解决分歧和矛盾带来更多困难，导致中日双边安全关系更加复杂。日本还将效仿美国构建攻防一体反导系统，发展反击能力。日本《国家安全战略》明确指出日本需要发展反击能力，即在对手实施导弹攻击时，日本能够通过导弹防御体系防御来袭导弹，并对对手国土发动有效反击，防止其进一步攻击。日本《防卫力量整备计划》明确提出日本将在今后 5 年采购和装备大批美国"战斧"巡航导弹和射程 1000 公里以上的国产改良型"12 式"岸舰导弹等，还将发展高速滑翔导弹和高超声速导弹，意在拥有中远程打击能力的基础上，同步提升对敌腹地战略目标的打击效率②。日本装备中程导弹将改变"印太"地区的军事力量格局，导致"印太"地区安全形势紧张。

（三）导弹防御系统使作战技术、作战空间、作战形式发生了巨大变化，将加速太空军事化进程

导弹防御对作战技术的影响非常明显，其基本思路是通过"精确"防御方式拦截对方的进攻性力量。该系统要求的技术特别复杂，涉及预警、识别、遥控、拦截、指挥、通信等一系列相关技术。在新军事变革中，信息战将成为战争的主导样式之一，太空将成为各大国争夺的制高点。美国企图通过发展国家导弹防御系统抢占这一制高点。

---

① Ministry of Foreign Affairs of Japan, *National Security Strategy of Japan*, December 16, 2022, https://www.cas.go.jp/jp/siryou/221216anzenhoshou/nss-e.pdf.

② Ministry of Defense, "Defense Buildup Program," December 16, 2022, https://www.mod.go.jp/j/approach/agenda/guideline/plan/pdf/program_en.pdf.

在作战空间上，导弹防御系统也改变了传统的接触式作战方式。传统的作战空间主要在陆地、海洋和天空中进行，导弹防御系统依靠陆基、海基、天基等基本力量，借助各种侦察、预警系统，抓住信息在现代作战中的作用，将作战空间扩展到太空中。作战空间拓展带来的后果就是作战方式的变化，以前那种接触式、依靠兵器的杀伤力来争夺领土的作战形式逐渐变为非接触、利用信息技术在多维空间作战的模式。美国把太空视为重要领域和运用力量的新战场。美国新版《导弹防御评估》报告中强调要构建弹性的天基系统，探测和跟踪弹道导弹和高超声速武器，强调大国在太空领域的竞争，太空可能成为未来战争的新战场。

拜登政府太空军控政策走势浅析

郭晓兵

内容提要：太空军控是美国拜登政府重点发力的关键领域。为强化太空规则塑造力、主导权，美国抛出停止破坏性直升式反卫星试验倡议，联手英国在联大推进"负责任太空行为准则"讨论。美国此举表面上是为了减少太空垃圾、完善太空治理体系，实则为了实施集体成本强加战略，在大国竞争中谋求优势地位。在太空军控进程中，防止太空军备竞赛和武器化是核心和重点，反卫星试验等议题应置于防止太空武器化条约的谈判框架内予以讨论。

关 键 词：美国；太空军控；反卫星试验

作者单位：中国现代国际关系研究院军控研究中心

拜登政府执政以来，美国在太空军控领域更趋活跃。2022 年，美国承诺停止破坏性直升式反卫星试验，推动联大通过相关决议，呼吁其他国家"共襄盛举"。美国还力挺英国在联合国兜售"负责任太空行为准则"。本文将剖析拜登政府的太空军控政策的内容与特点，分析其表面理由和真实动因，研判其下一步走势，并就未来太空军控方向和路径提出初步看法。

一、内容与特点

拜登政府高度重视太空的战略地位，积极谋求太空领域的规则主导权。

2021 年 12 月 1 日，美国副总统、国家太空委员会主席哈里斯发布《美国太空优先事项框架》文件。该文件基本沿袭特朗普政府做法，强调太空的战略价值，称其为"创新和机遇之源""美国领导地位和力量之源"，突出战略竞争，强调中俄等"竞争对手国家"对美太空威胁，主张维护美太空领导地位。① 在继续强化太空攻防能力建设的同时，该文件特别强调要加紧制定太空活动规则。文件指出，随着太空活动发展，相关规范、规则和原则也必须发展，美将致力于构建"以规则为基础的太空秩序"。第一，哈里斯对特朗普政府遗留下的"阿尔忒弥斯协议"② 大表赞赏，并宣称将争取法国、墨西哥入伙，从而使协议成员国数量从 13 个增至 15 个。第二，美还继续支持英国在联合国大会推动"负责任太空行为准则"，企图以自己的方式界定何为"负责任太空行为"，鼓励其他国家采用其太空管理原则和办法。第三，将空间态势感知共享和太空交通管理作为推动国际太空规则制定的重点领域。第四，美要加强太空活动国内立法，规范在轨维修、轨道碎片清除、天基制造、商业载人航天以及太空资源的回收和使用等活动，后续再以多边倡议形式将相关规范推向国际。哈里斯还责成国家安全委员会与国防部、国务院及其他国家安全机构合作，制定推进国家安全太空规范的方案，以维护美国利益，增进太空的安全性和可持续性。

拜登政府在太空军控领域最为引人注目的举措是提出停止破坏性直升式反卫星试验倡议。2022 年 4 月 18 日，美国副总统哈里斯在加利福尼亚范登堡空军基地宣布，美国将停止破坏性直升式反卫星试验，并号召其他国

---

① The White House, *United States Space Priorities Framework*, December 2021, https://www.whitehouse. gov/wp-content/uploads/2021/12/united-states-space-priorities-framework-_-december-1-2021. pdf.

② NASA, *The Artemis Accords*, https://www.nasa. gov/specials/artemis-accords/img/Artemis-Accords-signed-13Oct2020. pdf.

家起而效仿，寻求建立新的"有关负责任太空行为的国际准则"。① 9 月，美国在联合国负责任太空行为准则开放式工作组第二次会议上首次提出《破坏性直升式反卫星导弹试验》决议草案，并将其提交给联大第一委员会（裁军与国际安全委员会）。决议主要内容有三：一是吁请各国承诺不进行破坏性直升式反卫星导弹试验；二是认为该承诺是一项紧急的初步措施，目的是防止外层空间环境受到损害，同时也有助于制定防止外层空间军备竞赛的进一步措施；三是吁请所有国家继续在有关机构进行讨论，并确定和制定可以采取的进一步实际步骤，以便能够减少风险，防止在外层空间发生冲突，并防止外层空间军备竞赛。② 具体步骤可包括增加透明度、建立信任措施以及进一步暂停试验措施。该决议草案于 11 月初通过联大第一委员会表决后，又在 12 月初获得联大批准。

美国上述倡议具有三个突出的特点。

第一，内容非常片面。反卫星技术主要分为以下五类。（1）核能反卫；（2）共轨反卫；（3）直升式反卫；（4）定向能反卫；（5）电子攻击等软杀伤技术。而美国反卫倡议有诸多限定条件。一是只限制直升式反卫星试验，其他类型的反卫试验则不受限制。美太空军高官在美参议院军事委员会作证时宣称，"美国并未放弃太多，仍有其他办法验证反卫星能力"。③ 二是只限制试验，不限制研发、部署和使用。美国反卫星手段已十分完备，能

① The White house, "Remarks by Vice President Harris on the Ongoing Work to Establish Norms in Space," April 18, 2022, https://www.whitehouse.gov/briefing-room/speeches-remarks/2022/04/18/remarks-by-vice-president-harris-on-the-ongoing-work-to-establish-norms-in-space/.

② "Brazil, Canada, Germany, Japan, Liberia, New Zealand, Republic of Korea, Spain, Ukraine, United Kingdom of Great Britain and Northern Ireland and United States of America: draft resolution Destructive direct-ascent anti-satellite missile testing," UN, October 13, 2022, https://documents-dds-ny.un.org/doc/UNDOC/LTD/N22/630/38/PDF/N2263038.pdf?OpenElement.

③ 《中国裁军大使李松在第 77 届联大一委关于外空问题的专题发言》，联合国，2022 年 10 月 27 日，http://un.china-mission.gov.cn/zgylhg/cjyjk/ldyw/202210/t20221028_10793234.htm。

利用反导装备形成实战化反卫星能力。按照这个标准，美国2008年以反导系统击毁报废卫星算作实际应用，不算试验，不在限制之列。三是只限制所谓的"破坏性"的试验，不限制"非破坏性"的试验。美国宣扬此前进行的反卫星行动轨道高度比较低，造成的碎片可以在较短时间内坠入大气层，即使有"破坏性"，也比较小一些。如果随着技术进步，它能更有效地控制试验碎片的数量和在轨时间，那么它就可以放手进行"非破坏性"的直升式反卫试验了，而技术不如美国的其他国家却仍然要受到美国倡议的限制。由此可见，美国设定这么多限定词，目的只有一个，就是保护自己，限制他国，选择性非常突出。

第二，用心极为深险。该倡议在内容上是片面的，但在推进落实的时候环环相扣，布局颇为周密。美国将太空规则塑造作为维持其外空霸权，遏制中俄等竞争对手的有力武器。近年来，美国打着"负责任"的旗号在核、外空、网络等军控领域抢抓规则主导权。所谓的"负责任"内涵模糊，缺乏清晰国际法依据，可以由美国及其盟国根据自身利益随意界定。美国2020年6月出台的《国防太空战略》多处提及"不安全、不负责任和威胁行为""可接受和不可接受的行为"等概念。[1] 2020年12月出台的《国家太空政策》将"促进制定负责任的国家外空活动行为准则"作为重要目标。[2] 2021年3月，时任美太空军作战部长雷蒙德表示，希望像公路交通规则和海洋法一样，主导制定外空行动指导原则。美国将反卫星试验倡议与英国在联合国大力推动的负责任太空行为准则紧密挂钩。2020年12月，联大通过决议，鼓励联合国会员国研究太空安全风险，讨论哪些行动和活

---

[1] U. S. Defense Department, *Defense Space Strategy*, June 2020, https://media. defense. gov/2020/Jun/17/2002317391/-1/-1/1/2020_DEFENSE_SPACE_STRATEGY_SUMMARY. PDF.

[2] *National Space Policy*, Federal Register, December 9, 2020, https://www.federalregister. gov/documents/2020/12/16/2020-27892/the-national-space-policy.

动可被视为负责任、不负责任或具有威胁性及其对国际安全的潜在影响，并就制定和执行负责任行为准则进行交流。① 2021 年底，联大再次通过英国牵头提出的决议草案，设立开放式工作组，就负责任太空行为的规范、规则和原则提出建议。该工作组已举行三次会议，将于 2023 年秋向第 78 届联大提交报告。英国提出了 7 种应被认定为"不负责任的"太空行为，其中第一种就是"会造成碎片的反卫星导弹试验"。② 美国官员在 2022 年的联合国开放式工作组的会议上也大谈特谈禁止直升式反卫试验的问题。③ 负责任太空行为倡议务虚，禁止地基反卫试验倡议务实，两者密切配合，协同推进。

在国内，美国国防部制定了"负责任太空行为的原则"。2021 年 7 月，美国国防部长奥斯汀签署"关于负责任太空行为的备忘录"，提出以下五条原则：在适当考虑他人的情况下，以专业的方式在太空、从太空、到太空和通过太空进行操作；限制长寿命空间碎片的产生；避免产生有害干扰；保持安全间隔和安全轨迹；保持沟通并发出通知以增强太空领域的安全性和稳定性。④ 2023 年 3 月，美国国防部又更新了该指南，提出"以限制长寿命碎片产生的方式进行报废处理，设计、运行和维护空间物体"。⑤ 由此

---

① A/RES/75/36, December 16, 2020, https://undocs.org/zh/A/RES/75/36.

② "UK Working Paper for the UN Open Ended Working Group on Reducing Space Threats Through Norms, Rules and Principles of Responsible Behaviours," UNDOA, May 2022, https://documents.unoda.org/wp-content/uploads/2022/05/FINAL-space-threats-OEWG-UK-working-paper-FINAL.pdf.

③ "U.S. Statement to the Open Ended Working Group on Reducing Space Threats through Norms, Rules and Principles of Responsible Behavior as Delivered by Acting Deputy Assistant Secretary of State Eric Desautels," UNODA, May 9, 2022, https://documents.unoda.org/wp-content/uploads/2022/05/US-Space-OEWG-National-Statement-As-Delivered.pdf.

④ Secratry of Defence, *Memorandum for Secretaries of the Military Departments, Subject: Tenets of Responsible Behavior in Space*, July 7, 2021, https://media.defense.gov/2021/Jul/23/2002809598/-1/-1/0/TENETS-OF-RESPONSIBLE-BEHAVIOR-IN-SPACE.PDF.

⑤ "DoD Releases Updated Guidance on 'Responsible Behaviors in Space'," *Space News*, March 3, 2023, https://spacenews.com/dod-releases-updated-guidance-on-responsible-behaviors-in-space/.

可见，美国的反卫星试验倡议是美国太空安全规则构建组合拳中的重要一环，有一系列的国际国内配套措施，不容小觑。

第三，承诺非常虚伪。尽管美国在太空军控问题上积极出招，但它的太空军力建设丝毫没有放慢脚步。拜登政府与特朗普政府的政策取向多有不同，但在太空问题上两者高度一致。拜登政府甫一上台，就宣称将要"领导一项大胆的太空计划"。美太空军作战部长在国会作证时宣称，太空是美威慑力的基石，关乎美安全、经济和公共卫生等关键基础设施，"如果在太空输了，美国就输了"。拜登政府不仅保留了太空军，还进一步完善太空军力建制，设立负责太空攻防系统研发和采购的太空系统司令部，以及负责战术、条令研发和作战训练的太空训练和战备司令部。太空军的预算持续攀升。太空军 2021 财年首份预算为 153 亿美元，2022 财年增至 180 亿美元，涨幅为 13%，2023 年跃升至 263 亿美元，涨幅 46%，2024 年的太空军预算申请达 300 亿美元，涨幅 15%。① 美国仍奉行咄咄逼人的太空作战政策。根据"建立美国太空军"的总统指令要求，美国太空军应"同时具备作战和作战支持功能，以实现迅速和持续的太空攻防行动"。2021 年 8 月 24 日，美国太空司令部司令迪金森表示，美太空司令部已具备初步作战能力，未来几年内将具备完全作战能力。美军还计划构建由数百颗卫星组成的太空国防架构，直接与导弹相连，能发现并摧毁高超音速导弹等运动目标。

2018 年《美国核态势审议报告》提出，美国核武器不仅要用以对付核攻击，还要准备对付外空、网络等重大的非核攻击。此举大幅扩大核武器使用范围，降低核武器使用门槛。此外，前美国国家航天委员会主席、前

---

① Sandra Erwin, "U. S. Space Force Budget Hits $ 30 Billion in 2024 Proposal, " *Space News*, March 13, 2023, https://spacenews.com/u-s-space-force-budget-hits-30-billion-in-2024-funding-proposal/.

副总统迈克·彭斯曾放言必要时可在太空部署核武器。拜登政府上台后，并未修正相关政策，亦未澄清上述言论。美国 2022 年版《核态势审议报告》还进一步确认了以核慑天的政策。报告称："我们的核战略考虑了现有的和新出现的具有潜在战略影响的非核威胁，对于这些威胁，核武器是必要的威慑。我们的结论是，不仅需要用核武器来威慑核攻击，而且需要用其来威慑范围有限的其他带来严重后果的战略级攻击。考虑到当前的安全环境以及它可能进一步演变的情况，这种做法比较谨慎。"[1]

二、背景与动因

美国传统上并不热衷于太空军控。中国和俄罗斯于 2008 年提出"防止在外空放置武器、对外空物体使用或威胁使用武力条约"（PPWT）草案以来，美国一再以太空武器概念难以界定、不可有效核查等技术理由阻挠相关讨论。2017 年，联大通过题为"防止外层空间军备竞赛的进一步切实措施"的决议，成立政府专家组，讨论防止外空军备竞赛的国际法律文书要素。但美国却在 2019 年 3 月出于政治操弄目的，独家否决各方达成的政府专家组报告。奥巴马政府时期，美国的立场曾略有松动，提出"如果能满足美国安全关切并能防止违规作弊，美国将考虑制定一项新的全球条约，禁止在太空部署武器"。[2] 但这种表态只是昙花一现，并未落实为具体举措。美国在特朗普政府时期开始大幅调整太空战略，并在拜登政府上台后加大对太空军控领域投入，主要原因如下。

---

[1] *2022 Nuclear Posture Review*, p. 8.

[2] "U. S. Signals Flexibility on Space Weapons Treaty, " Reuters, July 14, 2010, https://www.reuters.com/article/us-arms-space-usa-idUSTRE66C4K520100713.

（一）表面理由

拜登政府对加强太空军控投入给出了冠冕堂皇的官方理由。一是担心太空垃圾对太空设施安全的影响。哈里斯宣称反卫星试验"产生的长期存在碎片威胁着对所有国家的安全、经济和科学利益都至关重要的卫星和其他太空物体，并增加了太空中宇航员的风险"，危及"外层空间的长期可持续性，危及所有国家对太空的探索和利用"。[①] 二是认为现有的太空安全规则有待进一步完善。

这两点理由听上去具有一定合理性。首先，太空垃圾的问题日益突出，备受各方关注。据美国国家航空航天局统计，地球轨道上有 2600 颗报废卫星和 1 万块体积大于电脑显示器、2 万块大过苹果、50 万块玻璃球大小以及至少 1 亿块小得无法自地球上准确标记的碎片。碎片之间还会继续相撞，从而产生更多的细小碎片，最终挤占地球轨道，使得无法继续发射航天器，这就是所谓的"凯斯勒效应"。随着卫星制造成本和发射成本降低，空间物体数量急剧增加，这一问题变得更加严峻。

其次，国际太空军控体系存在诸多缺陷，亟待弥补。现有的规范太空行为的条约主要有《外空条约》《宇航员营救协定》《空间物体造成损害的国际责任公约》《关于登记射入外空物体的公约》和《月球协定》。它们确立了太空是全人类共同遗产、和平利用太空、禁止在太空中部署大规模杀伤性武器等基本原则。但受科技发展水平以及国际政治因素制约，这些条约有其不足之处，如没有禁止近地轨道的军事化，没有禁止反卫星武器，对"和平利用太空""太空军事化"等具体概念没有明确界定，不能满足

---

① The White House, "Remarks by Vice President Harris on the Ongoing Work to Establish Norms in Space," April 18, 2022, https://www.whitehouse.gov/briefing-room/speeches-remarks/2022/04/18/remarks-by-vice-president-harris-on-the-ongoing-work-to-establish-norms-in-space/.

迅速发展的太空安全形势的需要。

针对反卫星试验问题，一些智库也早就在讨论相关的限制办法。例如，联合国裁军研究所2018年提出《反卫试验准则》，建议采取"无碎片、低碎片、通报"三个原则：避免产生长寿命碎片的活动；在足够低的高度进行试验，以限制碎片的在轨寿命；各国应将其计划通报其他可能受影响的国家。① 加拿大英属哥伦比亚大学外空研究所2021年提议签订"禁止动能反卫试验条约"。②

（二）深层根源

究其根本目的而言，美国急于在太空军控领域出招与其安全战略调整有关。

一是维护其在太空领域的长期战略优势，应对中俄挑战。

冷战结束后，美国一度对其太空优势地位充满自信。随着中国航天力量迅速发展，美战略焦虑感增强，日益将中国视为其维持太空霸权的最大对手。美国前副总统彭斯称："我们今天正处于一场太空竞赛之中，就像20世纪60年代我们的处境一样，而且事情所关系到的得失更为重大"，美国"必须在天上和在地球上一样占据主导地位"。③ 2021年1月，美防长奥斯汀表示，"太空已成为大国竞争的舞台"，俄罗斯是"关键对手"，中国是"最大威胁"。2021年，时任美国太空军作战部长雷蒙德宣称，"如果在

① UNIDIR, *Towards ASAT Test Guidelines*, https://unidir.org/sites/default/files/publication/pdfs/-en-703.pdf.

② *International Open Letter on Kinetic Anti-Satellite (ASAT) Testing*, Outerspace Institute, Canada, September 2, 2021, http://outerspaceinstitute.ca/docs/OSI _ International _ Open _ Letter _ ASATs _ PUBLIC.pdf.

③ Jim Garamone, "Pence, Shanahan Detail Progress Made in Space Force," U.S. Department of Defense, October 24, 2018, https://www.defense.gov/News/News-Stories/Article/Article/1671637/pence-shanahan-detail-progress-made-in-space-force/.

太空输了，美国就输了"。① 美国太空军外空作战部副部长汤普森宣扬，中国太空军力发展速度是美国的两倍，如果美国不加紧努力，2030 年中国将超过美国。2022 年 8 月，美国发布《2022 年太空工业基地状况报告》，炒作中国正朝着 2045 年取代美国成为太空霸主稳步迈进，呼吁美国制定战略保持太空超级大国地位。美国空军学院中国航天研究所从世界格局变迁的角度来看中国的航天发展，称"中国的太空计划是其努力将当前美国主导的国际体系过渡到多极世界的一个因素"。它认为中国和俄罗斯太空力量的发展是美国面临的最大战略威胁，削弱了美国的军事优势，限制了美国的太空行动自由。对于中俄在太空军控领域的积极作为，美国也感到极为恼火。美国前副国务卿福特曾经抱怨中、俄两国竟然能够说服足够多的国家在联大讨论太空军控问题。②

美国通过软硬两手遏制和打压中俄两国。在硬实力方面，美国将太空作为新的作战区域，并建立太空军、太空发展局和太空司令部等太空军事机构。与此前的军事航天重在导弹防御和天基支持保障不同，美国太空军把太空本身视为争夺领域，要"在太空中，从太空和向太空投射军事力量"。③

在软实力方面，美国大肆攻击和抹黑中国、俄罗斯的航天事业发展，渲染所谓中、俄"太空威胁论"，并努力争夺规则制定主导权。美国太空司令部司令迪金森 2021 年 4 月 20 日向国会表示，美军方对中国外空能力的

---

① "Department of the Air Force Posture Statement Fiscal Year 2022 Department of the Air Force Presentation to the Committees And Subcommittees of the United States Senate And the House of Representatives 1st Session, 117th Congress, " Department of the Air Force, May 2021, p. 16, https://www. af. mil/Portals/1/documents/2021SAF/05_May/FY22_DAF_Posture_Statement. pdf.

② Dr. Christopher A. Ford, *Arms Control in Outer Space: History and Prospects*, New Paradigms Forum, July 24, 2020, https://www. newparadigmsforum. com/p2696.

③ The White House, "Text of Space Policy Directive - 4: Establishment of the United States Space Force, " February 19, 2019, https://www. whitehouse. gov/presidential-actions/text-space-policy-directive-4-establishment-united-states-space-force/.

快速发展感到担忧，特别是中国有一款配备了机械臂的"实践-17"号卫星，这种卫星可以靠近敌方卫星并使其失效。美军参谋长联席会议主席米利亦表示，"下一次珍珠港事件可能会发生在外空，而中国人可能像日本偷袭美国那样袭击美国的太空资产"。美国空军部长肯德尔甚至耸人听闻地宣称，"中国可以从太空针对任何美国地面目标发动核打击"。美国还一再炒作中国长征五号 B 火箭残骸"非受控坠落"，渲染火箭残骸"失控"，"设计不达标"。美国也指责俄罗斯研发移动式反卫激光系统，称其 S-500 导弹防御系统具备反卫能力，并在太空中部署可以用作武器的"套娃卫星"。[①]

二是主导太空治理体系建设，打压中俄发展。以美国提出停止破坏性直升式反卫星试验倡议为例，在特朗普政府时期，美国已经开始考虑抛出新的太空安全倡议，当时美国太空军作战部长雷蒙德曾建议规范"不负责任的在轨试验"。[②] 但美国可能出于以下考虑，最终选择了停止破坏性直升式反卫星试验。

首先，停止破坏性直升式反卫星试验无损于美国的太空军事能力。里根政府时期的国防部长温伯格曾经提出，军控谈判中最重要的一点就是要问一问裁减之后还能剩下什么。例如，美国在与苏联谈判《中导条约》的时候，坚决不同意把空基和海基中程导弹放进去，以维持对苏联的核威慑力。停止破坏性直升式反卫星试验的倡议虽然不涉及军备裁减，但其道理是一样的。根据美国智库安全世界基金会（SWF）2020 年 4 月发布的一份报告，美国已经进行了多次共轨反卫星技术试验，这些技术可用于攻击近地轨道（LEO）和地球同步赤道轨道（GEO）的卫星。美方的反导拦截器也可以用来攻击卫星，2008 年就曾一试身手。美国在发展常规和核的直升

---

① Dr. Christopher A. Ford, *Arms Control in Outer Space: History and Prospects*, New Paradigms Forum, July 24, 2020, https://www.newparadigmsforum.com/p2696.

② Ibid.

128

式反卫星武器方面经验丰富。其反通信系统（CCS）可以干扰来自通信卫星的信号。承诺停止破坏性直升式反卫星试验不会影响美国的反卫能力，也没有限制其对卫星等空间设施实施攻击。

其次，这是美国有意实施的一种成本强加战略，旨在捆住对手手脚，确保自身绝对安全。美国 2022 年《国防战略》提出，要通过直接和集体的成本强加威慑对手。直接的成本强加主要指军事力量建设、经济制裁、出口管制等。美军坚持扩大核武器应用场景，用核武器威慑太空攻击就属于一种直接成本强加手段。集体成本强加则是要通过塑造太空、网络等新兴技术领域的行为规范，就何为"恶意和侵略性行为"达成国际共识来增强威慑。① 美国前副国务卿福特曾经说过，"美国核指挥与控制卫星和导弹预警卫星都部署在地球同步轨道上"，表示怀疑中国在战时会针对这些目标发动攻击②。拜登政府试图通过主动承诺停止破坏性直升式反卫星试验，推动更多的国家就此达成共识，甚至形成某种"禁忌"，让中、俄投鼠忌器，即使有反卫能力，也因为顾忌国际社会反应而不敢轻易使用。

三、前景与出路

由于联大决议对联合国成员国并无强制约束力，关于破坏性直升式反卫试验的联大决议走向如何还需要观察。但美国基于大国竞争的视角抢占太空安全话语权和规则主导权的努力不会止步于此。下一步，美国将以负责任太空行为准则的开放式工作组会议为主要平台，持续推进相关讨论。

---

① *2022 National Defense Strategy*, p. 9, U. S. Department of Defense, https://www.defense. gov/National-Defense-Strategy/.

② Dr. Christopher A. Ford, "Arms Control in Outer Space: History and Prospects," New Paradigms Forum, July 24, 2020, https://www.newparadigmsforum.com/p2696.

预计美还将进一步拉拢更多国家，加入停止破坏性直升式反卫星试验倡议。其最终目的是就此达成具有法律约束力的协议。美国代理助理国务卿帮办德索特尔斯称："首先将该原则确立为规范或负责任的行为，作为一种不具约束力的承诺，最终可以将其纳入未来具有法律约束力的协议中。"① 与此相配套，美国还将打着适应时代发展要求、构建新型太空安全规范的旗号，在太空交通管理、太空危机管理、太空资源开发等领域推进符合自身利益的规则方案。

美国在太空军控领域的种种举措会干扰国际社会关于防止太空军备竞赛和武器化的讨论。维护太空和平符合各国共同利益，维护全球战略稳定，防止太空军备竞赛和武器化，防止发生太空冲突，防止太空冲突升级为核冲突是维护太空和平与安全的核心议题。一旦发生太空战争，特别是核战争，将产生大量太空碎片，太空的电磁环境也会遭到严重干扰，和平利用太空的条件不复存在。正是基于这一考虑，中俄提出并持续更新和完善防止太空军备竞赛和武器化的相关倡议，主张不在太空放置武器，不对太空物体使用或威胁使用武力。与中俄倡议相比，破坏性直升式反卫星试验所带来的太空垃圾问题是太空安全领域的次要问题。美西方国家置太空武器化的事实于不顾，只抓住个别枝节问题大做文章，纠集太空联盟更会加剧国际阵营对抗，增加太空冲突风险。展望未来，国际社会既要综合全面地评估太空领域的安全风险，又要抓住重点和主要矛盾，优先就达成具有法律约束力的防止太空军备竞赛和武器化条约进行谈判，停止破坏性直升式反卫星试验，负责任太空行为规则等可纳入其框架下予以讨论。

---

① "U. S. Statement to the Open Ended Working Group on Reducing Space Threats through Norms, Rules and Principles of Responsible Behavior As Delivered by Acting Deputy Assistant Secretary of State Eric Desautels," U. S. MISSION TO INTERNATIONAL ORGANIZATIONS IN GENEVA, May 9, 2022, https://geneva.usmission.gov/2022/05/09/u-s-statement-to-the-open-ended-working-group-on-reducing-space-threats/.

商业航天介入他国武装冲突的法律问题分析

王国语　　胡艺凡

内容提要：商业航天介入他国武装冲突，一方面体现了太空力量、太空混合架构在地缘政治和大国博弈中的重要作用；另一方面也引发了一系列国际法律政治风险，对已有国际法规则的解释运用提出了挑战。关于商业航天介入行为归责、归因的界定问题以及商业航天管辖国行为的合法性问题，国际法并无明确规定，国家间也未开展正式和深入的讨论。为尽可能防止商业航天介入他国武装冲突引发新的国际误解误判和国家间冲突，维系太空稳定及国际和平与安全，国际社会应运用"线段理论"和"比例理论"尽快确立相关归责和归因原则，积极从国际空间法、国家责任法、中立法等角度开展对商业航天管辖国行为合法性的讨论，并确立避免商业航天过度军事化、避免商业航天介入他国武装冲突引发误解误判以及要求各国通过国内法明确政府对此类商业航天介入行为的监管责任等外空军控方案。

关 键 词：商业航天介入；他国武装冲突；归因；商业航天活动管辖国

作者单位：北京理工大学空天政策与法律研究院

北京理工大学法学院

一、引言

太空是国际战略竞争制高点，太空安全是国家建设和社会发展的战略保障。[①] 百年未有之大变局下，随着大国间地缘政治矛盾愈加尖锐，太空在大国博弈中的地位和作用越发突出，特别是出现了商业航天介入他国武装冲突的新情况、新问题和新挑战，即星链介入乌克兰危机引发了一系列国际法律政治问题，给国际和平与安全带来了更为复杂的不确定因素。自2022年2月底乌克兰副总理呼吁美国太空探索技术公司提供星链支援后，该公司已累计向乌克兰提供了约15 000台星链用户终端。[②] 其中，有超过11 000台星链用户终端用于支撑前线的战斗，如为无人机提供信息攻击俄军目标等。[③]

星链介入乌克兰危机已引发了国际社会对商业航天介入他国武装冲突法律问题的关注。在2023年2月结束的联合国"通过负责任外空行为准则、规则和原则减少空间威胁"（以下简称"负责任外空行为"）开放式

---

① 中华人民共和国国务院新闻办公室：《〈新时代的中国国防〉白皮书》，2019年7月24日，http://www.scio.gov.cn/zfbps/32832/Document/1660314/1660314.htm。

② "Elon Musk Uses Starlink Satellites to Provide Pinternet Coverage in Ukraine," *The Times*, February 28, 2022, https://extras.thetimes.co.uk/article/elon-musk-uses-starlink-satellites-internet-coverage-ukraine-gvg3plf69.

③ "Elon Musk Cuts Ukraine's Starlink Satellites," *The Times*, October 15, 2022, https://extras.thetimes.co.uk/article/elon-musk-cuts-ukraines-starlink-satellites-ss0tfckv2.

工作组三期会上，① 出现了相关讨论。中国在发言中指出了星链介入他国武装冲突的行为给太空安全国际治理带来的新挑战，② 指出类似行为容易引发太空误解误判，导致矛盾升级，极可能引发太空冲突，国际社会应当对此类行为进行规制。中方发言引起了会议热烈讨论。③

一国管辖下的商业航天力量一旦介入他国武装冲突，如为交战一方提供通信、遥感等军事服务或与军事行动紧密相关的互联网服务，极易引发受影响国与商业航天管辖国之间的误解误判，不利于维护太空安全以及国际和平与安全。受影响国可能对该公司的相关卫星和卫星系统采取军事措施，以及对该公司采取制裁措施，该公司在蒙受损失的同时，也给整个商业航天产业带来安全焦虑，不利于商业航天发展。然而，国际社会尚未就商业航天介入他国武装冲突引发的系列法律问题展开深入讨论。本文将从商业航天介入他国武装冲突法律后果的归属问题（归责与归因）、商业航天管辖国行为合法性两个方面进行分析，并针对商业航天介入他国武装冲突提出具体的外空军控等国际治理方案。

---

① "负责任外空行为"开放式工作组是依据联大第76/231号决议设立的，旨在评估关于国家行为对外层空间造成的威胁的现有国际法律和其他规范性框架、审议各国目前和未来对空间系统的威胁，以及可被视为不负责任的行动、活动和不作为，并就与国家对空间系统的威胁有关的负责任行为的可能规范、规则和原则提出建议。开放式工作组在协商一致的基础上开展工作，计划于2022年和2023年每年在日内瓦举行两届会议。截至目前，该开放式工作组已成功举行三期会议。参见联合国大会第76届会议，A/RES/76/231，2021年12月30日，https://documents-dds-ny.un.org/doc/UNDOC/GEN/N21/417/20/PDF/N2141720. pdf?OpenElement；参见联合国裁军事务厅网站，"通过负责任外空行为准则、规则和原则减少空间威胁"开放式工作组介绍，https://meetings.unoda.org/meeting/57866。

② 主笔人之一作为中方代表团成员作了相关发言。

③ "6th Meeting 3rd Session Open-ended Working Group on Reducing Space Threats," UN Web TV, February 1, 2023, https://media. un. org/en/asset/k18/k18z0pyo48.

二、商业航天介入他国武装冲突法律后果的
归属问题分析

商业航天介入他国武装冲突的法律后果归属问题，是国际法的前沿和难点问题，本文提出"线段理论"和"比例理论"，用于在不同场景下确定特定国家的具体国际责任，解决归责和归因问题。

（一）确定商业航天介入行为归责、归因面临的挑战

商业航天一旦介入他国武装冲突，可能引发国际法上的一系列法律后果，一类是特定国家要对实际产生的不利后果承担停止侵害、赔偿损失、赔礼道歉等国际责任，这些责任该由哪个国家承担的问题即归责问题；另一类是特定国家要承担"归因"的法律后果，即该商业航天私人公司的介入行为将被直接视为这个特定国家的介入行为，这意味着该国在承担上述停止侵害等国际责任的同时，还可能承担更为不利的法律后果，例如丧失中立国地位、国家直接成为合法打击对象等。换言之，第一种法律后果仅仅意味着国家需要为商业公司的不当行为进行赔偿、赔礼道歉等，但第二种法律后果（归因）则意味着"行为等同"，商业公司的行为将被直接视为是国家的行为，这对于国家来讲，显然意味着更重的责任和负担。

现有国际法并没有对商业航天介入他国武装冲突的归责和归因进行明确规定。国际空间法只是泛泛规定国家应当对其"本国航天活动"承担国际责任，虽可视为规定了责任归属，但却没有明确具体的归属标准。国家责任法虽然规定了归因（即界定行为等同）的标准，但关于其是否可以直接适用到外空场景，以及关于其归因标准与国际空间法中责任归属标准到底是什么关系等问题，仍属于国际法上的待决问题。

根据国际空间法，只要证明该公司的行为与某国存在一定程度的密切联系，即可将相关行为的法律责任归属于该国（低门槛的归责标准）。根据《外空条约》第六条的规定，各缔约国应对其"本国活动"（national activities）承担国际责任，无论该活动是由政府部门，还是非政府实体开展的。虽然国际空间法并未明确规定"非政府实体"与该国的关系，但一般认为，如果该国为某公司的国籍国，或为该公司航天活动颁发了许可，即可主张该国为该公司的航天活动承担国际责任，[1] 一方面，该国有义务对其航天活动进行批准和持续监管；另一方面，该国应当承担该航天活动引发的法律后果。[2] 在星链介入乌克兰危机事件中，如果根据国际空间法的归责标准，星链航天活动的法律后果显然应当由美国承担，因为开展星链计划的太空探索技术公司是美国的公司，星链计划也是美国相关部门颁发的发射许可和频谱许可，根据国际空间法，星链提供直接军事通信的行为将被认定为美国的"本国活动"，美国应当对该活动承担国际责任。

但这并不必然意味着可以将"太空探索技术公司的介入行为"视为"美国的介入行为"。国家责任法对归因或"行为等同标准"进行了规定，《国家责任条款》第二条规定了"一国国际不法行为"的构成要件，"一国国际不法行为在下列情况下发生：（a）由作为或不作为构成的行为依国际法归于该国；并且（b）该行为构成对该国国际义务的违背"。有学者认为，"行为依国际法归于该国"就意味着这些行为应被视为国家行为。[3] 根据国家责任法，只有在证明一个公司的行为与某国有特定密切联系的情况

---

① 参见王国语：《空间法中的国籍联系》，《河北法学》2012 年第 3 期。

② 参见王国语：《外空活动中网络行为的国际规则分析》，《当代法学》2019 年第 1 期。

③ James Crawford, *The International Law Commission's Articles on State Responsibility: Introduction, Text and Commentaries* (Cambridge: Cambridge University Press, 2002), p. 91.

下（高门槛的归因标准），才能主张"该行为应被视为该国的国家行为"，①例如，该公司行为是按照"该国的指示或在其指挥或控制下实施的"。② 实践中，需证明星链介入行为是在美国的指示或在其指挥或控制下实施的，才能主张太空探索技术公司介入行为应当被界定为美国的国家行为，即视为美国的介入行为。虽有证据表明美国支持星链介入行动，但在法律上是否能足以证明介入行动是"在美国的指示或在其指挥或控制下实施的"，仍属于待决问题。

上述的"特定密切联系"和"在该国的指示或在其指挥或控制下实施"在实践中有两种确定标准，即"全面控制"和"有效控制"标准。前南国际刑事法庭"塔迪奇案"上诉庭判决中详述了"全面控制"的标准，即全面控制的特征应当超出仅仅提供经济、军备或训练支持的范畴，但并不要求国家发布具体命令，或对每次行动都有所指示。③ 当国家除为军事团体提供资金、训练和装备或给予行动支持外，还在组织、协调或谋划其军事行为中充任角色时，即可认为存在国际法所要求的"控制"。④ "有效控制"这一概念的范围则在"尼加拉瓜案"和"灭绝种族案"判决中得以确认。⑤ "有效控制"既包括使作为行动组成部分的活动发生的能力，也包括命令中止正在进行的活动的能力，不应等同于对武装冲突进行分类时的

---

① 参见《国家责任条款草案》第四、第五、第六、第七、第八、第九、第十、第十一、第十二条，https://digitallibrary.un.org/record/446159?ln=zh_CN。

② 《国家责任条款草案》第八条：如果一人或一群人实际上是在按照国家的指示或在其指挥或控制下行事，其行为应视为国际法所指的一国的行为。

③ 参见前南国际刑事法庭上诉庭判决，塔迪奇案，第131、第145、第162段，https://www.icty.org/en/case/tadic。

④ 参见前南国际刑事法庭上诉庭判决，塔迪奇案，第137段。

⑤ 参见国际法庭判决，尼加拉瓜案，第115段，https://icj-cij.org/case/70；灭绝种族案，第400段，https://www.icj-cij.org/case/91/judgments。

"全面控制"这一较低门槛。①

　　无论是"全面控制"还是"有效控制",其门槛显然都高于国际空间法用于界定责任归属时的标准(存在一定密切联系)。如果使用国际空间法关于归责的低门槛来进行国际法上的归因,则意味着大量的商业航天行为将被视为国家行为(即便在国家不知情的情况下),有看法认为,这会不当增加国家的负担。例如,2022年3月3日发布的《伍莫若外空军事活动和行动国际法手册》(以下简称《手册》)② 认为,"没有国家实践支持以基于《外空条约》第六条的归责标准取代国际法院在将非政府实体的行为归因于国家方面所阐明的'有效控制'标准(当那些行动与使用武力有关时)","对于据称违反禁止使用武力的行为而导致一国承担法律责任的(私人)行为,原则上必须证明相关国家对该非国家行为体(或'非政府行为体')的行动行使了'有效控制'"。③"将《外空条约》第六条中的特殊归责制度应用于这一领域,将使国家对其非政府实体违反禁止使用或威胁使用武力的任何行为以及随之产生的后果负责,包括在非政府实体的行为达到'武装攻击'时,激活其他国家的自卫权。"④《手册》认为,如果不考虑商业航天实体行为的性质和敏感程度,一味采取低门槛标准,会给商业航天实体的管辖国带来极大的法律和政治风险,甚至是面临遭受武力攻击的风险,即受商业实体影响的第三国对商业实体的管辖国行使自卫权。此外,《手册》仅提到国家责任法上认定归因的"有效控制"标准,

---

　　① 参加国际法庭判决,灭绝种族案,第404—406段,https://www.icj-cij.org/case/91/judgments。

　　② 该手册并未公开发布,只是由荷兰外交部通过外交途径在一定范围内散发,2022年6月左右,荷兰召集部分国家对该手册进行了初步的闭门讨论。

　　③《伍莫若外空军事活动和行动国际法手册》,第十三条规则,第13段,第339条注释,转引自国际法庭判决,尼加拉瓜案,https://icj-cij.org/case/70。

　　④《伍莫若外空军事活动和行动国际法手册》,第十三条规则,第13段。

而未提及"全面控制"标准。本文认为，鉴于外空军事对抗"高危、隐秘和结果难以控制"的特性，为了防止或避免太空冲突的发生，应当考虑全面控制标准有一定合理性，以确保国家对于相关商业航天实体开展涉嫌在外空使用武力的行为进行严格监管的责任。

（二）"线段理论"和"比例理论"

国际空间法的归责"低门槛"（存在一定密切联系）和国家责任法的归因"高门槛"（存在特定密切联系："全面控制"或"有效控制"）并非一定是相互排斥的。表面看来，似乎只有两个选择，要么适用国际空间法低门槛，要么适用国家责任法高门槛，但两个标准不应是非此即彼的关系，如果通过个案分析、附加一定条件地统筹运用，两者可发挥各自应有作用，即所谓第三种选择。

首先，可根据"线段理论"来考查两个标准的关系，并在此基础上探寻适当的解决方案。国际空间法的低门槛和国家责任法的高门槛可以看作是一个线段的两个端点，如果绝对采用其中一个作为归因标准，要么会给国家带来过多的不合理负担（单一适用低门槛），要么产生不了足够激励来敦促国家做"正确的事情"（单一适用高门槛），那么关键就是如何在个案中确定该线段上各方都能接受的某"点"。①

其次，商业航天行为的敏感性与其所适用的归因标准之间存在比例关系，对于外空军事行为而言，应当是正比关系，即行为越敏感，则应采用更为严格的归因标准，避免给国家带来额外监管负担，但对于外空非军事

---

① 从哲学上看，类似于执两取中的思想，"中"未必一定是线段的正中间，但一定是位于两个端点之间的某个点。从方法论角度讲，笔者倾向于在个案中去具体落实该线段上各方都能接受的某"点"，但如果不给出一些规则履行的指引，个案分析方法又容易落入不可知论的窠臼。所以笔者在表1、表2中尝试提出一些参考标准，以便供个案分析参考。

行为（民事、商事航天活动）而言，应当是反比关系，即行为越敏感，则应采用门槛更低的归因标准，以防止国家逃避监管责任，利用"擦边球"干涉他国事务，这就是"比例理论"（见图1）。

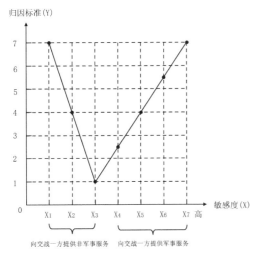

X₁. 公益，如救灾

X₂. 一般商业

X₃. 敏感商业，如合作对象与该国军方有密切合作

X₄. 提供军事通导遥服务

X₅. 直接对交战一方实施阻断式干扰、欺骗、网络攻击、共轨操控（如开展危险抵近、主动清除等）

X₆. 直接利用航天器、航天活动对交战一方威胁或使用武力

X₇. 直接利用航天器、航天活动对交战一方实施武力攻击

图1 商业公司向交战一方提供非军事或军事服务时，敏感程度与归因标准的关系

资料来源：笔者自行归纳整理。

统筹适用线段和比例理论，就是根据商业航天介入他国武装冲突或与冲突一方开展航天合作的敏感程度，统筹适用国际空间法的责任归属标准和国家责任法的归因标准，行为越敏感，则根据具体情况采用更为严格或宽松的归因标准，避免对一国产生不必要的监管负担，同时也可以明确监管责任，避免一国在恶意放纵此类行为的同时却逃避国际责任（具体思路见表1、表2）。

表 1　商业公司向交战一方提供非军事服务时，敏感程度与归因标准的反比关系

商业公司的介入行为	敏感程度	归因标准
为交战一方提供公益服务，如用于防灾减灾的遥感服务	低	适用国家责任法"有效控制"标准，即只有在国家明确命令或指挥下的航天公司的公益行为可视为是该国的行为。显然，如果适用低门槛标准，将其他情形下的商业航天公益行为都认定为是国家的公益行为是不合情理的，否则就是国家的不当受益
为交战一方提供一般性的商业航天服务	中	适用国家责任法"全面控制"的高标准，只要这些商业行为是在国家资助、支持下完成的，无须有国家的明确命令或指挥，即可认定为该国的行为。鉴于航天活动的天然两用性，对于接受商业航天服务的该交战国而言，其完全可以通过采购他国商业公司的航天服务，之后用于军事目的，此时规定较低的归因标准，就是为了商业航天公司管辖国利用擦边球，暗中支持交战一方，但同时又逃避了国际法上的应有责任
为交战一方提供的商业航天活动或合作存在敏感情形，如交战方的商业合作对象与该国军方有密切合作等	高	适用"《外空条约》第六条+知情+未采取措施"混合标准，即商业公司或其行为与该国存在一定密切联系，同时该国对商业航天公司对交战一方提供敏感航天服务的行为知情，又未采取任何阻止措施，则可主张商业公司的这些行为视为该国的行为，这意味着一旦这些行为导致不利后果，该国要承担赔偿、赔礼道歉之外更重的国际责任

资料来源：笔者自行归纳整理。

表 2　商业公司向交战一方提供军事服务时，敏感程度与归因标准的正比关系

商业公司的介入行为	敏感程度	归因标准
提供军事通导遥等服务	较高	适用"《外空条约》第六条+知情"混合标准，即存在一定密切联系，同时该国对商业航天公司介入行为知情，则可主张商业公司这些介入行为视为该国的介入行为。采用低门槛标准是为了敦促国家对类似行为予以事先监管，避免此类商业航天介入行为引发国际政治、军事风险
直接对交战一方实施阻断式干扰、欺骗、网络攻击、共轨操控①（如开展危险抵近、主动清除等）	高	适用"《外空条约》第六条+知情+未采取措施"混合标准，即存在上述联系、该国对商业航天公司介入行为知情，同时又未采取任何阻止措施，则可主张商业公司这些介入行为视为该国的介入行为。这意味着受这些介入行为不利影响的交战的另一方，可以对该国采取国际法上的反制措施，而不限于对商业公司的空间物体或空间系统采取措施
直接利用航天器、航天活动对交战一方威胁或使用武力	更高	视情况适用"有效控制"或"全面控制"标准。一旦可以证明商业公司的这些行为是直接在某国控制或命令下实施的，或能够证明这些行为是在某国的资助、支持下实施的，则可主张商业公司威胁或使用武力的行为视为该国的国家行为。这意味着受影响国可根据国际法对该国采取严厉的反制措施，而不限于对商业公司的空间物体采取军事行动
直接利用航天器、航天活动对交战一方实施武力攻击	最高	仅适用"有效控制"标准。一旦可以证明商业公司的这些武力行为是直接在某国控制或命令下实施的，则可主张将其视为该国的国家行为，这意味着受影响国可以依法对该国行使自卫权，甚至根据武装冲突法的规定，认为该国已经成为新的交战方，而对该国采取整体上的军事行动

资料来源：笔者自行归纳整理。

---

① 即对交战一方的在轨卫星实施危险抵近、抓捕移除等行为。

最后，对特定行为归因的界定并不影响国家在国际空间法下应承担的其他责任和义务。这意味着，即使商业航天的介入行为不能被认定为某国的国家行为，但该国如果和商业航天公司及其航天活动存在"一定的密切联系"，则根据《外空条约》第六条，该国仍要对介入行为导致的损害等不利后果承担国际责任，如赔偿、赔礼道歉等。例如，一国获悉其管辖控制下的商业航天公司已经、或计划故意对另一个国家的空间站危险抵近，且该国明确要求该公司不要（再次）这样做，但该公司仍然采取行动。那么，这种不友好的、挑衅或恶意的行动就可能不被视为该国的国家行为，无论归因是否成立。即便如此，国际空间法下的责任归属仍是存在的，该国仍应对由此行为带来的任何法律后果承担国际法上的责任。此时，尽管该国可能并不会违反《外空条约》第九条的妥为顾及义务，但仍涉嫌违反《外空条约》第六条下的持续监管义务。①

（三）关于归责、归因问题的结论

第一，关于商业航天介入他国武装冲突的一般法律责任归属，应当适用《外空条约》第六条，由商业航天活动的管辖国来承担。至于介入行为的归因，可能有三种选择，一种是单一借鉴和采用国际空间法上责任归属的"低门槛"（存在一定密切联系）来界定归因；第二种是采用国家责任法的高门槛标准（存在特定密切联系："全面控制"或"有效控制"）；第三种则是根据本文提出的"线段理论""比例理论"，根据介入行为的性质和具体情形，统筹适用上述标准，并增加"知情与否""是否采取相应措施"等界定因素。

第二，在确定归因时，应兼顾"真实联系"和"激励机制"的法律精

---

① 关于行为合法性问题，后文专门予以论述。

神，避免给国家带来不必要的负担，同时也避免国家"打擦边球"，逃避监管责任，放任其管辖下的商业航天介入他国武装冲突，从而引发国际误解误判和紧张态势。

第三，商业航天管辖国的国内政策和法规，对指引其政府和商业公司的行为具有重要意义。一方面，政府和私人实体可依据其国内法提前预判自己相关行为可能带来的国内法律后果；另一方面，这些国内立法可以同时为国际社会（如国际法院等国际裁判机构、联合国等）界定商业航天介入行为的归因和责任归属提供重要依据。

第四，关于星链介入乌克兰危机，如果美国意识到或本应而未能意识到太空探索技术公司介入了乌克兰危机中（通过提供军事通信和/或遥感），无论美国是否采取行动阻止介入行为，美国都应根据国际空间法对介入行为（对俄）产生的不利后果承担国际法上的责任，同时根据线段理论和比例理论，可主张太空探索技术公司的介入行为等同于美国的国家介入行为，即相关航天服务和军事支持应被视为由美国提供，更不用说有足够的证据表明美国在纵容这种行为了。

三、商业航天活动管辖国的行为合法性分析

"线段理论"和"比例理论"是用来确定某个商业航天公司的行为与某个国家之间的特定联系，即用来解决归责和归因问题。一旦可以明确商业航天活动的管辖国，还需要分析该国相关行为的合法性问题。下面从一般国际法、中立法、国际空间法等角度来分析商业航天活动管辖国行为的合法性问题。

（一）商业航天活动管辖国涉嫌违反一般国际法中的审慎原则

在一般国际法中，审慎原则通常被理解为各国的一项义务，即国家必须采取审慎态度，确保其拥有主权的领土和物体不被用于损害其他国家。[①] 国际法院关于"科孚海峡案"的裁决明确阐述了这一原则，其指出"每一国家负有这样的义务，即不得在知情的情况下允许其领土被用于与他国权利相悖的行为"。[②] 这一判决阐释了公认的审慎原则定义。在外空领域，该原则应将领土范围扩大到其管辖和/或控制下的任何空间物体、活动或区域。[③] 外空活动中的审慎原则意味着各国不得在知情的情况下允许其管辖和/或控制下的任何空间物体、活动或区域被用于危害其他国家的合法权益。

"知情"是适用审慎原则的重要前提条件。显然，如果领土国实际知悉其领土被用于针对他国的敌对行动，本规则就将适用。[④] 有观点认为知情包括"推定知情"。[⑤] 一般而言，如果实际情形是一国在事情正常发展过程中应当知悉其领土被使用，那么推定该国知情就是合适的。[⑥] 在外空领域，即一国在事情正常发展过程中应当知悉其管辖和/或控制下的任何空间物体、活动或区域被使用，那么推定该国知情。实践中，可以合理推测美国知悉其管辖控制下的"星链"卫星被用于乌克兰危机，因此，美国涉嫌违反了一般国际法下的审慎原则。

[①] 参见国际法院判决，科孚海峡案，第 22 页，https://icj-cij.org/case/1；尼加拉瓜案，第 157 段，https://icj-cij.org/case/70。

[②] 参见国际法院判决，科孚海峡案，第 22 页，https://icj-cij.org/case/1；尼加拉瓜案，第 157 段，https://icj-cij.org/case/70。

[③] 关于审慎原则如何在外空领域适用，国家间尚未正式开展讨论，学界上存在不同观点。

[④] 参见科孚海峡案，第 44、第 71 页，https://icj-cij.org/case/1。

[⑤] 对推定知情标准的支持，可参见科孚海峡案，https://icj-cij.org/case/1。

[⑥] 迈克尔·施密特等：《网络行动国际法塔林手册 2.0 版》，黄志雄等译，社会科学文献出版社，2017，第 82 页。

（二）商业航天管辖国涉嫌违反中立法及涉嫌丧失中立地位

中立法以《海牙第五公约》《海牙第十三公约》以及习惯国际法为基础。[①]《手册》第五十三条规定，中立法适用于国际武装冲突期间的军事外空活动。[②] "中立法可规定一种外空环境，在这种环境下任何未参加国际武装冲突并寻求保持中立地位的国家必须保持公正，不开展被视为不中立的外空活动。此外，还应采取某些行动来结束或防止其军事活动违反中立性。因此，视具体情况而定，未能履行此类中立义务可能导致物体、人员或国家失去中立地位"。[③]

在商业航天介入他国武装冲突的情形下，显然这些提供军事通信或遥感等支持交战一方的行为可被界定为 "不中立的外空活动"，继而可以推定涉及这些具体军事支持活动的卫星、卫星系统和人员已经失去了中立地位。关键问题是，是否由此必然导致商业航天活动管辖国也丧失了中立地位。解决这个问题的前提仍是需明确归因是否成立。若相关物体和人员的介入行为被视为国家行为，那么该商业航天活动的管辖国将被认为失去了中立国地位。实践中，太空探索技术公司、星链卫星及其系统都不同程度地介入了乌克兰危机，且作为航天活动管辖国的美国，并未采取相应措施来防止或结束太空探索技术公司这些违反中立性的外空活动。由此，美国涉嫌违反其中立义务，且涉嫌丧失中立国地位。

---

① 参见美国国防部：《战争法手册》，总法律顾问办公室，2015，第 15 章，https://dod.defense.gov/Portals/1/Documents/law_war_manual15.pdf；德国国防部：《武装冲突法中适用的国际人道法手册》，1992，第 1101—1155 段，http://www.humanitaeres-voelkerrecht.de/ManualZDv15.2.pdf；哈佛大学编撰：《空战和导弹战国际法手册及评注》，王海平译，中国政法大学出版社，2015。

② 《伍莫若外空军事活动和行动国际法手册》，第五十三条规则。

③ 《伍莫若外空军事活动和行动国际法手册》，第五十三条规则，第 4 段。

（三）商业航天活动管辖国涉嫌违反的国际空间法义务

从国际空间法角度看，在商业航天介入他国武装冲突的情况下，商业航天活动管辖国涉嫌违反《外空条约》规定的妥为顾及义务、提前磋商义务以及批准和持续监管义务。

1. 妥为顾及义务与提前磋商义务

《外空条约》第九条规定，各缔约国在外层空间（包括月球和其他天体）所进行的一切活动，应妥为顾及其他缔约国的相应利益。① "妥为顾及"系指实施某项行为要符合一定的注意、关注和遵守标准，其要求的确是对各国在包括月球和其他天体在内的外层空间行使自由时所作出的限制。"妥为顾及"义务应结合相关案例的特定事实和环境予以解释。② 而该条款提及的"相应利益"通常意味着某一特定国家开展的空间活动不仅应该符合其自身利益，也应符合《外空条约》其他缔约国的利益和权利。③ 然而，关于"相应利益"的具体范围应被界定为一国的"整体利益"还是保证其"航天活动正常开展的利益"，国际法中并未对其进行明确规定。在星链介入乌克兰危机案例中，如果将"相应利益"解释为俄罗斯"航天活动正常开展的利益"，美国可能不违反妥为顾及义务，因为尚未见证据证明星链的介入活动对俄罗斯的航天活动产生了不利影响。相反，若将"相应利益"的范围扩大至俄罗斯的"整体利益"，美国就涉嫌违反了妥为顾及义务。

《外空条约》第九条规定了提前磋商义务，一国如果有理由相信其或其

---

① 《外空条约》第九条：各缔约国探索和利用外层空间（包括月球和其他天体），应以合作和互助原则为准则；各缔约国在外层空间（包括月球和其他天体），所进行的一切活动，应妥善照顾其他缔约国的同等利益。

② 参见斯蒂芬·霍贝等：《科隆空间法评注》，李寿平、王国语等译，世界知识出版社，2017，第297页。

③ 同上。

国民计划开展外空活动或试验，将对其他国家"和平探索和利用外层空间的活动"造成潜在有害干扰，则该国有义务在开展此类活动或试验前与潜在受影响的国家举行适当的国际磋商。若商业航天活动并未对受影响国的"和平探索和利用外空的活动"造成有害干扰，或商业航天管辖国没有理由相信会产生此类干扰，那么它就无须承担提前磋商义务。目前尚未见关于星链介入活动对俄罗斯外空活动造成有害干扰的报道。

  2. 批准和持续监管义务

  《外空条约》第六条规定，国家应保证其"在外层空间开展的本国活动"（包括非政府实体的活动）必须符合《外空条约》的规定。该条款进一步要求非政府团体在包括月球和其他天体在内外层空间的活动，应经有关的缔约国批准并受其不断的监督。① 根据该条款，若可证明商业航天活动为某国的"本国活动"，即可主张该国有义务对其航天活动进行批准和持续监管。实践中，开展星链计划的太空探索技术公司是美国的公司，且美国相关部门为星链计划颁发了发射许可和频谱许可，根据《外空条约》第六条，星链计划可被视为美国的"本国航天活动"，美国应当履行批准和持续监管义务。这意味着美国应对太空探索技术公司的航天活动，包括介入乌克兰危机的行为进行持续监管。由此，美国若主张星链介入乌克兰危机的行为属于个人行为，与国家无关，则意味着美国涉嫌违反批准和持续监管义务。

---

  ① 《外空条约》第六条：各缔约国对其（无论是政府部门，还是非政府的团体组织）在外层空间（包括月球和其他天体）所从事的活动，要承担国际责任，并应负责保证本国活动的实施，符合本条约的规定。非政府团体在外层空间（包括月球和其他天体）的活动，应由有关的缔约国批准，并连续加以监督。

四、结论

星链介入乌克兰危机虽引发国际社会高度关注，但在联合国相关平台，尚无国家提出具体的外空军控等国际治理方案。鉴于商业航天介入他国武装冲突可能带来系列国际法律政治风险，引发相关国家误解误判乃至爆发冲突，相关国际治理方案的缺失不利于太空安全国际治理的良性发展。因此，本文建议国际社会考虑制定以下新的外空军控原则、规则和机制。

第一，确立防止商业航天过度军事化利用的外空军控原则。应限制一国商业航天在无国家明确授权的情况下，介入他国武装冲突，这不仅损害交战一方的安全利益，而且容易给商业航天管辖国带来政治法律风险，尤其是在其不知情的情况下，极易引发交战一方与商业航天管辖国之间的误解误判和新的冲突。

第二，确立"在商业航天活动涉及交战区或交战双方时，商业航天应考虑主动避嫌以避免误判"的规则。第三国商业航天公司在开展与交战双方相关的通信、遥感活动或为交战一方提供互联网等相关服务时，应当自我克制，避免产生误解误判，从而遭受交战一方的军事打击或相关制裁措施。此类"主动避嫌"的措施包括但不限于临时关机（停止获取、分发相关遥感信息）、暂定相关服务（如通信或互联网服务）等。交战一方也可以单方面作出宣告："鉴于交战态势，为避免误解误判，危及第三方商业航天活动安全，建议第三方商业航天暂停有关交战双方的通信、导航和遥感服务，必要的、为保障民用航空和航海安全提供的相关服务除外。"此类宣告虽然对第三国商业航天活动没有强制约束力，但在法律上有利于支持宣告国在未来对恶意介入武装冲突的第三国商业航天采取适当的军事行动或反制措施。

第三，制定完善相关国家监管责任的外空军控方案。敦促各国完善相关的国内规定，也属于外空军控措施范畴。针对商业航天介入他国武装冲突，联合国外空军控平台应制定相关规则，要求各国对此类行为进行监管，各国可视情况规定相关批准或报告制度，如要求其管辖下的商业航天公司在介入他国武装冲突前，应当事先征得国内相关部门的同意，或起码要求商业公司履行通知或报告义务，以便管辖国及时了解掌握情况，防止中立国无意中卷入武装冲突而承担不利的法律及事实后果。

第四，明确审慎原则与中立义务在商业航天介入他国武装冲突情形下的适用性，进而敦促商业航天管辖国尽到应有的监管义务，如要求其管辖下的商业航天活动不应损害他国合法权利、不得违反本国的中立义务等。此外，建议各国国内法应明确规定政府的义务，即以自我克制的方式开展本国航天活动，以保证其管辖下的、无论是政府机构还是非政府实体开展的航天活动都要遵守中立国义务。

第五，建立商业航天涉嫌介入他国武装冲突下的沟通协调机制，建立一般军事危机治理与太空危机治理的联动机制。通过沟通机制，商业航天管辖国须及时向交战一方或国际社会明确其立场，避免产生误解误判以及导致新的冲突。

【生物武器军控】

2022 年国际生物安全形势综述

蒋丽勇　刘术

2022 年国际生物安全形势综述

蒋丽勇　刘术

内容提要：2022 年，国际生物安全形势严峻。生物安全威胁复杂多样，传统与非传统挑战交织叠加。美国、澳大利亚等国家出台生物安全防御新举措，积极推动国家生物安全能力建设。以《禁止生物武器公约》为核心的国际生物军控多边进程推动全球生物安全治理取得重要进展。但在新冠肺炎疫情余波未断、乌克兰危机持续拉锯背景下，生物军控领域对抗趋势更加突出，各国在国际援助与合作、核查机制建设等核心关切方面仍存在较大分歧。多方博弈局面削弱了国际合力，全球治理能效受到影响。生物安全事关全人类健康福祉，各方唯有加强沟通，增信释疑，才能共同推进全球生物安全治理步入新阶段，降低乃至消除生物安全威胁。

关 键 词：生物安全；生物军控；《禁止生物武器公约》；全球治理
作者单位：中国军控与裁军协会生物安全项目组

2022 年，传统生物武器威胁仍未消除，新发和再发传染病、两用生物技术谬用等非传统安全因素更加复杂，国际生物安全形势严峻。多国出台生物安全防御新举措，国际生物军控多边进程也在多方合力下取得重要进展。

一、国际生物安全威胁多元复杂

2022 年，俄罗斯公布美国在乌克兰开展生物军事活动证据，引发全球对生物武器的高度关注；新冠肺炎疫情趋缓，其对于整个人类社会产生的影响仍余波不断，猴痘、脊髓灰质炎等传染病再掀波澜；随着生物技术的快速发展，两用生物技术误用谬用可能性增大，生物安全高等级实验室监管漏洞广泛存在，全球生物安全隐忧更深，风险攀升。

（一）生物武器疑云难消

2022 年，俄罗斯国防部先后召开十余次新闻发布会，指控美国在乌克兰开展生物军事活动。俄方称，美国对乌克兰生物实验室的资助超过 2 亿美元，已经构成了一个由 30 多个实验室组成的生物研究网络。俄方于 2022 年 12 月向《禁止生物武器公约》（下称《公约》）第九次审议会议提交有关美乌开展生物军事活动的书面证据，[①] 具体涉及以下五个方面。

一是美在乌工作重点与乌亟待解决的公共卫生问题不符。麻疹、风疹、肺结核、艾滋病等传染病是目前困扰乌克兰的主要公共卫生问题。美国依托 "合作降减威胁计划"，在乌克兰境内部署了多个研究项目，包括 UP-4、P-781、No.68727 EN、UP-2、UP-9、UP-10 等，涉及霍乱、土拉菌病、鼠疫、克里米亚-刚果出血热和汉坦病毒等高危病原体研究，与乌克兰公共卫生问题相去甚远。

---

① Russian Federation, "Questions to the United States Regarding Compliance with the Obligations under the Convention on the Prohibition of the Development, Production and Stockpiling of Bacteriological (Biological) and Toxin Weapons and on Their Destruction (BTWC) in the Context of the Activities of Biological Laboratories in the Territory of Ukraine," UNDOC, September 15, 2022, https://documents-dds-ny.un.org/doc/UNDOC/GEN/G22/489/22/PDF/G2248922.pdf?OpenElement.

二是在乌收集的多种危险病原微生物毒株被运往美国。敖德萨市梅奇尼科夫抗鼠疫研究所存放了654个装有炭疽病原体的容器和422个装有霍乱病原体的容器。根据研究所员工证词，上述藏品于2022年2月被转运至美国，菌株总数可能超过1万株。

三是美在乌大规模采集血液样本。根据现有文件，有大量人体组织和血清样本从乌克兰转移至国外。相关人员在利沃夫、哈尔科夫、敖德萨和基辅采集了数千份含汉坦病毒抗体的血液样本及数百份含克里米亚–刚果出血热病毒抗体的血液样本，研究目的涉及生物测试，而已暴露的信息可能只是"冰山一角"。此外，美国及其盟国从乌克兰引入至少16 000个生物样本。敏感基因外流，可能会对样本来源地的生物安全构成威胁。

四是美乌研发生物制剂递送工具。俄称美国公布基于无人机的生物武器运载和使用技术手段的专利信息——"用于在空中散播受感染昆虫的无人驾驶飞行器"（专利申请号为US8967029B1）。该专利说明书明确，使用这种装置可以摧毁或禁止敌军使用相关武器，但不会对美军造成风险。俄方已确认，乌克兰于2021年12月15日向土耳其无人机制造商Bayraktar提出订购产品需求，即配备容量超过20升的气溶胶喷洒系统、航程可达300公里、集装箱内装满生物制剂等。

五是美国在多国多地铺设生物研究网络。俄罗斯国防部称，美国在多国建有336个实验室，形成了全球监控网络，生物研究拓展至全球各地。美军往往以对当地的流行病研究为幌子，逐渐将地方政府纳入利益共同体，逐步对地方环境、流行病乃至群体基因进行研究。

（二）新发突发传染病疫情此起彼伏

新冠肺炎疫情趋缓。自2022年2月，全球新冠肺炎感染病例逐渐减少。6月，奥密克戎（Omicron）变异株BA1.5迅速传播，多国迎来疫情反弹，7月全球每日新增病例达80万—120万例。8月之后病例数逐渐下降。根据世界卫生组织（WHO）数据，截至2022年12月27日，全球累计新冠肺炎确诊病例730 759 080例，累计死亡病例6 694 244例。①

猴痘疫情升级为"国际关注的突发公共卫生事件"。2022年1月1日至11月27日，世界卫生组织六区共报告猴痘确诊病例81 107例，其中美洲和欧洲地区最多，分别为54 277例、25 516例，其次为非洲地区（982例）、西太平洋地区（223例）、东地中海地区（78例）、东南亚地区（31例）；累计死亡病例55例，其中美洲地区34例、欧洲地区5例、非洲地区14例、东地中海地区1例、东南亚地区1例。此次猴痘疫情大部分发生在以前无猴痘病例的国家，且病例构成和疾病症状与传统流行区域差异较大。②

多国再现脊髓灰质炎病毒（wild poliovirus，WPV）感染病例。2022年2月，马拉维出现30年来首例感染病例；3月，以色列报告新增4例儿童循环疫苗衍生病例；6月，英国在污水中检测出脊髓灰质炎病毒，随即宣布为"国家关注事件"；7月，美国纽约在下水道中检测出脊髓灰质炎病毒；阿富汗、巴基斯坦、也门和非洲多国报告出现脊髓灰质炎病例。引起人类严重脊髓灰质炎的野生脊髓灰质炎病毒有3种：WPV1、WPV2和WPV3。世界卫生组织分别于2015年和2019年宣布根除WPV2和WPV3，目前流行较广的为WPV1，给全球彻底消灭脊髓灰质炎行动带来障碍，世界卫生组织一直维持对该病毒的高级别警报状态。③

---

① WHO, "Coronavirus（COVID-19）Dashboard," December 31, 2022, https://www.who.int/emergencies/diseases/novel-coronavirus-2019.

② WHO, "Multi-country Outbreak of Mpox（monkeypox）," December 1, 2022, https://www.who.int/emergencies/situations/monkeypox-oubreak-2022.

③ WHO, "Poliomyelitis," December 1, 2022, https://www.who.int/news-room/fact-sheets/detail/poliomyelitis.

炭疽、麻疹等传染病疫情多点发生。2022 年 1 月，刚果（金）出现炭疽疫情，南基伍省出现 9 例炭疽感染病例，其中 2 例死亡；南苏丹暴发麻疹疫情，仅 1 月底共报告疑似麻疹病例 35 319 例；9 月至 11 月，乌干达累积报告 141 例埃博拉感染病例，死亡 55 例；① 海地、叙利亚等国霍乱疫情严重，11 月底，海地累计报告疑似病例约 1.4 万例，确诊病例 1220 例，死亡 280 例。11 月中旬，叙利亚霍乱确诊病例已增达 1400 例，死亡 49 例。②

（三）两用生物技术误用谬用风险难控

生物技术既可用于提升人类福祉，也可能被恶意误用和谬用。2022 年，合成生物学、基因编辑等现代生物技术取得了长足进步，极大增加了两用生物技术被滥用的可能性。

在基因工程和合成生物学方面，2022 年 1 月，美国马里兰大学医学院宣布完成首例转基因心脏移植手术。供体心脏由 United Therapeutics 子公司 Revivicor 经数次基因改造培育而成。③ 瑞士苏黎世联邦理工学院研究人员发现了近 40 000 个可能存在的新型生物合成基因簇。④ 科学家首次证实，在真菌中不使用角鲨烯就可形成三萜类化合物，在活有机体中实现了由简单化合物到复杂化合物的生物合成，或为生物制药开辟新途径。⑤

在基因编辑及基因测序领域，麻省理工学院生物工程系张锋团队报道

① WHO, "Ebola Disease Caused by Sudan Ebolavirus - Uganda," September 24, 2022, https://www. who. int/emergencies/disease-outbreak-news/item/2022-DON425.

② WHO, "Cholera," December 30, 2022, https://www. who. int/health-topics/cholera#tab=tab_12.

③ Michael O'Riordan, "David Bennett, First Transplant Recipient of a Pig Heart, Dies," March 9, 2022, https://www. tctmd. com/news/david-bennett-first-transplant-recipient-pig-heart-dies.

④ Paoli, L., Ruscheweyh, HJ., Forneris, C. C., et al, "Biosynthetic Potential of the Global Ocean Microbiome," *Nature* 607 (2022): 111-118, https://doi. org/10. 1038/s41586-022-04862-3.

⑤ Tao, H., Lauterbach, L., Bian, G., et al, "Discovery of Non-squalene Triterpenes," *Nature* 606 (2022): 414-419, https://doi. org/10. 1038/s41586-022-04773.

了一种与 CRISPR 效应蛋白 Cas7-11 相关的 TPR-CHAT 蛋白酶 Csx29，其对 σ 因子抑制剂表现出可编程的 RNA 激活内肽酶活性。[1] 日本研究人员开发出一种 CRISPR-Cas9 基因编辑方法，可对蟑螂进行基因编辑。[2] 由东京理科大学研发的单细胞 RNA 测序（scRNA-seq）技术，具备检测灵敏、反应效率高等优点，可捕获重要细胞信息。[3]

在脑科学领域，英国科学家开发了一种成像技术，可在亚细胞水平捕获脑组织结构和功能信息，有助于构建大脑中神经网络的完整图景[4]。剑桥医学研究理事会研究人员发现，人脑深层区域温度可超过 40℃，该研究对脑损伤治疗具有积极意义。[5]

在生物资源解析方面，2022 年 7 月 28 日，DeepMind 将预测结构数据库从 100 万扩展到 200 万，有望加速蛋白质研究。[6] 11 月，法国科学家复活了在西伯利亚永久冻土中冷冻了数万年的 7 种病毒。[7] 英国研究人员发现

① Strecker J., Demircioglu FE, Li D., Faure G., Wilkinson ME, Gootenberg JS, Abudayyeh OO, Nishimasu H., Macrae RK, Zhang F., "RNA-activated Protein Cleavage with a CRISPR-associated Endopeptidase," *Science* 378, no. 6622 (2022): 874-881, https://doi: 10.1126/science.add7450. Epub 2022 Nov 3. PMID: 36423276.

② Cell Press, "CRISPR Now Possible in Cockroaches," *Science Daily*, May 16, 2022, www.sciencedaily.com/releases/2022/05/220516123952.htm.

③ Tokyo University of Science, "Novel, Sensitive, and Robust Single-cell RNA Sequencing Technique Outperforms Competition," *Science Daily*, June 27, 2022, www.sciencedaily.com/releases/2022/06/220627100221.htm.

④ The Francis Crick Institute, "Scientists Build Subcellular Map of Entire Brain Networks," *Science Daily*, May 25, 2022, www.sciencedaily.com/releases/2022/05/220525080524.htm.

⑤ UK Research and Innovation, "Healthy Human Brains Are Hotter than Previously Thought, Exceeding 40 Degrees," June 13, 2022, https://medicalxpress.com/news/2022-06-healthy-human-brains-hotter-previously.html#:~:text=New%20research%20has%20shown%20that%20normal%20human%20brain,exceeding%2040%C2%B0C%2C%20particularly%20in%20women%20during%20the%20daytime.

⑥ Ewen Callaway, "'The Entire Protein Universe': AI Predicts Shape of Nearly Every Known Protein," July 29, 2022, https://www.nature.com/articles/d41586-022-02083-2.

⑦ Michael Le Page, "A 48,500-year-old Virus Has Been Revived from Siberian Permafrost," November 23, 2022, https://www.newscientist.com/article/2347934-a-48500-year-old-virus-has-been-revived-from-siberian-permafrost/.

了一种新艾滋病病毒（HIV）毒株——1 亚型病毒（VB），毒力和感染力均强于原始毒株。[①]

合成生物学、生物检测、脑科学等前沿技术逐渐形成技术群，对国家安全产生重要影响，生物技术"工具箱"效应越发凸显。基于病原体检测技术，可对细菌和病毒全基因组进行精准测序和表达；基于合成生物学及测序技术，部分病原体和动物细胞可在实验室实现"从头设计"；在功能获得性研究中，包括病原体在内的生物体 DNA 能够人为改变，获得特定功能，误用和谬用可能性增大。

（四）高等级生物安全实验室监管存在漏洞

新冠肺炎疫情的暴发和蔓延，引发全球高等级实验室建设热潮，也推动了各方对功能获得性等高风险课题的投入和关注。根据美国乔治·梅森大学和英国伦敦国王学院联合研究项目，[②] 2021 年，全球有近 60 个生物安全四级实验室（包括已建成、在建和规划中），近 10 年内建成的至少 20 个，超过 75% 位于病毒易传播的城市中心地带。2022 年，全球生物安全四级实验室数量上升至 69 个。此外，目前全球至少建有 55 个生物安全"三级+"实验室（又名强化实验室）。全球生物安全三级实验室数量更多，分布更为广泛。美国研究人员基于"PubMed Central"数据库，识别和定位了

---

① Wymant C., Bezemer D., Blanquart F., et al, "Netherlands ATHENA HIV Observational Cohort†; BEEHIVE Collaboration†. A Highly Virulent Variant of HIV-1 Circulating in the Netherlands," *Science* 375, no. 6580 (2022): 540-545, https: //doi: 10.1126/science. abk1688. Epub 2022 Feb 3. PMID: 35113714.

② Mason Goad, "A New Interactive Map Reveals Where the Deadliest Germs Are Studied," George Mason University, July 8, 2021, https: //schar. gmu. edu/news/2021-07/new-interactive-map-reveals-where-deadliest-germs-are-studied.

在 2006—2021 年发表过英文文献的生物安全三级实验室及其所属机构。该研究①发现，多数设有生物安全三级实验室的机构聚集在北美洲，欧洲位列第二，之后依次为亚洲、非洲、南美洲和大洋洲。而根据美国政府问责局统计数据，全美登记开展管制清单制剂研究的生物安全三级实验室超过1300 个，远高于其他国家。②

相关研究③显示，多国生物安全高等级实验室的监管存在漏洞。在设有生物安全四级实验室的国家中，仅约四分之一建立了相对完善的生物安全风险管理法规制度，仅三个国家出台了两用生物技术研究监管政策。尚无国家颁布或实施新的生物风险管理标准。与生物安全四级实验室和生物安全三级实验室相比，国家对强化实验室的监管和指导更少。

在国家生物安全风险管理能力综合评分中，包括印度在内的五个国家得分较低。2022 年 12 月，乔治·梅森大学生物防御专业研究人员在一份倡议④中指出，全球生物风险管理体系无法满足当前不断变化的生物风险形势应对需求，呼吁开展高危病原体研究的国家制定相关法律、法规和制度，完善高等级生物安全实验室监督管理体系。

---

① Caroline Schuerger Sara Abdulla Anna Puglisi, "Mapping Biosafety Level – 3 Laboratories by Publications," CSET, August 30, 2022, https://cset.georgetown.edu/publication/mapping-biosafety-level-3-laboratories-by-publications/.

② U.S. Government Accountability Office, "High – Containment Laboratories: National Strategy for Oversight Is Needed," June 9, 2022, https://www.gao.gov/products/gao-09-574.

③ Globalbiolabs, "Key Messages," July 8, 2021, https://www.globalbiolabs.org.

④ Gregory Koblentz, "Biodefense Doctoral Student Gives Warning, Makes Plea at International Bioweapons Conference," George Mason University, December 1, 2022, https://schar.gmu.edu/news/2022-12/biodefense-doctoral-student-gives-warning-makes-plea-international-bioweapons.

二、美国等国出台生物安全防御新举措

在国际生物安全威胁形势日益严峻之时，美国等国从政策法规、战略制定、计划推行等角度出台生物安全防御新举措，以加强国家生物安全能力建设。

（一）美国将流行病和生物防御列为优先事项

美国政府 2022 年新版《国家安全战略》[①] 将流行病和生物防御视为全球共同面临的严峻挑战。该战略指出，大规模疫情暴发时允许各方作出疫情准备的窗口期很短，加强国家生物防御能力是必然之策。在国家层面，美国需为灾难性生物风险做好准备；在国际层面，需加强与他国合作，扩大公共卫生数据分享范围，提高措施实施透明度，推进疫情备灾模式和规则改革，积极应对蓄意和意外生物风险，提升病原体快速检测和生物剂识别技术及医疗对策研发能力。美国将与盟国合作，共同加强《公约》履约实践，遏制他国实施生物战；防止恐怖分子获取或使用生物武器；加强反对发展和使用生物武器的国际规则，降低两用生物技术风险。

该战略是 2021 年 3 月美国政府《国家安全战略临时指南》的延续和补充，其将疫情应对纳入考量范畴，强调了国家对生物安全风险的应对能力准备及生物防御能力建设，反映了美国未来国家生物安全能力建设的基本态度和方向，将对未来美国在生物领域的预算制定、投资及外交产生较大影响。

---

① The White House, *National Security Strategy*, October 12, 2022, https://www.whitehouse.gov/wp-content/uploads/2022/11/8-November-Combined-PDF-for-Upload.pdf.

（二）美国新版国家生物安全战略聚焦多源事故防范

2022 年 10 月 18 日，美国总统拜登签署第 15 号国家安全备忘录（NSM-15），发布《国家生物防御战略和实施计划》，[①] 主要内容包括：前言、愿景、威胁和后果、生物风险管理、设想、结论等八个部分，详细阐明了美国国家生物防御战略的形势、目标及任务。

一是形势判断。该战略明确，自然发生、意外或蓄意造成的生物事件，都是美国和国际社会面临的严重威胁之一。生物事件的发生，不是可能性大小问题，而是时间早晚问题。战略概括了生物威胁持续存在、生物威胁来源多样、疫情无国界、生物事件破坏关键基础设施和供应链、多部门和多边合作至关重要、坚持"同一健康"理念能够减少危害、全球科技持续发展影响深远等七项基本战略判断。

二是目标设定。该战略指出，美国将采取多部门和跨学科协作的方法，从评估、预防、准备、应对、恢复五个方面，保护美国民众免受新发突发传染病暴发流行、生物恐怖袭击和生物武器扩散等重大危害的影响；新冠肺炎疫情证明，生物威胁可能会给美国和全球民众生命健康及社会经济发展造成巨大破坏，美国将与世界各国和国际组织开展广泛而深入的合作，从源头上有效预防和控制多样化生物威胁。

三是任务安排。该战略强调，建立全链条、全政府、全球化的生物安全防御体系，以及应对生物威胁和事件的分级分层风险管理方法，制定主动监测（加强风险监测、助力生物防御决策）、先机管控（增强生防能力、预防生物事件）、系统预置（充分做好准备、降低生物事件影响）、高效响

---

① The White House, "National Biodefense Strategy and Implementation Plan," October 12, 2022, https://www. whitehouse. gov/wp-content/uploads/2022/10/National-Biodefense-Strategy-and-Implementation-Plan-Final. pdf.

应（快速有效应对、控制生物事件危害）、增强弹性（促进事后恢复、消除事后连锁影响）共 5 大类 23 个具体目标任务，在实施计划中细化每项目标任务建设内容和责任部门。

（三）美国政府明确未来传染病大流行防范计划优先事项

2022 年 9 月，美国总统行政办公室发布传染病防范计划年度总结报告——《美国传染病大流行防范计划实施进展年度报告》。[①] 该报告由美国国家科学技术委员会、白宫传染病大流行防范创新指导委员会撰写，梳理了美国政府在应对新冠肺炎疫情期间的应急科研布局及取得的成效，明确了未来计划的优先事项。

该报告认为，未来美国传染病大流行预防战略的重中之重仍是持续推动突破创新。战略层面涉及两项核心目标，一是利用现有能力应对传染病威胁，借鉴季节性流感、乙肝、丙肝、非洲猪瘟等现有传染病响应措施，建立疫情响应机制，并演练检验响应机制有效性。二是动用全政府资源，支持私营领域创新发展。美国政府应立足全局，从战略层面全面审视传染病大流行创新生态系统及防范技术能力研发布局，确保公平公正且资源分配合理科学。该报告的具体措施建议包括传染病大流行应对能力准备、监测预警及态势感知能力建设、公共卫生系统能力建设、核心能力建设和运行机制准备。

（四）美国国会提出《推进阿波罗生物防御计划》报告

2022 年 4 月 12 日，美国两党生物防御委员会发布《雅典娜议程：推进

[①] The White House Steering Committee for Pandemic Innovation of the National Science and Technology Council, "First Annual Report on Progress Towards Implementation of the American Pandemic Preparedness Plan," September 9, 2022, The White House, https://www.whitehouse.gov/wp-content/uploads/2022/09/09-2022-AP3-FIRST-ANNUAL-REPORT-ON-PROGRESS.pdf.

阿波罗生物防御计划》①报告，向国会和政府提出美国如何在十年内结束疫情大流行的具体建议。包括：全面实施《生物防御国家蓝图》；全面实施生物防御计划（或同等项目）；提供经费拨款；编制新冠肺炎疫情总结报告；完善监管流程和政策，在突发生物事件前中后期间快速授权或批准创新技术；制订家庭检测试剂和药物分发战略及实施计划；支持突发生物事件应急公共卫生研究；改善风险沟通方式，建立公众信任。

（五）澳大利亚发布首份国家生物安全战略

2022年8月，澳大利亚发布首份《国家生物安全战略》。②该战略以澳2018年《国家生物安全声明》为依据，提出在六大安全领域采取关键行动。一是共享生物安全文化。将生物安全课程引入教育体系；完善国家信息沟通、事件参与和报告机制；将生物安全纳入决策制定、风险评估及业务规划需要着重考量的因素范畴。二是开展合作。加强与原住民之间的沟通联系，加强专业领域团体合作，深化伙伴关系和能力建设，参与制定全球标准和规则。三是高技能人才培养。明确关键技术领域的人才需求、制定国家劳动力发展战略和专业发展规划。四是提高体系响应能力。定期开展生物安全事故防备演习；及时评估和更新风险数据；善于吸取历史经验教训；加强事件追溯机制建设；加强国家监测体系构建；完善国家信息管理机制。五是确保资金支持的可持续性。完善优先投资领域评定机制；推进实施利益相关方共同投资方案等。六是加强技术、研究和数据支持的整

① The Bipartisan Commission On Biodefense, "The Athena Agenda: Advancing the Apollo Program for Biodefense," Biodefense Commission, April 30, 2022, https://biodefensecommission.org/wp-content/uploads/2022/04/Athena-Report_081722_web.pdf.

② The Australian Government, *National Biosecurity Strategy*, Biosecurity, August 30, 2022, https://www.biosecurity.gov.au/sites/default/files/2022-08/National%20Biosecurity%20Strategy%28final%29.pdf.

合。主要关键行动包括：继续投资并推出变革性技术，实现流程数字化和自动化；加强利益相关方的协调，优先考虑、推动和产出国家研究成果；积极广泛地共享数据和研究；加强病原物监控及拦截数据的可访问性和可使用性；进一步支持创新，提高科研能力；鼓励采用现有和新兴技术、系统和流程；充分利用公众科学及各方面知识见解；鼓励私营部门加大对生物安全创新的投资。

（六）哈萨克斯坦颁布生物安全法

2022 年 3 月 30 日，哈萨克斯坦议会通过了《哈萨克斯坦共和国生物安全法》。该法案共有 8 章 32 条，旨在完善该国生物安全风险管理；确定生物安全国际合作优先方向；加强对病原体相关研究的监管。2022—2024 年，哈政府将拨款 250 亿坚戈（约合 5308 万美元），推动落实法案要求。[1]

三、国际生物军控合作与斗争并存

大规模疫情、生物武器等生物安全问题引发全球对国际合作的高度关注。国际生物军控多边进程为各国协同参与全球生物安全治理提供了平台，取得了重要进展。但在乌克兰危机背景下，大国关系出现新调整，地缘政治给生物军控带来更多挑战和不确定性，博弈与斗争仍然激烈。

（一）国际生物军控多边进程取得重要进展

2022 年，《禁止生物武器公约》九审会在机制建设、国际合作与援助

---

[1] Jibek Joly, "Kazakh Senate Adopts Biosecurity and Biosafety Law," Jibek Joly TV Channel, April 28, 2022, https://jjtv.kz/en/news/politics/19925-kazakh-senate-adopts-biosecurity-and-biosafety-law.

等多个方面取得进展；联合国裁军事务厅推动秘书长调查机制在全球生物安全治理中发挥更大作用；全球生命科学研究风险防范框架更趋完善。

1. 《禁止生物武器公约》九审会达成《最后文件》

《禁止生物武器公约》九审会于 2022 年 11 月 28 日至 12 月 16 日在瑞士日内瓦召开，137 个缔约国、2 个签约国（埃及和叙利亚）及多个国际组织、非政府组织参会。在中国积极推动下，九审会达成《最后文件》，① 决定在探讨达成包括具有法律约束力方式在内的加强《公约》措施方面开展更多工作，并为此设立加强《公约》工作组。主要体现为以下四个方面。

（1）《最后文件》主要内容

一是筹划缔约国年度会议。九审会决定于 2023—2026 年在日内瓦举行缔约国年度会议。首次会议将于 2023 年 12 月 11—13 日举行，核心要务涉及三个方面。一是从预算、财务及组织等角度采取必要措施，保障闭会期间工作方案的顺利实施；二是审议普遍加入《公约》的进展情况、履约支持机构的年度报告；三是视情审查九审会决定的执行情况。

二是设立工作组。该工作组对所有缔约国开放，主要任务是制定加强《公约》履约措施，包括可能的具有法律约束力的措施，并使之制度化。具体工作包括七个方面：推进国际合作与援助，审议与《公约》相关的科技发展，建立信任措施和提高履约透明度，遵约和核查方面措施，国家执行《公约》情况，援助、响应和准备方面措施，组织机制和财政方面措施。2023—2026 年工作组年度会议时间为 15 天，分两个会期完成，其中一次会议与年度缔约国会议连续举行。工作组应尽可能于 2025 年底前完成所有事务，并拟于 2023 年 8 月 7—18 日举行首次实质性会议。工作组以协商一致

---

① UNODA, "Biological Weapons Convention—The Ninth Review Conference," The United Nations, December 30, 2022, https://meetings.unoda.org/bwc-revcon/biological-weapons-convention-ninth-review-conference-2022.

开展工作。履约支持机构将为工作组会议召集和活动开展提供必要协助。

三是计划安排第十次审议会议。第十次审议会议将不晚于 2027 年在日内瓦举行，重点考虑以下问题：与《公约》有关的科技发展、缔约国履约进展、九审会相关决议和建议执行情况等。

四是建立国际合作与科技发展审议机制。两项机制向所有缔约国开放，旨在促进和支持充分落实《公约》第十条框架下的国际合作与援助，向缔约国提供履约建议。工作组将为建立这两项机制提出适当建议并审查《公约》相关科技发展。

（2）建立信任措施材料提交情况趋好

近年来，缔约国提交的建立信任措施材料数量及提交材料的缔约国数量占比均呈上升趋势。2017—2021 年，101 个缔约国共提交 457 份建立信任措施材料，其中 65 个缔约国自八审会以来每年提交，8 个缔约国为首次提交。根据九审会背景材料，[①] 2021 年缔约国提交了 92 份建立信任措施材料，提交材料的国家数量占缔约国总数的 50%，首次达到半数，创历史新高。21 个缔约国直接通过电子平台在线提交，占总量的 23%，是历年来在线提交量最多的一次。

（3）各方呼吁加强国际合作与援助

缔约国向《公约》九审会提交 60 多份工作文件，[②] 关注议题涉及建立信任措施、机制建设、与《公约》有关的科技进展、国际合作与援助等。其中，发展中国家重点关注国际合作与援助的公平性，要求发达国家履行

[①] Implementation Support Unit, "BWC/CONF. IX/PC/3–History and Operation of the Confidence-building Measures," UNODA, December 30, 2022, https://documents-dds-ny. un. org/doc/UNDOC/GEN/ G22/005/32/PDF/G2200532. pdf? OpenElementny. un. org/doc/UNDOC/GEN/G22/005/32/PDF/G2200532. pdf? OpenElement.

[②] UNODA, "Biological Weapons Convention—The Ninth Review Conference," December 30, 2022, https://meetings. unoda. org/bwc-revcon/biological-weapons-convention-ninth-review-conference-2022.

《公约》第 10 条义务，帮助发展中国家提高能力建设；法国等发达国家建议完善《公约》合作与援助数据库，使其更好地匹配供需关系。主流观点包括以下四种。

一是加强现有措施。具体建议如下：畅通国家自主报告渠道、优化合作与援助数据库的功能、制定援助需求和援助意向分布图。二是以现有机制为基础，细化实施步骤，提升制度化水平。具体建议如下：成立合作委员会、在履约支持机构内增设专司合作事务的职位、制定资源调集指导原则、开设自愿捐助信托基金、制订行动计划等。三是发出积极倡议。具体建议包括：建立生物安全和生物安保监管框架及培训指导数据库、协助缔约国量身定制生物风险管理系统、为高危病原微生物实验室提供操作培训等。四是加强生物安全协同网络的沟通与合作。具体建议包括：加强全球卫生安全架构建设和可持续卫生安全融资能力、建立病原体快速检测和疫情监测系统、加强探索资源调动新方法、加强援助国和受援助之间的伙伴关系、加强南南合作等。

（4）《天津指南》获得广泛支持

九审会期间，中国推动缔约国认可和支持《科学家生物安全行为准则天津指南》（简称《天津指南》），对大会取得积极成果作出重要贡献，并受到与会各方高度评价。《天津指南》既源于中国倡议，又经过广泛讨论，体现了国际共识，是《公约》框架下倡导负责任科研对话进程的产物。《天津指南》提出了坚守道德基准、遵守法律规范、倡导科研诚信、尊重研究对象、加强风险管理、参与教育培训、传播研究成果、提升公众参与、强化科研监管、促进国际合作十大准则，涵盖生物科研全流程、全链条，现已由国际科学院组织核可并面向全球 150 多个国家级科学院网络大力推广。中方将继续致力于《公约》进程，进一步推动加强《公约》普遍性，促进《公约》的全面有效实施，深化生物安全国际合作，构建全球生物安全命运共同体。

2. 联合国秘书长指称使用生化武器调查机制影响力扩大

联合国裁军事务厅指出，联合国秘书长指称使用生化武器调查机制①（以下简称"秘书长调查机制"）是当前指称使用生物武器调查的唯一"合法"工具。截至2022年12月，秘书长调查机制共有494名注册合格专家、39名专家顾问、83个分析实验室。2022年，联合国裁军事务厅密集开展秘书长调查机制推介活动及专家培训课程。

一是桌面推演。2022年，联合国裁军事务厅开展多场桌面推演活动，主要项目涉及秘书长调查机制特殊任务和敏感生物样本跨境转移、国家及国际组织之间的协调与合作、与东道国谈判、实地访谈、取样、检测及事务监管等。

二是课程培训。2022年6月20日至7月1日，联合国裁军事务厅为被提名进入联合国特别工作组名册的合格专家举办了为期两周的基础培训课程。此外，联合国裁军事务厅举办多场专家讲习班，重点介绍秘书长调查机制的背景、任务、注册人员的职责作用等。

三是专题研讨。联合国裁军事务厅以生物研究合作项目、外部质量评估等为主题，为注册专家、实验室及专家顾问举办多场线上研讨会，旨在提升秘书长调查机制的地域代表性，强调所有《公约》缔约国都可支持和参与秘书长调查机制的活动。

3. 世界卫生组织发布多份生命科学研究战略及指导框架

一是全球病原体基因组监测战略。2022年4月，世界卫生组织发布

---

① UNODA, "Secretary – General's Mechanism for Investigation of Alleged Use of Chemical and Biological Weapons（UNSGM），" December 30, 2022, https://www. un. org/disarmament/wmd/secretary-general-mechanism.

《2022—2032 年具有大流行和流行潜力的病原体全球基因组监测战略》,[①]
以加强和扩大全球基因组监测在病原体检测、疫情监测和公共卫生威胁应
对方面的功能作用,战略目标涉及确保关键技术共享和基础设施建设进度、
构建高水平风险应急响应团队、完善基因组监测准备行动方案等五个方面。
该战略为未来十年内建设全球基因组监测能力确定了优先事项,强调政府、
网络、规划及与伙伴协作是推动战略实施的关键因素。

二是病原体基因组数据共享指导原则。2022 年 11 月,世界卫生组织发
布《病原体基因组数据共享指导原则》。[②] 该文件系统阐述了能力建设、国
家合作、高质量共享数据、区域代表性、及时性、知识产权、技术获取、
合法合规性等关键问题,鼓励世界卫生组织成员国秉持道德、公平、有效
原则,与他国分享病原体基因数据。未来,该指导原则将对成员国合作及
全球传染病预防发挥积极作用。

三是生命科学运用的全球指导框架。2022 年 9 月,世界卫生组织发布
《负责任地使用生命科学的全球指导框架:降低生物风险及管理两用性生物
技术研究》,[③] 主体内容包含框架制定背景、生物安全风险的演变及风险管
理的不足之处、风险管理的指导原则和关键要素等六个部分,旨在从价值
观塑造和机制建设等角度,为世界卫生组织成员国及主要利益攸关方提供
指导。该文件指出,生物安全没有国界,生物风险治理亦是所有国家共同
的责任。目前,部分国家及学术机构制定了风险治理措施,但机制运行和

---

① WHO, "Global Genomic Surveillance Strategy for Pathogens with Pandemic and Epidemic Potential, 2022-2032," March 28, 2022, https://www.who.int/publications/i/item/9789240046979.

② WHO, "WHO Guiding Principles for Pathogen Genome Data Sharing," November 8, 2022, https://www.who.int/publications/i/item/9789240061743.

③ WHO, "Global Guidance Framework for the Responsible Use of the Life Sciences: Mitigating Biorisks and Governing Dual-use Research," September 13, 2022, https://www.who.int/publications/i/item/9789 240056107.

管理行动往往滞后于生命科学创新速度。该文件针对不同的利益相关方，制定了差异化应对方法，总结了不同管理路径中可能出现的问题以及解决问题所需的关键要素，对生命科学研究的风险管理具有重要意义。

（二）国际生物军控斗争激烈

美在乌开展的生物军事活动是导致 2022 年国际生物军控斗争激烈的重要因素。

1. 俄就美在乌克兰生物军事活动提请召开正式协商会议

2022 年 6 月 29 日，俄罗斯提出，根据《禁止生物武器公约》第五条及第二次、第三次审议会议《最后文件》，就美国和乌克兰违反《公约》第一条和第四条，提议召开缔约国正式协商会议。[①] 2022 年 7 月 27 日在日内瓦举行非正式会议，确定正式会议的日程安排。2022 年 8 月 26 日召开正式协商会议。核心议程包括：俄罗斯阐述其对美国和乌克兰涉嫌违反《公约》事实的关切、美国和乌克兰代表对俄罗斯的阐述作出回应、与会国代表的进一步讨论和声明。

俄方就美乌两国生物军事活动提出了一系列问题。美乌对俄方阐述表达了质疑，一再表明两国在"合作降减威胁计划"框架下，就公共卫生设施、生物安全、生物安保和疾病监测方面开展的合作，符合《公约》及相

---

① 根据《禁止生物武器公约》第 5 条，在解决可能出现违反《公约》宗旨的事件时，缔约国应相互协商与合作。任何缔约国都可要求召开缔约国正式协商会议，审议并进一步澄清未妥善解决的事项。会议申请应同时提交《公约》保存国，即美国、英国和俄罗斯，由《公约》保存国通知各缔约国，并在 30 天内召开缔约国非正式协商会议，商讨和确定正式协商会议议程安排。正式协商会议应在收到请求之后 60 天内举行。1997 年 8 月 25—27 日，应古巴要求，《公约》缔约国首次根据《公约》第 5 条召开正式协商会议。古巴称，美国一架飞机在飞经该国领空时释放了害虫，给该国造成了严重的经济危机。历经三次会议之后，会议主席给出最后结论：因技术复杂性和时间久远等因素，无法就古巴提出的关切达成明确结论。

关规则要求。正式协商会议未达成一致成果。①

2022 年 10 月 27 日，俄罗斯向联合国安理会提交一份决议草案，② 公布俄方就美乌违反《公约》规定进行事实调查的结果，并申请成立调查委员会，请求联合国秘书长和《公约》履约支持机构给予一切必要的协助，对俄罗斯指控事实进行调查。11 月 2 日，联合国安理会以 3 票反对（美国、法国和英国）、2 票赞成（俄罗斯、中国）及 10 票弃权（阿尔巴尼亚、巴西、加蓬、加纳、印度、爱尔兰、肯尼亚、墨西哥、挪威、阿联酋）的投票结果，未能通过俄罗斯的请求。③ 2022 年 12 月，俄罗斯向《公约》九审会提交有关美乌开展生物军事活动的书面证据，但依然没有最终定论。

2. 美国通过年度遵约报告指责他国违反《公约》

2022 年 4 月，美国发布所谓的《军控、防扩散和裁军遵约报告》，④ 指责伊朗、朝鲜、俄罗斯等国存在违反《公约》的行为。该报告认为，伊朗开展了可能应用于生物武器的两用生物研究，如建造肉毒杆菌生产设施。部分生物技术研发实体为军事单位附属机构。朝鲜很可能具备细菌、病毒和毒素研发能力，且开发了生物制剂。该报告还称，俄罗斯在建立信任措施报告材料中对生物防御研究和发展方案的描述可能与事实不符，判断俄

---

① UNODA, "BWC Formal Consultative Meeting 26 August and 5 – 9 September 2022 Final Report – ADVANCE VERSION," September 30, 2022, https://documents. unoda. org/wp-content/uploads/2022/09/FCM-final-report-ADVANCE-VERSION. pdf.

② Rhoda Wilson, "UN Given 310 Pages of Evidence to Support Claims of US/Ukraine's Violation of Biological Weapons Convention," The Exposé, October 30, 2022, https://expose-news. com/2022/10/30/un-given-310-pages-of-evidence/.

③ "UN Security Council Votes Against Probe into US Biolabs," *Russia Today*, https://www. rt. com/news/565850-un-rejects-biolab-probe/.

④ US Department Of State, "Adherence to and Compliance with Arms Control, Nonproliferation, and Disarmament Agreements and Commitments," April 30, 2022, https://www. state. gov/wp-content/uploads/2022/04/2022-Adherence-to-and-Compliance-with-Arms-Control-Nonproliferation-and-Disarmament-Agreements-and-Commitments-1. pdf.

罗斯政府实体仍在从事两用生物技术研究。

四、结语

2022 年，国际生物安全形势严峻复杂，生物安全问题成为国际合作和全球治理的关注焦点，多国从战略定位、计划实施以及法规建设等角度出台生物安全防御新举措，对于全球和国家生物安全能力建设具有积极意义。此外，以《禁止生物武器公约》为核心的国际生物军控多边进程取得重要进展，多方促成《公约》九审会顺利举行，达成《最后文件》，为加强《公约》履约机制建设、重启多边谈判、打破僵局创造了条件，也为促进国际合作，弥合生物科技鸿沟，推进成果普惠共享提供了新契机。但各缔约国在核查机制建设、国际援助与合作等议题方面仍存在较大分歧。随着乌克兰危机持续发酵，各方博弈的局面可能会长期存在，将在一定程度上阻碍全球生物安全治理取得突破性进展。生物安全事关全人类健康福祉，各方唯有深刻认识"人类命运共同体"的重要意义，秉持共商共建共享的原则，加强沟通，增信释疑，才能协同推进全球生物安全治理步入新阶段，降低乃至消除生物安全威胁。

2022 年网络空间安全与军控形势评析

赵刚　况晓辉　李响

内容提要：2022 年，大国战略博弈深化加剧，乌克兰危机愈演愈烈，网络空间军事化进程加速，网络空间对抗烈度加大；人工智能、5G 等新技术加速在网络空间应用，勒索攻击等网络事件数量大幅上升，网络空间安全形势进一步恶化；美西方国家大搞"小圈子"以加速科技封锁脱钩，网络空间碎片化趋势加剧，全球网络空间安全和发展面临的挑战越发严峻。

关 键 词：网络空间安全；网络军控；国际规则；乌克兰危机
作者单位：军事科学院系统工程研究院

伴随信息技术的持续发展和广泛应用，网络空间仍然是大国博弈的重要领域。以美国为首的主要国家纷纷出台新版网络安全战略、扩充网络空间部队、聚焦现实威胁组织演习演练、加强实战化运用。同时，新技术广泛应用、大国博弈对抗加剧、局部冲突在网络空间深度投射等因素复合叠加，全球网络空间安全形势进一步恶化，面临的挑战越发严峻。

一、网络空间安全主要动态

网络空间战场化、军事化进程加速，主要体现在战略政策、能力建设、演练运用、重大事件、全球治理等方面。

（一）战略政策方面，主要国家和区域组织纷纷出台新版网络安全战略，以应对新形势下的网络安全威胁

美国出台新版国家安全和国防战略，进一步聚焦大国竞争，网络空间仍是重要角力场。2022 年 10 月 13 日，美国拜登政府发布新版《国家安全战略》，① 视中国为"唯一一个既有意愿又有能力重塑国际秩序的竞争对手"，确定"竞赢中国、制约俄罗斯"的首要战略目标，并明确将大国竞争定性为"民主制度与专制制度之间的竞争"，提出"使用'全政府'手段果断应对重大网络空间敌对行为"，"推行网络治理，推动'网络空间负责任国家行为框架'以及现有国际法在网络空间的适用"。10 月 27 日，美国国防部发布新版《国防战略》，② 提出四大防御优先事项，并提出推进上述优先事项的三大方法，即综合威慑、开展军事活动和建立持久优势。《国防战略》将网络空间威胁视为美军所面临严峻安全环境的重要组成因素，同时提出将通过运用网络威慑手段、开展网络空间行动和提高网络空间能力等方式来应对竞争挑战并获取军事优势。

其他国家也发布或更新了网络安全战略，以有效应对网络安全威胁。2022 年 1 月，英国发布首份政府网络安全战略——《政府网络安全战略2022—2030》，③ 其核心目标是 2025 年显著加强政府关键职能的网络防御能力，2030 年整个英国政府都能抵御任何利用已知漏洞发起的网络攻击；主

---

① *Biden-Harris Administration's National Security Strategy*, The White House, October 12, 2022, accessed April 8, 2023, https://www.whitehouse.gov/wp-content/uploads/2022/10/Biden-Harris-Administrations-National-Security-Strategy-10. 2022. pdf.

② *National Defense Strategy*, U. S. Department of Defense, October 27, 2022, accessed April 8, 2023, https://www.defense.gov/National-Defense-Strategy/.

③ *Government Cyber Security Strategy 2022-over*, HM Government, January 25, 2022, accessed April 8, 2023, https://assets.publishing.service.gov.uk/government/uploads/system/uploads/attachment_data/file/1049825/government-cyber-security-strategy.pdf.

要措施建议为创建跨政府漏洞报告服务机制、加强与企业和学术界合作、定期评估政府各部门网络安全状况等。5月，意大利发布《2022—2026年意大利国家网络安全战略及实施计划》，① 指出了意大利面临的三大网络安全威胁和挑战，并提出加强公共部门和行业机构网络弹性、实现国家和欧洲数字主权、建立有效的网络危机管理机制、处理网络虚假信息等应对措施。6月，北约发布《北约2022年战略概念》，② 重点强调网络防御问题，计划加快"数字化转型"，加强其网络防御、网络和基础设施。11月，欧盟委员会提出《欧盟网络防御政策》，③ 旨在通过成员国单独或联合行动提升网络防御能力，并加强欧盟网络领域相关机构的协调与合作。12月，日本政府正式发布新版《国家安全保障战略》，④ 引入"主动网络防御"条款，允许日本采取加强措施在网络空间进行自卫。

（二）能力建设方面，美国首次扩充网络空间部队，多个国家组建任务部队，提升网络空间作战能力

美国正式提出扩充网络空间作战力量的实施计划，其网络国家任务部队升格为次级统一司令部。在美国政府提交的2022财年预算法案⑤中，美网络空间司令部计划2022—2024财年，在现有133支网络任务部队基础

① *National Cybersecurity Strategy 2022-2026*, Agenzia Per La Cybersicurezzanazionale, accessed April 8, 2023, https://www.acn.gov.it/en/strategia-nazionale-cybersicurezza.

② *NATO 2022 Strategic Concept*, NATO, June 29, 2022, accessed April 8, 2023, https://www.nato.int/strategic-concept/.

③ "CyberDefence: EU Boosts Action Against Cyber Threats," European Commission, November 10, 2022, accessed April 8, 2023, https://ec.europa.eu/commission/presscorner/detail/en/ip_22_6642.

④ 『国家安全保障戦略について』、国家安全保障局、令和4年12月16日、https://www.kantei.go.jp/jp/content/000119644.pdf。

⑤ *Defense Budget Overview*, Office of the Under Secretary of Defense (Comptroller) /Chief Financial Officer, April 15, 2022, accessed April 8, 2023, https://comptroller.defense.gov/Portals/45/Documents/defbudget/FY2023/FY2023_Budget_Request_Overview_Book.pdf.

上，分阶段增加 14 支网络任务部队，其中 2022 财年建设 4 支，2023 和 2024 财年各建设 5 支，这是近 10 年来美军首次扩大网络任务部队。12 月，美网络国家任务部队正式升格为隶属网络司令部的次级统一司令部，① 即二级联合司令部，作战指挥上决策权限更大，行动上更加灵活。此外，美军正在试图打造能够融合网络、信息战、电子作战等能力的新型部队，从而为作战指挥官提供动能和非动能选项，在更大的信息环境发挥作战效能。

波兰、日本、新加坡等其他国家也加速成立网络空间任务部队。2022 年 2 月，波兰政府正式宣布成立"网络空间防御部队"，② 该部队将主要开展网络军事行动，有权执行侦察、防御和进攻任务。3 月，日本防卫省宣布正式成立"自卫队网络防卫队"，③ 人员规模约为 540 人，主要负责维护通信网络、应对网络攻击等任务。澳大利亚信号局在堪培拉成立网络和外国情报中心，④ 目的是促进澳情报界、执法部门和国际伙伴之间的安全合作。10 月，新加坡⑤正式成立国防数字防卫与情报部队，旨在负责保护国家免受信息和网络安全威胁，并为国防部、各军种部队提供情报支援和网络战支持。

---

① Mark Pomerleau, "Cyber National Mission Force Declared Sub-unified Command," Defensescoop, December 19, 2022, accessed April 8, 2023, https://defensescoop.com/2022/12/19/cyber-national-mission-force-declared-sub-unified-command/.

② Catalin Cimpanu, "Poland Army Adds New Cyber Component with Offensive Capabilities," The Record, February 8, 2022, accessed April 8, 2023, https：//therecord.media/poland-army-adds-new-cyber-component-with-offensive-capabilities? fbclid = IwAR3h33tzmdDcfqzxJABpsHVQKLf-k5-jUNX2ogmrOen YvQue3JEF760LvDk.

③ "Japan's Self-Defense Forces Launch New Cyberdefense Unit," The Japan Times, March 17, 2022, accessed April 8, 2023, https://www.japantimes.co.jp/news/2022/03/17/national/sdf-cyberdefense-unit/.

④ "Australia's ASD Unveils Nnew Cyber and Foreign Intelligence Facility," Army Technology, March 23, 2022, accessed April 8, 2023, https://www.army-technology.com/news/australia-asd-cyber-intelligence-facility/.

⑤ Joe Saballa, "Singapore to Establish Cyber Military Force," The Defense Post, March 4, 2022, accessed April 8, 2023, https://www.thedefensepost.com/2022/03/04/singapore-to-establish-cyber-military-force/.

此外，爱尔兰和比利时拟成立军事网络司令部，瑞士拟建立军队网络指挥中心，[1] 加速推进网络空间军事进程。

（三）演练运用方面，美主导的网络演练更加聚焦现实威胁，进攻能力运用日趋常态化

聚焦现实威胁，持续开展网络空间联合演练。美国国土安全部自 2006 年以来，一直持续开展两年一度的"网络风暴"（Cyber Storm）[2] 演习，旨在帮助各级联邦政府、州、国际合作伙伴和私营组织开展协作，共同评估并强化网络筹备工作、检查事件响应流程并提升信息共享能力，从而降低国家层面的网络安全风险。2022 年 3 月，美网络安全和基础设施安全局举行了为期三天的"网络风暴Ⅷ"[3] 演习，重点针对美关键基础设施遭勒索软件、数据泄露等网络攻击后的应急响应能力进行演练。约 200 个联邦政府、州、国际合作伙伴及私营行业组织的 2000 余人参演，是历次"网络风暴"演习中规模最大、参加行业组织最多的一次演习。4 月，北约在爱沙尼亚举行"锁定盾牌 2022"[4] 网络防御演习，以某岛国安全形势恶化、遭到大规模网络攻击为假想，组织各参演方围绕防范大规模网络攻击，保护民用、军用信息系统与关键基础设施展开演练。8 月和 11 月，美网络空间

---

① 《2022 年全球国防网络空间情况综述（网军建设篇）》，安全内参，https://www.secrss. com/articles/51994，访问日期：2023 年 4 月 22 日。

② "Cyber Storm: Securing Cyber Space," America's Cyber Defense Agency, accessed April 8, 2023, https://www.cisa.gov/cyber-storm-securing-cyber-space.

③ "Cyber Storm Ⅷ: National Cyber Exercise," America's Cyber Defense Agency, accessed April 8, 2023, https://www.cisa.gov/cyber-storm-viii-national-cyber-exercise.

④ "Locked Shields," The NATO Cooperative Cyber Defence Centre of Excellence，accessed April 8, 2023，https://ccdcoe.org/exercises/locked-shields/.

司令部举行"网络旗帜 22"① 和"网络旗帜 23−1"② 演习,分别以欧洲战区和亚太战区各种现实网络威胁为场景,参演国家和跨国网络团队合作应对,以增强战备性和互操作性。此外,斯洛文尼亚与国际原子能机构等于 5月举办全球首次核设施网络安全演习"KiVA2022",③ 演习使用核设施专用的设备模型和软硬件模拟遭受网络威胁场景,展示了关键控制系统安全漏洞潜在的重大影响及可能的应对方式。

"前置追捕"已成为美网络空间能力实战化运用的新常态。"前置追捕"是美国实施"前置防御"战略、落实"持续交锋"概念的重要举措,反映了网络空间司令部在过去 10 年中从被动、防御性态势转向更有效、更积极的主动态势。美网络司令部司令兼国家安全局局长保罗·中曾根表示"持续交锋"和"前置防御"概念已成为网络空间司令部的战略基石,④ 发展伙伴关系和在美国之外与敌作战,向有需求的国家派遣"前置追捕"力量,能够最有效地保护国家安全。2022 年 6 月,保罗·中曾根在接受采访时承认,⑤ 在乌克兰危机中,美国发起过网络攻击,以支持乌克兰。据美国网络司令部公布的消息,截至 2022 年 8 月,美国网络司令已在全球 18

① "Cyber Flag 22 Enhances Readiness While Incorporating Multinational Symposium," U.S. Cybercom Command Public Affairs, August 12, 2022, accessed April 8, 2023, https://www.cybercom.mil/Media/News/Article/3125621/cyber-flag-22-enhances-readiness-while-incorporating-multinational-symposium/.

② "Cybercom Concludes Cyber Flag 23 Exercise," U.S. Cybercom Command Public Affairs, November 4, 2022, accessed April 8, 2023, https://www.cybercom.mil/Media/News/Article/3209896/cybercom-concludes-cyber-flag-23-exercise/.

③ "KiVA2022−International Cyber Security Exercise in Nuclear Facilities," Slovenian Nuclear Safety Administration, May 23, 2022, accessed April 8, 2023, https://www.gov.si/en/news/2022-05-23-kiva2022-international-cyber-security-exercise-in-nuclear-facilities/.

④ Suzanne Smalley, "Nakasone Says Cyber Command Did Nine 'Hunt Forward' Ops Last Year, including in Ukraine," Cyberscoop, May 4, 2022, accessed April 8, 2023, https://cyberscoop.com/nakasone-persistent-engagement-hunt-forward-nine-teams-ukraine/.

⑤ Ines Kagubare, "Cyber Command Chief Confirms US Took Part in Offensive Cyber Operations," The Hill, June 1, 2022, accessed April 8, 2023, https://thehill.com/policy/cybersecurity/3508639-cyber-command-chief-confirms-us-took-part-in-offensive-cyber-operations/.

个国家开展了 35 次"前置追捕"行动,① 这种融合防御与进攻能力的网络空间行动已经取得"显著成果"。

(四) 重大事件方面,乌克兰危机造成网络空间冲突加剧,网络攻击事件危害不断上升

乌克兰危机加剧"国家级"网络对抗,关键信息基础设施成为直接受力点。乌克兰危机期间,乌克兰 70 余家政府部门网站遭大规模、有组织的网络攻击,② 导致乌多个政府网站下线、民生服务中断,部分数据遭清除,甚至不得不临时切断互联网。俄联邦政府、关键基础设施及媒体平台等多个网站遭到网络攻击,俄克里姆林宫、联邦安全委员会、国防部等多个核心机构门户网站,以及俄国家航天集团等成为"重灾区",众多网站瘫痪、网络通信延时增加,部分敏感数据外泄。

勒索攻击事件显著上升,医疗、教育、军事、能源等领域成为"重灾区"。2022 年 2 月,法国司法部网络系统遭"LockBit 2.0"勒索软件攻击,③ 大量文件被窃取,并被要求在 13 天内支付赎金。4 月,哥斯达黎加遭勒索攻击,④ 导致财政部、社保部、劳工部等至少 6 个政府部门的政务系

---

① "'Partnership in Action': Croatian, U. S. Cyber Defenders Hunting for Malicious Actors," U. S. Cyber National Mission Force Public Affairs, August 18, 2022, accessed April 8, 2023, https://www. cybercom. mil/Media/News/Article/3131961/partnership-in-action-croatian-us-cyber-defenders-hunting-for-malicious-actors/.

② Jenna McLaughlin, "More than 70 Ukrainian Government Websites Have Been Defaced in Cyberattacks," NPR, January 19, 2022, accessed April 8, 2023, https://www. npr. org/2022/01/19/1074 172805/more-than-70-ukrainian-government-websites-have-been-defaced-in-cyber-attacks.

③ "Rewterz Threat Alert-Lock Bit Ransomware Attacks Again-Active IOCs," Rewterz, February 7, 2022, accessed April 8, 2023, https://www. rewterz. com/rewterz-news/rewterz-threat-alert-lockbit-ransomware-attacks-again-active-iocs.

④ Jonathan Reed, "Costa Rica State of Emergency Declared After Ransomware Attacks," Security Intelligence, November 16, 2022, accessed April 8, 2023, https://securityintelligence. com/news/costa-rica-state-emergency-ransomware/.

统瘫痪，大量敏感数据被盗。5 月，奥地利卡林西亚州政府遭 BlackCat 勒索软件组织攻击，[①] 部分政务系统陷入瘫痪，该组织要求该州政府支付 500 万美元赎金。9 月，美国第二大学区加利福尼亚洛杉矶联合学区（LAUSD）称遭到勒索软件攻击，导致多项服务被中断。[②] 数据泄露频发，对政治、军事、经济造成巨大影响。2022 年 1 月，波兰军方约 175 万条数据遭泄露，[③] 泄漏源头疑是波兰武装部队支援监察局的后勤规划总部，相关数据已被十几个国家的用户下载。3 月，乌国防战略中心通过《乌克兰真理报》发布了 12 万俄军人信息，[④] 并鼓励网民利用上述信息，发动信息战和心理战来击溃俄军作战意志。7 月，推特因安全漏洞导致 540 万用户数据泄露。[⑤] 8 月，俄流媒体巨头 START 公司数据泄露致上千万用户受影响。[⑥]

（五）全球治理方面，网络空间磋商进程从讨论规则向执行规则转变，明显呈现碎片化趋势

联合国网络安全治理框架从双轨制重新回归单轨制，但尚未取得实质

① Bill Toulas, "BlackCat/ALPHV Ransomware Asks $5 Million to Unlock Austrian State," Bleeping Computer, May 27, 2022, accessed April 8, 2023, https://www.bleepingcomputer.com/news/security/blackcat-alphv-ransomware-asks-5-million-to-unlock-austrian-state/.

② "A Cyberattack Hits the Los Angeles School District, Raising Alarm Across the Country," The Associated Press, September 7, 2022, accessed April 8, 2023, https://www.npr.org/2022/09/07/1121422336/a-cyberattack-hits-the-los-angeles-school-district-raising-alarm-across-the-coun.

③ "Military Data Leak Contained No Secret Information, Says Polish Defence Ministry," Notes from Poland, January 15, 2022, accessed April 8, 2023, https://notesfrompoland.com/2022/01/15/military-data-leak-contained-no-secret-information-says-polish-defence-ministry/.

④ "Personal Data of 120,000 Russian Servicemen Fighting in Ukraine," Pravda, March 1, 2022, accessed April 8, 2023, https://www.pravda.com.ua/eng/news/2022/03/1/7327081/.

⑤ Lawrence Abrams, "5.4 Million Twitter Users' Stolen Data Leaked Online—More Shared Privately," Bleeping Computer, November 27, 2022, accessed April 8, 2023, https://www.bleepingcomputer.com/news/security/54-million-twitter-users-stolen-data-leaked-online-more-shared-privately/.

⑥ Daryna Antoniuk, "Leading Russian Streaming Platform Suffers Data Leak Allegedly Impacting 44 Million Users," The Record, August 29, 2022, accessed April 8, 2023, https://therecord.media/leading-russian-streaming-platform-suffers-data-leak-allegedly-impacting-44-million-users.

性进展。2021 年 11 月，联合国大会第一委员会通过决议，① 确定联合国信息安全开放式工作组（OEWG）为 2021—2025 年开展网络安全领域工作的机制，标志着以开放式工作组和政府专家组并行的双轨制重新回归至单轨制。2022 年，第二届联合国信息安全开放式工作组举行了三次实质性会议，② 主要就网络空间现实和潜在威胁、负责任国家行为规范、国际法等议题进行讨论，提出了分享对信通技术术语理解、自愿调查或者报告本国执行规范的情况等建议，以促进规范理解的一致性，突出行为规范作为网络空间国际软法的实际意义。但在相关规则的具体构建上，各国所达成的共识仍较为有限，特别是在多利益攸关方参与方式、网络安全领域面临的威胁、现有国际法的适用、负责任国家行为准则的制定与发展，以及网络行动的归因等问题上，仍存在较大分歧。

美西方国家大搞"小圈子""小团体"，地区和双边对话更加聚焦国际规则塑造和数据主权问题。2022 年 4 月，美国联合英国、加拿大、以色列、乌克兰等 60 个国家和地区发布《互联网未来宣言》，③ 提出将致力于建设加强民主体系的网络环境、在线上保护和尊重人权、促进全球经济自由等，妄图将其规则主张向世界推广。同月，美国与加拿大、日本、韩国、菲律宾、新加坡等共同发布《全球跨境隐私规则宣言》，④ 宣布成立"全球跨境隐私规则论坛"，目的是推广跨境隐私规则、支持数据自由流动和数据保护

---

① "First Committee of the 76th UN General Assembly," Opanal, 2022, accessed April 8, 2023, https://www. opanal. org/en/76th-unga/.

② "UN OEWG," digwatch, November 3, 2022, accessed April 8, 2023, https://dig. watch/processes/un-gge.

③ Nandita Bose, "U. S. Joins 55 Nations to Set New Global Rules for the Internet," Reuters, April 29, 2022, accessed April 8, 2023, https://www. reuters. com/technology/us-joins-55-nations-set-new-global-rules-internet-2022-04-28/.

④ *Global Cross-Border Privacy Rules Declaration*, U. S. Department of Commerce, accessed April 8, 2023, https://www. commerce. gov/global-cross-border-privacy-rules-declaration.

等。2022 年 5 月，美、日、印、澳四国领导人峰会后发表联合声明，① 提出将网络安全合作作为重点工作之一，将采取共享威胁信息、落实"印太"地区关键基础设施防护和人才培养等能力建设计划等措施。5 月，美白宫发布美韩领导人联合声明②指出，双方将加强在新兴技术研发和网络安全方面的合作，深化在网络威慑、关键基础设施保护方面的信息共享。从上述对话看，美西方国家在应对网络犯罪、规范数据流动、推动规则进程等方面加强交流合作，合作内容不断深化。

二、网络空间安全全球治理的新特点

网络空间重大事件、技术发展与大国博弈深度交织，对抗态势加剧，网络空间安全治理呈现新特点。

（一）乌克兰危机对网络空间国际格局产生深远影响，催生新的军控关注领域

一是认知域成为网络对抗的重点领域。乌克兰危机中，俄罗斯通过瘫痪乌克兰重要门户网站以切断政府网络宣传喉舌、篡改网页投放定制消息以扰乱乌克兰民心等多种方式，来达到加强舆论引导的目的。乌克兰则通过组织对俄政府和主流媒体网站实施网络攻击、通过社交网络和互联网平台发布破坏俄军形象的不利信息等方式，抢夺舆论主导权。同时，以美为

---

① *Quad Joint Leaders' Statement*, The White House, May 24, 2022, accessed April 8, 2023, https://www.whitehouse.gov/briefing-room/statements-releases/2022/05/24/quad-joint-leaders-statement/.

② *United States-Republic of Korea Leaders' Joint Statement*, The White House, May 21, 2022, accessed April 8, 2023, https://www.whitehouse.gov/briefing-room/statements-releases/2022/05/21/united-states-republic-of-korea-leaders-joint-statement/.

代表的西方国家利用其互联网传播平台的资源优势和舆论宣传"首因效应",对信息深度伪造,对事件移花接木,对俄甩锅栽赃、道义绑架。美西方国家与俄罗斯在认知域博弈激烈。

二是政府首次公开号召"民间"黑客组织参与国家间战争。乌克兰危机中,匿名者等黑客组织直接介入国家间战争,乌克兰国防部公开组建"IT部队"并对俄宣战,① 改变了以往隐身幕后、秘密展开的做法。哈佛大学人类学教授科尔曼评价称,② "这是全球首例以国家名义,公开呼吁平民和志愿者对另一个国家发动网络攻击"。一国政府首次公开号召黑客参与对他国的网络攻击,是网络安全领域中的一个关键事件,现有网络空间行为规则面临挑战。

三是网络空间"软分裂"迹象凸显。此次乌克兰危机中,各国政府、企业、研究机构、黑客组织以及普通网民都在网络空间选边站队,互联网割裂趋势不断加剧。(1)信息服务发布和访问割裂。对抗双方所涉及的主要国家及主要社交平台都不断加强对对立方信息发布渠道的封禁和管控,双方都不想接受对方的信息,双方网络因相互屏蔽对方的舆论和宣传平台而割裂脱钩。(2)网络连接割裂。在冲突过程中,Cogent通信干线切断了

---

① Lawrence Abrams, "Ukraine Recruits 'IT Army' to Hack Russian Entities, Lists 31 Targets," Bleeping Computer, February 26, 2022, accessed April 8, 2023, https://www.bleepingcomputer.com/news/security/ukraine-recruits-it-army-to-hack-russian-entities-lists-31-targets/.

② Matt Burgess, "Ukraine's Volunteer 'IT Army' Is Hacking in Uncharted Territory," Wired, February 27, 2022, accessed April 8, 2023, https://www.wired.com/story/ukraine-it-army-russia-war-cyberattacks-ddos/.

与俄罗斯供应商的联系、[1] Sectigo 停止了向俄罗斯颁发 SSL 证书[2]、Namecheap[3] 网站也停止了对俄罗斯域名的维护[4]等，使俄罗斯与欧洲、美洲方向的骨干网速率下降、部分网络服务停摆。(3) 基础软硬件生态割裂。以美国为首的大部分西方国家和科技巨头纷纷下场，不顾现有网络空间秩序和规则，以切断供应链、停止服务等形式对俄实施"无底线"制裁，迫使俄不得不打造自己的网络空间软硬件生态。

（二）新技术与网络空间深度交织，网络空间安全和军控面临新挑战

一是意识形态渗透向社会操控转变，国家安全和社会稳定面临新威胁。当前，随着网络技术的快速发展和广泛普及，网络空间已经成为目前意识形态斗争的主战场，利用网络进行意识形态渗透是美西方国家颠覆他国政权的重要手段。而人工智能、大数据分析、虚拟现实等技术大大推动了对人类意识的"操纵"能力。以乌克兰危机为例，各种涉及战争进程、事关民心士气的消息在全球社交平台、网站上发布，真假难辨。

二是"星链"系统在乌克兰危机中的作用凸显，网络空间主权安全面

---

[1] Jonathan Greig, "Internet Service Provider Cogent Cutting Off Accessed to Russian Customers," Zdnet, March 4, 2022, accessed April 8, 2023, https://www.zdnet.com/home-and-office/networking/internet-service-provider-cogent-cutting-off-access-to-russian-customers/.

[2] "Wed Certificate Providers Stop Work in Russia, Belarus," telecompaper, March 24, 2022, accessed April 8, 2023, https://www.telecompaper.com/news/web-certificate-providers-stop-work-in-russia-belarus--1418739.

[3] Namecheap，域名注册商，总部位于美国亚利桑那州凤凰城，2022 年 2 月，它们禁止俄罗斯用户使用它们的服务，并为俄罗斯、白俄罗斯所有抗议和反战网站提供免费的匿名域名注册和网络托管服务。

[4] Corin Faife, "Namecheap Ends Service for Russian Customers due to Government's 'War Crimes'," The Verge, March 2, 2022, accessed April 8, 2023, https://www.theverge.com/2022/3/1/22956581/russia-ukraine-namecheap-ends-service-war-crime.

临新挑战。"星链"系统作为美国 SpaceX 公司面向全球宽带互联网接入服务开发建设的商业低轨互联网通信星座，截至 2022 年 10 月 20 日，已经发射了规划建设 4.2 万颗卫星中的 3505 颗。① 乌克兰危机爆发后，SpaceX 公司应乌克兰请求提供的"星链终端和天基网接入"，② 在保证乌方作战、情报信息及时有效传递方面发挥了重要作用。此外，乌总统泽连斯基对其他国家议会频频发表的演讲主要依托星链的网络保障，③ "星链"成为保障乌克兰方面对外发声、获取国际支持、开展舆论战的重要渠道。随着"星链"在全球加速部署，对各国网络空间主权、网络意识形态安全带来严峻挑战。

（三）大国博弈背景下网络空间安全与军控磋商难度增大，网络空间规则制定任重道远

一是联合国框架下网络空间国际规则磋商中意识形态、价值观、国家利益对抗更加明显。在美国推动下，2021 年联合国信息安全政府专家组（UN GGE）将武装冲突法适用网络空间写入共识文件，④ 这是武装冲突法在网络空间的适用性得以初步确认。在 2022 年度开放式工作组召开的实质性会议中，美国等国家认为，在乌克兰危机背景下，应更重视国际人道法在网络空间的适用，特别是必要原则、区分原则和相称原则。俄罗斯、伊

---

① Stephen Clark, "SpaceX Passes 2, 500 Satellites Launched for Starlink Internet Network," Space Flight Now, May 13, 2022, accessed April 8, 2023, https://spaceflightnow.com/2022/05/13/spacex-passes-2500-satellites-launched-for-companys-starlink-network/.

② Jackie Wattles, "SpaceX Sent Starlink Internet Terminals to Ukraine. They Could Paint A 'Giant Target' on Users' Backs, Experts Say," CNN, March 4, 2022, accessed April 8, 2023, https://edition.cnn.com/2022/03/03/tech/spacex-starlink-ukraine-internet-security-risks-scn/index.html.

③ 《"星链"卫星在俄乌冲突中的运用分析》，云脑智库，https://www.eet-china.com/mp/a132206.html，访问日期：2023 年 4 月 25 日。

④ 《从国际安全角度促进网络空间负责任国家行为政府专家组的报告》，联合国 A/76/135，July 14, 2021, https://documents-dds-ny.un.org/doc/UNDOC/GEN/N21/075/85/PDF/N2107585.pdf? OpenElenet。

朗等国关注与关键基础设施有关的国际法适用问题，并强调建立术语清单以及制定一项保障国际信息安全国际公约的必要性。无论是美西方支持的现有国际法（特别是国际人道法）在网络空间的适用，还是俄罗斯等国倡导的制定新国际公约，作为两种思路，其分歧可能将长期存在。

二是以美为代表的部分国家加速构建网络安全国际合作"小圈子"，并刻意将中俄等国排除在外。美国持续构建"双边+多边"合作框架，达到维护主导、延伸威慑的目的。以"五眼联盟"为核心，建立稳定的情报合作共享同盟；以北约为主阵地，建立防务合作体系，联合应对网络攻击；同日、韩、印、澳建立稳定的双边渠道，维护其在"印太"地区的主导地位。美国网络司令部、国家安全局和英国战略司令部、政府通信总部发表的联合声明，表示将持续进行联合网络空间行动，以符合国际法和网络空间负责任行为的方式进行集体防御和威慑。2022年6月28日，英国家网络安全中心首席执行官卡梅伦表示，呼吁明确国际规则，管理网络空间活动，并宣称"最大的长期战略挑战仍然来自中国""志同道合的自由国家共同开发技术和系统，避免依赖不同价值观国家生产的产品"。

（四）美对华遏制打压战略持续深化，中美网络空间角力风险加剧

一是美持续加强双边合作，纠集盟友共同应对所谓"中国挑战"。美国总统拜登多次表示，中国是"美国最重要的竞争对手"，美与盟友之间要建立密切伙伴关系，以应对"来自中国日益激烈的竞争"。美印太司令部司令在2022年3月接受媒体采访时表示，[①] 美国与其"高端合作伙伴"澳大利亚在较短时间内完成了双方网络战作战能力集成融合的大量工作，其目标

---

① "Visit to Australia by Commander Indo-Pacific Command, Admiral John Aquilino," Australian Government Defence, March 26, 2022, accessed April 8, 2023, https://www.defence.gov.au/news-events/releases/2022-03-26/visit-australia-commander-indo-pacific-command-admiral-john-c-aquilino.

是强化对华遏制和威慑。未来，中国在网络外交方面将面临更多来自美国和美盟国的战略压力，围堵与反围堵、遏制与反遏制的大国博弈将更加激烈。

二是美加大对中国污蔑抹黑力度，妄图诋毁中国国际形象。2022 年，美大肆围绕北京冬奥会、中共二十大等重大事件，以及少数民族人权、知识产权保护、网络攻击窃密、数据非法利用等传统议题，① 持续在国际上制造反华舆论。特别是强行将乌克兰危机与中国关联，诬称冬奥时发表的《中俄联合声明》② 实质上是中国"支持"俄罗斯对乌动武的表现，鼓噪中国应为冲突爆发"承担责任"，并将乌克兰局势强行和台湾问题绑定，大肆叫嚣"今天的乌克兰可能就是明天的台湾"，妄图以此诋毁抹黑中国国际形象，将中国塑造成为与《联合国宪章》原则相违背、与国际道义相背离的"负面"形象。继 2021 年美五角大楼成立"中国工作组"、中央情报局成立"中国任务中心"后，2022 年 5 月美国务院宣布成立"中国屋"，③ 这些机构专门开展对华"意识形态战"。未来，中国意识形态安全将面临更多威胁挑战。

三是中国政府机构主动发声，揭露美西方在网络空间的恶意行径。2022 年 6 月 22 日，西北工业大学（西工大）发布声明称，该校电子邮件

---

① House Committee on the Judiciary, "Intellectual Property and Strategic Competition with China: Part Ⅰ," YouTube, March 8, 2023, accessed April 8, 2023, https://www.youtube.com/watch?v =-qdddCuYk48.

② Tony Munroe, Andrew Osborn and Humeyra Pamuk, "China, Russia Partner Up against West at Olympics Summit," Reuters, February 5, 2022, accessed April 8, 2023, https://www.reuters.com/world/europe/russia-china-tell-nato-stop-expansion-moscow-backs-beijing-taiwan-2022-02-04/.

③ Liyuan Lu, "Amid Rising Tension with Beijing, US Creates 'China House'," VOA News, June 15, 2022, accessed April 8, 2023, https://www.voanews.com/a/amid-rising-tension-with-beijing-us-creates-china-house-/6618154.html.

系统遭受了境外黑客组织和不法分子发起的网络攻击。① 9 月 5 日，国家计算机病毒应急处理中心发布关于西北工业大学遭受境外网络攻击的调查报告，将幕后黑手锁定为美国国家安全局下属的"特定入侵行动办公室"（TAO）。特定入侵行动办公室先后使用了 41 种美国国家安全局专属网络攻击武器，对西工大发起了上千次攻击窃密行动。9 月 13 日中国国家计算机病毒应急中心发布的最新报告指出，② 一款名为"饮茶"的嗅探窃密类武器，是导致大量敏感数据遭窃的最直接"罪魁祸首"之一。这是中国政府首次以翔实的证据公开反击美对中国网络空间的渗透，在国内外产生广泛影响。针对美国、澳大利亚和日本等共同发布的《互联网未来宣言》，中国外交部发言人予以严正批驳，指出《互联网未来宣言》以意识形态划线，煽动分裂和对抗，破坏国际规则；用集团性的"家法""帮规"破坏全球性互联网治理原则。

三、中国对网络空间安全全球治理作出积极贡献

近年来，中国顺应信息革命发展潮流，在统筹推动网络安全与信息化工作的同时，不断丰富完善构建网络空间命运共同体理念主张，为国际社会提供中国方案，贡献中国智慧。

2022 年 11 月 7 日，国务院新闻办公室以八个语种，向国际社会发布《携手构建网络空间命运共同体》。③ 白皮书从七个方面总结了中国的互联

---

① 《关于西北工业大学发现美国 NSA 网络攻击调查报告（之一）》，360 社区，https://bbs. 360.cn/thread-16059907-1-1.html，访问日期：2023 年 4 月 8 日。

② 《西北工业大学遭美国 NSA 网络攻击事件调查报告（之二）》，环球网，2022 年 9 月 27 日，https://capital.huanqiu.com/article/49p3f34kVlO，访问日期：2023 年 4 月 8 日。

③ 中华人民共和国国务院新闻办公室：《携手构建网络空间命运共同体》，2022 年 11 月，http://www.scio.gov.cn/ztk/dtzt/47678/49382/index.htm，访问日期：2023 年 4 月 8 日。

网发展治理实践，即数字经济蓬勃发展、数字技术惠民便民、网络空间法治体系不断完善、网上内容丰富多彩、网络空间日益清朗、互联网平台运营不断规范、网络空间安全有效保障。白皮书围绕数字经济合作、网络安全合作、网络空间治理、促进全球普惠包容发展等方面介绍了构建网络空间命运共同体的中国贡献，并就网络空间发展、治理、安全、合作等方面提出了构建更加紧密的网络空间命运共同体的中国主张。

中国积极开展网络外交活动，为网络空间全球治理注入正能量。2022年5月，金砖国家网络安全工作组轮值主席、外交部网络事务协调员王磊，主持召开金砖国家网络安全工作组第八次会议。金砖国家代表围绕"《金砖国家网络安全务实合作路线图》进展报告"、各国政策立法交流、能力建设、加强多边合作等议题深入交换意见。各国认为，在百年变局和世纪疫情叠加影响下，全球信息安全领域风险和挑战突出。金砖国家在网络安全领域拥有广泛共同利益，应加强团结，凝聚共识，推动金砖网络安全合作走深走实，并按照金砖外长联合声明的精神，推动建立更加包容、有代表性和民主的网络空间全球治理体系。2022年6月，中国与哈萨克斯坦、吉尔吉斯斯坦、塔吉克斯坦、土库曼斯坦、乌兹别克斯坦共同发表《"中国+中亚五国"数据安全合作倡议》，欢迎国际社会在支持多边主义、兼顾安全发展、坚守公平正义的基础上，为保障数据安全所作出的努力，愿共同应对数据安全风险挑战并在联合国等国际组织框架内开展相关合作。中国还积极参与联合国开放式工作组会议，呼吁建立和平、安全、开放、合作的网络空间，强调网络空间是各国共存共荣的命运共同体，指出应摒弃零和思维和冷战意识形态，树立互信、互利、平等、协作的新安全观，在充分尊重别国安全的基础上，致力于在共同安全中实现自身安全，切实防止网络军事化和网络军备竞赛。自2020年5月中国互联网治理论坛成立以来，中国互联网社团群体更加全面深入地参与联合国互联网治理论坛相关活动，广泛开展国内外交流研讨活动，取得积极成效。

展望未来，中国将继续推动构建网络空间命运共同体，深入参与以联合国为主渠道的网络安全全球治理进程，为建立和平、安全、开放、合作的网络空间作出积极努力。

致命性自主武器系统军控进程新动向

朱启超　　龙坤

内容提要： 2022 年，在联合国《特定常规武器公约》框架下，各方围绕致命性自主武器系统军控问题进行了两轮磋商，围绕这一问题的探讨逐渐走向深入，出现了一些新的认识和发展走向。本文对主要国家针对致命性自主武器系统的最新立场和关切进行了梳理和总结，分析研判当前相关军控进程的主要特点和未来发展趋势。

关 键 词：《特定常规武器公约》；致命性自主武器系统；军备控制

作者单位： 国防科技大学国防科技战略研究智库

　　　　　　国防大学国家安全学院

联合国《特定常规武器公约》（Convention on Certain Conventional Weapons，CCW，全称为《禁止或限制使用某些可被认为具有过分杀伤作用的常规武器公约》），于 1980 年 10 月达成，1983 年 12 月正式生效。该公约属于国际武装冲突法（也称国际人道法）关于作战手段和方法规定的一部分，也是国际军控与裁军多边条约体系下的一个重要协定，旨在世界范围内禁止或限制使用地雷、集束弹药、激光致盲武器、燃烧武器等常规武器，致力于推进国际人道主义和常规武器的军备控制。随着人工智能的快速发展和军事应用风险的日益凸显，自 2014 年开始，公约缔约国逐渐将致命性自主武器系统（Lethal Autonomous Weapons Systems，LAWS）军备控制纳入讨论议题,① 并取得了以 11 项指导原则为代表的共识和成果。② 2022 年 3 月和 7 月,联合国《特定常规武器公约》框架下召开了两次致命性自主武器系统问题政府专家组会议,出现了不少新的提议和进展,值得高度关注。本文将分析联合国《特定常规武器公约》框架下围绕致命性自主武器系统问题军控磋商的最新进展,研判其特点和趋势,并提出相关启示与建议。

一、《特定常规武器公约》框架下致命性自主武器系统军控磋商相关进展

2022 年,中国、美国、俄罗斯、欧盟国家等国家(地区)围绕致命性自主武器系统这一议题,在联合国《特定常规武器公约》框架下都提出了自身的最新立场和观点,总结如下。

(一)"美+5"集团提出《致命性自主武器系统领域新兴技术的原则和最佳实践》

在 2022 年 3 月政府专家组首次会议上,美国联合澳大利亚、加拿大、日本、韩国、英国五个盟国提出《致命性自主武器系统领域新兴技术的原则和最佳实践》文件。

文件的原则部分主要包括:国际人道法的适用,即国际人道法继续充

---

① 参见徐能武、龙坤:《联合国 CCW 框架下致命性自主武器系统军控辩争的焦点与趋势》,《国际安全研究》2019 年第 37 卷第 5 期,第 108—132 页。

② UN CCW, "Guiding Principles Affirmed by the Group of Governmental Experts on Emerging Technologies in the Area of Lethal Autonomous Weapons System," CCDCOE, December 2019, https://www.ccdcoe.org/uploads/2020/02/UN-191213_CCW-MSP-Final-report-Annex-III_Guiding-Principles-affirmed-by-GGE.pdf.

分适用于以致命性自主武器系统领域新兴技术为基础的武器系统；如果天生造成多余的伤害或不必要的痛苦，且本质上是不加选择或者使用时无法符合国际人道法，则相关以致命性自主武器系统领域新兴技术为基础的武器系统在任何情况下都不能使用；其他禁止或限制使用基于致命性自主武器系统领域新兴技术的武器系统，必须根据适用的国际法才有可能使用；责任和问责制，即使用武器系统的决定必须保留人的责任，国家机关的行为应归因于国家。

文件还指出，可以在武器系统生命周期各阶段采取人机交互等措施，确保对基于致命性自主武器系统领域新兴技术的武器系统潜在使用符合适用的国际法，特别是国际人道法。具体而言，最佳实践主要内容包括：进行法律审查；对系统进行严格的测试和评估；易于理解的人机界面和控制；制定政策、理论和程序，例如关于新兴技术的伦理发展和使用指南；加强人员培训，使操作员和指挥官了解自主武器系统在实际操作条件下的功能和局限性；确保各国拥有可以针对人员问责的国内法律框架；通过适当的交战规则限制武器使用；在负责任的指挥下行动；报告可能涉及违规的事件；对可能涉及违规的事件进行评估、调查或其他审查；采取措施减少意外交战的风险。①

（二）中国提出关于致命性自主武器系统问题和人工智能伦理治理立场文件

在 2021 年 12 月《特定常规武器公约》第六次审议大会上提交《中国

---

① UN CCW, "Principles and Good Practices on Emerging Technologies in the Area of Lethal Autonomous Weapons Systems," Reaching Critical Will, March 7, 2022, https://reachingcriticalwill.org/images/documents/Disarmament-fora/ccw/2022/gge/documents/USgroup_March2022.pdf.

关于规范人工智能军事应用的立场文件》的基础上，^① 中国在 2022 年 7 月政府专家组第二期会议上，进一步提交了关于致命性自主武器系统问题的工作文件，就定义和范围、不可接受的自主武器系统与可接受的自主武器系统等问题详细阐释了中国的立场和观点。^② 文件强调，各方应考虑将自主武器系统分为不可接受的和可接受的两类，对不可接受的部分加以禁止，对可接受的部分加以规范，以确保有关武器系统安全、可靠、可控，遵循国际人道法及其他适用的国际法。同时，各国应加强对武器研发、测试和使用活动的自我约束，在综合考虑作战环境和武器特点的基础上，在此类武器系统全生命周期实施必要的人机交互；研发和使用此类武器系统的人员必须接受全面、系统培训，遵循伦理和相关法律规定。同时，国际社会可考虑优先制定伦理规范，坚持以人为本、秉持"智能向善"原则，指导各国在研发、部署和使用相关武器系统过程中遵循和平、发展、公平、正义、民主、自由的全人类共同价值，并符合国家或地区伦理道德准则。

2022 年 11 月 16 日，中国在参加《特定常规武器公约》缔约国会议时，进一步提交了《中国关于加强人工智能伦理治理的立场文件》，从监管、研发、使用和国际合作四方面提出了强化人工智能伦理治理的中国方案，强调中国始终致力于在人工智能领域构建人类命运共同体，积极倡导"以人为本"和"智能向善"，呼吁各方秉持共商共建共享理念，推动全球层面的人工智能伦理治理，争取在这一领域达成国际协议，形成建立在广

---

① 《中国关于规范人工智能军事应用的立场文件》，中华人民共和国外交部，2021 年 12 月，https://www.fmprc.gov.cn/wjb_673085/zzjg_673183/jks_674633/zclc_674645/rgzn/202206/t20220614_10702838.shtml。

② UN CCW, *Working Paper of the People's Republic of China on Lethal Autonomous Weapons Systems*, Reaching Critical Will, July 2022, https://reachingcriticalwill.org/images/documents/Disarmament-fora/ccw/2022/gge/documents/China_July2022_english.pdf.

泛共识基础上的国际人工智能治理框架和标准规范。①

（三）法德等欧洲七国提出针对致命性自主武器系统的分类管理方案

在 2022 年 7 月政府专家组第二期会议上，法国、德国、芬兰、荷兰、挪威、西班牙和瑞典七个欧洲国家共同提交了一份立场文件，提出了针对致命性自主武器系统的分类管理办法，即宣布在人类控制和负责任的指挥系统之外运作的全自主致命武器系统为非法，监管其他具有自主性的致命武器系统，以确保遵守国际人道法的规则和原则，保持人的责任和问责制，确保适当的人类控制，并实施风险缓解措施。

具体而言，在开发阶段，可以通过采用适当的测试和认证程序，评估系统的可靠性和可预测性，并通过法律审查评估是否符合国际人道法；在部署阶段，需要确定和核实使用规则和交战规则以及分配给该系统任务的精确框架（目标、目标类型等），特别是根据情况和背景设定相应的时空限制，并监测该系统的可靠性和可用性；在使用阶段，相关人员应当在遵守国际人道法的规则和原则方面审慎判断，维持人而非机器对武力使用作出关键决定的权力，特别是要遵守攻击中的区分、比例和预防措施原则，包括由相关人员批准对任务参数的任何实质性修改、通信联系、在必要时取消系统的能力。②

---

① 《中国关于加强人工智能伦理治理的立场文件》，中华人民共和国外交部，2022 年 11 月，http://newyork.fmprc.gov.cn/ziliao_674904/tytj_674911/zcwj_674915/202211/t20221117_10976728.shtml。

② UN CCW, "Working Paper Submitted by Finland, France, Germany, the Netherlands, Norway, Spain, and Sweden to the 2022 Chair of the Group of Governmental Experts (GGE) on Emerging Technologies in the Area of Lethal Autonomous Weapons Systems (LAWS)," Reaching Critical Will, July 13, 2022, https://reachingcriticalwill.org/images/documents/Disarmament-fora/ccw/2022/gge/documents/G7_July2022.pdf.

（四）俄罗斯提出国际人道法适用于致命性自主武器系统领域的立场文件

在 2022 年 7 月政府专家组第二期会议上，俄罗斯提交关于国际法适用于致命性自主武器系统的立场文件，主要提出了以下观点。

俄罗斯认为，包括国际人道法在内的国际法规范，完全适用于致命性自主武器系统，需要确保武装部队人员在致命性自主武器系统的潜在使用中遵守国际人道法。这类武器系统在军事领域促进人道主义具有一定的潜在好处。例如，在执行特定任务时，致命性自主武器系统可以展现出比人类操作员更高的效率，并减少出错的可能性。使用高度自动化的技术可以确保提高以军事资产为目标的武器制导精度，减少对平民和民用设施进行蓄意打击的风险。此外，致命性武器系统不存在人类固有的弱点。例如，它们不会出于报复、恐慌或气愤等情绪而采取行动。其潜在使用范围包括摧毁军事目标，维护战略设施（核电厂、水坝、桥梁等）安全，消灭恐怖组织，保护平民等。

俄罗斯还认为，使用致命性自主武器系统的责任，需要由操作或发出使用致命性自主武器系统命令的人承担，而决定使用致命性自主武器系统的责任则应当由相关官员承担。在开发和使用致命性自主武器系统时，应当强化对国际人道法遵守的相关措施，内容如下：加强武装部队、其他部门、军事单位和机构以及武器、军事和专门设备的开发商和制造商的信息安全；加强各国在确保信息安全领域的合作，特别是旨在建立一个国际法律制度，以保障信息和通信技术使用领域的安全。改进确保全球和区域集体安全的机制，酌情实施和发展建立信任措施，并防止军事事故。①

（五）发展中国家代表团提出禁止致命性自主武器系统的路线图和议定书

在 2022 年 3 月政府专家组首次会议上，阿根廷、哥斯达黎加、危地马拉、哈萨克斯坦、尼日利亚、巴拿马、菲律宾、塞拉利昂、巴勒斯坦、乌拉圭 10 个发展中国家联合提交《实现自主武器系统新议定书的路线图》，旗帜鲜明地呼吁针对致命性自主武器系统问题就制定一项具有法律约束力的文书启动开放式谈判。② 文件强调，针对自主武器系统这一新事物，需要制定具有法律约束力的规则和原则，包括规范和禁止开发、生产、拥有、获取、部署、转让和使用不能在有意义的人类控制下使用或符合国际法的自主武器系统。符合下述条件的自主武器系统应当予以禁止：其自主功能被设计用来进行不受人类有意义控制的攻击；其使用不符合国际人道法的原则或公众良知的要求，如无法区分平民、敌方战斗人员和失去战斗力的战斗人员，具有造成过度伤害或不必要痛苦的性质，或本质上具有滥杀滥伤作用。

在 2022 年 7 月政府专家组第二期会议上，阿根廷、厄瓜多尔、哥斯达黎加、尼日利亚、巴拿马、菲律宾、塞拉利昂和乌拉圭 8 个国家再次联合提交了一份工作文件，对推动禁止致命性自主武器系统的议定书相关问题

---

① UN CCW, "Working Paper Application of International Law to Lethal Autonomous Weapons Systems (LAWS) Submitted by the Russian Federation," Reaching Critical Will, July 2022, https://reachingcriticalwill. org/images/documents/Disarmament-fora/ccw/2022/gge/documents/Russia_July2022. pdf.

② UN CCW, "Proposal: Roadmap Towards New Protocol on Autonomous Weapons Systems," Reaching Critical Will, March 2022, https://reachingcriticalwill. org/images/documents/Disarmament-fora/ccw/2022/gge/documents/G13_March2022. pdf.

作了进一步的阐述。① 文件强调，缔约方应制定措施，确保在任何自主武器系统的整个生命周期中保持有意义的人类控制，包括通过遥控或叫停来减少或限制意外损害；确保武器系统不延续或扩大社会偏见；确保这类武器系统不造成持久的环境损害；制定对自主武器系统进行适当登记、跟踪和分析的规定，从而允许对所有指挥系统以及研发的人员进行问责。

二、《特定常规武器公约》框架下致命性
自主武器系统军控进程特点和趋势

综合看，当前在联合国《特定常规武器公约》框架下围绕致命性自主武器系统军控问题磋商，有以下基本特点和发展趋势。

（一）呈现观点分化明显的几大阵营

尽管各方在联合国《特定常规武器公约》框架下围绕致命性自主武器系统问题的探讨逐步达成了以 11 项指导原则为代表的一些共识，但各方对致命性自主武器系统的军控治理路径和具体规制方案仍呈现观点分化明显的几大阵营。

广大发展中国家和非政府组织强烈要求禁止致命性自主武器系统，主张就此达成一项具有法律约束力的国际文书。如前所述，阿根廷等发展中国家提交的《呼吁制定禁止自主武器系统的具有法律约束力的国际条约》及《实现自主武器系统新议定书的路线图》文件，核心是推动启动一项具

---

① UN CCW, "Working Paper Submitted by Argentina, Ecuador, Costa Rica, Nigeria, Panama, the Philippines, Sierra Leone and Uruguay," Reaching Critical Will, July 2022, https://reachingcriticalwill.org/images/documents/Disarmament-fora/ccw/2022/gge/documents/G8_July2022.pdf.

有法律约束力文书的开放式谈判。^① 此外，一些非政府组织还对《特定常规武器公约》是否是达成致命性自主武器系统相关国际条约的适宜平台表达了质疑。例如，国际机器人军备控制委员会（ICRAC）在 2022 年 7 月的二期会上发表声明，强调自主武器系统管控超出武装冲突的范畴，联合国《特定常规武器公约》框架不足以涵括自主武器系统所有的使用场景（如除了武装冲突之外的执法行动和反恐行动），因而这一平台不是能达成关于自主武器系统全面国际条约的合适框架。

俄罗斯和美国强力阻碍致命性自主武器系统军控，但有不同的考量与举措。俄罗斯强调关于致命性自主武器系统的工作定义是其他问题讨论的前提，坚持认为致命性自主武器系统的定义不应解释为限制技术进步和不利于民用机器人与人工智能的研究。同时，俄罗斯在 2022 年的工作文件中强调致命性自主武器系统对于改善武装冲突的人道性具有重要价值。显然，俄罗斯希望最大限度地利用人工智能提升自身军力，不希望针对致命性自主武器系统的军控磋商影响到其人工智能军事应用的进程。美国也一再强调人工智能军事应用对于人道主义有显著的改善作用，坚决反对制定禁止致命性自主武器系统的国际条约。^② 值得注意的是，美国已制定了人工智能军事应用伦理准则、负责任人工智能准则，并更新了《国防部 3000.09 指令》（武器系统中的自主性）。^③ 从 2022 年美国最新提交的文件看，已经越来越注重联合一些盟国探讨和抛出软性的人工智能军事应用原则和所谓

---

① UN CCW, "Proposal: Roadmap Towards New Protocol on Autonomous Weapons Systems, " Reaching Critical Will, March 2022, https://reachingcriticalwill. org/images/documents/Disarmament-fora/ccw/2022/gge/documents/G13_March2022. pdf.

② "Biden Administration Refuses to Ban Killer Robots, " RT, December 2021, https://www. rt. com/news/542156-killer-robots-treaty/.

③ *DoD Directive 3000. 09 Autonomy in Weapon Systems*, U. S. Department of Defense, January 25, 2023, https://media. defense. gov/2023/Jan/25/2003149928/-1/-1/0/DOD-DIRECTIVE-3000. 09-AUTONOMY-IN-WEAPON-SYSTEMS. PDF.

"最佳实践"，而对禁止致命性自主武器系统议题积极性不高，这与广大发展中国家的诉求形成了强烈的反差。

以法德为代表的欧盟国家强调人工智能的军民两用性，主张达成一项不具有法律约束力的政治声明，并对致命性自主武器系统问题进行分类管控。如前所述，在法德等七个欧洲国家提交的最新文件中，进一步提出了对于致命性自主武器系统问题的分类管理办法，即主张在人类控制和负责任的指挥系统之外运作的全自主致命武器系统为非法，并监管其他具有自主性的致命武器系统，以确保这类武器系统遵守国际人道法。

（二）美西方国家试图通过推出相关原则与最佳实践塑造人工智能军事应用国际规范的意图愈加明显

在 2022 年 3 月会议上，美国联合澳大利亚、加拿大、日本、韩国、英国抛出《致命性自主武器系统领域新兴技术的原则和最佳实践》这一文件，提出了针对致命性自主武器系统领域新兴技术相关问题治理的指导原则以及相关的最佳实践。不难看出，这份文件的起草国是美国及其在各个洲的代表盟国——欧洲的英国、大洋洲的澳大利亚、美洲的加拿大，以及亚洲的日本和韩国。这些原则和最佳实践看似是站在全人类角度针对致命性自主武器系统问题治理所提出的，但实则充斥着西方国家倾向的价值观念和相关实践做法，试图将西方国家的立场观点和实践做法推广到全世界，以实现对于人工智能军事应用领域国际规则制定的主导地位。

例如，上述文件的最佳实践中提到"对系统进行严格的测试和评估"。近年来，美国智库和军方对于人工智能军事应用的测试、评估、验证、确认高度重视。究其原因，很大程度上在于美国防部在推动人工智能军事应用的过程中遇到了诸多挑战，集中体现在作战人员、国会议员和企业对军用人工智能系统存在的不信任感，深刻影响了美军推动人工智能应用的速度。强化针对人工智能系统的严格测试评估有助于化解相关人员的不信任感，从而更好地推进其军事化进程。此外，美西方国家高度重视人工智能军事应用的测试评估，还希望借此塑造自身民主规范的形象，抢抓这一新兴领域的国际规则制定主导权，并污名化其他国家的人工智能军事应用，谴责这些国家在这一领域活动所谓"不负责任""没有道德限制"。2022年6月，美国防部出台《负责任人工智能战略和实施路线图》，[①] 提出要建立一个强大的国家和全球负责任人工智能（RAI）生态系统，以改善政府间、学术界、工业界和利益攸关方的协作，包括与盟友和伙伴国的合作，并推进基于所谓共同价值观的全球规范。换言之，美国希望用西方国家的意识形态和伦理价值观去引导人工智能技术发展和军事应用，塑造这一领域的国际规范，使得其他国家都以美国的理念和标准为准绳，这值得各方警惕。

（三）乌克兰危机为致命性自主武器系统国际军控谈判带来新的挑战和机遇

自2022年2月俄罗斯与乌克兰爆发冲突以来，人工智能军事应用在乌克兰危机中发挥了重要作用，也给国际致命性自主武器系统军控谈判带来了新的挑战和机遇。

从挑战方面来看，人工智能军事应用在乌克兰危机中大放异彩，让各国愈加意识到人工智能在军事领域的巨大价值，尤其是智能化情报分析和自主武器的应用，这将促使各国愈加注重推进人工智能的军事应用，致命性自主武器系统军控面临更大阻力，相关进程恐将变得更加艰难。例如，

---

① "U. S. Department of Defense Responsible Artificial Intelligence Strategy and Implementation Pathway," U. S. Department of Defense, June 2022, https://media. defense. gov/2022/Jun/22/2003022604/-1/-1/0/Department-of-Defense-Responsible-Artificial-Intelligence-Strategy-and-Implementation-Pathway. PDF.

乌克兰军队广泛使用民间人工智能公司的相关技术，尤其是通过人脸识别技术来识别位于该国作战或已经阵亡的俄军士兵身份。[①] 乌克兰危机中，俄乌双方都部署了无人机、无人车等大量人工智能赋能的武器装备参与战斗。据报道，2022 年 3 月 12 日，俄罗斯制造的 KUB-BLA 无人机在基辅附近出现。该无人机可以通过人工智能技术进行实时目标识别和分类，自主选择并打击目标。[②] 还有消息称俄军在此次战争中部署了自杀式无人机（Kamikaze Drones），进一步引发了杀手机器人（killer robots）的争议。据称，俄罗斯和乌克兰目前使用的小型爆炸式无人机可以在战场上空飞行，自动俯冲轰炸车辆或士兵。[③] 战争是推动军事变革的催化剂，乌克兰危机中人工智能军事应用进一步凸显了其重大价值，并可能促使相关国家加大对这一领域的投入，这对致命性自主武器系统军控带来了更多挑战。

同时，乌克兰危机中的人工智能军事应用也愈加凸显了其在战场上的人道主义风险，给致命性自主武器系统军控带来一定的机遇。2023 年 2 月 15—16 日，荷兰与韩国共同主办了"军事领域负责任使用人工智能"峰会，致力于依照"国际法律义务，以不损害国际安全、稳定和问责的方式"在军事领域研发和应用人工智能。这次会议吸引了 80 余个国家参会，汇集了来自政府、智库、企业、科研机构等 1700 余人与会。中美等 60 多个国家签署了一项温和的"行动倡议"，支持"军事领域负责任使用人工智能"。同时，来自政府、技术公司和民间团体代表还同意成立一个全球委员会，以明确人工智能在战争中的用途并制定指导方针。应当看到，这次会

① "Ukraine Is Scanning Faces of Dead Russians, Then Contacting the Mothers," Ukraine Today, April 2022, https://ukrainetoday.org/2022/04/15/ukraine-is-scanning-faces-of-dead-russians-then-contacting-the-mothers/.

② Brian Lehrer, "The Role of AI in the Russia-Ukraine War," New York Public Radio, April 2022, https://www.wnycstudios.org/podcasts/bl/segments/role-ai-russia-ukraine-war.

③ "Kamikaze Drones in Russia's War Against Ukraine Point to Future Killer Robots," Last Week in AI, April 2022, https://lastweekin.ai/p/kamikaze-drones-in-russias-war-against?s=.

议的召开离不开乌克兰危机中大规模运用人工智能这一特定的历史背景。这次会议虽然未能达成一项类似于限制使用化学武器和核武器的协议，但是迈出了确立军用人工智能国际准则的重要一步。[①]

三、结语

人工智能技术在造福人类的同时，其军事应用给人类安全带来了巨大的潜在风险与威胁，致命性自主武器系统给人类社会带来的安全风险就是其中的重要体现。针对这一问题的全球治理是全人类面临的共同课题，从维护人类共同安全和尊严出发，有效管控人工智能军事应用引发的全球安全风险，是各国安全与发展的需要和义不容辞的责任。

当前联合国《特定常规武器公约》框架下围绕致命性自主武器系统问题的磋商已经取得了一定的共识，但仍面临诸多的分歧。2022 年 12 月《特定常规武器公约》缔约国会议决定，2023 年将继续就致命性自主武器问题召开政府专家组会议。在此背景下，国际社会应当着眼全人类共同利益，秉持人类命运共同体理念，在联合国相关磋商中进一步求同存异，共同寻求妥善管控致命性自主武器的有效方案，为共同构建人类命运共同体，建设持久和平、普遍安全的世界作出积极贡献。

中国一直积极参与联合国《特定常规武器公约》框架下围绕致命性自主武器系统问题的军控磋商，不断贡献中国智慧与中国方案。未来，中国应加强与俄罗斯、发展中国家等在这一领域的协调配合，呼吁充分照顾所有国家的正当关切，确保发展中国家能够得到平等、普遍参与。中国还可

---

① 《中美等国呼吁：监管人工智能军事应用迫在眉睫》，新华网，2023 年 2 月 20 日，http://www. xinhuanet. com/mil/2023-02/20/c_1211730565. htm; Government of the Netherlands, "REAIM 2023," February 2023, https://www. government. nl/ministries/ministry-of-foreign-affairs/events/reaim。

基于已有的《"中国+中亚五国"数据安全合作倡议》《中阿数据安全合作倡议》等现有举措，与中亚五国、阿拉伯国家联盟等发展中国家和组织商议人工智能安全治理合作的相关倡议，共同应对致命性自主武器系统带来的安全挑战，推广良好的相关合作范例。中国积极参与致命性自主武器系统国际军控领域的磋商与合作，有助于在贯彻全球安全倡议过程中维护自身安全和发展利益，并促进人工智能国际安全全球治理。

美国对华出口管制政策新动向

吴金淮　　张高胜

内容提要：长期以来，出口管制作为维护国际安全、防止大规模杀伤性武器扩散的重要实践，对世界和平、稳定与发展具有重要作用。基于国家安全和相关利益考虑，对特定物项和技术的出口实施管控是国际通行做法。随着大国竞争与地缘政治对抗的回归，美西方国家出于冷战思维，凭借其在科技领域的领先优势，背离维护国际安全和防止大规模杀伤性武器扩散初衷，对华出台了一系列带有歧视性和排他性的出口管制措施，将出口管制武器化、工具化。本文从以下三个方面分析了美国对华出口管制新动向：将科技问题政治化，重点打压中国高科技领域发展；以"竞赢"中国为目的，采取多种不正当方式谋求和维持竞争优势；限制中美正常科技人文交流合作，拼凑出口管制小圈子对中国形成合围。

关 键 词：出口管制；制裁；防扩散；中美关系

作者单位：中国军控与裁军协会
　　　　　　　中国国际问题研究院

美国的出口管制体系涵盖军品、民品、两用品，以及所有相关的软件和高科技出口。作为维护国家利益和实现对外政策目标的重要手段，美国的出口管制政策带有先天的"歧视性"，主要体现在其区别对待的国别政策。拜登执政后基本认同特朗普政府把中国作为战略对手的基本定位，加大对华遏制力度，在其任内，首份完整版《国家安全战略》报告中明确将中国定位为"优先考虑的、唯一的全球竞争对手"，认为中国是"唯一拥有重塑国际秩序意图的竞争者"，同时"也逐渐拥有经济、外交、军事和科技力量来日益推进这一目标"，进而以竞赢（out-competing）中国为目标，压倒性地强调与中国竞争。[①] 在此背景下，美国频频滥用国家安全概念，出台了一系列歧视性出口管制政策和举措，试图以不正当方式维持其在大国竞争中的优势地位。

一、将科技问题政治化，打压中国重点领域发展

美国深知科技产业革命的重要意义，也意识到确保其在科技领域主导优势对于维持自身霸权地位的重要性。因而，防范并打压竞争对手在科技领域挑战其主导权成为美国护持霸权战略的主要方面。从历史上来看，美国维持其在科技领域主导权的意志、决心与手段在 20 世纪 50 年代之后美苏太空科技领域竞争、20 世纪 80 年代美日半导体领域科技竞争中均有体现。当前，美国将中国视为科技领域的主要竞争者，科技竞争成为美国对华战略的一项重要内容。加大对华高新技术出口管制则是其具体政策之一。

（一）泛化"国家安全"概念，加强对新兴和基础技术的出口
管控

美国国防部等部门认为，此前制定的军品清单和军民两用品清单不足以保障美国的"国家安全"和确保绝对的军事优势。在此背景下，2018 年

① *National Security Strategy*, The White House, October 12, 2022, https://www.whitehouse.gov/wp-content/uploads/2022/10/Biden-Harris-Administrations-National-Security-Strategy-10. 2022. pdf.

8月，美国总统特朗普签署通过了《出口管制改革法案》（*Export Control Reform Act of 2018*, ECRA）。该法案扩大了美国出口管制法的适用范围，特别是增加了"新兴和基础技术"（emerging and foundational technologies）的出口管制。这一规定旨在处理被美国政府认为对美国国家安全至关重要但未被出口管制法律法规所涵盖的技术。

《出口管制改革法案》并未明确"国家安全"概念，这给美国政府部门提供了较大的操作空间。根据《出口管制改革法案》第 1758 条要求，美国商务部、国防部、能源部和国务院等政府部门应协调制定一个常规程序，用于划分至关重要"新兴和基础技术"。2018 年 11 月，美国商务部工业和安全局（Bureau of Industry and Security, U. S. Department of Commerce, BIS）发布了一份《拟议修法的提前通知》（*Advance Notice of Proposed Rulemaking*, ANPRM），就限定和划分"新兴"技术标准和"关于将新兴和基础技术作为不同技术类型"征求公众意见，列出了 14 种具有代表意义的技术大类，也即政府考虑进行管制的领域。但美商务部工业和安全局在如何准确区分并最终管控"新兴"和"基础"技术方面很慎重，所列的技术类别和子类别较为宽泛。此后，美商务部工业和安全局将 38 项新兴技术纳入新的出口管制。2022 年 5 月，美商务部工业和安全局发布公告，提议对 4 种自然产生的海洋毒素实施出口管制。借此次公告，美商务部工业和安全局取消了对"新兴"和"基础"技术的区分，而是把所有此类技术统称为"《出口管制改革法案》第 1758 条技术"。美商务部工业和安全局认为以上区分会延误对相关技术的管制，取消区分会有利于加快识别和建立敏感技术控制的进程。2022 年 8 月，美商务部工业和安全局发布公告，称出于国家安全考虑，将 4 项"新兴和基础技术"纳入新的出口管制。这 4 项"新兴和基础技术"分别是：两种超宽带隙基板半导体材料金刚石、氧化镓；设计全栅场效应晶体管架构的先进芯片 EDA 软件工具;[①] 用于燃气涡轮发动机的压力增益燃烧技术。

（二）重点在半导体、先进计算机等领域对华脱钩，精准出口管控

自特朗普政府时期起，美国将对华战略竞争聚焦高新技术领域，半导体技术尤为突出，被美国视为"锁喉"中国高新技术发展的关键。相较特朗普政府的"乱拳出击"，拜登政府遏制中国半导体技术发展明显更具规划性、针对性和长期性。[②] 2022 年 8 月，拜登政府发布《2022 年芯片与科学法（*CHIPS and Science Act of 2022*）》，规定"禁止接受美国联邦补助的企业在对美国构成国家安全威胁的特定国家扩大或建设先进半导体的新制造能力"，"商务部长将在国防部长和国家情报总监的协调下，持续调整出口管制条例及管制技术类别"，并限制接受补助的企业在"特定国家"兴建 28 纳米以下级半导体产能，转移由美国商务部、国防部、国家情报总监指定的任何特定技术、材料或设备。这意味着美国进一步收紧了半导体相关技术出口的权限，并可能将出口管制扩大至更广泛的信息科技领域。[③]

2022 年 10 月，拜登政府公布针对先进计算和半导体制造的"一揽子"出口管制新规，就《出口管制条例》（*Export Administrative Regulation*, EAR）中涉及先进计算集成电路、超级计算机和半导体制造设备的条款进行了修改与增补，进一步限制中国获得先进计算芯片、开发和维护超级计算机以及制造先进半导体的能力。新规主要内容如下：新增/修改 ECCN（Export

---

① EDA 软件工具通常指，利用电脑辅助设计软件来完成集成电路的功能设计、验证等流程的设计方式，其贯穿近 6000 亿美元的集成电路（IC）产业设计、制造、封测等各个环节，被誉为"芯片之母"。芯片工程师必须依靠 EDA 软件工具，才能完成电路设计、版图设计等工作。

② 魏雪巍：《拜登政府对华半导体技术出口管制又有新举措》，《世界知识》2022 年第 22 期，第 53—55 页。

③ 李峥：《八个维度解读美国〈芯片与科学法〉》，中国现代国际关系研究院，2022 年 8 月 30 日，http://www.cicir.ac.cn/UpFiles/file/20230202/638109561110741427583 7275.pdf。

Control Classification Number）编码①（所涉及物项此前可能为反恐原因管控或为 EAR99，②出口到中国一般用户不需要许可证），并对其施加了严格的许可证要求，限制中国实体获取此类物项；新增特定直接产品原则，扩大第三国产物项受《出口管制条例》管辖的范围，将更多涉及先进计算及超算最终用途的物项纳入《出口管制条例》管制，并定向打击中国 28 家超算及 AI 企业；新增对美国人特定活动的限制，阻止美国工程师向中国提供援助；新增最终用途管控，限制中国大算力、先进制程半导体芯片及半导体制造和检测设备的发展。同时，半导体产业链其他环节的参与主体也将受到不同程度的影响，并增加了额外的尽职调查义务。③路透社评论称："这是 1990 年以来美国对华出口管制的最大转变。"④美新规出台后，应用材料（AMAT）、泛林（LAM）、科磊（KLA）等美供应商对中国企业采取"一刀切"断供措施，对涉及各工艺节点（含成熟程度）设备、零部件、维保服务全面停止供应；苹果公司暂停从中国企业采购用于 iPhone14 手机的闪存芯片。日企几乎与美同步停供，且范围更大，不仅包括半导体设备相关零件，还包括光伏相关产品。新规还导致长鑫存储、长江存储、上海微电子、华虹等国内主要半导体企业的美供应商驻厂人员全部撤离。

以上凸显美国出口管制在遏制中国高新技术发展中发挥了重要作用，推动对中国的半导体技术形成全面封控和围堵。2022 年 11 月，美国商务部

① ECCN 编码是美国商务部工业与安全局为产品指定的出口控制分类编号。

② 按照 EAR 相关条文，属于 EAR 管制范围的物项，但是没有在商业控制清单中具体列有ECCN 编号的，统一归类为 EAR99。

③ "Public Information on Export Controls Imposed on Advanced Computing and Semiconductor Manufacturing Items to the People's Republic of China（PRC），" United States Department of Commerce, October 7, 2022, https://www. bis. doc. gov/index. php/documents/about-bis/newsroom/press-releases/3158-2022-10-07-bis-press-release-advanced-computing-and-semiconductor-manufacturing-controls-final/file.

④ Stephen Nellis, Karen Freifeldand Alexandra Alper, "U. S. Aims to Hobble China's Chip Industry with Sweeping New Export Rules," October 7, 2022, https://www. reuters. com/technology/us-aims-hobble-chinas-chip-industry-with-sweeping-new-export-rules-2022-10-07/.

长吉娜·雷蒙多（Gina Raimondo）明确表示，中国政府正对自身关键技术的突破和国有化提供大笔资金支持。出口管制是美国针对中国通过军民融合实现军事技术突破，脱离对西方技术的依赖，超越美国及盟友能力所设计的一揽子遏制计划。[1]

二、以"竞赢"中国为目的，采取多种不正当方式谋求和维持竞争优势

在"投资、协同和竞争"（Invest, Align, Compete）的对华战略框架下，拜登政府极力"包装美化"对华出口管制举措，为其违反国际共识的单边霸凌举措披上合理合法外衣，污蔑中国军民融合政策，并打着"人权"旗号干涉中国内政，不断炮制"黑名单"加强出口管制。

（一）关注军民融合，限制中国企业在美融资

2020 年 4 月 28 日，美国商务部工业和安全局修订《出口管制条例》，对包括中国在内的若干国家采取更为严格的出口管制措施。此次修订措施主要包括两条最终规定和一条拟议规定。一项最终规定是"取消民用最终用户许可证例外"（License Exception Civil End Users）。这一例外被取消之后，如果某一物项在"商业控制清单"（Commerce Control List, CCL）中的管制原因为"国家安全"，则向"商业国家列表"（Commerce Country Chart, CCC）中受"国家安全"出口限制的国家或地区出口、再出口或转让（境

---

① Gina M. Raimondo, "Remarks by U. S. Secretary of Commerce Gina Raimondo on the U. S. Competitiveness and the China Challenge," U. S. Department of Commerce, November 30, 2022, https://www.commerce.gov/news/speeches/2022/11/remarks-us-secretary-commerce-gina-raimondo-us-competitiveness-and-china.

内）该物项的每一交易，不考虑最终用户和最终用途，都需要向商务部工业和安全局申请出口许可证。另一项最终规定是加强对中国、俄罗斯和委内瑞拉的出口管制，扩大军事最终用途和最终用户管制的范围。新修条例规定，对于中国而言，除了用于军事最终用途（military end use）的出口、再出口、转让（境内）的物项需要申请许可证外，军事最终用户（military end users）的出口、再出口、转让（境内）的物项同样需要申请许可证。2020年11月，时任美国总统特朗普签发《应对投资"中共军工企业"证券的威胁》（*Addressing the Threat from Securities Investments that Finance Communist Chinese Military Companies*）的第13959号行政命令，宣布美国进入"国家紧急状态"，禁止美国主体购买或出售美国国防部公布的"中共军工企业"公开交易的证券。2021年6月，美国总统拜登签发《应对为中国特定公司提供资金的证券投资所带来的威胁》（*Addressing the Threat from Securities Investments that Finance Certain Companies of the People's Republic of China*）的第14032号行政令，禁止美国主体购买或出售被列入"非特别指定国民中国军工复合体企业清单"（Non-SDN Chinese Military-Industrial Complex Companies List, NS-CMIC）中的企业公开交易的证券及其衍生品，延长了特朗普政府第13959号行政令中所规定的国家紧急状态时间，并扩大范围。2021年11月，美国国会发布《2021美中经济与安全审查委员会报告》，提出对中国企业进入美国市场加大限制，减少美国对中国企业的投资额，同时对被美国列入"非特别指定国民中国军工复合体企业清单"的中国企业实施全方位的监管和限制。

2022年9月，美国总统拜登签署行政命令，扩大美国外国投资委员会的职权与职责，要求其"对不断演变的国家安全风险进行严格审查"，审查对象主要如下：对美国关键供应链韧性产生影响的特定类型交易；在事关国家安全的领域（包括但不限于微电子、人工智能、生物技术和生物制造、量子计算、先进清洁能源和气候适应技术）对保持美国技术领先地位产生影响的特定类型交易；工业投资趋势（Industry investment trends）累积风险（指外国人通过长时期的一系列交易来控制某个部门或技术所可能造成的国家安全风险）；损害国家安全的网络安全风险；对美国人敏感数据构成的风险等。美国声称，该行政命令"是拜登—哈里斯政府维持美国经济和技术领先地位，特别是在保护国家安全方面的更广泛战略的一部分。这既包括加强国内投资和国内竞争力，也包括加强与盟友的合作，同时利用一切可用工具保护美国的优势，防止竞争者和对手破坏我们的国家安全"。① 美财政部长耶伦在一份声明中也表示："加强我们的供应链，防范外国威胁，强化我们的国家安全，这项行政令突出了外国投资委员会在这方面的重要作用。它还重申了外国投资委员会保护美国技术领先地位和公民敏感数据安全不受新出现威胁的使命。"②

（二）以人权为由，实施非法单边制裁

美国的人权制裁主要依据是 2016 年生效的《全球马格尼茨基人权问责法》。自 2017 年起，美国国会积极呼吁美国政府推行该法案，对包括中国在内的多个国家的特定主体实施制裁。近年来，美国频频以人权为由对香港和新疆相关实体和个人实施制裁。

自 2019 年 6 月香港发生"修例风波"以来，美国出台了一系列法案及

① "FACT SHEET: President Biden Signs Executive Order to Ensure Robust Reviews of Evolving National Security Risks by the Committee on Foreign Investment in the United States," The White House, September 15, 2022, https://www. whitehouse. gov/briefing-room/statements-releases/2022/09/15/fact-sheet-president-biden-signs-executive-order-to-ensure-robust-reviews-of-evolving-national-security-risks-by-the-committee-on-foreign-investment-in-the-united-states/.

② *Statement by Secretary of the Treasury Janet L. Yellen on President Biden's Executive Order on the Committee on Foreign Investment in the United States*, US Department of the Treasury, September 15, 2022, https://home. treasury. gov/news/press-releases/jy0951.

政策措施粗暴干涉中国内政。2019 年 11 月，美国通过了所谓"香港人权与民主法案"，一方面要求对香港特区政府相关责任人实施资产冻结、禁止入境、进行处罚等制裁措施；另一方面要求调整香港现行的美国出口管制政策，防止美国出口的物品在香港用于人群控制和监视。同时还要评估受美国管辖的敏感两用物项：（1）是否经香港转运并用于开发天眼、天网、综合联合作战平台或其他大规模监视和预测性警务系统或中国"社会信用体系"；（2）是否违反联合国实施的制裁；（3）是否对美国国家安全、外交政策或经济构成威胁。2020 年 6 月 29 日，美国商务部发布声明，取消对香港的优惠待遇，暂停对香港适用优于中国大陆的出口许可例外政策。

2020 年 7 月，美国总统特朗普签署所谓"香港自治法"和"关于取消香港优待政策的行政命令"（*The President's Executive Order on Hong Kong Normalization*），称"香港的现状对美国的国家安全、外交政策及经济发展构成了不同寻常的极端威胁"，因此要取消香港在 10 个方面的优惠待遇，包括取消受《出口管制条例》管制物项向香港出口、再出口或转让时享有的区别于中国大陆的许可证例外，取消香港目前购买美国防务清单（United States Munitions List, USML）中的防务物项（包括直升机及其部件）的许可；香港制造、出口到美国的商品必须标明"中国制造"等。拜登政府上任以来，在制定对华出口管制措施时，将香港与中国内地同等考虑，进一步织牢对华出口管制网。2022 年 10 月拜登政府制定的针对先进计算和半导体制造的"一揽子"出口管制新规同时针对中国内地与香港。拜登政府也更加密集地将香港实体如香港昌华电子科技有限公司等纳入"实体清单"等"黑名单"中。

2019 年 12 月，美国国会通过所谓"维吾尔人权政策法案"，要求将中国用以检测、拦截、限制和识别个人的个人隐私、行动自由和其他基本人权的相关商品物项列入"商业控制清单"，并加强对这些物项的出口管制。2021 年 12 月，美国国会通过所谓"维吾尔强迫劳动预防法案"，该法案于

2022 年 6 月正式生效，禁止自中国新疆进口产品，除非"有明确证据证明有关产品并非强迫劳动的产物"。同时，美国商务部和财政部多次将与新疆有关的实体列入"实体清单"和"特别指定国民清单"，声称这些实体涉及"中国对维吾尔族、哈萨克族和其他穆斯林少数群体的镇压、大规模任意拘留和高科技监视活动"。

美国修订对香港的出口许可政策，对涉及新疆的企业实施出口管制，以及对相关实体和个人实施金融制裁，都是打着"人权"的旗号粗暴干涉他国内政，尤其是对多家高科技企业的抹黑和打压，暴露了将科技问题政治化的本质，其根本目的还是服务于对华遏制战略。

（三）强化清单管控，炮制多个新的"黑名单"

美商务部工业和安全局发布的"实体清单""禁止人员清单""未核实清单"是美两用品出口管制的主要清单。为保持技术实力和领先优势，美近年来大力强化清单管控，将成百上千的实体（包括机构和个人）列入其多个出口管制清单中。以实体清单为例，2018 年 1 月，全球共有 989 个实体被列入其中，到 2022 年 12 月 8 日，该清单中的实体数量增长至 2159 个，翻了一番多。[①] 自 2018 年以来，中国被列入"实体清单"中的实体数量已经远超俄罗斯，成为被列入该清单实体数量最多的国家。任何美国公司或个人对清单中的实体进行出口时必须接受极为严格的许可证审查，而审查结果也通常予以否定。

同时，美国国防部、商务部、财政部等政府部门还炮制多个新的"黑名单"，将中国、俄罗斯等国上百个实体列入其中。

---

① 数据截至 2022 年 12 月 8 日，数据来源：The International Trade Administration, U. S. Department of Commerce, https://www.trade.gov/data-visualization/csl-search。

1. 国防部“中国军事公司清单”

2020 年 6 月，美国国防部根据《1999 财年国防授权法案》公布“中国军事公司清单”（Chinese Military Companies List，CMCL），包含中国航空工业、中国航天科技等军工集团以及华为、海康威视等高科技公司在内的共 20 家中国企业，此后多次更新该清单。2021 年 1 月，美通过《2021 财年国防授权法案》，其中第 1260H 条“公开报告在美运营的中国军事公司”成为这一清单的最新法律依据，并将军民融合贡献者也包含其中。[①] 截至 2022 年 12 月 8 日，共有 60 家中国企业被列入其中。该清单背后反映出近年来美对中国“军民融合”发展战略及政策的高度关切。国防部明确表示该清单可被当作与中国竞争的潜在工具。[②]

2. 商务部“军事最终用户清单”

2020 年 12 月，美国商务部再次修订《出口管制条例》，新增“军事最终用户清单”（Military End User List），首批被列入的共有 102 个实体，包括 57 个中国实体和 45 个俄罗斯实体。[③] 根据该清单，出口商需要获得许可后，才能向清单中的军事最终用户出口相关物项。美国原商务部长小威尔伯·罗斯（Wilbur L. Ross，Jr.）表示，“此举建立了一种新的程序，将军事

① "S. 4049–National Defense Authorization Act for Fiscal Year 2021，" Library of Congress, July 23, 2020，https://www. congress. gov/bill/116th-congress/senate-bill/4049#: ~: text = National%20Defense%20Authorization%20Act%20for%20Fiscal%20Year%202021, authority%2C%20which%20is%20provided%20in%20subsequent%20appropriations%20legislation.

② 数据截至 2022 年 12 月 8 日，数据来源：The International Trade Administration, U.S. Department of Commerce，https://www. trade. gov/data-visualization/csl-search。

③ "Addition of ʻMilitary End Userʼ（MEU）List to the Export Administration Regulations and Addition of Entities to the MEU List," U. S. Department of Commerce, December 23, 2020，https://www. federalregister. gov/documents/2020/12/23/2020-28052/addition-of-military-end-user-meu-list-to-the-export-administration-regulations-and-addition-of.

最终用户在该清单中列明，可以协助出口商确认其客户是否属于军事最终用户"。① 截至 2022 年 12 月 8 日，共有 78 家中国实体被列入其中。②

3. 中国军工复合体公司清单

2021 年 6 月，根据前述第 14032 号行政令，美国出台"非特别指定国民中国军工复合体企业清单"（Non-SDN Chinese Military-Industrial Complex Companies List, NS-CMIC List）。该清单是美国财政部首个专门针对中国的制裁项目，由财政部海外资产控制办公室（OFAC）主管。截至 2022 年 12 月 8 日，共有 65 家中国企业被列入其中。③ 根据规定，美国投资者被禁止购买或出售与这些实体相关的证券，已持有的须在 2022 年 12 月 15 日之前售出。④

三、限制中美正常科技人文交流合作，拼凑出口管制小圈子对中国形成合围

为限制中国科技发展，美国采取措施打压中美正常人文交流，构建"联盟"阻遏中国科技产业发展。

---

① "Commerce Department Will Publish the First Military End User List Naming More Than 100 Chinese and Russian Companies," U. S. Department of Commerce, December 23, 2020, https://2017-2021. commerce. gov/news/press-releases/2020/12/commerce-department-will-publish-first-military-end-user-list-naming. html.

② 数据至 2022 年 12 月 8 日，数据来源：The International Trade Administration, U. S. Department of Commerce, https://www. trade. gov/data-visualization/csl-search。

③ 数据至 2022 年 12 月 8 日，数据来源：The International Trade Administration, U. S. Department of Commerce, https://www. trade. gov/data-visualization/csl-search。

④ "Chinese Military Companies Sanctions," U. S. Department of The Treasury, August 8, 2022, https://home. treasury. gov/policy-issues/financial-sanctions/sanctions-programs-and-country-information/chinese-military-companies-sanctions.

（一）限制中国等特定国家留学生学习敏感专业，对关键领域科技交流与合作施加压力

美国政府通过收紧科学、技术、工程、数学（STEM）专业中国留学生签证，限制美国在华科技人员以及美国研究机构接受来自中国的捐助等方式，阻隔中美科技人员交流。例如，特朗普政府明显收紧了对"敏感专业"的中国赴美留学和访学人员的签证审批，并缩减旅美华人学者进入重点实验室的工作机会。自 2018 年 6 月起，美国为防止所谓的"知识产权盗窃"，收紧中国高科技专业留学生签证，将标准期限从 5 年降至 1 年，并且签证到期后需离美重新申请签证。2020 年 5 月 29 日，特朗普政府暂停部分持有 F 签证和 J 签证、与中国军民融合战略有关的研究生及研究人员入境美国。6 月，美国暂停向具备专业性知识的中国工程师、教授、研究员、计算机程序员等专业人员发放 H-1B 签证。7 月，美国暂停了与中国内地和香港的富布赖特交流项目。美国还加大对中国引进高层次科技人才的防范，认为中国通过海外人才招聘计划吸引中国海外人才和外国专家的做法损害了美国利益。2018 年 11 月 1 日，时任司法部长塞申斯提出"中国行动计划"（China Initiative），旨在调查外国机构对美国经济、技术、商业秘密的窃取，以反制"对美国国家安全造成的威胁"。美国联邦调查局成立专门针对中国的行动小组，打击所谓的"经济间谍行为"，强化对旅美华人学者，特别是海外人才计划所涉及的科研人员的监控，"千人计划"是其重点排查对象。2020 年 1 月，全球纳米电子领军科学家、哈佛大学教授查尔斯·利伯（Charles Lieber）因隐瞒参加中国的"千人计划"和未申报接受中国资助被

逮捕和起诉。[①] 2021 年 1 月，美国工程院院士、麻省理工学院（MIT）教授、美籍华人学者陈刚"因未能向美国能源部披露其在中国的工作和获得的奖励"被逮捕和起诉。拜登政府上台后，在高科技领域延续上届政府对中国高技术移民的限制政策，不仅保留科学、技术、工程、数学学科中国留学生每年一签的政策，且继续限制与"军民融合战略"相关实体有关联的中国留学生和访问学者入境。[②] 2022 年 2 月，美国司法部宣布暂停实施"中国行动计划"，但同时推出"应对民族国家威胁战略"，声明美国将持续关注所谓"中国政府及其代理人的行为举动"，[③] 美国司法部针对华裔科学家的审查和诉讼也并未停止。

（二）拉拢盟友组建各类新的出口管制小圈子

美国还拉拢盟友组建各类"小圈子"，与其盟国加强出口管制政策协调，推动建立和巩固歧视性、排他性的多边机制，企图将本国的单边措施多边化。

美西方国家禁止向东方转让技术，其目的就是企图借机保持技术上的领先地位，维持东西方的技术鸿沟，维护自己的战略优势。冷战时期，美国曾经联合英国、法国、意大利等国于 1949 年成立多国出口管制协调委员会，又称巴黎统筹委员会（简称"巴统"），防止和限制西方的战略物资、高技术及其产品流向社会主义国家。

特朗普政府时期，美国曾试图加强美国与多个国家（主要是发达工业国）之间关于敏感技术的多边行动（Multilateral Action on Sensitive Technology,

①　Ellen Barry, "U. S. Accuses Harvard Scientist of Concealing Chinese Funding," *The New York Times*, January 28, 2020, https://www.nytimes.com/2020/01/28/us/charles-lieber-harvard.html.
②　马萧萧：《拜登政府高技术移民政策及其制约因素》，《现代国际关系》2022 年第 9 期，第 42—45 页。
③　张昭曦：《自由鹰派与拜登政府对华战略》，《现代国际关系》2022 年第 8 期，第 43 页。

MAST）进程。2018 年 9 月，时任美国国务院主管国际安全与防扩散事务的助理国务卿福特（Christopher Ashley Ford）在商务部的反情报和出口管制会议上公开表示，美国政府将动员西方伙伴（包括政府和企业）建立有效的"谨慎联盟"，以便分享有关技术转让威胁的信息。[①]

拜登政府上台后，美国继续联合其发达国家盟友，构建排他性的出口管制多边机制，阻碍和遏制发展中国家尤其是中国通过正常渠道获取先进技术。2021 年 12 月，美国在所谓"世界领导人民主峰会"上与澳大利亚、丹麦、挪威等国共同发起"出口管制和人权倡议"。2022 年 3 月，英特尔、超威半导体（AMD）、安谋（ARM）、高通、微软、谷歌云、元界（Meta）、台积电、日月光、三星电子 10 大行业巨头联合宣布，成立通用芯粒互连（Universal Chiplet Interconnect Express, UCIE）联盟。同月，美国向韩国提议建立"芯片四方联盟"（Chip4），并拉拢日本与中国台湾地区一起建立遏华半导体同盟。

（三）加强对现有出口管制多边机制的干预

在加大新出口管制联盟构建的基础上，美国同时也加紧对现有出口管制多边机制的干预与重新塑造，以推行其出口管制政策，从而将其单边措施多边化。特朗普政府时期，在美国主导下，部分出口管制多边机制的目标逐步由军事技术和战略安全转向新兴技术和优势竞争。如 2019 年 12 月，瓦森纳安排发布修订的《军民两用物项和技术清单》，在"电子产品"类别中新增对计算机光刻软件和大硅片切磨抛技术的管制，这意味着瓦森纳

[①] Christopher Ashley Ford, "Coalitions of Caution: Building a Global Coalition Against Chinese Technology-Transfer Threats," U. S Department of State, September 13, 2018, https://2017-2021.state.gov/ remarks-and-releases-bureau-of-international-security-and-nonproliferation/coalitions-of-caution-building-a-global-coalition-against-chinese-technology-transfer-threats/index. html.

安排将其主要管制范围扩大至半导体与芯片制造、网络技术安全等领域。拜登政府上台后也十分重视多边合作。2021 年 4 月，美国参议院提出《2021 年战略竞争法案》，要求加强与伙伴国在核供应国集团、澳大利亚集团、导弹及其技术控制制度和瓦森纳安排等出口管制多边机制下的协调配合。同年 9 月 8 日，美中经济安全审查委员会举行了"2021 年美中关系：新兴风险"听证会，美政府出口管制主要负责人在会上就对华出口管制问题明确提出，"多边管控是最有效的，也是实现国家安全和外交政策目标的首选办法"。[1]

此外，美借助出口管制多边机制直接干涉其他成员国出口。例如瓦森纳安排不具有强制约束力，各成员国根据其国内法律和政策，自行决定是否批准向他国转让物项或技术的许可，自行决定是否实施瓦森纳安排的有关措施。但实际上，美国借助瓦森纳安排对成员国施加政治压力，迫使成员国对华实施出口管制。中企曾与乌克兰著名飞机发动机制造公司马达西奇公司（Motor Sich）达成收购协议。但在美国压力下，2022 年 11 月，乌克兰政府将包括马达西奇公司在内的三家公司收归国有。

四、结语

当今世界已然进入到动荡变革期，全球产业体系的再调整、世界科技竞争的区块化、国家安全内涵与外延的扩大化、大国战略竞争的长期化等态势已经逐渐形成。美国加大对华出口管制，实际上是在开历史倒车，逆时代潮流而动，不但严重损害中美关系，破坏全球产业链、供应链体系，

---

① "US China Relations in 2021: Emerging Risks," United States – China Economic and Security Review Commission, September 8, 2021, https://www.uscc.gov/sites/default/files/2021-09/September_8_2021_Hearing_Transcript.pdf.

甚至可能人为制造出所谓科技发展的"两个平行体系"，危害世界和平与发展。当今世界"你中有我，我中有你"，通过出口管制等方式实施保护主义，以国家安全为由限制外商投资，以保护知识产权为由搞技术封锁，通过构筑"小院高墙"大搞脱钩断链等错误行径行不通，也走不远。中国应抓住一切可以利用的资源，进行战略运筹，内外兼修，打好应对美国出口管制的"突围战"，同时在人类命运共同体理念指引下，秉持"全球发展观""全球安全观"，坚定不移推进高水平对外开放，与世界相互成就，共创未来。

乌克兰危机下的美西方国家
与俄罗斯制裁博弈初析

张高胜　李天毅　吴金淮

内容提要：2022 年乌克兰危机全面升级以来，美欧等西方国家对俄罗斯制裁力度不断加码，其范围之广、措施之严、程度之强，对俄内政外交形成严峻挑战。面对美西方国家不断升级的制裁力度，俄方积极出台反制措施，强化顶层设计，多领域、多主体协调联动，大力创新应对举措，虽难以完全抵消美西方国家制裁的长期影响，但也取得了一定反制裁成效。反观美西方国家对俄采取的广泛制裁，非但未能实现止战促和的目的，更对自身的经济和安全造成严重冲击，并对全球金融、能源、粮食、产业链等领域安全造成严重负面影响。从实际操作来看，美西方国家对俄进一步升级制裁空间极为有限，且引发对制裁必要性、有效性的质疑。

关　键　词：乌克兰危机；经济制裁；美西方国家制裁；反制裁
作者单位：中国国际问题研究院

2022 年，世界进入新的动荡变革期，世界百年变局与乌克兰危机、世纪疫情叠加震荡，国际力量对比加速转换，国际安全形势复杂深刻变化，大国战略博弈加剧，新威胁新挑战层出不穷，地缘政治与热点安全问题复杂难解，全球安全问题进一步凸显并呈泛化趋势。在此背景下，制裁和出口管制作为国际不扩散机制的重要手段，却日益沦为美国以战略竞争为由维护其霸权的政治工具，严重冲击全球发展进程，损害发展中国家权益。

自 2022 年 2 月俄罗斯对乌克兰开展"特别军事行动"以来，为达到打击、遏制和孤立俄罗斯的目的，美西方国家在持续加大对乌军事援助的同时，不断升级对俄经济制裁和贸易管制等制裁措施，使俄罗斯内政外交面临前所未有的考验。降低和阻断美西方国家对俄制裁所带来的消极影响，已成为俄罗斯与美西方国家博弈的重要领域。

一、美西方国家对俄制裁现状

作为当今国际上常用的非战争手段，制裁对解决反恐、核扩散、军事冲突以及其他外交危机问题发挥着重要作用。① 但制裁发起国或者国家集团为服务自身利益单方面采取各种制裁手段时，制裁这一"致命武器"在实施时所造成的人道主义影响、合法性问题、道德问题更加凸显，其负面影响甚至会外溢全球。从制裁发起方来看，美西方国家尤其是美国是滥用单边制裁工具的主要国家。据统计，从 2000 年到 2021 年，美国对外制裁增加 933%。仅特朗普政府就实施 3900 多项制裁，相当于平均每天挥舞 3 次"制裁大棒"。② 美西方国家日益泛化国家安全，将科技问题政治化、武器化、意识形态化，滥用出口管制，强推单边制裁，尤其此次乌克兰危机所呈现出的制裁类型、实施方式和最终效果，可作为了解美西方国家对外制裁"工具箱"的重点案例，值得深入分析研判。③

---

① 加利·克莱德·霍夫鲍尔等：《反思经济制裁》，杜涛译，上海人民出版社，2019，第 1 页。
② 《美国的霸权霸道霸凌及其危害》，新华社，《人民日报》2023 年 2 月 21 日，第 17 版。
③ 李巍：《俄乌冲突下美西方对俄经济制裁的内容、特点及影响》，"北京大学国际战略研究院"公众号，2022 年 3 月 17 日，https://mp.weixin.qq.com/s/GHiN2mNhx7d5WOUpkWUNVA。

（一）制裁对象数量多，针对目标精准

乌克兰危机全面升级以来，美西方国家对俄发起多轮密集制裁，不断细化制裁对象，对俄进行"精准打击"，以强化制裁效能。截至 2023 年 2 月 19 日，美西方国家累计对俄实施了 11 327 项制裁，包括个人制裁 9117 项，实体制裁 2090 项，船只制裁 96 项，飞机制裁 24 项。[①]

对比 2014 年克里米亚危机后，美西方国家虽对俄实施了程度和强度不一的制裁，但多数欧洲国家出于本国利益考虑，对俄制裁的参与程度和热情普遍不高。乌克兰危机使得欧盟面临最直接的安全冲击，尤其是东欧国家。因此，在美国怂恿下，美西方国家迅速密集出台多项制裁措施，使得俄受制裁总数从乌克兰危机前的 2695 项跃升为当前的 14 022 项，成为全球受制裁最多的国家，也是有史以来对单一国家最大规模和最严厉的制裁。[②]

同时，美西方国家对俄制裁除了"地毯式轰炸"，还对俄关键个人、实体和行业进行精准打击，以强化制裁的效应。美西方国家现对俄制裁对象主要涉及三类：一是俄政治经济精英及其亲属，包括总统普京，外交部、国防部、武装部队等部门重要官员，俄罗斯联邦安全委员会成员，俄罗斯国家杜马成员，金融机构和国防企业主要负责人等；二是关键行业实体，包括金融、国防、海事和宣传等相关机构；三是与以上个人或实体相关的飞机或船只。

---

① 数据截至 2023 年 2 月 19 日，数据来源："Russia Sanctions Dashboard，" Castellum. AI，https://www.castellum.ai/russia-sanctions-dashboard。

② 李建明：《西方对俄罗斯制裁产生的影响、应对及启示》，《经济导刊》2022 年第 276 期，第 34 页。

表 1　部分国家乌克兰危机前后受制裁情况对比

国家	数目		
	乌克兰危机前受制裁总数	乌克兰危机后受制裁总数	受制裁总数
俄罗斯	2695	11 327	14 022
伊朗	3616	575	4191
叙利亚	2958	45	3003
朝鲜	2052	81	2133
白俄罗斯	788	367	1155
委内瑞拉	651	0	651
缅甸	458	348	806

资料来源：数据截至 2023 年 2 月 19 日，"Russia Sanctions Dashboard," Castellum. AI, February 9, 2023, https：//www. castellum. ai/russia-sanctions-dashboard。

（二）制裁领域范围广，实施力度强度大

美西方国家对俄罗斯开展数量众多的制裁项目覆盖领域广泛，实施"一揽子"制裁政策，不断扩大制裁范围，涉及金融、科技、能源、贸易、国防等诸多要害部门。

一是金融、科技等对美西方国家依赖程度较高的领域。

在金融领域，美西方国家将环球银行金融电信协会（SWIFT）等国际公共物品工具化，将部分俄主要银行隔绝在其支付系统外，极大提高了俄国际贸易成本。此外，美西方国家还冻结了俄中央银行外汇储备，限制俄使用美元、欧元、日元、英镑进行贸易结算，并限制俄在本国资本市场融资。

在科技领域，美西方国家对俄实施严格的出口管制，尤其是涉及高精尖技术、国防、航空航天、海事等领域。美国大肆利用出口管制工具，切断俄获取所需的关键技术的渠道，限制各国含有美国成分的产品和技术出

口到俄罗斯。① 欧盟也不断扩大对军民两用产品和先进技术产品的出口禁令，并禁止通过俄罗斯领土向第三国转运军民两用产品。

二是能源、贸易等对俄经济贡献度高的领域。

美西方国家以安全逻辑审视与俄经贸关系，试图主动逐渐断绝自身与俄经济联系，一方面避免俄利用美西方国家对俄依赖来加大谈判筹码，另一方面也有意弱化俄支柱产业发展、减弱其对乌克兰危机的经济支持力度。

在能源领域，美拜登政府发布《终止俄罗斯石油进口法案》，禁止进口产自俄罗斯的原油及相关产品。欧盟成员国在禁止从俄罗斯进口或转移煤炭和石油产品的同时，还与七国集团成员国以及澳大利亚和瑞士等组成"油价上限联盟"，对俄罗斯海运原油实施价格上限。② 此外，"北溪-2号"天然气管道项目作为俄欧重要能源合作项目也成为美国重要制裁目标。乌克兰危机后，德国停止对该项目进行批准认证程序。随后，美国对其相关公司及其高管实施制裁。同时，美欧加等美西方国家还撤销了俄罗斯"最惠国"贸易地位，并终止了与俄罗斯的正常贸易关系。

三是人文、媒体等对外交流和传播的领域。

美西方国家对俄制裁的一个鲜明特点在于其"歧视性的反俄措施"从贸易、金融等传统领域外溢到了文化、教育、体育、卫生等更为广泛的社会领域。在人文方面，众多俄罗斯文化艺术海外演出被取消，海外留学生遭退学，运动员被禁赛。国际奥委会在官网发布声明，建议不邀请或（不）允许俄罗斯和白俄罗斯运动员和官员参加国际赛事，且"俄罗斯或白俄罗

---

① "Commerce Implements Sweeping Restrictions on Exports to Russia in Response to Further Invasion of Ukraine," U.S. Department of Commerce, February 24, 2022, https://bis.doc.gov/index.php/documents/about-bis/newsroom/press-releases/2914-2022-02-24-bis-russia-rule-press-release-and-tweets-final/file.

② 赵行姝：《地缘冲突下美西方对俄能源制裁的逻辑及影响》，《当代世界》2023年第2期，第29—34页。

斯国民，无论是个人还是团体，只能被接受为中立运动员或中立队伍"。①
法国戛纳电影节主办方宣布禁止俄罗斯官方代表团或任何与克里姆林宫有
关个人参加电影节。英国和爱尔兰也临时取消了俄芭蕾舞团的演出。在媒
体领域，美西方国家对俄媒体进行制裁，指责其传播"虚假"信息。欧盟
在境内禁止"今日俄罗斯"电视台和俄罗斯卫星通讯社及其分支机构开展
活动。美国苹果公司限制在俄境外访问"今日俄罗斯"电视台和俄罗斯卫
星通讯社的应用程序，推特、脸书等美西方国家社交平台也不断封禁俄罗
斯官方账号。

（三）美西方国家空前抱团，持续加大对俄制裁压力

面对俄罗斯，美西方国家协调应对措施，统一立场，显示出空前的
"凝聚力"。在美国的鼓吹下，欧洲各国与加拿大、日本等国纷纷开展对俄
制裁，抱团反俄一时成为美西方国家政治正确的首要标准。欧盟一改"议
而不决"的状态，先后对俄实施了九轮制裁。② 日本、加拿大积极参与对
俄制裁，与之前谨慎的态度对比鲜明。瑞士、瑞典、芬兰等国也一反中立
立场，以对俄发起经济制裁展现其决心。2022 年 2 月 26 日，美欧等国成立
了"跨大西洋特别工作组"，通过情报共享，实施制裁联动，强化审查和冻
结俄海外资产等方式，确保对俄金融制裁实现最大效能。

除了政府层面，美西方国家社会层面也对俄采取各种限制性措施。根
据耶鲁大学一项调查显示，乌克兰危机发生以来，苹果、微软、星巴克等

---

① "IOC EB Recommends No Participation of Russian and Belarusian Athletes and Officials," The
Executive Board (EB) of the International Olympic Committee (IOC), Olympics, February 28, 2022,
https://olympics.com/ioc/news/ioc-eb-recommends-no-participation-of-russian-and-belarusian-athletes-and-
officials.

② 李巍:《俄乌冲突下美西方对俄经济制裁的内容、特点及影响》，"北京大学国际战略研究
院"公众号，2022 年 3 月 17 日，https://mp.weixin.qq.com/s/GHiN2mNhx7d5WOUpkWUNVA。

1000 多家国际企业因为美西方国家制裁原因撤离或暂停在俄业务。[①] 在美西方国家推动下，部分国际组织参与到对俄制裁。国际奥林匹克委员会、国际残奥委员会和其他至少 95 个国际组织已经对俄罗斯运动员和体育组织实施制裁。[②] 国际肿瘤互助组织 OncoAlert（肿瘤警报）等国际行业组织也停止了在俄罗斯境内的所有合作和交流活动。

从美西方国家对俄制裁保持的强硬姿态和高压态势可以预料，在未来相当长的时期内，美西方国家与俄罗斯的制裁博弈必将长期化、常态化。美西方国家将充分整合金融、科技、贸易等方面的强大优势，持续弱化对俄产业和经济依赖，对俄极限施压，切断俄方与世界的政治经济联系，以实现其所期望的政策目标。

二、俄应对美西方国家制裁措施

面对美西方国家制裁全面加码，俄遭遇前所未有的挑战。为了缓解美西方国家制裁冲击、破解制裁效能，对冲制裁影响，俄充分利用自身各项优势，迅速推出应对举措，实施系统性、针对性的有效反制。

（一）强化顶层设计，稳经济保民生

乌克兰危机全面升级以来，为缓解制裁导致的货币贬值、维护国内经济民生稳定，俄持续完善反制法律基础，织密反制制度体系，依据 2018 年

---

① "Over 1,000 Companies Have Curtailed Operations in Russia—But Some Remain," Yale School of Management, February 19, 2023, https://som. yale. edu/story/2022/over-1000-companies-have-curtailed-operations-russia-some-remain.

② "Sanctions against Russian Athletes Imposed by 97 Int'l Sports Organizations," ITAR-TASS, July 1, 2022, https://tass. com/sport/1474793.

6月出台的《关于针对美国和其他国家不友好行为的反制裁措施法案》，出台了"关于对某些外国和国际组织的不友好行为采取报复性特别经济措施""关于在金融、燃料和能源领域实施特别经济措施的法令"等一系列针对性的法规，从制度上为化解制裁风险提供了法律保障。有了明晰的法规指引，俄政府各部门迅速出台具体反制措施，从金融、经济、社会等各方面发力，以保民生、稳经济。

1. 维护国家金融安全，组合拳效果明显

金融作为国家命脉，关乎生死存亡，俄方从影响最深的金融领域破局，极力稳定金融市场。一是抑制通货膨胀、稳定卢布汇率。在初期美西方国家金融制裁冲击下，俄实施了外汇管制，限制资本跨境流动，通过贸易企业收拢外汇资源，上调基准利率，限制"不友好国家"人员卢布贷款、不动产交易和携外币现金出境，强制要求用卢布结算天然气贸易，股市暂停交易，调整个人黄金交易税费等措施。二是实施替代金融系统。针对美西方国家将俄7家银行踢出环球银行金融电信协会交易系统，俄在境内使用独立的国家支付系统（Mir）和金融信息传输系统（SPFS）。三是推行本币结算，积极寻求"去美元化"路径。俄颁布法令允许个人和企业以卢布偿还外债，支持以卢布向持有俄罗斯国债的不友好国家的外国投资者支付债务。进一步推进本币结算，寻求扩大与中国、印度、伊朗等国家的本币结算比例，以降低冻结和延迟付款的风险，减少对美元和欧元的依赖，加快俄罗斯银行去美元化进程。根据俄方统计，目前中俄约50%贸易额实现本币结算。① 此外，俄还重视建立新型跨境传输渠道，推动加密货币在跨境结算中的使用，积极推行数字卢布转账。

---

① 《俄罗斯驻华商务代表处：俄中约50%贸易额实现本币结算》，俄罗斯卫星通讯社，2023年2月2日，https://sputniknews.cn/20230202/1047577082.html。

2. 稳固经济基本盘，挖掘经济增长力

为最大限度降低美西方国家制裁对国民社会生活的消极影响，俄政府实行"稳就业、保民生、促发展"的系列措施。一是保障商品流通。俄通过调整部分进口关税，促进商品流通、满足国内消费需求；提升产业链和供应链韧性，为企业提供更大的灵活性并降低其行政负担；最大程度保持定价灵活性，对不同商品和市场分类施策，重塑产业链条，积极进口零部件和终端产品。二是保障社会就业。俄划拨约400亿卢布实施一系列保障就业措施，设立临时就业岗位，实施地方就业规划，扶持非商业培训机构。三是对特定企业或行业进一步提供系列支持。简化企业出口补贴申请手续，为重点企业提供优惠贷款，创立"中小型企业和支持创业举措"国家项目，向青年提供创业补助，修订《城市规划法》简化建筑审批程序，批准《2035年前旅游业发展行动计划》刺激旅游业，拨款20亿卢布补贴，保障农产品和保障物资运输。

3. 改革经济体系，强化进口替代

为弥补因美西方国家企业退出而出现的"空缺"，俄罗斯开展经济体系改革。一是加快推进自2014年起实行的进口替代。创立"进口替代数字平台"，为企业提供信息发布平台。向白俄罗斯提供1050亿卢布贷款用于联合进口替代项目。二是实行"平行进口"政策。为破解因外贸危机而产生的生产和生活资料短缺，俄工贸部制定"平行进口"外国商品清单，涵盖化工产品、金属、车辆等50类商品。[①] 三是大力发展科技创新。俄通过确保"技术主权"刺激技术研发，以提供补贴、促进科学合作、强化国家采购保障等措施推动军工实体生产民用产品。

---

① 《俄联邦海关局局长：俄平行进口总额超过200亿美元》，俄罗斯卫星通讯社，2022年12月19日，https://sputniknews.cn/20221219/1046516230.html。

（二）转化独特优势，主动对冲风险

俄罗斯的能源、粮食等优势行业，既是美西方国家制裁重点攻击目标，也是俄运筹帷幄、化危为机的法宝。俄充分利用自身独特优势，寻求突围道路。

1. 利用能源优势杠杆，下好"先手棋"

石油、天然气等能源产业作为俄国家经济的主要支柱之一，在乌克兰危机中发挥了重要作用。一是利用时间差积累财政盈余。乌克兰危机初期，能源市场恐慌导致能源价格暴涨。为应对未来制裁可能产生的财政困难，俄采取"能卖尽卖"策略，同时通过降价销售巩固南亚和东亚等市场。俄副总理诺瓦克表示，尽管受不友好国家制裁影响，俄2022年油气领域预算收入与2021年相比仍增长28%。二是天然气供应改用卢布结算。普京签署总统令，规定"不友好"国家和地区以卢布结算天然气贸易。三是禁止"不友好国家"持有和交易俄战略企业股份。

2. 巩固产粮大国地位，打好"粮食牌"

在乌克兰危机背景下，俄继续围绕粮食制定反制裁策略。一是保证粮食产量优势。与2021年同期相比，俄2022年粮食产量增长24.2%，加工后粮食净重1.507亿吨。俄粮食高产不但保障了其粮食安全，也为其用好"粮食牌"奠定坚实基础。二是响应联合国号召，缓解全球粮食危机。俄利用自身在全球粮食供应中的重要地位，从人道主义角度出发，积极参与黑海粮食外运协议，保障黑海粮食运输安全；向全球最贫穷的国家供应多达50万吨的粮食，争取发展中国家支持。俄在塑造大国负责任形象的同时，突破美西方国家制裁封锁。三是刺激粮食出口，发展对外贸易。普京在致联邦会议的国情咨文中表示，俄计划将2022—2023年度粮食出口总量提高到5500万—6000万吨。俄财政部、农业部、经济发展部和外交部制定政策，向友好国家提供用卢布采购俄农产品的定向贷款。

3. 强化战略安全博弈，释放"核威慑"

俄核威慑战略在乌克兰危机中发挥了重要作用，对以美国为首的北约直接下场参战形成牵制，确保了乌克兰危机主体的相对稳定。俄罗斯从危机伊始就多次向美西方国家发出明确信号，提高核武器戒备状态，宣布国家核力量进入"特殊执勤模式"；① 举行两次大规模战略核力量演习，警告美欧不要过度卷入乌克兰危机；普京总统多次声明俄将大规模杀伤性武器和核武器视为自身防卫手段，外长拉夫罗夫称核战争风险真实存在，其危险性不可低估。

（三）拓展对外关系，破局外交困境

美西方国家对俄实施全面的经济、政治、外交孤立，大规模驱离俄外交官员，迫使第三方国家选边站队，鼓动世界各国批评与制裁俄罗斯。面对美西方国家围堵，俄放弃融入美西方国家幻想，在各地区组织及平台积极发声表态，强调合作意愿，以外交手段为自身争取转圜空间。

1. 调整全球战略布局，战略重心"转向东方"

2022 年 9 月，俄在远东地区先后举办"东方–2022"军事演习和以"转向东方"为主题的第七届东方经济论坛，在向美西方国家"秀肌肉"的同时，暗示俄正式开启与东方合作窗口。随着与美西方国家矛盾加剧，俄愈加重视"转向东方"战略，一方面加强亚太地区传统伙伴关系，学习

---

① 俄罗斯的核执勤模式共分五级，依次为："特殊执勤模式"（最高等级）、"一级执勤模式"、"二级执勤模式"、"三级执勤模式"和"常态执勤模式"。具体详见国合中心：《准核战争威慑条件下的大规模地区常规战争》，国际合作中心秘书处，2023 年 1 月 7 日，https://www.icc.org.cn/trends/mediareports/1331。

亚洲国家发展经验，"重启经济模式，以实现全新的增长速度，目标是每年8%"；[1] 另一方面扩大"东方"范畴，拓展合作范围。俄认为的"东方"国家范畴不仅包含东亚、东南亚地区，也包含印度、土耳其以及独联体国家等南亚、中东地区国家，甚至将非洲、拉美地区也囊括在内。目前来看，俄主要以高层互动、军事合作和能源出口作为其"转向东方"战略的主要抓手。

2. 加强地区组织合作，推动国际秩序变革

为改变与美西方国家阵营对抗的不利地位，俄以推翻美西方国家霸权、构建多极世界为根本目标积极推动国际秩序变革。制裁背景下，俄意识到地区组织是参与国际秩序塑造的主力军。乌克兰危机后，俄在第 25 届圣彼得堡国际经济论坛、瓦尔代会议、独联体首脑会议等场合频频发出明确信号，表明俄下一步将与金砖国家、上合组织、欧亚经济联盟、东盟等地区组织及成员国开展合作。此外，俄还积极提升其在集安条约组织、欧亚经济联盟影响力，以争取国际话语权。

3. 以能源和经济为抓手，深化双边合作

为突破美西方国家的经济封锁和外交孤立，俄对友好国家的战略倚重大幅增加。在经贸方面，俄加紧进出口向东转向，将亚洲作为俄进出口主要市场。俄主要出口市场是中国、印度、土耳其，主要进口来源地是中国。2022 年，中俄贸易额达 1902.71 亿美元，同比增长 29.3%，中国在俄对外贸易中占比持续上升。[2] 2022 年底，印度从俄进口的石油量达每天约 100 万桶，所占份额从乌克兰危机前的不到 1% 跃升至约 25%，俄罗斯成为印度 2022 年最大石油供应国。俄土进一步加强贸易往来，并商讨共建天然气枢

---

① 《俄远东发展部部长："转向东方"是指重启俄罗斯经济模式》，俄罗斯卫星通讯社，2022年 8 月 31 日，https://sputniknews.cn/20220831/1043516270.html。

② 曲颂：《中俄经贸合作稳步推进》，《人民日报》2023 年 3 月 19 日，第 2 版。

纽。在互联互通方面，随着俄重新"转向东方"，里海和伊朗作为俄南向经济通道的意义开始凸显。2022 年 6 月，俄与伊朗签署关于过境道路运输的谅解备忘录。此外，俄加速打通印、中通道，首次开通从圣彼得堡到印度的运输线路，开通运行拖延了 10 多年的中俄同江铁路大桥和黑龙江大桥。

在前期"堡垒化"建设的基础之上，俄积极筹划应对策略，全方位、多领域实行多种反制裁措施，取得了让美西方国家"惊讶"的效果。

三、美西方国家与俄制裁博弈效果评估

制裁的效用与如何反制裁历来是各界关注的焦点，美西方国家对俄制裁是观察"制裁是否有用"与"如何破坏制裁效用"的重点参考案例。

（一）经济金融层面：短期冲击效果明显，中短期效果低于美西方国家预期，中长期影响待进一步观察

美西方国家对俄制裁目的是在短时间内摧毁俄罗斯经济，掠夺俄外汇储备，造成卢布崩溃并引发恶性通货膨胀。乌克兰危机前期，美西方国家制裁对俄经济带来较大影响，卢布遭遇严重压力，兑换美元、欧元汇率持续下跌；俄国内通货膨胀急剧飙升，商品价格大幅上涨，电子产品、药品、家用化学品等商品出现短缺。美西方国家期待俄经济崩溃，并在国际社会不断对俄经济状况作出悲观预测。

但从当前俄经济数据来看，俄经济展现出令人惊讶的韧性与稳定性，美西方国家所期待的情况并没有发生。在俄政府、金融机构等各方共同努力下，俄经济短时间剧烈动荡局势得以恢复稳定。俄罗斯联邦国家统计局的初步评估结果显示，2022 年俄罗斯国内生产总值（GDP）下降 2.1%，受美西方国家制裁的影响小于预期。俄矿业、农业、建筑业等领域发展较

好，甚至出现了高增长。俄总统普京在国情咨文中强调，美西方国家对俄罗斯的制裁失败，俄罗斯正在进入新的经济周期。美国财长耶伦也承认，从某些方面来说，俄罗斯经济的表现要好于预期。目前来看，俄经济运行较为良好。

同时，由于制裁效果的产生具有滞后性，美西方国家对俄所实施的经济脱钩式的制裁将对俄罗斯在国际经济体系中的地位产生长期影响。美西方国家对俄所实施的严格的出口管制，不仅对俄直接贸易形成限制，更是凭借次级制裁对其他国家产生威慑，使得俄经济、科技等领域在长期发展层面可能面临动能不够、创新不足、升级缓慢的致命硬伤。

（二）外交层面：缺乏国际认同，负面效应波及全球，为俄国际破局带来利好

国际认同和协调一致是影响制裁有效性的重要因素。乌克兰危机全面升级以来，美西方国家长期大规模操控舆论和渲染危机，俄似乎已成为全球多数国家制裁与谴责的对象。但实际上许多非美西方国家仍对乌克兰危机持中立立场。作为美国的战略合作伙伴，印度并没有响应号召对俄罗斯实施制裁，反而加大俄印经贸往来，大规模低价购买俄罗斯石油。据统计，俄罗斯已首次成为印度前五大贸易伙伴国，在2022—2023财年尚未结束的情况下，两国贸易额已达创纪录的398亿美元。[①] 南美洲国家巴西、欧洲国家塞尔维亚均未配合美西方国家对俄发起制裁。在俄与美西方国家博弈背景下，多数国家试图奉行独立自主、以我为主的外交政策，避免选边站队。

美西方国家对俄制裁导致的能源危机、粮食危机和供应链危机等负面

---

① 《俄罗斯首次成为印度前五大贸易伙伴国》，俄罗斯卫星通讯社，2023年3月11日，https://sputniknews.cn/20230311/1048613170.html。

效应外溢明显。俄是全球重要的能源、粮食等大宗商品供应国,制裁不但损害俄利益,也对全球贸易造成影响。后疫情时代,部分处于经济恢复期的发展中国家也对制裁措施的合理性、合法性和道义性提出质疑。巴西前外交部长弗兰萨就认为,美西方国家通过制裁方式来处理乌克兰危机是不正确的,对俄制裁只会损害发展中国家的经济发展。

(三)可持续性层面:升级空间有限,伤及自身引发反思

从当前美西方国家对俄制裁措施来看,美西方国家进一步升级对俄制裁的空间极为有限。欧盟外交与安全政策高级代表博雷利表示,对俄罗斯实施新制裁的机会几乎已被用尽。[①] 欧洲理事会主席米歇尔称,欧盟在制裁俄罗斯上已经应做尽做,如今可制裁的俄罗斯实体已所剩不多。[②] 美西方国家除非对俄实施最严厉的"全面经济禁运",否则难以挖掘更多对俄进行有效制裁的内容。然而,美西方国家与俄之间的经济纽带难以实现真正意义上的割裂。例如匈牙利等欧洲国家对俄核工业技术、原料、产品依赖程度较大,因此俄罗斯核工业领域尚未并在未来也难以被纳入制裁。

美西方国家内部也在反思、质疑制裁的意义。从制裁目标来看,美西方国家对俄多轮制裁效用有限,既未使俄经济崩溃,更遑论结束乌克兰危机。俄欧经济彼此高度依赖,对俄制裁严重破坏了欧俄原有的紧密经济联系,重创了欧洲经济与民生,更削弱了欧盟作为促进国际社会发展"规范性力量"的国际形象。同时,北约的重新"激活"导致欧洲地缘政治安全环境显著恶化。欧洲对美安全依赖加深,其长期追求的战略自主权进程遭

---

① Alexandra Brzozowski, " 'Not Much Left' on Russia Sanctions, Other Support Needed Now, Says EU's Borrell, " EURACTIV, March 10, 2023, https://www.euractiv.com/section/defence-and-security/interview/not-much-left-on-russia-sanctions-other-support-needed-now-says-eus-borrell/.

② "EU Running Out of Targets for Anti-Russia Sanctions-Top Official, " *Russia Today*, February 20, 2023, https://www.rt.com/business/571767-eu-russia-sanctions-targets-scarce/.

遇挫折。对于美国来说，对俄制裁也不仅仅是"百无一害"的"营养品"。美国财政部长耶伦承认，对俄制裁推升了能源和食品价格，加剧通胀压力。

四、结语

事实证明，制裁不是解决问题的"金钥匙"。滥用单边制裁和"长臂管辖"不但解决不了问题，反而会制造更多困难和复杂因素。美西方国家应正视俄罗斯的安全关切，调整制裁工具在对俄政策中的地位与作用。国际社会和各利益攸关方应将维护地区和平发展放在首位，维护以联合国为核心的国际体系、以国际法为基础的国际秩序、以《联合国宪章》宗旨和原则为基础的国际关系基本准则，推进落实全球安全倡议，推动通过政治外交途径解决乌克兰危机，为动荡变化的时代注入更多稳定性和确定性。

2022 年中国军控与裁军文件摘编

2022 年中国军控与裁军文件摘编

一、领导人讲话及报告文件

五个核武器国家领导人关于防止核战争与避免军备竞赛的联合声明（2022年1月3日）

习近平在博鳌亚洲论坛 2022 年年会开幕式上的主旨演讲（2022年4月21日）

落实全球安全倡议，守护世界和平安宁——王毅国务委员兼外长在《人民日报》撰文（2022年4月24日）

"中国+中亚五国"数据安全合作倡议（2022年6月8日）

为和平发展尽力　为团结进步担当——王毅国务委员兼外长在第77届联合国大会一般性辩论上的讲话（2022年9月24日）

二、第 77 届联大发言

张军大使在安理会紧急审议乌克兰核设施安全问题时的发言（2022年3月4日）

张军大使在安理会审议乌克兰生物安全问题时的发言（2022年3月11日）

张军大使在安理会审议乌克兰生物安全问题时的发言（2022年3月18日）

张军大使在安理会朝鲜半岛局势公开会上的发言（2022年3月25日）

戴兵大使在安理会生物安全问题阿里亚模式会议上的发言（2022年4月6日）

张军大使在安理会朝鲜半岛局势公开会上的发言（2022年5月11日）

戴兵大使在安理会审议乌克兰生物安全问题时的发言（2022年5月13日）

张军大使在安理会表决朝鲜半岛核问题决议草案后的解释性发言（2022年5月26日）

中国成功推动联大一委再次通过"和平利用"决议（2022年11月3日）

张军大使在安理会审议朝鲜半岛局势时的发言（2022年11月4日）

张军大使在安理会审议朝鲜半岛局势时的发言（2022年11月21日）

耿爽大使在安理会伊核问题公开会上的发言（2022年12月19日）

三、热点军控问题

外交部副部长马朝旭就五核国领导人防止核战争联合声明接受媒体采访（2022年1月3日）

外交部军控司司长傅聪就五核国领导人发表防止核战争联合声明举行中外媒体吹风会（2022年1月4日）

王毅国务委员兼外长致日内瓦裁军谈判会议2022年第一期会全会的信函（2022年1月25日）

中国裁军大使李松在2022年裁谈会首次全会上的发言（2022年1月25日）

中国裁军大使李松在2022年裁谈会中国轮值主席任期结束时的发言（2022年2月18日）

李松大使在裁军谈判会议3月3日全会上的发言（2022年3月3日）

王群大使在国际原子能机构三月理事会上关于乌克兰核设施安全问题的发言（2022年3月9日）

王昶参赞在国际原子能机构三月理事会上关于伊朗核问题的发言（2022年3月14日）

王昶参赞在国际原子能机构三月理事会上关于对伊朗保障监督问题的发言（2022年3月14日）

李森公参在国际原子能机构三月理事会上关于朝鲜半岛核问题的发言（2022年3月14日）

王群大使在国际原子能机构三月理事会上关于美英澳核潜艇合作及相关防扩散问题的发言（2022年3月14日）

李松大使在裁军谈判会议第一附属机构（核裁军问题）第一次会议上的发

言（2022 年 3 月 16 日）

用核能议题的发言（2022 年 8 月 9 日）

中国裁军大使李松在《不扩散核武器条约》第十次审议大会上关于核不扩散议题的发言（2022 年 8 月 9 日）

中国就日本核污染水排海问题表达严重关切（2022 年 8 月 9 日）

李松大使在《禁止生物武器公约》缔约国正式协商会议上的发言（2022 年 9 月 7 日）

王群大使：机构理事会连续四次以协商一致方式设置中方主提的美英澳核潜艇合作议题（2022 年 9 月 12 日）

中国裁军大使反击美国关于反卫星导弹试验的倡议（2022 年 9 月 15 日）

国际原子能机构大会将首次审议中方所提美英澳核潜艇合作相关议题（2022 年 9 月 28 日）

中方代表王昶在国际原子能机构第 66 届大会上的发言（2022 年 9 月 29 日）

王群大使在机构大会 AUKUS 议题项下的主发言（2022 年 10 月 1 日）

耿爽大使在第三届建立中东无核武器及其他大规模杀伤性武器区会议上的发言（2022 年 11 月 15 日）

李松大使在《特定常规武器公约》2022 年缔约国大会上的发言（2022 年 11 月 16 日）

美英澳核潜艇合作是当今国际社会面临的严峻防扩散挑战（2022 年 11 月 19 日）

国际原子能机构不能以任何方式和任何借口卷入美英澳的核扩散行径（2022 年 11 月 19 日）

国际原子能机构总干事不能超越授权擅自处理美英澳的核扩散行径（2022 年 11 月 19 日）

通过成员国主导的政府间审议进程应对美英澳核合作带来的防扩散挑战是唯一可行的解决途径（2022 年 11 月 19 日）

必须通过协商一致的方式来解决美英澳核潜艇合作所带来的防扩散挑战（2022 年 11 月 19 日）

中国代表团团长谈践大使在《禁止化学武器公约》第 27 届缔约国大会一般性辩论中的发言（2022 年 11 月 30 日）

中国代表团团长、裁军大使李松在《禁止生物武器公约》第九次审议大会一般性辩论的发言（2022 年 12 月 2 日）

中国成功推动《禁止生物武器公约》审议大会取得积极成果（2022 年 12 月 17 日）

四、其他军控与裁军问题

孙志强参赞在安理会叙利亚化武问题公开会上的发言（2022 年 1 月 5 日）

中国代表在联合国外空委科技小组委员会第 59 届会议上的一般性发言（2022 年 2 月 10 日）

邢继盛参赞在安理会叙利亚化武问题公开会上的发言（2022 年 2 月 28 日）

中国代表团团长谈践大使出席禁化武组织第 99 届执理会一般性辩论发言（2022 年 3 月 8 日）

李森公参在国际原子能机构三月理事会上关于核安全议题的发言（2022 年 3 月 8 日）

李森公参在国际原子能机构 3 月理事会《核技术评论》议题下就核能核技术和平利用发言（2022 年 3 月 8 日）

李森公参在国际原子能机构三月理事会上关于叙利亚核问题的发言（2022 年 3 月 14 日）

吴剑剑参赞在安理会审议 1540 委员会工作公开会上的发言（2022 年 3 月 14 日）

张军大使在安理会表决 1718 委员会专家小组授权延期决议后的解释性发言（2022 年 3 月 25 日）

中国代表团在联合国信息安全问题开放式工作组二期会上的发言（2022 年 3 月 28 日）

王群大使在《核材料实物保护公约》修订案缔约国大会关于"国家报告"

的发言（2022 年 3 月 28 日）

李森公参在《核材料实物保护公约》修订案缔约国大会关于"12. i . 实物保护条款"议题的发言（2022 年 3 月 30 日）

李森公参在《核材料实物保护公约》修订案缔约国大会关于"12. ii . 国际合作相关条款"议题的发言（2022 年 3 月 31 日）

李森公参在《核材料实物保护公约》修订案缔约国大会关于"12.3：违法犯罪惩处相关国家措施"议题的发言（2022 年 3 月 31 日）

李森公参在《核材料实物保护公约》修订案缔约国大会关于"12.4：实物保护相关法律法规信息"议题的发言（2022 年 3 月 31 日）

李森公参在《核材料实物保护公约》修订案缔约国大会关于"13：《公约》修订案普遍加入"议题的发言（2022 年 4 月 1 日）

中国代表团在 2022 年联合国裁军审议委员会一般性辩论中的发言（2022 年 4 月 4 日）

关于在国际安全领域促进和平利用国际合作的国家报告（2022 年 4 月 22 日）

中国根据联大"防止外空军备竞赛进一步切实措施"（76/230 号）决议提交的文件（2022 年 5 月 3 日）

李松大使在联合国"负责任外空行为"开放式工作组会议上的发言（2022 年 5 月 10 日）

张军大使在第 1540 号决议全面审议公开会上的发言（2022 年 5 月 31 日）

中国代表团在联合国外空委第 65 届会议上的一般性发言（2022 年 6 月 3 日）

李森公参在国际原子能机构六月理事会关于 2021 年年度报告的发言（2022 年 6 月 6 日）

中国代表团在国际原子能机构六月理事会上关于 2021 年技术合作报告的发言（2022 年 6 月 7 日）

中国代表团在国际原子能机构六月理事会关于中期战略（2024—2029）的发言（2022 年 6 月 7 日）

岳萍参赞在国际原子能机构三月理事会上关于叙利亚核问题的发言（2022

年 6 月 14 日）

中国代表团团长谈践大使出席禁化武组织第 100 届执理会一般性辩论发言
（2022 年 7 月 6 日）

外交部网络事务协调员王磊接受中央电视台记者专访（2022 年 9 月 6 日）

任洪岩公使在联大纪念"国际反核试验日"高级别会议上的发言（2022 年
9 月 7 日）

王群大使在国际原子能机构九月理事会通过议程前的解释性发言（2022 年
9 月 12 日）

李松大使在联合国"负责任外空行为准则"开放式工作组二期会首次会议
上的发言（2022 年 9 月 12 日）

李松大使在联合国"负责任外空行为准则"开放式工作组二期会关于地对
天威胁议题的发言（2022 年 9 月 14 日）

孙志强参赞在安理会叙利亚化武问题公开会上的发言（2022 年 9 月 29 日）

王群大使就国际原子能机构大会核保障决议相关修正案的解释性发言
（2022 年 10 月 1 日）

王群大使就国际原子能机构大会 2023 年预算决议的解释性发言（2022 年
10 月 1 日）

中国代表团团长谈践大使出席禁化武组织第 101 届执理会一般性辩论发言
（2022 年 10 月 6 日）

王群大使：二十大为全球核能和平利用事业提供发展机遇（2022 年 11 月
16 日）

中国关于加强人工智能伦理治理的立场文件（2022 年 11 月 16 日）

耿爽大使在安理会 1540 委员会授权延期决议表决后的解释性发言（2022
年 11 月 30 日）

外交部军控司副司长马升琨在 2022 人工智能合作与治理国际论坛开幕式
上的发言（2022 年 12 月 9 日）

王群大使在国际原子能机构预算问题特别理事会上的发言（2022 年 12 月
23 日）

一、领导人讲话及报告文件

五个核武器国家领导人
关于防止核战争与避免军备竞赛的联合声明

(2022 年 1 月 3 日)

中华人民共和国、法兰西共和国、俄罗斯联邦、大不列颠及北爱尔兰联合王国和美利坚合众国认为，避免核武器国家间爆发战争和减少战略风险是我们的首要责任。

我们申明核战争打不赢也打不得。鉴于核武器使用将造成影响深远的后果，我们也申明，只要核武器继续存在，就应该服务于防御目的、慑止侵略和防止战争。我们坚信必须防止核武器进一步扩散。

我们重申应对核威胁的重要性，并强调维护和遵守我们的双、多边不扩散、裁军和军控协议和承诺的重要性。我们将继续遵守《不扩散核武器条约》各项义务，包括我们对第六条的义务，"就及早停止核军备竞赛和核裁军方面的有效措施，以及就一项在严格和有效国际监督下的全面彻底裁军条约，真诚地进行谈判"。

我们愿保持并进一步增强各自国家措施，以防止核武器未经授权或意外使用。我们重申此前关于不瞄准的声明依然有效，重申我们不将核武器瞄准彼此或其他任何国家。

我们强调愿与各国一道努力，创造更有利于促进裁军的安全环境，最终目标是以各国安全不受减损的原则建立一个无核武器世界。我们将继续寻找双、多边外交方式，避免军事对抗，增强稳定性和可预见性，增进相互理解和信任，并防止一场毫无裨益且危及各方的军备竞赛。我们决心在相互尊重和承认彼此安全利益与关切的基础上开展建设性对话。

携手迎接挑战，合作开创未来

——习近平在博鳌亚洲论坛 2022 年年会开幕式上的主旨演讲

（2022 年 4 月 21 日）

尊敬的各位国家元首、政府首脑，

尊敬的各位国际组织负责人，

尊敬的各位博鳌亚洲论坛理事，

各位来宾，

女士们，先生们，朋友们：

很高兴同各位新老朋友再次在"云端"相聚，共同出席博鳌亚洲论坛 2022 年年会。首先，我谨代表中国政府和中国人民，并以我个人的名义，对出席年会的嘉宾，表示诚挚的欢迎！对年会的召开，表示热烈的祝贺！

当下，世界之变、时代之变、历史之变正以前所未有的方式展开，给人类提出了必须严肃对待的挑战。人类还未走出世纪疫情阴霾，又面临新的传统安全风险；全球经济复苏仍脆弱乏力，又叠加发展鸿沟加剧的矛盾；气候变化等治理赤字尚未填补，数字治理等新课题又摆在我们面前。在这样的背景下，论坛年会以"疫情与世界：共促全球发展，构建共同未来"为主题，具有重要意义。

"安危不贰其志，险易不革其心。"人类历史告诉我们，越是困难时刻，越要坚定信心。矛盾并不可怕，正是矛盾推动着人类社会进步。任何艰难曲折都不能阻挡历史前进的车轮。面对重重挑战，我们决不能丧失信心、犹疑退缩，而是要坚定信心、激流勇进。

女士们、先生们、朋友们！

冲出迷雾走向光明，最强大的力量是同心合力，最有效的方法是和衷共济。过去两年多来，国际社会为应对新冠肺炎疫情挑战、推动世界经济复苏发展作出了艰苦努力。困难和挑战进一步告诉我们，人类是休戚与共的命运共同体，各国要顺应和平、发展、合作、共赢的时代潮流，向着构建人类命运共同体的正确方向，携手迎接挑战、合作开创未来。

——我们要共同守护人类生命健康。人民生命安全和身体健康是人类发展进步的前提。人类彻底战胜新冠肺炎疫情还需付出艰苦努力。各国要相互支持，加强防疫措施协调，完善全球公共卫生治理，形成应对疫情的强大国际合力。要坚持疫苗作为全球公共产品的属性，确保疫苗在发展中国家的可及性和可负担性。中国已经向120多个国家和国际组织提供超过21亿剂疫苗。无论是对外提供疫苗还是海外生产疫苗，中国都言必信、行必果。中国将继续向非洲、东盟分别援助6亿剂、1.5亿剂疫苗，为弥合"免疫鸿沟"作出积极努力。

——我们要共同促进经济复苏。新冠肺炎疫情对过去10年全球减贫成果造成重大冲击，复苏不均衡加剧全球不平等，南北鸿沟持续扩大。我们要坚持建设开放型世界经济，把握经济全球化发展大势，加强宏观政策协调，运用科技增强动能，维护全球产业链供应链稳定，防止一些国家政策调整产生严重负面外溢效应，促进全球平衡、协调、包容发展。要坚持以人民为中心，把促进发展、保障民生置于突出位置，实施政策、采取措施、开展行动都要把是否有利于民生福祉放在第一位。要关注发展中国家紧迫需求，围绕减贫、粮食安全、发展筹资、工业化等重点领域推进务实合作，着力解决发展不平衡不充分问题。去年，我提出了全球发展倡议，得到联合国等国际组织和近百个国家响应和支持。我们正在同国际社会一道，稳步推进倡议落地落实。

——我们要共同维护世界和平安宁。"治国常富，而乱国常贫。"安全是发展的前提，人类是不可分割的安全共同体。事实再次证明，冷战思维只会破坏全球和平框架，霸权主义和强权政治只会危害世界和平，集团对抗只会加剧21世纪安全挑战。为了促进世界安危与共，中方愿在此提出全球安全倡议：我们要坚持共同、综合、合作、可持续的安全观，共同维护世界和平和安全；坚持尊重各国主权、领土完整，不干涉别国内政，尊重各国人民自主选择的发展道路和社会制度；坚持遵守联合国宪章宗旨和原则，摒弃冷战思维，反对单边主义，不搞集团政治和阵营对抗；坚持重视各国合理安全关切，秉持安全不可分割原则，构建均衡、有效、可持续的安全架构，反对把本国安全建立在他国不安全的基础之上；坚持通过对话协商以和平方式解决国家间的分歧和争端，支持一切有利于和平解决危机的努力，不能搞双重标准，反对滥用单边制裁和"长臂管辖"；坚持统筹维护传统领域和非传统领域安全，共同应对地区争端和恐怖主义、气候变化、网络安全、生物安全等全球性问题。

——我们要共同应对全球治理挑战。世界各国乘坐在一条命运与共的大船上，要穿越惊涛骇浪、驶向光明未来，必须同舟共济，企图把谁扔下大海都是不可接受的。国际社会发展到今天已经成为一部复杂精巧、有机一体的机器，拆掉一个零部件就会使整个机器运转面临严重困难，被拆的人会受损，拆的人也会受损。当今世界，任何单边主义、极端利己主义都是根本行不通的，任何脱钩、断供、极限施压的行径都是根本行不通的，任何搞"小圈子"、以意识形态划线挑动对立对抗也都是根本行不通的。我们要践行共商共建共享的全球治理观，弘扬全人类共同价值，倡导不同文明交流互鉴。要坚持真正的多边主义，坚定维护以联合国为核心的国际体系和以国际法为基础的国际秩序。大国尤其要作出表率，带头讲平等、讲合作、讲诚信、讲法治，展现大国的样子。

女士们、先生们、朋友们！

亚洲人民历经热战冷战，饱经沧桑忧患，深知和平弥足珍贵，发展来之不易。过去几十年，亚洲地区总体保持稳定，经济持续快速增长，成就了"亚洲奇迹"。亚洲好世界才能更好。我们要继续把亚洲发展好、建设好，展现亚洲的韧性、智慧、力量，打造世界的和平稳定锚、增长动力源、合作新高地。

第一，坚定维护亚洲和平。地区和平稳定不是天上掉下来的，也不是哪个国家的施舍，而是地区国家共同努力的成果。今天，亚洲首倡的和平共处五项原则和"万隆精神"更加具有现实意义。我们要秉持相互尊重、平等互利、和平共处等原则，奉行睦邻友好政策，把命运牢牢掌握在自己手中。

第二，积极推动亚洲合作。亚洲国家谚语说，"遇山一起爬，遇沟一起跨""甘蔗同穴生，香茅成丛长"。共赢合作是亚洲发展的必由之路。《区域全面经济伙伴关系协定》正式生效，中老铁路建成通车，有效提升了地区硬联通、软联通水平。我们要以此为契机，推动亚洲形成更加开放的大市场，促进亚洲共赢合作迈出新步伐。

第三，共同促进亚洲团结。用对话合作取代零和博弈，用开放包容取代封闭排他，用交流互鉴取代唯我独尊，这是亚洲应有的襟怀和气度。我们要巩固东盟在地区架构中的中心地位，维护兼顾各方诉求、包容各方利益的区域秩序。国家无论大小强弱，无论域内域外，都应该为亚洲添彩而不添乱，都要共走和平发展大道，共谋合作共赢大计，共创团结进步的亚洲大家庭。

女士们、先生们、朋友们！

两个多月前，中国向世界奉献了简约、安全、精彩的北京冬奥会、冬残奥会，为各国人民带来了温暖和希望。下半年，我们将召开中国共产党第二十次全国代表大会，擘画中国未来发展蓝图。

中国经济韧性强、潜力足、回旋余地广、长期向好的基本面不会改变，将为世界经济企稳复苏提供强大动能，为各国提供更广阔的市场机会。中国将全面贯彻新发展理念，加快构建新发展格局，着力推动高质量发展。不论世界发生什么样的变化，中国改革开放的信心和意志都不会动摇。中国将扩大高水平对外开放，深入实施外资准入负面清单，扩大鼓励外商投资范围，优化外资促进服务，增设服务业扩大开放综合试点。中国将扎实推进自由贸易试验区、海南自由贸易港建设，对接国际高标准经贸规则，推动制度型开放。中国将全面实施《区域全面经济伙伴关系协定》，推动同更多国家和地区商签高标准自由贸易协定，积极推进加入《全面与进步跨太平洋伙伴关系协定》和《数字经济伙伴关系协定》。中国将坚持高标准、可持续、惠民生的目标，积极推进高质量共建"一带一路"。中国将始终不渝坚持走和平发展道路，始终做世界和平的建设者、全球发展的贡献者、国际秩序的维护者。

女士们、先生们、朋友们！

中国古人说，日日行，不怕千万里；常常做，不怕千万事。只要我们携手同心、行而不辍，就一定能汇聚起合作共赢的伟力，战胜前进道路上的各种挑战，迎来人类更加光明美好的未来。

谢谢大家。

落实全球安全倡议，守护世界和平安宁

——王毅国务委员兼外长在《人民日报》撰文

(2022年4月24日)

当前，世界之变、时代之变、历史之变正以前所未有的方式展开，给人类提出了必须严肃对待的挑战。面对这样一个关乎世界和平发展的关键时刻，习近平主席在博鳌亚洲论坛2022年年会开幕式上发表题为《携手迎接挑战，合作开创未来》的主旨演讲，首次提出了全球安全倡议。这一重大倡议明确回答了"世界需要什么样的安全理念、各国怎样实现共同安全"的时代课题，充分彰显了习近平主席心系世界和平发展事业的国际主义情怀和大国领袖风范，为弥补人类和平赤字贡献了中国智慧，为应对国际安全挑战提供了中国方案。

一、深刻领会全球安全倡议的现实意义和时代价值

这一重大倡议的提出，回应了国际社会维护世界和平、防止冲突战争的迫切需要。当前，人类还未走出疫情阴霾，乌克兰危机硝烟又起，各种传统和非传统安全威胁层出不穷，和平与发展的时代主题面临严峻挑战。习近平主席指出，和平是人民的永恒期望。人类历史一再证明，没有和平，发展就是无源之水；没有安全，繁荣就是无本之木。全球安全倡议直面世界之变，回答时代之问，在坚持共同、综合、合作、可持续的安全观基础上，进一步推动构建均衡、有效、可持续的安全架构，为消弭国际冲突根源、实现世界长治久安提供了新方向。

这一重大倡议的提出，顺应了世界各国坚持多边主义、维护国际团结的共同追求。当今世界正前所未有地面临分裂的危险。一些国家固守冷战对抗的陈旧思维，热衷于搞排他性"小圈子""小集团"，借多边之名行单边之实，借

规则之名行"双标"之实，借民主之名行霸权之实，严重破坏国际安全秩序，加剧全球安全治理赤字。习近平主席明确指出，冷战思维只会破坏全球和平框架，霸权主义和强权政治只会危害世界和平，集团对抗只会加剧21世纪安全挑战。全球安全倡议植根于真正多边主义理念，呼吁世界各国遵守联合国宪章宗旨和原则，摒弃零和博弈、阵营对抗过时观念，倡导以共赢思维应对复杂交织的安全挑战，以团结精神适应深刻调整的国际格局，为进一步完善全球安全治理提供了新思路。

这一重大倡议的提出，响应了各国人民共克时艰、携手开创疫后美好世界的普遍愿望。当前，全球经济复苏依然乏力，通胀压力持续上升，金融、贸易、能源、粮食、产业链供应链等各种危机接踵而至。少数国家大肆出台单边制裁和"长臂管辖"，执意打造"小院高墙""平行体系"，泛化国家安全概念、对别国经济科技发展进行打压遏制，进一步加剧了世界各国特别是发展中国家的民生困难。习近平主席指出，世界各国乘坐在一条命运与共的大船上，要穿越惊涛骇浪、驶向光明未来，必须同舟共济，企图把谁扔下大海都是不可接受的。全球安全倡议与习近平主席去年提出的全球发展倡议相互呼应、相辅相成，呼应和平、发展、合作、共赢的时代潮流，统筹维护传统领域和非传统领域安全，在国际社会寻求最大公约数、画出最大同心圆，为各国促民生、谋发展提供了新支撑。

二、准确把握全球安全倡议的逻辑体系与理论创新

全球安全倡议体系完整，内涵丰富，是习近平外交思想在国际安全领域的重要应用成果，更是对西方地缘政治安全理论的扬弃超越。倡议以"六个坚持"为核心要义，即坚持共同、综合、合作、可持续的安全观；坚持尊重各国主权、领土完整；坚持遵守联合国宪章宗旨和原则；坚持重视各国合理安全关切；坚持通过对话协商以和平方式解决国家间的分歧和争端；坚持统筹维护传统领域和非传统领域安全等。"六个坚持"彼此联系，相互呼应，既有顶层设计的宏观思维，又有解决实际问题的方法路径，是辩证统一的有机整体。

坚持共同、综合、合作、可持续的安全观，是有效维护世界和平安宁的理

念指引。习近平主席 2014 年在亚信上海峰会首次提出新安全观以来，赢得了国际社会普遍认同和广泛支持，已经成为世界消弭安全赤字、破解安全难题的"金钥匙"。在百年变局与世纪疫情交织叠加、战火阴云笼罩的今天，新安全观的意义更加凸显，将进一步推动铸剑为犁、安危与共的和平合作理念深植人心，对话而不对抗、结伴而不结盟、共赢而非零和的新型安全之路越走越宽。

坚持尊重各国主权、领土完整，是有效维护世界和平安宁的基本前提。主权原则是现代国际关系准则的基石。国家不分大小、强弱、贫富都是国际社会的平等一员，各国内政不容干涉，主权和尊严必须得到尊重，自主选择社会制度和发展道路的权利必须得到维护。历史反复告诫我们，唯我独尊、以强凌弱是动荡之因，丛林法则、强权逻辑是战乱之源。面对剧烈变化的世界，我们要反对霸权侵犯主权，坚持主权独立平等，推动各国权利平等、机会平等、规则平等。

坚持遵守联合国宪章宗旨和原则，是有效维护世界和平安宁的根本遵循。联合国宪章宗旨和原则，承载着世界人民对两次世界大战惨痛历史教训的深刻反思，凝结了人类实现集体安全、永久和平的制度设计。习近平主席指出，当今世界发生的各种对抗和不公，不是因为联合国宪章宗旨和原则过时了，而恰恰是由于这些宗旨和原则未能得到有效履行。在百年变局和世纪疫情下，我们必须践行真正的多边主义，坚决摒弃单边主义和一切形式的伪多边主义，坚定维护以联合国宪章宗旨和原则为基础的国际关系基本准则，反对一切未经联合国授权、与联合国宪章精神相违背的家法帮规。

坚持重视各国合理安全关切，是有效维护世界和平安宁的重要原则。人类是不可分割的安全共同体。一国安全不能以损害他国安全为代价，地区安全也不能以强化甚至扩张军事集团来保障。各国的安全利益都是彼此平等的，也是相互依赖的。任何国家的正当合理安全关切都应得到重视和妥善解决，不应被长期忽视和系统性侵犯。应对全球安全挑战的长久之道在于秉持安全不可分割原则，重视彼此合理安全关切，构建均衡、有效、可持续的安全架构，从而实现普遍安全、共同安全。

坚持通过对话协商以和平方式解决国家间的分歧和争端，是有效维护世界和平安宁的必由之路。国际实践充分显示，战争和制裁都不是解决争端的根本之道，只有对话协商才是化解分歧的最有效途径。国际社会应旗帜鲜明支持一切有利于和平解决危机的努力，反对任何势力借机煽风拱火、阻挠破坏和谈，各方共同致力于降温灭火、维稳劝和，鼓励冲突各方谈起来、谈下去，以对话建互信，以对话解纷争，以对话促安全。

坚持统筹维护传统领域和非传统领域安全，是有效维护世界和平安宁的应有之义。在经济全球化深入发展的今天，安全的内涵和外延更加丰富，时空和领域更加宽广，呈现出更加突出的联动性、跨国性、多样性，需要安全思维不断创新，安全合作与时俱进。面对地区争端、恐怖主义、气候变化、网络安全、生物安全等错综复杂的国际安全威胁，世界上没有哪个国家能独善其身，也不应让任何国家成为世界孤岛，各国必须同舟共济、携手应对，才能变压力为动力、化危机为生机。

三、传承弘扬全球安全倡议所植根的成功实践和宝贵经验

全球安全倡议植根于新中国独立自主的和平外交政策与实践，来源于独具中国特色的外交传统与智慧。长期以来，作为负责任大国，中国始终高举和平、发展、合作、共赢的旗帜，为维护全球和平与安全作出了积极贡献，树立了大国典范。

中国始终坚持和平发展理念，坚定做世界和平的建设者。新中国成立以来，中国奉行独立自主的和平外交政策，坚持走和平发展道路，从未主动挑起过一场战争，从未侵略过别国一寸土地，从来不搞代理人战争，不参加或组建任何军事集团，是全世界在和平与安全问题上纪录最好的大国。目前，中国依然是世界上唯一一个将"坚持和平发展道路"载入宪法的国家，也是五个核武器国家中唯一承诺不首先使用核武器的国家。无论发展到什么程度，中国永远不称霸、不扩张、不谋求势力范围，不搞军备竞赛，始终做守护人类和平安宁的中坚力量。

中国始终坚持履行国际责任，坚定做国际秩序的维护者。中国是第一个在

联合国宪章上签字的创始会员国，始终坚定维护联合国宪章宗旨和原则，历来主张尊重各国的主权和领土完整，是迄今安理会常任理事国中派遣维和人员最多的国家和联合国第二大维和摊款国。积极参与国际军控、裁军和防扩散进程，已签署或加入包括《不扩散核武器条约》《武器贸易条约》在内20多个多边军控、裁军和防扩散条约，反对军备竞赛，维护全球战略稳定。合作应对各种非传统安全挑战，向国际社会提供超过21亿剂疫苗，为弥合"免疫鸿沟"作出积极努力。宣布"双碳"目标，为应对气候变化作出中国贡献。发起《全球数据安全倡议》，为全球数字治理提供中国方案。

中国始终坚持对话协商方式，坚定做热点问题的斡旋者。中国坚定站在和平对话一边、站在公道正义一边，积极探索中国特色热点问题解决之道。在乌克兰问题上，中国立足是非曲直，恪守客观公正，积极劝和促谈，得到国际社会尤其是广大发展中国家的高度肯定。在中东问题上，中国先后提出解决巴勒斯坦问题的四点主张、促进中东和平稳定五点倡议，支持中东国家和人民团结协作解决自身安全问题，独立自主探索自身发展道路。在伊朗核问题上，中国积极推动伊核全面协议恢复履约谈判，维护国际核不扩散体系。在朝鲜半岛核问题上，中国坚持并行推进半岛和平机制和半岛无核化进程，均衡解决各方合理关切。在阿富汗问题上，中国主动开展国际协调，提供人道主义援助，为阿局势平稳过渡发挥建设性作用。

四、全面落实全球安全倡议的重大主张和政策目标

思想引领方向，行动成就未来。中国是全球安全倡议的提出者，更是落实这一重大倡议的行动派。我们愿同国际社会一道，让习近平主席提出的全球安全倡议落地生根、开花结果，让世界变得更加和平、更加安全、更加繁荣。

坚定维护联合国权威和地位，共同践行真正的多边主义。多边机构是践行多边主义的主要平台，也是维护多边主义的基本框架。要毫不动摇维护以联合国为核心的国际体系，维护以国际法为基础的国际秩序，坚守和平、发展、公平、正义、民主、自由的全人类共同价值，反对以意识形态划线煽动对抗分裂，反对搞拉帮结派的"小圈子"，反对打着所谓"规则"的旗号破坏国际秩

序，反对将世界拖入"新冷战"的阴云下。

始终坚持劝和促谈大方向，共同探索热点问题的政治解决之道。要加强国家间战略沟通，增进安全互信，化解矛盾，管控分歧，消除危机产生的根源。积极探索国家间合作，扩大安全利益汇合点，构建兼顾各方诉求、包容各方利益的国际和区域安全格局。大国对国际和地区热点问题解决负有特殊重要责任，要坚持公道，鼓励对话，根据当事国需要和愿望劝和促谈、斡旋调停，做和平的"稳定器"而非冲突的"鼓风机"。

统筹应对传统和非传统领域安全威胁，共同完善全球安全治理体系。面对多样化的安全威胁，各国应团结合作而非单打独斗。要进一步加强国际团结抗疫，完善全球公共卫生治理，确保疫苗在发展中国家的可及性和可负担性，形成应对疫情的强大合力。要携手应对恐怖主义这一人类的共同敌人，推进构建公平、合作、共赢的国际核安全体系，推动完善深海、极地、外空、互联网等新疆域治理规则，践行共商共建共享的全球治理观，防范化解安全困境。

兼顾发展与安全，共同促进世界经济强劲复苏。更加聚焦发展主题，积极改善民生，缩小贫富差距，消除发展鸿沟，促进全球平衡、协调、包容发展。坚持建设开放型世界经济，加强政策协调，维护全球产业链供应链稳定畅通，坚决反对脱钩、断供，推动全球化朝着更加开放、包容、普惠、平衡、共赢方向发展。积极落实全球发展倡议，将发展置于全球宏观政策突出位置，深化发展战略对接，加快落实联合国2030年可持续发展议程，以可持续发展促进可持续安全。

努力搭建地区安全新架构，共同维护亚洲和平稳定。亚洲是世界的和平稳定锚、增长动力源、合作新高地，应当建立与经济基础相适应的安全新架构。要根据亚洲国家发展程度、社会制度、文化价值观的多样性，兼顾各方诉求、包容各方利益，打造相互尊重、开放共融的亚洲安全模式。坚决反对借"印太战略"分裂地区、制造"新冷战"，反对借军事同盟拼凑"亚太版北约"。坚定维护东盟在地区架构中的中心地位，弘扬和平共处五项原则和"万隆精神"，深化区域和次区域安全合作，走出一条共建共享共赢的亚洲安全之路。

乘历史大势而上，走人间正道致远。中国愿同世界上所有爱好和平、致力发展的国家和人民携手同行，落实好习近平主席提出的全球安全倡议，开辟出迈向持久和平和普遍安全的康庄大道，汇聚起构建人类命运共同体的强大合力，让和平的薪火代代相传，让平安的钟声响彻人间。

"中国+中亚五国" 数据安全合作倡议

(2022 年 6 月 8 日)

中华人民共和国、哈萨克斯坦共和国、吉尔吉斯共和国、塔吉克斯坦共和国、土库曼斯坦、乌兹别克斯坦共和国（以下简称"各方"）欢迎国际社会在支持多边主义、兼顾安全发展、坚守公平正义的基础上，为保障数据安全所作出的努力，愿共同应对数据安全风险挑战并在联合国等国际组织框架内开展相关合作。

中亚各国支持中方提出的《全球数据安全倡议》。

各方一致认为：

信息技术日新月异，数字经济蓬勃发展，深刻改变着人类生产生活方式，对各国经济社会发展、全球治理体系、人类文明进程影响重大。

各方注意到，信息技术对实现可持续发展和推动疫后全面稳定复苏至关重要。上述技术和手段可能被用于破坏全球安全稳定，对国家基础设施完整性产生不良影响。

作为数字技术的关键要素，全球数据爆发增长，海量集聚，成为实现创新发展、重塑人们生活的重要力量，事关各国安全与社会经济发展。

确保信息技术产品和服务的供应链安全对于提升用户信心、保护数据安全、促进数字经济发展至关重要。

各方呼吁，各国应秉持发展和安全并重的原则，平衡处理技术进步、经济发展与保护国家安全和社会公共利益的关系。

各方重申，各国应致力于维护开放、公正、非歧视性的营商环境，推动实现互利共赢、共同发展。与此同时，各国有责任和权利保护涉及本国国家安全、公共安全、经济安全和社会稳定的重要数据及个人信息安全。

各方呼吁，在使用信息技术和维护数据安全过程中应充分尊重各国主权，同时保障人权和基本自由。考虑到信息通信技术的独特性，未来可探索中国同中亚国家在该领域开展更多形式的合作。

各方承认联合国在该领域的主导地位，支持联合国大会于 2019 年 12 月 27 日关于"打击为犯罪目的使用通信技术"的第 74/247 号决议设立的全面国际公约特设委员会。

各方欢迎政府、国际组织、信息技术企业、技术社群、民间机构和公民个人等各主体秉持共商共建共享理念，在平等、相互尊重和互利原则基础上，齐心协力促进数据安全。

各方强调，应在相互尊重基础上，加强沟通交流，深化对话与合作，共同构建和平、安全、开放、合作、有序的网络空间命运共同体。

为达到上述目的，在遵守国内法和国际法基础上，各方建议各国及各主体：

——就防范全球信息安全所面临的挑战和威胁，保障数据安全，开展协调行动与合作。

——采取措施在国家、地区和全球层面上防范、制止利用信息技术从事网络犯罪和恐怖活动的行为。

——增进在保障数据安全和使用信息技术领域的互信。

——继续开展合作，进一步发掘国家相关部门打击非法使用信息技术行为的潜力。

——应以事实为依据全面客观看待数据安全问题，积极维护全球信息技术产品和服务的供应链开放、安全、稳定。

——反对利用信息技术破坏他国关键信息基础设施或窃取重要数据，以及利用其从事危害他国国家安全和社会公共利益的行为。

——防范、制止利用网络侵害个人信息的行为，反对滥用信息技术从事针对他国的大规模监控、非法采集他国公民个人信息。

——呼吁企业遵守所在国法律，不得要求本国企业将境外产生、获取的数据在境内存储和处理。

——呼吁在其他国家从事信息通信技术活动的公司应根据所在国法律将收集和获取的数据存储到所在国的服务器。

——各国应尊重他国主权、司法管辖权和对数据的安全管理权，未经他国法律允许不得直接向企业或个人调取位于他国的数据。

——信息技术产品和服务国际供应企业应为在各国开展经营活动，研究制定统一行为道德规范的可能性。

——各国如因打击犯罪等执法需要跨境调取数据，应通过司法协助渠道或根据国家间协定解决。

——国家间缔结跨境调取数据协议，不得侵犯第三国司法主权和数据安全。

——信息技术产品和服务供应企业不得在产品和服务中设置后门，非法获取用户数据、控制或操纵用户系统和设备。

——信息技术企业不得利用用户对其产品依赖性谋取不正当利益。除出于维护用户财产安全和社会公共利益的需要外，不得强迫用户升级系统或更新换代。产品供应方承诺及时向合作伙伴及用户告知产品的安全缺陷或漏洞，并提出补救措施。

——各国应在打击利用信息通信技术危害国家政治、经济和社会安全领域深化合作。

各方呼吁各国及各主体通过双边、地区协议及国际协定等形式确认上述建议，支持《"中国+中亚五国"数据安全合作倡议》。

为和平发展尽力 为团结进步担当
——王毅国务委员兼外长在第 77 届联合国大会一般性辩论上的讲话

（2022 年 9 月 24 日）

主席先生，各位同事：

这是一个充满挑战的时代。新冠肺炎疫情延宕反复，国际安全形势持续不靖，全球经济复苏脆弱曲折，各种风险危机层出不穷。世界进入新的动荡变革期，百年未有之大变局加速演进。

这也是一个充满希望的时代。世界多极化、经济全球化、社会信息化、文化多样化深入发展，各国联系和依存日益加深。和平与发展的时代主题没有改变，各国人民求进步、促合作的愿望更加强烈。

如何回应时代的要求，把握历史的潮流，共同构建人类命运共同体，中国的主张坚定而明确：

第一，要和平，不要战乱。习近平主席指出，和平犹如空气和阳光，受益而不觉，失之则难存。和平是一切美好未来的前提，也是各国共同安全的基础。动荡战乱如同打开潘多拉盒子，挑动代理人战争极易反噬自身，追求自身绝对安全必然损害全球战略稳定。我们要坚持以和平方式处理分歧，以对话协商解决争端。

第二，要发展，不要贫困。发展是破解各种难题、实现人民幸福的关键。我们要坚持把发展置于国际议程中心位置，凝聚促进发展的国际共识，维护各国正当发展权利，培育全球发展新动能，构建全球发展伙伴关系，让发展成果更多更公平惠及每一个国家、每一个人。

第三，要开放，不要封闭。习近平主席指出，开放是人类社会繁荣进步的必由之路。搞保护主义只会作茧自缚，断链脱钩必将损人害己。我们要倡导开放包容，拆除阻碍生产要素自由流动的藩篱壁垒，维护以世界贸易组织为核心的多边贸易体制，推动构建开放型世界经济。

第四，要合作，不要对抗。面对层出不穷的全球性挑战，最强大的力量是齐心合力，最有效的方法是同舟共济，最光明的前景是合作共赢。国与国之间难免存在矛盾和分歧，但应在平等和尊重的基础上增进相互了解。要以对话代替冲突，以协商代替胁迫，以共赢代替零和，共同抵制集团政治，共同反对阵营对抗。

第五，要团结，不要分裂。习近平主席指出，世界各国乘坐在一条命运与共的大船上，要穿越惊涛骇浪、驶向光明未来，必须同舟共济。永续发展的世界应该承载多彩的文明，人类的现代化应当兼容多样的道路。和平、发展、公平、正义、民主、自由是全人类共同价值，制度差异不应成为制造分裂的理由，民主和人权更不应被政治化、工具化、武器化。我们应摒弃意识形态划线，团结起来为促进世界和平与发展事业凝聚最大公约数，画出最大同心圆。

第六，要公平，不要霸凌。大小国家相互尊重、一律平等是联合国宪章首要原则。国际大事要由各国共同参与，国际规则要由各国共同制定。这个世界上不存在高人一等的国家，也不应动辄以实力地位霸凌其他主权国家。我们要积极倡导和践行真正的多边主义，推动各国权利平等、规则平等、机会平等，构建相互尊重、公平正义、合作共赢的新型国际关系。

主席先生，各位同事，

作为联合国安理会常任理事国和世界上最大的发展中国家，中国坚定站在团结合作一边，站在时代潮流一边，站在绝大多数国家共同利益一边。

中国始终是世界和平的建设者。我们积极推进国际和平事业，参与国际军控、裁军和防扩散进程，是派遣维和人员最多的安理会常任理事国，是联合国第二大会费和维和摊款国。中国还是世界上唯一将"坚持和平发展道路"载入宪法的国家，是五核国中唯一承诺不首先使用核武器的国家，是为维护全球战略稳定作出重要贡献的国家。

面对当今各种安全挑战，习近平主席提出了全球安全倡议，呼吁国际社会坚持共同、综合、合作、可持续的安全观，坚持尊重各国主权、领土完整，坚持遵守联合国宪章宗旨原则，坚持重视各国合理安全关切，坚持通过对话协商和平解决争端，坚持统筹维护传统和非传统安全，为弥补人类和平赤字贡献了中国智慧，为应对国际安全挑战提供了中国方案。

中国始终是全球发展的贡献者。我们积极打造高水平对外开放体系，维护全球产业链供应链安全稳定，已成为130多个国家和地区的主要贸易伙伴，中国作为世界经济增长的最大引擎，每年对全球增长的贡献达到30%左右。中国模范落实联合国2030年可持续发展议程，提前10年实现议程减贫目标，对全球减贫贡献率超过70%。中国积极参与全球治理和南南合作，主动成立"中国—联合国和平与发展基金""全球发展和南南合作基金"，向160多个有需要的国家提供发展援助，也是二十国集团中落实对发展中国家缓债金额最大的成员国。

习近平主席在第76届联大上郑重提出全球发展倡议，秉持以人民为中心理念，吹响了重新聚焦发展的"集合号"，呼吁国际社会构建全球发展共同体。前不久，习近平主席主持全球发展高层对话会，就落实倡议宣布了数十项重大务实举措，为加快落实2030年可持续发展议程注入强劲动力。本届联大期间，中方主持召开"全球发展倡议之友小组"部长级会议，为推进倡议汇聚新的共识。中国发展的快车奔驰向前，将继续为世界增长提供动能，为各国人民增添福祉。

中国始终是国际秩序的维护者。我们历来坚定维护联合国宪章宗旨和原则，维护以联合国为核心的国际体系，维护以国际法为基础的国际秩序。中国全方位参与多边事务，加入了几乎所有普遍性政府间国际组织和600多项国际公约，对外缔结超过2.7万项双边条约，认真履行自身国际义务。中国始终遵循《世界人权宣言》，驰而不息保障和加强中国的人权事业，同时坚决反对人权政治化图谋，推动国际人权合作的健康发展。

作为发展中国家的一员，中国永远站在广大发展中国家一边。我们对发展中国家近年来取得的快速进步感到由衷高兴，将继续为发展中国家仗义执言、纾困解难，全力支持提升发展中国家在国际事务中的代表性和发言权。在国际多边进程中，广大发展中国家不再是"沉默的大多数"，中国与发展中国家更加团结起来，发出正义呼声，成为推进发展合作、维护公平正义的中流砥柱。

中国始终是公共产品的提供者。面对新冠肺炎疫情，中国全力推动和参与国际抗疫合作，尽己所能提供抗疫物资、分享防疫经验，最早承诺将新冠疫苗作为全球公共产品，最早支持疫苗知识产权豁免，已向120多个国家和国际组织提供超过22亿剂疫苗。

面对困扰世界的发展难题，习近平主席倡导推进高质量共建"一带一路"，得到国际社会的广泛欢迎。中方已同世界上149个国家和32个国际组织签署合作文件，还创建了亚投行、丝路基金，打造了最具广泛性和包容性以及最大规模的国际合作平台。

面对各国在数据安全上的共同关切，我们发起《全球数据安全倡议》，为制定全球数字安全规则提供借鉴。

面对全球气候变化，中方坚定走生态优先、绿色低碳发展道路，宣布富有雄心的"双碳"目标，推动落实《巴黎协定》，植树造林占全球人工造林四分之一，为构建人与自然生命共同体付出不懈努力。

面对全球粮食安全问题，中国提出国际粮食安全合作倡议，今年以来，已向有需要的发展中国家提供1.5万多吨紧急人道粮援。

中国始终是热点问题的斡旋者。作为负责任大国，中国努力探索和践行中国特色热点问题解决之道，在坚持不干涉内政前提下，根据当事国意愿和需要，建设性参与热点问题解决，以劝和促谈为主要方式，以公平务实为主要态度，以标本兼治为主要思路。

中方支持一切有利于和平解决乌克兰危机的努力。当务之急是劝和促谈，治本之策是照顾各方合理安全关切，构建均衡、有效、可持续的安全架构。我们呼吁各方抑制危机外溢效应，维护发展中国家正当权益。

巴勒斯坦问题是中东问题的核心，正义已经迟到，但绝不能缺席。"两国方案"是公道正义的底线，必须坚守。中国一如既往支持巴勒斯坦人民恢复民族合法权利的正义事业。

解决朝鲜半岛核问题，要正本清源，坚持"双轨并进"和"分阶段、同步走"，共同维护半岛和平稳定，通过对话协商解决问题。

阿富汗正处在由乱及治的关键时期。包容建政、温和施政是方向，恢复经济、改善民生是根本，坚决打恐、融入地区是重点。

少数国家滥施单边制裁、切断发展援助、冻结他国合法资产的错误做法必须纠正。中国坚定支持古巴人民捍卫国家主权、反对外来干涉和封锁的正义斗争。

全球枪支泛滥问题日趋严重。我愿在此宣布，中国已决定启动联合国《枪支议定书》的国内批准程序，将为加强全球枪支管控合作、消弭安全赤字作出新的贡献。

主席先生，各位同事，

台湾自古以来就是中国领土不可分割的一部分。中国的国家主权和领土完整从未分割，大陆和台湾同属一个中国的事实从未改变，全体中华儿女追求祖国统一的努力也从未停止。

70多年前，《开罗宣言》《波茨坦公告》明确规定把日本窃取的中国领土，包括台湾、澎湖列岛归还中国，这构成了二战后国际秩序的重要组成部分。51年前，正是在这座庄严的大厅里，联合国大会以压倒性多数通过第2758号决议，决定恢复中华人民共和国在联合国的合法席位，将台湾当局"代表"从其非法占据的席位上驱逐出去。美国等少数国家为保留台湾在联合国的席位而提出的所谓的"双重代表权"提案成为废纸一张。联大第2758号决议从政治上、法律上和程序上彻底解决了包括台湾在内全中国在联合国以及国际机构中的代表权问题，也彻底封堵了任何人、任何国家企图制造"两个中国"或"一中一台"的任何空间。

一个中国原则业已成为国际关系基本准则和国际社会普遍共识。181个国家同中国建立外交关系时均承认和接受，世界上只有一个中国，台湾是中国的一部分，中华人民共和国政府是代表全中国的唯一合法政府。中国坚定维护一个中国原则，不仅是在维护自身的国家主权和领土完整，也是在真正维护台海的和平稳定，维护不干涉内政这一发展中国家安身立命的国际关系基本准则。

中国愿继续以最大诚意、尽最大努力实现两岸和平统一。而为达成这一目的，就必须以最坚定决心打击"台独"分裂活动，以最有力举措排除外部势力干涉。只有依法坚决制止分裂，两岸和平统一才有现实基础；只有国家实现完全统一，台海才能真正迎来持久和平。任何干涉中国内政的图谋都必将遭到中国人民一致反对，任何试图阻挡中国统一大业的行径都必将被历史车轮碾碎。

主席先生，各位同事，

国际社会高度关注中国的发展。中国共产党第十八次全国代表大会以来，中国特色社会主义进入新时代。这十年，既是中国经济社会发展取得历史性成就、发生历史性变革的十年，也是中国与世界关系实现历史性跨越、为国际社会作出历史性贡献的十年。

中国正在全面贯彻创新、协调、绿色、开放、共享的新发展理念，着力高质量发展，构建新发展格局。有中国共产党的坚强领导，有 14 亿人民的团结奋斗，有中国特色社会主义的显著优势，有持续快速发展的坚实基础，有自信自强的精神力量，中国发展的趋势长期向好，中国进步的前景更加光明，中国奇迹的故事将更加精彩。

主席先生，各位同事，

占世界五分之一人口的中国大踏步走向现代化，具有重要而深远的世界意义。中国所追求的道路，是和平发展而不是掠夺殖民，是合作共赢而不是零和博弈，是人与自然和谐共生而不是竭泽而渔。我们将继续为破解人类发展难题提供中国智慧，为创造人类文明新形态作出中国贡献。

下个月，中国共产党第二十次全国代表大会即将在北京召开。这次大会将秉持全体中国人民的意愿，科学谋划未来 5 年乃至更长时期国家发展的目标任务，全面擘画中国未来发展的宏伟蓝图。站在新的历史起点，中国将以中国式现代化实现中华民族伟大复兴，并同世界各国一道，为和平发展尽力，为团结进步担当，携手构建人类命运共同体，共同开创更加美好的世界。

谢谢大家！

二、第 77 届联大发言及立场文件

张军大使在安理会紧急审议
乌克兰核设施安全问题时的发言

（2022 年 3 月 4 日）

主席女士：

我认真听取了迪卡洛副秘书长和国际原子能机构总干事格罗西所作通报。

中方密切关注乌克兰局势的最新发展，对有关扎波罗热核电站的报道表示关切。根据国际原子能机构从乌克兰核监管当局获取的信息，核电站主要设备没有发现损坏，辐射水平没有变化。我们也注意到俄方就有关问题提供的情况和所作澄清。中方高度重视核安全和核安保问题，希望相关当事方谨慎行事，在国际原子能机构秘书处专业技术帮助下，共同确保乌克兰境内有关核设施的安全。

主席女士，

乌克兰危机还在复杂演变。当前最重要的，还是要缓和紧张局势，避免更多平民伤亡，并加大外交努力，尽快回到政治解决的轨道上来。俄乌双方已经举行两轮直接对话谈判，并就建立人道走廊达成初步共识。中方对此表示欢迎，希望这有助于更好保护平民，有助于包括中国公民在内外国侨民的安全撤离。我们鼓励俄乌双方坚持政治解决的大方向，通过谈判达成照顾双方合理关切、有利于欧洲长治久安的方案。

中方欢迎一切有利于推动政治解决的外交努力，已经并将继续为此发挥建设性作用。国际社会要保持冷静和理性，本着负责任和公正客观态度，为当事方直接谈判创造良好氛围和条件。任何行动都必须有利于推动局势降温和外交解决，而不是激化矛盾、火上浇油，导致事态进一步扩大。

谢谢主席女士。

张军大使在安理会审议乌克兰生物安全问题时的发言

（2022 年 3 月 11 日）

主席先生：

乌克兰形势仍在急剧演变，复杂性和敏感性不断上升。当务之急还是要加大外交努力，缓和紧张局势，推动乌克兰问题尽快回到政治解决的轨道上来，同时防止出现大规模人道主义危机。停火止战是国际社会的普遍愿望，和平谈判是唯一可行的现实手段。近期俄乌已进行多轮直接对话谈判，两国外长昨天举行高级别会晤，这都是向和平目标迈出的积极步伐。国际社会要继续鼓励和支持俄乌谈判并为此创造必要环境和条件。中方将同国际社会一道，继续为缓和局势、谋求和平作出努力。

主席先生，

中方高度重视生物安全问题，一贯主张全面禁止和彻底销毁包括生物武器和化学武器在内的一切大规模杀伤性武器，坚决反对任何国家在任何情况下研发、拥有或使用生物武器和化学武器，敦促尚未销毁库存化武的国家尽快完成销毁。《禁止生物武器公约》的宗旨和目标必须得到严格遵守。

生物武器是大规模杀伤性武器，任何生物军事活动的信息线索都应引起国际社会的高度关切。中方关切地注意到俄方公布的相关文件。遵守《禁止生物武器公约》是所有缔约国的义务，俄方提出的关切应得到妥善解决。中方敦促相关方切实履行公约义务，作出全面澄清，并接受多边核查。我们注意到媒体报道，世界卫生组织已经建议乌克兰政府销毁实验室的病原体，以防止疾病传播。我们期待了解更多具体信息。当前形势下，为了民众健康，确保相关实验室的安全十分重要。

刚才美国代表在发言中对中国进行无理指责，中方对此坚决反对。国际社会对美方生物军事活动早有严重关切。美国在全球有 336 个实验室，这是美方向《禁止生物武器公约》缔约国大会提交的数据。美方一直主张公开透明。如果美方认为有关信息是假的，完全可以公布有关证据，作出澄清，以便国际社会作出评判。

谢谢主席先生。

张军大使在安理会审议乌克兰生物安全问题时的发言

(2022 年 3 月 18 日)

主席先生：

中方已多次就乌克兰问题阐明立场。当前形势下，国际社会普遍希望尽快实现停火，避免更多平民伤亡，避免更大规模人道危机，这也是中方的期待。当事方直接谈判是解决问题的根本出路。俄罗斯同乌克兰已经举行四轮谈判，能够保持谈判就有实现停火的希望，就能开辟和平的未来。中方将继续劝和促谈，我们支持联合国和各方大力开展斡旋努力，也希望各方都能多做有利于促进和谈而不是火上浇油的事情。乌克兰危机的背后是欧洲安全问题。希望美国、欧盟和北约能同俄方坐下来进行深入全面对话，本着安全不可分割原则，探讨构建均衡、有效、可持续的欧洲安全机制，实现欧洲的长治久安。

在大规模杀伤性武器和生物安全问题上，中方立场是一贯的。中方主张全面禁止和彻底销毁包括生物武器和化学武器在内的一切大规模杀伤性武器，坚决反对任何国家在任何情况下研发、拥有或使用生物武器和化学武器，敦促尚未销毁库存化武的国家尽快完成销毁。遵守《禁止生物武器公约》是所有缔约国的义务。我们呼吁尽早谈判建立《禁止生物武器公约》核查机制，这将有助于提升全球生物安全水平。

中国曾经是生化武器的受害者。中方认为，任何生物军事活动的信息线索都应引起国际社会的高度关切和重视，避免造成不可挽回的危害。对此，有关方面应采取负责任的态度。俄方进一步公布了新发现的相关文件。相关当事方应当对存在的疑问予以回应，作出及时全面的澄清，打消国际社会的疑虑。这不是过分的要求，在这个问题上也不应搞双重标准。

谢谢主席先生。

张军大使在安理会朝鲜半岛局势公开会上的发言

（2022 年 3 月 25 日）

主席女士：

我认真听取了迪卡洛副秘书长的通报。

朝鲜半岛局势是安理会长期关注的重要问题。过去几年里，我们看到，在各方共同努力下，朝鲜半岛局势呈现总体缓态势，来之不易。美朝两国领导人 2018 年之后举行多次会晤，就改善两国关系和推进半岛无核化进程达成重要共识，在此基础上，朝鲜作出了关于暂停核试验和洲际弹道导弹试射的承诺，向半岛无核化迈出重要一步。

但是，自 2021 年初、特别是进入 5 月之后，美朝对话持续陷入僵局，无核化进程停滞不前，半岛局势变数增多，紧张的一面有所上升。作为半岛近邻，中方始终坚持维护半岛和平稳定，坚持半岛无核化，坚持通过对话协商解决问题，希望美朝积极开展对话接触，寻求处理分歧的有效方案。我们遗憾地看到，时间一天天过去，有关方除了表示"无条件对话"，却没有拿出实实在在的行动，回应朝方合理关切。

朝鲜日前宣布进行洲际弹道导弹试射，中方对当前事态发展感到关切。当前形势下，我们呼吁有关各方保持冷静克制，坚持对话协商的正确方向，避免采取可能加剧紧张局势和导致误判的行动。半岛问题的直接当事方，也就是美国和朝鲜应当尽早重启直接对话进程。美方理应展现诚意，采取有实际意义的行动，为稳定局势、积累互信、重启对话作出更大努力。

主席女士，

当前形势下，国际社会在半岛问题上应保持审慎和理性态度，为推动半岛问题政治解决发挥积极和建设性作用。

一是全力珍惜和维护朝鲜半岛和平稳定。当前国际局势并不平静，各方均不应采取升级紧张局势的行动，半岛也承受不起局势骤变甚至严重逆转的危险。当务之急是有关各方应基于局势最新进展，在已有谅解基础上积极寻求打破僵局的政治解决方案。中方呼吁各方着眼半岛和平稳定大局，谨言慎行，坚持对话协商，按照"双轨并进"思路和分阶段、同步走原则，为实现半岛无核化、构建半岛和平机制作出不懈努力。

二是重视解决朝方合理关切。半岛问题起起伏伏，延宕几十年。形势走到今天，事出有因。问题根源在于朝鲜面临的外部安全威胁长期得不到消除，朝方的合理安全关切始终没有得到解决。朝鲜明确表示，"朝美首脑会晤后，美方没有履行终止与韩国联合军演的承诺，反而把战略核武器部署在朝鲜半岛周边地区，严重威胁朝鲜安全"。朝方上述表态理应得到有关各方重视，安理会也应从安全不可分割原则出发，思考如何照顾朝方合理安全关切。

三是美朝尽快恢复直接对话。事实反复证明，对话和外交努力只有走在前面才能避免危机的发生，放任形势持续恶化不符合任何一方的利益。2018 年以来，半岛形势一度出现重大积极转圜，遗憾的是朝方采取的一系列举措没有得到应有的回报，这不符合各方已形成共识的"行动对行动"原则，也使得各种对话提议沦为空洞的口号。下一步形势往哪里走，很大程度取决于美方怎么做，是真正拿出解决问题的具体行动，还是继续把半岛问题当作地缘战略的筹码。美方不能再漠视朝方合理诉求，而应拿出有吸引力的方案，为早日重启对话创造条件。

四是全面理解和执行安理会涉朝决议。安理会涉朝决议应得到全面、完整、准确执行。推进政治解决、适时缓解制裁也是执行安理会涉朝决议的重要内容，半岛问题走不出僵局，一定程度上正是因为相关条款没有得到有效执行。有关方面应予以充分重视，采取切实行动，而不应只是片面强调制裁条款。安理会应当在半岛问题上发挥建设性作用，而不应一味强调制裁施压。中俄在安理会共提的涉朝决议草案，出发点就是为缓解朝人道民生形势，为各方促进互信、实现对话营造氛围，为半岛问题政治解决注入动力。这一草案仍然有效，希望各方积极考虑和支持。

主席女士，

维护国际核不扩散体系，符合各国共同利益。在朝核问题延宕难决的重要关口，有关国家仍无视国际社会关切，执意推进存在严重核扩散风险的核潜艇合作。这种做法违背《不扩散核武器条约》目的和宗旨，损害地区和平与稳定，破坏国际核不扩散体系。中方敦促有关国家忠实履行核不扩散义务，为推动有关防扩散热点问题的解决、维护地区和平稳定发挥建设性作用。

谢谢主席女士。

戴兵大使在安理会
生物安全问题阿里亚模式会议上的发言

(2022 年 4 月 6 日)

主席先生：

感谢你召集此次会议，我也认真听取了通报人的通报。

中国在二次世界大战期间深受生物武器之害，一贯主张全面禁止和彻底销毁包括生物武器在内的一切大规模杀伤性武器，坚决反对任何国家在任何情况下研发、拥有或使用生物武器，敦促尚未销毁化学武器的国家尽快销毁其库存。所有缔约国都应认真遵守《禁止生物武器公约》的目标和原则。

本周日将迎来《公约》开放签署 50 周年。当前生物安全领域的相关情况突出表明，重启公约核查议定书谈判并建立一个公正、独立和专业多边核查机制已成为当务之急。这一机制是消除潜在生物武器威胁、提高公约权威性和有效性的必要手段，其建立决不应受到任何国家的阻挠。

主席先生，

近期俄罗斯公布了大量与美国生物军事活动相关的文件，引发国际社会极大关注。新冠肺炎疫情告诉我们，作为维护国际和平与安全的关键一环，生物安全没有边界，涉及全人类的共同利益。任何有关生物军事活动的信息和线索都应引起国际社会的高度关注和重视，避免造成不可弥补的损失。我们欢迎在公约、联合国等框架下，由国际社会对俄方披露的文件进行评估，同时以公平、公正方式听取相关国家澄清。相关国家应采取负责任的态度，及时、全面澄清其生物活动，并进一步提高全球生物活动的透明度，消除国际社会的疑虑。

谢谢主席先生。

张军大使在安理会朝鲜半岛局势公开会上的发言

(2022 年 5 月 11 日)

主席女士：

当前朝鲜半岛局势紧张的一面趋于突出，螺旋式升级的前景令人担忧。中方呼吁各方保持冷静克制，坚持对话协商的正确方向，避免采取任何可能加剧紧张局势、导致误判的行动。我们真诚支持半岛南北双方改善关系，推进和解合作，期待半岛局势走向缓和与积极发展。

主席女士，

对朝鲜半岛问题，应历史地看、全面地看，了解事情的前因后果。2018 年之后，半岛局势曾出现总体缓和态势。朝鲜采取一系列无核化和缓和形势的措施。朝美领导人在新加坡举行直接会晤，就建立新型朝美关系、构建半岛和平机制和推进半岛无核化进程达成重要共识。令人遗憾的是，美方后来出现立场倒退，没有按照"行动对行动"原则回应朝方积极举措，导致朝美对话深陷僵局，朝美互信雪上加霜，半岛无核化进程停滞不前。

对话协商是解决半岛问题的唯一正确途径。美国是半岛问题直接当事方，掌握着打破僵局的钥匙，应该拿出实实在在行动，正面回应朝方合理关切，为早日重启对话创造条件。尽管美方口头上声称愿无条件对话，但行动上却在持续加紧制裁和施压。这显然不具建设性。美方援引《联合国宪章》第七章提出新的决议草案，核心是进一步追加制裁，这不是应对当前半岛局势的合适方式。安理会多年来就半岛问题通过多项决议，这些决议在授权实施制裁的同时，都强调要以和平、政治和外交方式解决半岛核问题。制裁只是手段，要始终服务于政治解决的总目标。让制裁等同于或取代外交努力，完全是本末倒

288

置，不会取得预期效果。制裁已经造成负面人道影响，对其他国家带来伤害，有关国家一味加以否认，同国际人道机构和1718委员会专家小组的结论不符。

事实上，针对最新局势，中方和不少安理会成员都提出合理建议，探讨以最能凝聚安理会成员共识的方式，就推动半岛问题政治解决采取有力行动。中俄提出的安理会决议草案也是基于这一目的。遗憾的是，美方对中方和其他有关安理会成员的合理建议视而不见，仍迷信于制裁的魔力。我们相信，如果美方改变消极态度，安理会成员是可以达成共识的。我们希望安理会成员对中俄决议草案予以认真考虑。

主席女士，

作为半岛近邻，中国高度关注半岛局势，始终坚持维护半岛和平稳定，坚持实现半岛无核化，坚持通过对话协商解决问题。我们主张有关各方着眼半岛和平稳定大局，坚持对话协商方向，相向而行，早日恢复有意义的对话，探索均衡解决各自合理关切的有效办法。中方对最近出现的一些消极动向严重关切。有的国家要求朝鲜实现无核化，自己却在推进有严重核扩散风险的核潜艇合作。有的国家关切朝方军力发展，同时又高调开发高超音速武器等进攻性武器系统。有关国家的个别政客以应对安全威胁为借口，公开主张讨论实现"核共享"。中国提出全球安全倡议，对解决半岛问题具有重要指导意义。安全不可分割，一国的安全不能建立在他国不安全基础之上，这个道理在任何地方、任何时候都适用。中方再次呼吁，有关各方共同珍惜和维护半岛和平稳定，共同致力于推动建立半岛和平机制和半岛无核化进程，共同为此发挥建设性作用。

谢谢主席女士。

戴兵大使在安理会审议乌克兰生物安全问题时的发言

(2022 年 5 月 13 日)

主席先生：

首先我就阿联酋总统不幸去世向阿联酋政府、人民和我的阿联酋同事致以诚挚的哀悼，我认真听取了秘书长裁军事务副高级代表马克拉姆先生的通报。

在大规模杀伤性武器和生物安全问题上，中方立场是一贯的。我们主张全面禁止和彻底销毁包括生物武器和化学武器在内的一切大规模杀伤性武器，坚决反对任何国家在任何情况下研发、储存或使用生物武器和化学武器，敦促尚未销毁库存化武的国家尽快完成销毁。所有缔约国都应认真遵守《禁止生物武器公约》的目标和原则。

公正、独立和专业的多边核查机制是落实公约的有效手段。《禁止生物武器公约》将于今年年底举行第九次审议大会。我们期待广大缔约国以此次大会为契机，重启公约核查议定书谈判，推动尽早建立多边核查机制，切实提升全球生物安全水平。

中方关切地注意到俄方公布的新材料。生物军事活动事关国际和平与安全。包括俄方材料在内的任何生物军事活动的信息线索都应引起国际社会的高度关注。中方再次呼吁相关当事方采取负责任态度，对有关疑问作出及时回应和全面澄清，消除国际社会的疑虑。我们欢迎在公约、联合国等框架下，由国际社会对俄方披露的文件进行评估。

主席先生，

最后我想重申，乌克兰的战事持续两个多月，国际社会当务之急是加大努力推动停火止战，鼓励俄罗斯和乌克兰重回谈判轨道，为恢复和平不断积累政治条件。中方支持秘书长为推动和平作出努力。国际社会各方都要为俄乌谈判积累创造积极条件，而不是相反。

谢谢主席先生。

张军大使在安理会表决
朝鲜半岛核问题决议草案后的解释性发言

(2022 年 5 月 26 日)

主席女士：

中国代表团刚才对美国提出的旨在对朝鲜追加制裁的安理会决议草案投了反对票。这是中方基于在半岛核问题上的一贯立场，全面分析当前半岛局势紧张升级的来龙去脉，充分考虑决议草案一旦通过可能引发的消极后果，包括对朝鲜应对国内新冠肺炎疫情产生的负面影响之后，反复权衡作出的慎重决定。

作为半岛近邻，中方高度关注半岛局势，始终坚持维护半岛和平稳定，坚持实现半岛无核化，坚持通过对话协商解决问题。长期以来，中方一直在为此作出不懈努力。近一时期，半岛局势持续紧张，中方一直呼吁各方保持冷静克制，避免采取任何可能加剧紧张、导致误判的行动。在半岛问题上，安理会应发挥积极和建设性作用，其行动应有助于缓和局势，防止半岛局势恶化甚至失控。

半岛问题起起伏伏，延宕几十年。事实反复证明，对话谈判是解决问题的唯一可行途径。美国作为半岛问题主要矛盾方，对推动对话谈判负有直接责任。2018 年，朝鲜采取一系列无核化和缓和形势的措施，朝美领导人在新加坡举行会晤，就建立新型朝美关系、构建半岛和平机制和推进半岛无核化进程达成重要共识。令人遗憾的是，美方没有按照"行动对行动"原则回应朝方积极举措，朝美对话持续陷入僵局，无核化进程停滞不前，半岛局势紧张的一面持续上升。半岛局势发展到当前这一步，主要是美国自身政策反复、未能坚持以往对话成果造成的。这一点不容否认。

事实也证明，一味依赖制裁无助于解决半岛问题。安理会制裁是手段，不是目的。安理会迄已通过 10 项对朝制裁决议，建立起最严厉最复杂的制裁体系，同时也指明了对话解决问题的正确方向。中方始终认为，安理会涉朝决议是一个整体，应得到全面、完整、准确执行。有关国家不应只是片面强调执行制裁，也应为推动政治解决、适时缓解制裁作出努力。中俄在安理会共提的涉朝决议草案，出发点就是缓解朝人道民生困难，为半岛政治解决注入动力。当前形势下，追加对朝制裁，不仅无助于解决问题，相反只能引发更多负面效应，导致对抗升级。追加制裁也将带来更大人道主义影响，特别是在当前朝国内出现新冠肺炎疫情背景下，追加对朝制裁，只会对朝民众雪上加霜，既不正确，更不人道。根据美方决议草案规定，对朝提供原油和精炼石油产品将分别减少 25%，朝出口有关产品将受到进一步限制。这些措施与解决半岛核问题没有关联，唯一结果就是切断朝鲜民众生命线，加剧朝鲜人道民生困境。一方面推动加大对朝制裁，一方面又声称愿为朝鲜提供人道援助，这显然自相矛盾。中方不认同这样的做法。

中方高度重视安理会的团结合作。为缓解当前紧张局势，体现安理会建设性作用，中方一直呼吁各方在半岛问题上采取合作态度。我们支持安理会采取必要行动，但目标应是推动对话谈判，为政治解决营造良好环境。针对美方提出的决议草案，中方多次表示，希望美方以最能凝聚安理会成员共识的方式，考虑用主席声明替代决议，避免形成对抗，多数安理会成员对此是认可的，只有美国一家持消极态度。美方坚持声称，安理会以往决议有规定，若朝鲜再次发射洲际弹道导弹，安理会应采取行动。但是安理会采取什么样的行动，理应由大家协商决定，而不是由一家说了算。当前形势下，安理会应当考虑的是真正阻碍半岛和平稳定的原因，应当关心的是朝鲜人道民生面临的现实困难，为解决半岛问题提供助力。我们呼吁安理会在对朝人道和抗疫援助方面发挥积极作用，而不是制造障碍。令人遗憾的是，中方的合理建议遭到拒绝。在此情况下，我们别无选择，只能对决议草案投反对票。

主席女士，

朝鲜半岛和平稳定关系到地区国家共同利益,需要各国作出共同努力。各国安全不可分割,一国安全不能建立在别国不安全基础之上。半岛局势发展到今天,有很多值得反思的地方。最近美国大力推动"印太战略",这同半岛局势的最新发展有着必然联系。美方同有关国家推进存在严重核扩散风险的核潜艇合作,高调开发高超音速武器等进攻性武器系统,向他国出售可携带核弹头的巡航导弹,严重冲击国际核不扩散体系。美方还持续推进并扩大联合军演,同地区有关国家强化军事同盟,搞排他性的"小圈子"。个别国家的政客频频发表拥核言论,主张同美国实现"核共享"。这些举动都发出了错误的信号,为解决朝核问题带来负面影响。我们奉劝有关国家以国际和地区和平安全为重,摒弃冷战思维,不要在错误的道路上越走越远。

半岛局势正处在危险关口。中方再次呼吁各方保持冷静克制,呼吁美方深刻反思其对朝政策,坚持政治解决的大方向,采取有意义的行动,回应朝方正当合理关切,为推动局势缓和、重启对话谈判创造条件。中方将继续为维护半岛和平稳定、实现半岛无核化发挥建设性作用。

谢谢主席女士。

【在其他国家发言后,张军大使再次发言表示:】

刚才美方在发言中对中国的投票立场进行种种指责,有一个非安理会成员随声附和,中方对此坚决拒绝。必须指出,美方的指责完全站不住脚。

中国一直以负责任态度参与安理会工作,积极维护安理会成员团结,推动各方加强合作,履行联合国宪章所赋予的职责。安理会责任重大,作出的每一项决定都会产生深远影响。正因为如此,中方对每一次投票都采取极为慎重、负责的态度。需要指出的是,无论是投赞成票、反对票或弃权票,都是履行中方作为安理会成员的权利。中方采取独立自主立场,中方的立场没必要必须同美国一致,安理会议事规则也没有这样的规定。中方投什么样的票,关键在于是否有利于解决问题,是否有利于维护国际和平安全,是否能避免造成更大的紧张局势和灾难。这也是衡量安理会工作的重要尺度。安理会的作用,不在于不断通过决议，不在于用制裁、使用武力显示自己的权威。事实上，如果无原则地通过决议，造成严重后果，让有关国家陷入灾难恰恰是不负责任、失职的表现。在这方面，回顾发生在利比亚的悲剧，安理会有着惨痛的教训，值得反思。

至于今天的决议草案为什么没有通过，情况十分清楚，责任不在中方。如果美方接受中方和其他成员的建议，这种情况完全可以避免。事实上有的人基于阴暗心理，恰恰希望看到这种情况发生。

中国是半岛近邻，半岛和平稳定关系到国际和平与安全，也关系到中国的切身安全。为了维护半岛和平稳定，中国必须履行自己的责任。我们也将继续为此作出努力。

【在美国再次发言后，张军大使进一步发言表示：】

在刚才的解释性发言和补充发言中，我已全面阐明中方立场。我想进一步指出，美国代表刚才列举了很多理由，说明美方立场没有改变。然而，如果回顾过去一段时间美国高级官员所言所行，包括他们在访问东北亚地区时采取的行动，恰恰证明美国在朝鲜半岛问题上的立场正在发生变化，正是这些变化才导致今天复杂局面的发生。朝鲜半岛问题如何解决，关键不在于安理会是否再通过一个新的决议，关键在于是不是有人要把朝鲜半岛问题作为其所谓"印太战略"的一张牌，把朝鲜半岛问题的处理作为他们搞所谓"印太战略"的棋子。这是问题的根本实质。就中方而言，我们始终坚持政治解决半岛问题，始终坚持半岛无核化，始终坚持维护半岛和平稳定，这一点没有变。只要其他国家立场也没有变，我们就完全可以作出努力，共同维护半岛和平稳定。如果有些人心里做着别样的打算，最终目的是要把战火烧到东北亚地区，烧到朝鲜半岛，中方别无选择，只能采取坚决举措，为维护半岛和亚太地区和平稳定履行应尽的责任。

张军大使在联大讨论朝鲜半岛核问题时的发言

（2022 年 6 月 8 日）

主席先生：

朝鲜半岛局势是安理会长期关注的重要问题。半岛问题延宕几十年，各种矛盾错综复杂。过去几年，在各方共同努力下，半岛局势呈现总体缓和态势。2018 年，朝方作出暂停核试验和洲际弹道导弹试射承诺，采取炸毁核试验场等实质举措，朝美领导人举行会晤并就改善两国关系、建立半岛和平机制、实现半岛无核化达成重要共识，半岛局势出现重大积极转圜，无核化进程迈出重要步伐。但是美方未按"行动对行动"原则作出回应，重回"战略忍耐"和极限施压老路，空喊对话口号，加码对朝制裁，加剧了朝方对美方的不信任，使对话彻底陷入僵局。

当前半岛局势趋于紧张，这是中方不愿看到的。必须指出，半岛局势发展至此，主要是美方政策反复、未能坚持以往对话成果、无视朝方合理关切造成的，这一点不容否认。下步局势往哪里走，很大程度取决于美方怎么做，关键在于美方能否正视问题症结、拿出负责任态度、采取有意义的实际行动。当前形势下，各方应保持冷静克制，避免任何可能加剧紧张、导致误判的行动。

——要从根本上解决半岛问题，必须坚持政治解决、对话协商的大方向。历史经验表明，对话协商是解决半岛问题的唯一出路。如果对话推进顺利，半岛问题就会取得积极进展；如果对话停滞甚至倒退，半岛局势就会紧张升级。2018 年朝采取无核化措施以来，美方未回应朝方积极举措，未解决朝方正当合理关切，未拿出诚心解决问题的应有态度。美方能做的事情有很多，比如缓解在某些领域对朝制裁、停止联合军演等，关键是要行动起来，而不能只是嘴上说说"愿无条件对话"。

——要从根本上解决半岛问题，必须摒弃制裁施压的老路。制裁是手段，不是目的。安理会对朝制裁空前严厉，远远超出核导范畴，对朝人道民生产生巨大负面影响。在朝遭受新冠肺炎疫情背景下，追加制裁既不正确，更不人道，只会使朝普通民众生活雪上加霜。安理会涉朝决议是一个整体，应得到全面、完整、准确执行。有关国家不应片面强调执行制裁，也应为推动政治解决、适时缓解制裁作出积极努力。中俄在安理会共提的涉朝决议草案，出发点就是缓解朝人道民生困难，为半岛政治解决注入动力，希望各方积极考虑和支持。

——要从根本上解决半岛问题，必须推动安理会发挥建设性作用。当前形势下，安理会及其成员的言行应有助于半岛维稳防乱，重启对话谈判，解决朝人道民生面临的现实困难，而不是为此制造障碍。过去安理会能协商一致通过涉朝决议，主要原因是各方充分沟通、最终达成共识。针对美方此次所提涉朝决议草案，中方多次提出合理建议。希望美方以最能凝聚安理会成员共识的方式，考虑用主席声明代替决议。绝大多数安理会成员对此表示认可，只有美方独家反对，执意推动表决，刻意制造对抗，造成安理会摊牌局面。面对美方这一没有共识的决议草案，中方别无选择，只能投票反对，美方应为此承担责任。

——要从根本上解决半岛问题，必须重视维护地区国家的安全利益。各国安全不可分割，半岛和平稳定与外部战略环境息息相关。美方近来在亚太地区不断挑起事端，同有关地区国家开展核潜艇合作，开发高超音速武器，向他国出售可携带核弹头的巡航导弹，彻底暴露出在核不扩散问题上的双重标准和虚伪本质。美方大力推动"印太战略"，同地区有关国家强化军事同盟，推高地区军事对抗风险。个别地区国家的政客还极力鼓噪同美实现"核共享"，在核武器问题上有意开历史倒车，严重冲击半岛核问题解决进程，毒化地区安全环境。在亚太地区搞阵营对抗不符合任何国家利益。我们敦促有关国家以地区和平安全为重，停止政治操弄，立即改弦更张，为半岛和平稳定创造良好环境。

主席先生，

中方一直以负责任态度参与安理会工作，积极维护安理会成员团结，推动各方加强合作，履行联合国宪章赋予的职责。需要指出的是，中方对安理会每一次投票都采取极为慎重、负责的态度，坚持从事情本身的是非曲直出发作出判断。中方投什么样的票，关键在于是否有利于解决问题，是否有利于维护国际和平安全，是否能避免造成更大的紧张局势和灾难。安理会如果无原则地通过决议，造成严重后果，让有关国家和地区陷入灾难，这恰恰是不负责任、失职的表现。

主席先生，

一个和平稳定的朝鲜半岛，是地区国家和国际社会的共同期待。作为半岛近邻，中方高度关注半岛局势，始终坚持维护半岛和平稳定，坚持实现半岛无核化，坚持通过对话协商解决问题。长期以来，中方为解决半岛问题作出不懈努力，发挥重要和建设性作用，国际社会对此有目共睹。当前形势下，希望各方继续着眼大局，坚持对话协商、相向而行，探索均衡解决各方合理关切的有效方法，为早日恢复有意义对话创造良好条件。中方愿同广大会员国一道，为此发挥建设性作用。

谢谢主席。

张军大使在安理会伊核问题公开会上的发言

（2022 年 6 月 30 日）

主席先生：

我感谢迪卡洛副秘书长、欧盟驻联合国代表团团长斯科格大使和爱尔兰常驻代表内森大使所作通报，欢迎伊朗和德国代表出席今天的会议。

伊核问题全面协议历时十年达成，是经过安理会决议核可的重要多边外交成果，是国际核不扩散体系和中东地区和平稳定的关键支柱，是通过对话谈判解决地区热点问题的成功范例。自去年以来，伊核问题全面协议恢复履约谈判取得积极进展，目前谈判已到最后关头，中方欢迎美伊在多哈重启"间接谈判"。希望有关各方增强紧迫感，尽快就剩余未决问题达成共识，为恢复全面协议完整、有效执行扫除障碍。

伊核问题前景事关国际核不扩散体系，事关地区稳定以及国际和平与安全。为推动伊核问题复谈进程继续沿着正确轨道前进，尽早取得积极成果，中方愿强调以下四点看法：

一、坚持政治解决大方向。维护和执行好伊核全面协议，就是维护多边主义和安理会权威，就是维护国际核不扩散体系。全面协议没有更好的替代方案，对话协商是解决伊核危机的唯一正确途径。有关各方应相向而行，坚持政治外交解决大方向，共同致力于劝和促谈，拿出外交智慧和政治决断，在未决问题上寻求共识。中方欢迎并支持一切有利于和平解决危机的努力，赞赏欧盟近期开展的斡旋工作，希望欧盟继续发挥协调员独特作用，为推动各方体现更多灵活作出更大努力。

二、秉持正确是非逻辑。美上届政府不顾国际社会反对，单方面退出全面协议，持续对伊极限施压，这是当前伊核危机的根源所在。美方作为伊核危机的始作俑者，理应认识到自身责任，彻底纠正错误，尽快作出政治决断，采取切实措施，积极回应伊方合理诉求。美方一边口口声声表示愿为重返协议作出努力，一边却在复谈期间对伊和第三方追加升级制裁，这显然不利于谈判取得进展。美方应重信守诺，解除所有相关对伊单边制裁及"长臂管辖"措施，确保伊方可充分获得全面协议的经济红利。

三、排除对谈判进程干扰。各方为恢复履约谈判已付出大量精力和努力，距谈判达成仅剩最后一公里。越是到最后关头，各方越要坚定信心，排除各种干扰，维护当前来之不易的谈判成果。当前形势下，各方均应保持理性克制，不要采取导致局势轮番升级的非建设性举措。中方反对将国际原子能机构事务政治化，反对有关国家日前强推机构理事会通过涉伊决议，支持机构与伊方通过对话合作解决未决问题。

作为国际社会一员，伊朗有和平利用外空的权利。各方对伊导弹和空间计划的性质有不同理解。希望有关各方准确解读安理会决议中对伊射导问题的规定，避免影响执行全面协议大局。

四、摒弃双重标准做法。《不扩散核武器条约》（NPT）是国际核不扩散体系的基石，在防止核武器扩散方面发挥重要作用。美、英、澳开展核潜艇合作是 NPT 达成以来，核武器国家首次公然向无核武器国家转让核武器材料。无论三国对核潜艇合作冠以何种名义，都掩盖不了其核扩散行为的本质，消除不了其对伊核问题政治外交解决产生的负面影响，改变不了对地区和平稳定造成的风险。这种双重标准和破坏 NPT 目标和宗旨的做法必须予以纠正，以维护国际核不扩散体系权威性和有效性。

主席先生，

秘书长在报告中建议会员国充分支持并使用"贸易结算支持机制"（INSTEX）、第 2231 号决议采购渠道等与伊开展贸易往来，帮助伊应对当前疫情挑战，让伊人民享受实实在在的经济红利。中方对此表示赞同，也希望秘书长的呼吁得到有关国家重视和积极响应。同时，我们也希望伊方表达的合理关切能够得到重视和妥善处理。

作为安理会常任理事国和全面协议参与方，中方始终致力于推动伊核问题政治外交解决进程。今年以来，中国国务委员兼外长王毅多次就伊核问题做有关各方工作，保持密切沟通与协调。中方将继续秉持公正客观立场，坚定维护全面协议和安理会第2231号决议的权威性和有效性，建设性参与恢复履约谈判，推动全面协议早日重返正轨。同时，中方重视有关地区国家的合理安全关切。为此，王毅国务委员提出了搭建海湾地区多边对话平台倡议，支持各方通过对话协商不断积累互信，最终找到实现地区持久和平的方案。

谢谢主席。

张军大使在安理会审议乌克兰核设施安全问题时的发言

(2022 年 8 月 11 日)

各位同事：

我感谢格罗西总干事的通报。

中方高度关注乌克兰境内核设施安全和安保问题，对近期发生的扎波罗热核电站遇袭事件深表关切。根据国际原子能机构从乌克兰核监管当局获取的信息，袭击事件没有对核安全造成直接威胁，辐射数值尚处于正常水平，但袭击对核电站的设施完整性、安全和安保系统、电力供应和人员安全造成损害，给国际社会拉响了"核警报"。

核设施的安全和安保问题不容试错。扎波罗热核电站是欧洲最大的核电站之一，一旦发生大规模核事故，恐将比福岛核事故更加严重。福岛核事故产生的大量放射性物质泄漏以及核污染水对海洋环境、食品安全和人类健康产生深远影响，引发广泛关注和关切，中方不希望同样的风险重演。我们呼吁有关当事方保持克制，谨慎行事，避免采取危及核安全、核安保的行动，尽一切努力减少意外事件发生。

中方一贯支持国际原子能机构在促进核安全、核安保问题上发挥积极作用，并严格按照授权履行保障监督职责。我们注意到，格罗西总干事和国际原子能机构专家团队一直计划前往扎波罗热核电站，古特雷斯秘书长也为此发出呼吁。俄罗斯承诺为访问提供必要协助。我们也注意到，乌克兰在 8 月 9 日致格罗西总干事和古特雷斯秘书长的信中强调组织访问团的必要性日益增加。我们希望能够尽快消除有关障碍，格罗西总干事和国际原子能机构专家团队得以早日成行，顺利开展工作。

各位同事，

乌克兰危机持续五个多月，冲突对核设施构成的安全风险始终存在。只有推动局势降温，早日恢复和平，才能从根本上解除核风险，减少误判，避免出现意外。我们再次呼吁有关各方尽快恢复谈判，本着冷静、理性态度寻找乌克兰危机的解决出路，解决彼此合理安全关切，构建均衡、有效、可持续安全架构，实现共同安全。中国一贯主张遵守联合国宪章宗旨和原则，尊重国家主权和领土完整。我们呼吁国际社会所有各方都以负责任的方式推动危机得到妥善解决，加大政治和外交努力，为当事方重回谈判创造条件。中方将继续为此发挥建设性作用。

耿爽大使在安理会审议乌克兰核设施安全问题时的发言

(2022 年 8 月 23 日)

我感谢迪卡洛副秘书长的通报。

安理会上次审议乌克兰核设施安全问题时，各成员均对扎波罗热核电站安全状况表达了关切。令人担忧的是，该核电站近日仍在遭受炮击。尽管炮击尚未对核电站安全造成直接威胁，但正如国际原子能机构总干事格罗西所说，这种情况随时可能改变。核设施的安全和安保问题没有试错余地。任何一次意外事件都可能导致严重的核事故，对乌克兰和周边国家的生态环境和公共健康造成不可挽回的后果。中方再次呼吁有关当事方保持最大克制，严格遵守相关国际法规定，认真落实格罗西总干事提出的七项支柱原则，避免采取危及核安全和安保的行动，把意外风险降到最低。

中方一贯支持国际原子能机构严格按照授权履行保障监督职责，在促进核安全、核安保问题上发挥积极作用。当前形势下，国际原子能机构有必要尽快赴扎波罗热核电站进行实地考察，对核设施安全和安保情况进行专业技术评估。我们注意到，俄罗斯和乌克兰都对访问作出积极表态。希望有关各方排除政治障碍，加强沟通协作，坚持问题导向，尽早就访问时间和细节达成一致，让国际原子能机构访问团及时成行。

各位同事，

处理核设施的安全和安保问题，必须坚持科学理性，坚持人道精神，坚持沟通合作，应当超越政治立场，超越敌对分歧，超越军事考量。我们决不能让切尔诺贝利核事故和福岛核事故的惨剧重演。

要从根本上消除扎波罗热核电站的核安全风险，国际社会必须以负责任的方式推动局势缓和降温，在外交努力和政治解决上下功夫，引导当事方重回对话谈判，早日实现停火止战。中方再次呼吁有关各方重视彼此合理安全关切，构建均衡、有效、可持续的安全架构，为乌克兰危机的妥善解决和地区持久和平稳定作出不懈努力。

耿爽大使在安理会审议乌克兰核设施安全问题时的发言

(2022 年 9 月 6 日)

主席先生：

我感谢古特雷斯秘书长和格罗西总干事的通报。

一段时间以来，扎波罗热核电站的安全和安保问题牵动着国际社会的敏感神经，尽快促成国际原子能机构对核电站开展实地访问是各方的一致期待。在俄罗斯和乌克兰共同配合下，上周，格罗西总干事和他的同事得以顺利成行，这有助于全面、客观了解核设施运行和受损情况，并有针对性的采取行动。中方对这一积极进展感到高兴，也对格罗西总干事和国际原子能机构工作人员的努力表示赞赏。

与此同时，尽管国际社会一再发出警告和呼吁，但目前对扎波罗热核电站的炮击仍在继续。即使在国际原子能机构访问人员抵达核电站后，炮击也没有停息。这实在令人担忧。

切尔诺贝利核事故殷鉴不远，福岛核事故影响至今未散，世界无法承受又一场核灾难。我们再次呼吁有关当事方坚持人道精神，坚持科学理性，坚持沟通合作，严守核安全公约等相关国际法，认真落实格罗西总干事提出的七项支柱原则，避免采取危及核设施安全和安保的行动，不要在危险的边缘反复试探。我们支持国际原子能机构专家在核电站长期驻留，希望常驻专家可以为保障核设施安全和安保提供持续的、稳定的、专业的技术支持。我们也鼓励国际原子能机构继续同有关各方保持沟通。

主席先生，

乌克兰危机爆发以来，武装冲突给核电站安全和安保带来的威胁，让世界始终笼罩在核灾难的隐忧之下。在无数人的生命和几代人的福祉面前，我们不能心存侥幸，不能无所作为，必须尽最大努力，最大限度减少意外发生。国际社会应当加紧外交努力，推动当事方早日重启谈判，尽快实现停火止战，从根源上消除核安全风险。中方再次呼吁所有各方采取负责任的方式推动局势缓和降温，努力寻求和平解决乌克兰危机的出路，共同缔造地区和平安宁，共同维护全球安全稳定。

　　谢谢主席先生。

耿爽大使在纪念和推进
"国际彻底消除核武器日"高级别会议上的发言

(2022年9月26日)

主席先生：

全面禁止和彻底销毁核武器，最终建立无核武器世界，符合全人类的共同利益，是世界各国的共同夙愿。中方支持联大根据不结盟国家提议，举行会议纪念和推进"国际彻底消除核武器日"。

上个月结束的《不扩散核武器条约》十审会围绕核裁军等议题展开了深入讨论，但未能达成最终成果。这是当前国际军控进程陷入停滞的缩影，也是全球战略安全形势日益恶化的写照。一段时间以来，个别国家执迷"大国战略竞争"，不断强化军事同盟，挑动阵营对抗，推进战略力量前沿部署，执意开展核潜艇合作。这些举动加剧核军备竞赛与核扩散风险，阻碍国际核裁军努力，与彻底消除核武器、建立无核武器世界的目标背道而驰，应该立即终止。

人类是不可分割的安全共同体，一国决不能以牺牲别国安全来谋求自身安全。中国国家主席习近平提出全球安全倡议，强调践行真正的多边主义，坚持共同、综合、合作、可持续的安全观，为维护世界和平、防止冲突战争，解决全球安全困境，推动各国实现共同安全贡献了中国方案。我们呼吁国际社会积极响应全球安全倡议，共同维护世界和平安宁，呼吁所有核武器国家积极响应中方长期主张，采取不首先使用核武器政策。拥有最大核武库的国家应切实履行特殊、优先责任，进一步大幅和实质削减各自核武库，为最终实现全面彻底核裁军创造条件。

主席先生，

中国坚定走和平发展道路，始终坚持自卫防御的核战略，在任何时候和任何情况下都不首先使用核武器。中国坚持把自身核力量维持在国家安全需要的最低水平，不与其他国家比投入、比数量、比规模，不与任何国家搞核军备竞赛。中国将继续积极践行真正的多边主义，与国际社会一道推进核裁军进程，为建立无核武器世界、实现全人类共同安全不懈努力。

　　谢谢主席。

耿爽大使在安理会关于朝鲜半岛局势公开会上的发言

（2022 年 10 月 5 日）

主席先生：

我听取了基亚利助理秘书长的通报。

中方注意到朝方近期发射活动，也注意到美国等有关国家近期多次在本地区举行联合军演。稍加回顾梳理便会发现，朝方的发射活动都是在军演前后，并非孤立存在。在当前朝鲜半岛局势持续紧张的关键时期，有关各方应着眼半岛和平稳定大局，冷静克制，谨言慎行，避免采取任何可能加剧紧张局势、导致误判的行动，防止局势轮番升级。

半岛问题错综复杂，根本上是美朝矛盾。半岛局势 2018 年以来曾一度出现重大积极转圜，遗憾的是美方没有按照"行动对行动"原则回应朝方积极举措。朝方已采取的无核化措施未得到回应，其正当合理关切未得到解决，导致朝美对话深陷僵局，朝美互信雪上加霜。与此同时，美方近来在亚太地区强化军事同盟，推高军事对抗风险，在核问题上奉行双重标准，进行政治操弄，毒化了地区安全环境。在此背景下，半岛形势难免走向紧张。

历史经验表明，对话协商是解决半岛问题的唯一正确出路。如果对话推进顺利，半岛局势就会相对稳定。如果对话陷入停滞，甚至出现倒退，半岛局势就会紧张升级。我们呼吁美方拿出行动，体现诚意，切实解决朝方正当合理关切，为重启对话创造条件。

安理会应当在半岛问题上发挥建设性作用，而不应一味示强施压。安理会开展的讨论、举行的审议应当有助于推动缓和局势而不是激化矛盾，应当有助于推动恢复对话而不是扩大分歧，应当有助于促进团结而不是制造分裂。中俄在安理会共提的涉朝决议出发点是为缓解朝人道民生形势作出努力，为各方增强互信、恢复对话营造氛围，为半岛问题政治解决注入动力。这一草案仍在桌面上，希望各方积极考虑。

作为半岛近邻，中国高度关注半岛局势，始终坚持维护半岛和平稳定，坚持实现半岛无核化，坚持通过对话协商解决问题。中国提出的全球安全倡议，对解决半岛问题具有重要指导意义。我们再次呼吁有关各方从安全不可分割原则出发来处理和解决半岛问题，按照"双轨并进"思路和分阶段、同步走原则，坚持对话协商，坚持相向而行，坚持平衡解决各方合理关切，共同推动半岛问题政治解决进程。中国愿继续为此发挥建设性作用。

谢谢主席。

耿爽大使在安理会
关于朝鲜半岛局势公开会上的第二轮发言

主席先生：

因为我们一会儿在公开会后还要再进行闭门磋商，所以我本来不打算在这个机会说很多。但既然美国代表刚才做了第二次发言，所以我也不得不作出回应。我讲三点：

首先，朝鲜近期的发射活动不是孤立存在的。中方一直主张要全面、联系地看待当前半岛局势，朝方的射导活动与近期本地区一系列军演有直接关系。有人说，朝方射导活动是今年5月安理会未能通过有关决议的结果，是安理会无动于衷的结果，这种说法是完全错误的，完全是在误导。朝方的不安全感为什么不断上升？这是有原因的。近日美国等在半岛地区频繁开展联合军演，与有关国家开展核潜艇合作，还声称将在地区部署战略资产，这些言行都是在激化矛盾、制造紧张、推高对抗风险。解决半岛问题离不开良好的政治安全环境。希望有关国家能以地区和平安全为重，为半岛和平稳定创造良好的环境。

第二，刚才美国代表及其他一些国家代表在发言中强调要全面执行安理会涉朝决议，中方对此表示同意，这也是中方的一贯主张。同时，我要指出，安理会的涉朝决议还包括缓解朝鲜人道主义困境、推动政治解决进程等内容。执行安理会涉朝决议不能厚此薄彼，仅仅强调执行制裁。经验告诉我们，制裁不是万能的。片面突出制裁，放松政治努力，一味对朝施压，于事无补，并非正道。

第三，对话协商是解决半岛问题的唯一出路。我们呼吁有关方面能够体现诚意，采取切实行动，为重启对话创造条件。我们也呼吁各方能够坚持相向而行，坚持平衡解决彼此合理关切，共同推动半岛问题的政治解决进程。中方愿继续为此作出努力。

谢谢主席。

中国代表团团长、裁军大使李松
在第 77 届联大一委一般性辩论上的发言

（2022 年 10 月 10 日）

主席先生：

中国代表团祝贺阁下当选本届联大一委主席。我们愿与你及各国代表团通力合作，共同推动本次大会取得成功。

冷战结束 30 年了，冷战思维仍是国际和平与稳定的最大威胁。当前，国际安全以及多边军控、裁军和防扩散机制面临冷战结束以来最严峻挑战。冰冻三尺，非一日之寒。个别国家以冷战思维为执念，渲染大国竞争与对抗，强化军事同盟合作，挑拨激化矛盾。这样的政策举措严重影响大国互信，冲击全球战略平衡与稳定，破坏国际军控与裁军进程。防扩散领域双重标准盛行，动摇以《不扩散核武器条约》为基石的国际核不扩散体系，使热点问题更加复杂难解，恶化地区和国际安全环境。小圈子、集团政治、打压异己等消极动向大行其道，严重毒化多边机制合作氛围，给军控、裁军和防扩散机制的功能和效能带来严重负面影响。

世界之变、时代之变、历史之变正以前所未有的方式展开。人类是不可分割的安全共同体，必须正视和回答"世界需要什么样的安全理念、各国怎样实现共同安全"这个时代课题。中国国家主席习近平提出全球安全倡议，倡导构建均衡、有效、可持续的安全架构，以共赢思维应对复杂交织的安全挑战，以团结精神适应深刻调整的国际格局，为消弭国际冲突根源、实现世界长治久安提供了中国智慧和中国方案。

在此，我愿阐述中国有关立场和主张。

第一，维护全球战略稳定体系是当务之急。

大国互信与协作，是国际安全与稳定的根本保证。大国，特别是核武器国家，必须摒弃战略竞争、阵营对抗理念，放下独享安全、绝对安全的想法，不要企图将本国安全凌驾于他国安全之上，致力于通过对话合作，重建战略互信。

今年1月，五核国领导人发表联合声明，强调"核战争打不赢也打不得"，重申不将核武器瞄准彼此或其他任何国家。这一历史性声明对防止核战争、避免军备竞赛具有重大和深远意义。五核国应进一步加强沟通协作，共同维护全球战略平衡与稳定。希望所有核武器国家积极响应古特雷斯秘书长和中方长期呼吁，采取不首先使用核武器政策。

核裁军应继续遵循公平合理、逐步削减、向下平衡原则，两个拥有最大核武库的国家应切实承担特殊、优先责任，以可核查、不可逆和具有法律约束力的方式，进一步大幅、实质削减各自核武库，为多边核裁军创造条件。美国应停止发展、部署地区和全球反导系统，不应在亚太和欧洲部署陆基中导，不得在亚太复制"核共享"，以实际行动维护地区和世界和平与安全。

第二，必须切实遵守并加强国际军控条约和机制。

当今各国互信下降、冲突对抗增多，不是因为联合国宪章宗旨和原则过时了，而是它们受到所谓"基于规则的国际秩序"的冲击。个别国家和国家集团的"家法""帮规"不能取代联合国宪章。联合国全体会员国应践行真正的多边主义，坚定维护以联合国为核心的国际体系和以国际法为基础的国际秩序，以实际行动维护各项国际军控条约的全面执行。中国欢迎古特雷斯秘书长提交的"我们的共同议程"报告，愿继续积极参与后续工作。

中国国务委员兼外长王毅日前宣布，中国已启动《枪支议定书》国内批准程序，这体现了中国支持多边主义、践行人类命运共同体理念的决心。中国愿进一步加强与各方交流合作，也将继续支持非盟落实"消弭非洲枪声"倡议，为加强全球枪支管控合作、消弭安全赤字作出新的贡献。

《不扩散核武器条约》第十次审议大会最终未能就成果文件达成一致，但维护条约目的和宗旨的努力不应停止。中国将继续忠实履行条约各项义务，坚定捍卫国际核裁军和核不扩散体系，积极支持和平利用核能国际合作，推动条约在新世纪为服务和平与发展发挥更大作用。

中国呼吁美国、日本切实履行《禁止化学武器公约》义务，尽快完成库存化武、遗弃化武的销毁。呼吁美国建设性回应国际社会对其生物军事活动的关切，停止独家阻挠《禁止生物武器公约》核查议定书谈判。

第三，必须坚持防扩散初衷和正确途径，坚决反对以防扩散为名行扩散之实，颠覆现有核不扩散机制。

伊朗核问题局势再次面临重要关头，中国呼吁各方坚持对话谈判大方向，加大外交努力，争取早日实现全面协议完整、有效执行。美国必须作出政治决断，积极回应伊方合理诉求，推动达成恢复履约协议。

当前朝鲜半岛局势持续紧张，各方应着眼半岛和平稳定大局，冷静克制，避免加剧紧张、防止误判。坚持从安全不可分割原则出发处理和解决半岛问题，坚持半岛无核化大方向，平衡解决各方合理关切，为推动对话谈判作出新的努力。

美英澳核潜艇合作违反《不扩散核武器条约》目的和宗旨，冲击国际原子能机构保障监督体系，构成严重核扩散风险，破坏地区和平与稳定，中国对此严重关切并坚决反对。我们呼吁国际社会特别是国际原子能机构成员国对此高度重视，认真充分讨论、慎重处理，维护国际核不扩散体系的完整性和有效性。

第四，完善和改进新兴领域安全治理势在必行。

生物安全没有国界，国际社会应共同应对包括生物安全在内的全球性挑战。中国呼吁各方凝聚政治共识，推动《禁止生物武器公约》第九次审议大会取得实质成果，全面加强公约机制。各国科学家携手达成的《科学家生物安全行为准则天津指南》对促进生物科技健康发展，防止生物科技被误用、滥用具有重要意义，欢迎各方自愿采纳和推广。

外空是国际公域，正面临严重安全威胁。个别空间大国奉行"主导外空"

战略、着眼于外空大肆扩军备战，这是外空武器化和军备竞赛的直接动因。作为负责任空间大国，中国积极倡导防止外空武器化和军备竞赛。我们愿本着讲原则、建设性的态度，积极参加外空安全治理进程。必须指出，主观性、选择性的举措不足以、不可能全面解决外空安全治理问题。谈判具有法律约束力的外空军控条约，是维护外空安全的根本之道。

网络是人类共同活动空间，网络安全事关世界各国广泛利益。中国主张维护联合国信息安全开放式工作组作为联合国唯一信息安全进程的地位，以《全球数据安全倡议》为基础，制定反映大多数国家意愿和利益的网络和数据安全全球规则，积极推动构建和平、安全、开放、合作的网络空间。

人工智能技术快速发展军事化应用日益广泛，安全风险不容忽视。中国倡导"智能向善"，支持联合国在加强人工智能全球治理中发挥主导作用，推动达成具有广泛共识的人工智能治理框架和标准规范，确保人工智能技术造福人类。

中国主张在联合国平台开展开放、包容、公正的对话，持续促进科技和平利用及相关国际合作，推动科技发展成果普惠共享，同时应对科技发展所带来的安全挑战。今年中国将继续提交"在国际安全领域促进和平利用国际合作"决议草案，呼吁各国支持并积极参与后续进程。

主席先生，

中国长期奉行独立自主的和平外交政策和防御性国防政策，是世界上唯一将"坚持和平发展道路"写入宪法的国家。中国是世界和平的建设者、全球发展的贡献者、国际秩序的维护者、公共产品的提供者、热点问题的斡旋者。中国积极参与和推进国际军控、裁军和防扩散进程。中国的核武器从来不是用来称王争霸、欺负胁迫无核武器国家的，也不会参加任何形式的军备竞赛。中国国防力量的根本职责在于坚决捍卫国家主权和领土完整，中国军控政策的根本目标是推动公平公正、合理可行的多边军控进程，促进国际和平、安全与稳定，维护中方正当安全利益。

主席先生，

面对各种安全挑战，没有国家可以独善其身。联大一委、裁谈会、裁审会及多边条约机制的工作与国际形势发展息息相关。天有不测风云，但需坚持治理安全环境和政治气候。为此，必须超越你输我赢的冷战思维，摒弃以强凌弱的丛林法则，秉持共同、综合、合作、可持续的新安全理念，以对话取代对抗，以协商取代胁迫，以结伴取代结盟，以共赢取代零和，切实尊重和保障每一个国家的安全，共同构建普遍安全的世界。

中国愿与世界各国一道，全面落实全球安全倡议，坚定维护多边主义国际秩序，积极参与推动国际军控进程，为构建人类命运共同体作出新贡献。

谢谢，主席先生。

中国裁军大使李松在第 77 届
联大一委关于核裁军问题的专题发言

（2022 年 10 月 18 日）

主席先生：

中国一贯主张全面禁止和彻底销毁核武器，最终实现无核武器世界目标。《不扩散核武器条约》（NPT）无限期延长，不意味着核武器国家得以永远拥有核武器。

中国坚持走和平发展道路。10 月 16 日，习近平总书记在向中国共产党第二十次全国代表大会所作报告中明确指出，中国坚定奉行独立自主的和平外交政策，始终根据事情本身的是非曲直决定自己的立场和政策，维护国际关系基本准则，维护国际公平正义，坚决反对一切形式的霸权主义和强权政治，反对冷战思维，反对干涉别国内政，反对搞双重标准。中国永远不称霸、永远不搞扩张。

中国坚持奉行防御性国防政策。中国的核战略与核政策是长期、一贯的，具有高度稳定性、连续性和可预见性，在核武器国家中不仅独树一帜，也是最为负责、最为透明的。58 年前，中国在拥有核武器的第一天起，就郑重承诺任何时候和任何条件下都不首先使用核武器，并承诺无条件不对无核武器国家和无核武器区使用或威胁使用核武器。根据上述战略和政策，中国始终将核力量维持在国家安全需要的最低水平，不与任何其他核武器国家开展军备竞赛。中国一贯并将继续以高度负责的态度，认真履行 NPT 各项义务。

个别国家出于别有用心的目的，对中国核政策、核力量建设不时进行无端猜测和污蔑指责。我愿在此强调，中国的核战略、核政策与实践光明磊落，严肃负责，不会改变。我们也不会受到那些猜测和指责的影响。中国独特的核政策与实践本身，就为促进国际核裁军进程作出了历史性贡献，并将继续为此作出建设性贡献。

主席先生，

当前，全球战略安全环境持续恶化，霸权主义、强权政治，冷战思维、意识形态划线，大国竞争、阵营对抗这样的理念和政策，严重威胁国际和平与安全。核武器作用、核战争风险等问题再度引起国际社会高度关注。核裁军何去何从，联合国需要答案。中国主张：

一、国际社会应践行真正的多边主义，秉持共同、综合、合作、可持续的安全观。大国，特别是核武器国家，必须摒弃战略竞争、以意识形态划线、阵营对立对抗理念，放下独享安全、绝对安全的执念，不将本国安全凌驾于他国安全之上，不利用核武器称王争霸、欺凌胁迫无核武器国家。

二、美国和俄罗斯作为依然拥有最庞大核武库的核超级大国，应继续履行核裁军特殊、优先历史责任，以可核查、不可逆、具有法律约束力的方式，进一步大幅、实质削减各自的核武库，为最终实现全面、彻底核裁军创造条件。鉴于核武器国家在核政策、核力量、安全环境等方面存在巨大差异，核军控、核裁减、核透明不存在统一模板，须遵循"维护全球战略稳定""各国安全不受减损"等原则，以公平合理、逐步削减、向下平衡的方式，循序渐进推进核裁军进程。

三、核武器国家应对有关核战略与核政策作出切实调整，降低核武器在国家安全政策中的作用，承诺不首先使用核武器，不把任何国家列为核打击目标，不将核武器瞄准任何国家，无条件不对无核武器国家和无核武器区使用或威胁使用核武器。中国呼吁五核国缔结"互不首先使用核武器条约"，并积极推动日内瓦裁谈会谈判缔结对无核武器国家提供"消极安全保证"的国际法律文书。

四、"核共享"与NPT宗旨和原则背道而驰，不应鼓励、不得扩散。与核武器国家结盟的无核武器国家，与其他无核武器国家具有很重要的不同之处，安全诉求也并不完全一致。这些国家也有必要承担责任、作出努力，切实降低核武器在其国家安全战略和集体安全战略中的作用。

五、今年1月，五核国领导人发表《关于防止核战争与避免军备竞赛的联合声明》，申明"核战争打不赢也打不得"。这一历史性声明及时发表，对防止核战争、维护全球战略稳定具有重要深远意义，必须得到严肃认真的恪守。五核国应进一步就战略稳定、减少核风险等问题加强沟通，并可着手围绕反导、外空、网络、人工智能等更广泛议题开展深入对话，重建互信，加强合作。

六、必须坚决抵制损害国际核不扩散体系的错误做法。个别核武器国家把地缘政治利益凌驾于核不扩散目标之上，奉行双重标准和实用主义，与无核武器国家开展违背NPT目的和宗旨的核潜艇合作，并企图在亚太地区复制"核共享"。国际社会应旗帜鲜明地反对上述核扩散行径，共同创造有利于核裁军取得进展的国际和地区安全环境。

七、NPT缔约国应以新一轮审议周期为契机，坚定维护条约权威性和有效性，进一步加强国际核不扩散机制，推动NPT服务和平与发展。努力推动《全面禁止核试验条约》早日生效，加强履约准备工作，恪守"暂停试"承诺。支持日内瓦裁谈会在全面平衡工作计划基础上，根据"香农报告"所载授权启动"禁止生产核武器用裂变材料条约"谈判，通过具有法律约束力的方式实现禁产目标。

主席先生，

今年4月，习近平主席提出全球安全倡议，倡导构建均衡、有效、可持续的安全架构，以共赢思维应对复杂交织的安全挑战，以团结精神适应深刻调整的国际格局，为消弭国际冲突根源、实现世界长治久安提供了中国智慧和中国方案。中国愿与各方一道，全面落实全球安全倡议，坚定维护多边主义国际秩序，积极参与推动国际军控、裁军和防扩散进程，为构建人类命运共同体作出新贡献。

谢谢，主席先生。

中国代表团在第 77 届
联大一委关于生化武器问题的专题发言

（2022 年 10 月 19 日）

主席先生：

当前形势下，加强《禁止生物武器公约》和《禁止化学武器公约》对维护国际和平安全、促进经济社会发展的重要性更加突出。各方应践行真正多边主义，积极对话合作，捍卫两个公约的宗旨和目标，维护其权威性和有效性。

生物安全没有国界。中国国家主席习近平今年 4 月提出全球安全倡议，强调国际社会要共同应对包括生物安全在内的全球性问题。中方愿与与各方一道，进一步加强《禁止生物武器公约》权威性和有效性，推动公约九审会取得实质成果。中方有以下主张：

一是重启核查议定书谈判。建立核查机制是确保军控、裁军领域各项条约权威性、有效性的最佳手段。生物安全领域不应成为例外。我们再次呼吁公约审议大会作出决定并成立特设机制，以 2001 年接近达成一致的草案为基础，重启有法律约束力的核查议定书谈判。在核查机制建立之前，应在建立信任措施表格中，增加"缔约国在其他国家开展的生物军事活动"项目。希望美国作为境外生物军事活动最多的国家，支持上述倡议并自愿、率先作出宣布。

二是解决合理遵约关切。不久前，公约缔约国在日内瓦举行协商会议，审议美国的遵约问题。俄方提出的一系列具体问题，尚未得到美方有针对性的回应。美方作为公约缔约国和存约国，有义务对俄方指控及包括中方在内其他缔约国提出的问题作出全面、深入澄清，做遵约表率，建立国际社会对美方履约的信心。中方支持各方继续通过专家组等形式开展技术评估，提交评估意见。

缔约国可考虑继续利用《禁止生物武器公约》机制，包括公约第六条相关安排，推动解决问题。

三是加强科技发展审议。负责任的生物科研对于降低生物安全风险、促进生物科学造福人类具有重要意义。我们鼓励所有利益攸关方自愿采纳《科学家生物安全行为准则天津指南》，并共同推动公约审议大会核可。我们也支持各方继续开展讨论，以便审议大会就建立科技审议机构作出决定。

四是积极促进国际合作。疫情背景下，促进生物科技和平利用的重要性、紧迫性更加突出。我们鼓励国际社会积极落实去年第76届联大通过的"在国际安全领域促进和平利用国际合作"决议，在联大框架下开展开放、包容、公正的对话，平衡处理防扩散与和平利用的关系，切实保障发展中国家在生物等领域和平利用的权利，全面实现公约宗旨和目标，不断促进生物科技的和平利用及普惠共享。

"使用生化武器事件联合国秘书长调查机制"的成立有独特历史背景，一些国家对机制的授权、启动门槛、调查的客观性和公正性等一直存有关切。我们相信，联合国秘书长会秉持客观公正态度妥善处理相关问题，中方将继续支持并深入参与机制能力测试等活动。我们也支持结合形势发展变化，对该机制的运作规则等开展进一步的研究和讨论。

主席先生，

美国作为世界上唯一拥有库存化武的国家，应切实履行责任，尽快完成库存化武销毁。不久前，中日双方邀请禁化武组织总干事和执理会代表团视频访华，就加快日遗化武销毁进程建言献策。日遗化武销毁已第四次逾期，中方敦促日方切实履行承诺，加大投入，尽早还中国人民一片净土。

中方对禁化武组织的政治化现状深表关切。忽视缔约国间沟通和磋商，动辄付诸表决的做法严重损害公约权威和有效性，对禁化武组织正常运作造成不利影响。我们再次呼吁有关国家停止政治操弄，共同改进禁化武组织工作氛围，推动禁化武组织工作回到对话协商的轨道上来。

中方一贯坚决反对任何国家、任何人在任何情况下使用化学武器，对指称使用化武事件，应严格按照《禁止化学武器公约》规定，秉持公正、客观、专业原则，通过对话与合作查明事件真相。对话合作是解决叙利亚化武问题的唯一正确途径。中方坚决反对出于地缘政治需要，把叙化武问题工具化，挑动对抗，打压异己。希望叙政府和禁化武组织技秘处在公约框架下，以建设性态度开展合作，推动未决事项取得积极进展。

中方希望"执行《禁止化学武器公约》"决议草案能够坚持平衡、全面原则，在广泛吸收各方意见基础上凝聚共识。希望中方的立场和关切在草案中得到妥善反映。

谢谢主席先生。

中国代表团在第 77 届
联大一委关于常规武器问题的专题发言

(2022 年 10 月 21 日)

主席先生，

中国政府一贯积极支持国际常规武器军控进程，主张在平衡处理各国正当安全需要和人道主义关切的基础上，不断加强和完善常规军控领域的国际法律机制，维护国际持久和平与普遍安全。中国积极参与了联合国框架内常规武器领域包括轻小武器、常规弹药、军备透明在内的各项议程，为推动相关军控进程持续作出积极贡献。

作为一项新的重要举措，中国业已启动《枪支议定书》国内批准程序。这充分体现了中方坚定支持多边主义、践行人类命运共同体理念的决心和诚意。

中国加入《武器贸易条约》两年来，在稳步推进相关履约工作的同时，积极倡导负责任武器贸易理念，呼吁各国不向非国家行为体出售武器，为提升条约的有效性和普遍性作出积极贡献。

中方积极支持《特定常规武器公约》各项工作，忠实履行公约及各议定书义务，建设性参与简易爆炸装置、"致命性自主武器系统"等相关讨论。截至2021 年底，中国政府通过不同方式向 40 余国提供总额超过 1 亿人民币的人道主义扫雷援助，培训 1000 余名专业扫雷技术人员。今年，中国将继续向柬埔寨和老挝提供一批探扫雷设备和人道主义物资，帮助东盟国家加强扫雷能力建设。

主席先生，

当前，国际和地区安全形势正发生深刻复杂变化，地缘政治博弈日趋激烈，地区武装冲突和动荡此起彼伏，恐怖主义、极端主义和跨国有组织犯罪远未消除，全球武器贸易规模不断扩大，常规武器非法转让和转用风险有增无减，全球安全治理遭受冲击。特别是个别大国和军事集团顽固奉行冷战思维，加紧推进军事扩张，不断利用武器转让干涉他国内政，推进自身地缘战略，加剧有关国家和地区的冲突和对立，增加常规武器流散的风险。

主席先生，

中国国家主席习近平今年4月提出的"全球安全倡议"为应对包括常规武器军控在内的全球安全挑战提供了中国方案和解决思路。我们应坚持共同、综合、合作、可持续的安全观，进一步携手努力，加强常规武器军控领域协调合作，助力国际军控进程。中方愿提出以下建议：

一是坚持标本兼治。各国应坚持通过政治、外交手段解决争端，消除战乱、冲突、恐怖主义和有组织犯罪的根源，切实帮助有关国家实现经济发展和社会稳定，为从根本上解决常规武器问题创造条件。

二是强化国家责任。各国在打击常规武器非法转让方面应承担首要责任，根据本国国情，建立和完善相关法律法规，加大执法力度。武器出口大国应作出表率，采取负责任武器出口政策，不向非国家实体转让武器，停止干涉他国内政，慎重向冲突地区出口武器，防止合法武器流入非法渠道。

三是坚持多边主义。各国应积极支持联合国在常规武器军控领域的主渠道作用，鼓励和推动更多国家参与常规军控进程，持续提升相关条约的普遍性和有效性。积极推动各层面务实合作，共享安全红利，助力联合国可持续发展议程。

四是加强资源整合。应强化联合国框架内常规武器军控机制间的互动协同，加强《武器贸易条约》与联合国"常规武器登记册"、轻小武器《行动纲领》等机制交流，实现相互补充，相互促进，争取形成合力。

主席先生，

中方愿与国际社会一道，推动常规武器军控领域各项工作取得新进展，为建设一个持久和平、普遍安全的世界作出不懈努力。

谢谢主席先生。

中国代表团团长、裁军大使李松在 77 届
联大一委关于"和平利用"决议和信息安全问题的发言

(2022 年 10 月 25 日)

主席先生，

我愿在此介绍中方在和平利用及相关国际合作和信息安全两个问题上的立场。

主席先生，

出于和平目的利用科学技术并开展相关国际合作，是《不扩散核武器条约》《禁止生物武器公约》和《禁止化学武器公约》等国际法律文书确立的各国不可剥夺的权利。遗憾的是，多年来发展中国家不受歧视地和平利用科技并开展国际合作的权利远未得到有效保障。不结盟运动巴库峰会《最后文件》明确指出，向发展中国家出于和平目的出口材料、设备和技术面临不合理限制。新冠肺炎疫情引发的各类经济社会难题，更凸显发展中国家通过和平利用实现可持续发展的迫切需要。中方认为，不结盟运动国家的呼声应当得到回应，发展中国家和平利用科技的正当权利应当得到尊重，对和平利用科技施加的不合理限制问题应予以尽快解决。

去年，联大通过了中方主提、26 国共提的"在国际安全领域促进和平利用国际合作"决议，开启了和平利用及相关国际合作对话进程。秘书长根据该决议汇总各方意见提交的报告，在去年裁军领域各项报告中参与度最大、收到意见建议最多，这充分反映了就有关问题开展对话的广泛意愿和迫切需要。为此，中方向今年联大一委再次提交了该决议草案。中方在坚持决议宗旨和核心理念的前提下，尽可能采纳各方建议，照顾各方舒适度。中方再次提交决议，

目的是延续联大框架下对话进程，为各方提供探讨有关问题挑战与合作机会的平台。有的国家担心，中方此举旨在颠覆现有防扩散出口管制机制，这完全是无稽之谈。中方决议初衷光明磊落，那就是践行真正的多边主义，在联大框架下通过相互尊重、平等互利基础上的对话进程，促进国际社会正视和平利用领域存在的问题，并通过持续讨论寻找解决之道。我愿强调指出，去年围绕这一决议草案的对抗，不是中方挑起的，也不应该在今年的一委继续发生。"和平利用"决议草案在联合国框架下确立的对话进程，应该成为防扩散出口管制机制与发展中国家沟通对话的桥梁。

我愿强调，防扩散与和平利用不是此消彼长的敌人，而应该是携手并进的伙伴。通过积极参与相关对话，倾听发展中国家的呼声与关切，有助于现有防扩散出口管制多边机制的发展进步，不断加强自身权威性和普遍性，为国际和平安全作出更大贡献。中方欢迎广大发展中国家对该决议予以更大支持，敦促西方国家不要阻挠联合国框架下的对话进程，呼吁联合国会员国共同努力，推动国际社会平衡推进和平利用与防扩散这两个并行不悖的目标。

主席先生，

当前，新冠肺炎疫情跌宕延续，全球网络安全格局深刻演变，各国数字化转型加速推进。与此同时，网络数字领域治理赤字凸显，网络空间不安定、不稳定因素突出，网络空间面临分裂风险。一些国家出于地缘政治私利，刻意将意识形态分歧引入网络空间，将科技和经贸问题政治化、工具化、武器化，人为割裂全球互联网，破坏产业供应链的稳定，违背信息通信技术发展规律，阻碍网络空间全球合作与发展。

当前形势下，各方应把国际社会公益置于地缘政治私利之前，把团结合作置于分裂对抗之前，践行真正的多边主义，共同努力维护和改革现存国际体系，共同制定并遵守协商一致达成的网络空间国际规则。在今年的信息安全开放式工作组会议上，中方率先提出各方应"遵守"而不仅仅是"执行"联合国信息安全"负责任国家行为框架"，并成功写入年度报告。我们呼吁所有国家，特别是大国，应切实承担相应的国际责任，致力于建立和平、安全、开放、合作的网络空间。

网络空间关乎人类的共同命运，网络空间的未来应由各国共同开创。无论是政府专家组还是开放式工作组，各国普遍认同联合国应该只有一个网络安全进程。今年，开放式工作组在加富尔大使和各方共同努力下，成功达成首份年度进展报告。这在当前形势下殊为不易，凸显了国际社会对工作组的信任和信心。

但令人不解和遗憾的是，一些国家无视工作组积极进展，无视网络安全进程团结稳定的大局，执意提交决议草案，在工作组框架外寻求新建"行动纲领"。这种做法可能将在此导致联合国安全进程"双轨并行"，不符合国际社会及各国的共同利益。

主席先生，

面对当前网络空间分裂风险，我们缺少的不是讨论平台或机制，而是凝聚共识的政治意愿。各方应尊重国际社会现有共识，尊重工作组联合国唯一信息安全进程的权威，严格按照联大决议授权，在工作组框架下就未来机制性对话进行讨论。中方期待与各国一道，充分利用好工作组机制，加强沟通交流，共同构建更加公平合理、开放包容、安全稳定、富有生机活力的网络空间。

谢谢，主席先生。

中国裁军大使李松在 77 届
联大一委关于裁军机制问题的专题发言

（2022 年 10 月 27 日）

主席先生，

首先，我愿借此机会，感谢裁谈会、裁审会主席及相关条约进程主席团为推动多边裁军进程所做努力，感谢联合国裁军事务高级代表中满泉女士和她所领导的裁军办以及罗宾·盖斯（Robin Geiss）博士和他所领导的联合国裁研所对多边裁军机构的支持和贡献。

当前，国际政治安全形势正发生复杂深刻演变。冷战思维大行其道，所谓"大国战略竞争"执念恶化大国关系，对全球战略安全稳定、国际和平与安全造成严重冲击。

面对严峻形势，中国坚持主张真正的多边主义，以讲原则、负责任、建设性态度积极推动多边裁军机制进程。今年 1 月，中国作为裁谈会今年首任轮值主席，积极致力于推动裁谈会"去政治化"，妥善解决观察员与会问题，全力推动各方就裁谈会全年工作安排达成一致。这是中国积极践行真正多边主义的生动体现，也是真正多边主义的胜利。

主席先生，

天有不测风云，但仍需坚持治理安全环境和政治气候。在可预见的将来，多边裁军机制仍将受到冷战思维、"大国竞争"、意识形态划线等逆时代潮流的思维和行径影响。多边裁军机制举步维艰，不能归咎于机制本身。对如何充分利用和加强多边裁军机制，中方提出以下三点主张。

第一，弘扬和践行真正的多边主义。坚决维护多边裁军机制的权威性和有效性，充分利用机制平台，实实在在地开展任何可能的交流对话和实质性工作。积极倡导共同、综合、合作、可持续的新安全理念，在平等互利、合作共赢基础上，锲而不舍地致力于增信释疑、凝聚共识。

第二，坚决反对政治化。多边裁军机制是促进共同安全的平台，不是政治对抗的战场。一些国家利用多边机制打压异己，加剧对抗分裂，严重干扰机制正常工作，应予坚决反对和抵制。各方应本着建设性态度，严格按照各机制职责授权开展工作，逐步推动多边机制重回健康、务实、专业轨道。

第三，警惕和防范抛弃国际共识、破坏多边机制的行径。今年主提"禁产条约"决议草案的西方国家，执意对案文进行颠覆性修改，企图另起炉灶。这样的举动不是建设性的，不会真正有利于启动"禁产谈判"，只能将谈判引入死胡同。在"负责任外空行为准则"开放式工作组进程中，西方国家是能否真正认真地听取来自发展中国家的声音，信守防止外空军备竞赛总目标，我们拭目以待。

主席先生，

在冷战思维、大国竞争、阵营对抗阴霾之下，多边裁军机制前景不容乐观，国际防扩散体系面临崩塌风险。中方将继续以光明磊落和建设性姿态，为多边裁军机制注入原则性和正能量。让我们携手努力，勇毅前行。

谢谢，主席先生。

中国裁军大使李松在第77届
联大一委关于外空问题的专题发言

(2022 年 10 月 27 日)

主席先生,

各国享有出于和平目的开发利用外空的平等权利,同时承担维护外空安全的共同责任。外空活动促进人类社会发展繁荣,另外,安全挑战也在上升。外空武器化和军备竞赛风险日益成为现实,对外空安全构成最大和最根本威胁。

外空军备竞赛的根源在于超级大国企图称霸外空。冷战结束 30 年来,有关国家固守冷战思维,长期奉行主导外空战略,加快外空军力建设,不断增加外空作战计划和行动。该国新版太空政策文件仍将外空视为"国家军事力量优先领域",谋求"在外空持久战略优势"。这样的理念和战略,以及在有关政策指导下的军事举措,是悬在外空的"达摩克利斯之剑",威胁外空和平与安宁,威胁人类福祉和共同安全。

主席先生,

今年早些时候,美国宣布不再进行破坏性直升式反卫星导弹试验,现在又在联大一委提出了有关决议草案。中方的态度是,我们欢迎一切真正有利于实现防止外空军备竞赛目标的军控倡议,但反对任何假借军控之名扩大单边军事优势的做法。早在 1959 年,也就是人类发射首颗人造卫星后仅仅 2 年,美国就开始进行直升式反卫星导弹试验。经过半个多世纪的发展,美国的反卫星手段业已十分完备,并能利用反导装备形成实战化反卫星能力。说穿了,美国早就不需要进行破坏性直升式反卫星导弹试验了。如果美国真的关心外空安全,那么 60 年前就应提出今天的这项决议草案。

必须指出，美方倡议不会对美国外空军事战略和军力发展构成任何约束。就在上个月，美太空军高官还在对美参议院军事委员会说，"美方并未放弃太多，仍有其他办法验证反卫星能力"。明眼人不难看出，美国倡议与冷战期间超级大国搞"先扩军、后军控"，限制别人、发展自己如出一辙。在21世纪的今天，这样的军控倡议，是对国际社会的愚弄，是对超级大国的讽刺。鉴此，中方对美国提出的有关决议草案表示反对，同时呼吁各方辨明是非。

主席先生，

中国代表团欢迎和支持印尼代表不结盟集团所作的共同发言。这个发言体现了国际社会的广泛呼声。许多发展中国家也在发言中阐述了有关立场。各方普遍认为，维护外空安全必须以防止外空武器化和军备竞赛为前提。失去这个前提，外空永无宁日。

40年来，联大每年以压倒性多数通过防止外空军备竞赛（PAROS）决议，日内瓦裁军谈判会议一直在就PAROS开展工作，在裁谈会谈判达成外空军控条约是国际社会长期共识。中俄于2008年向裁谈会提交、2014年进一步修订的外空军控条约（PPWT）草案，核心要义是禁止在外空部署武器、禁止向外空物体使用或威胁使用武力。这两项国际法义务简明扼要，切中防止外空武器化、防止外空军备竞赛、维护外空共同持久安全的要害。任何一个没有称霸外空野心的国家，都应该对承担上述国际法义务没有困难。

美国大使在发言中明确提到，美方主张的外空军控条约，也就仅限于破坏性直升式反卫星导弹试验问题。我愿强调，中俄PPWT中明确要求各国承诺不对外空使用或威胁使用武力，这项规定完全可以解决反卫星武器问题。如果有关国家一方面回避这样全面的解决方案，一方面刻意推动十分狭窄、对自我约束毫无意义的军控倡议，其动机和诚意令人怀疑，国际军控意义十分有限，无助于通过共同、综合、合作、可持续的方式，全面维护外空安全。

主席先生，

今年以来，联合国"负责任外空行为准则"开放式工作组业已召开两次会议。各方围绕外空安全面临的来自各方面的威胁、确保外空安全的思路和举措等问题展开热烈讨论。各方支持防止外空军备竞赛总目标。中国和许多其他发展中国家主张以全面、非歧视性和具有法律约束力的方式应对外空威胁，谈判制定国际法律文书。

如果对超级大国称霸外空的战略、政策和举措视而不见，一味搞什么"负责任外空行为准则"，外空安全将呈现一个"美国主导，其他国家守规矩"的局面，这显然不符合国际社会最广大成员的共同利益，无助于维护外空共同安全。我可以把话说得更明确些：大概没有哪个国家想在外空与美国争霸，中国肯定不会这样做，但国际社会也不应接受一个美国称霸的外空。

要制定"负责任外空行为准则"，首先需要超级大国承诺不主导外空、不称霸外空，不将外空界定为作战疆域；各国应以具有法律约束力的方式承诺不对空间物体使用或威胁使用武力；共同致力于早日谈判缔结全面的、非歧视性的、对各方构成平等约束的防止外空军备竞赛和防止外空武器化的国际法律文书。我们敦促美国作出表率，发挥真正有利于外空普遍安全、共同安全的"领导作用"。

主席先生，

2018—2019年，联合国PAROS政府专家组开展了卓有成效的工作，各国专家就有关国际法律文书各方面问题开展了深入和实质性探讨，形成了很有价值的报告草案，最终因美国独家阻挡功亏一篑。今年，中国与其他20个共提国一道提出"防止外空军备竞赛的进一步切实措施"（A/C. 1/77/L. 70）决议草案，建议再次设立联合国PAROS政府专家组，在上届专家组工作基础上进一步开展工作。该进程与"负责任外空行为准则"开放式工作组可以相互补充，应该相互促进，共同服务防止外空军备竞赛、维护外空安全总目标。希望各国积极支持L. 70号决议草案。

谢谢主席先生。

耿爽大使在安理会审议乌克兰生物安全问题时的发言

（2022 年 10 月 27 日）

主席先生：

　　生物军事活动事关国际和平与安全，事关全人类共同利益。中方在二战期间深受生物武器之害，一贯主张全面禁止和彻底销毁包括生物武器在内的一切大规模杀伤性武器，坚决反对任何国家在任何情况下研发、储存或使用生物武器。所有缔约国都应严格遵守《禁止生物武器公约》的目标和原则。

　　俄罗斯公布的有关生物军事活动的信息线索，理应得到有关方面有针对性的回应。中方呼吁相关当事方采取负责任态度，切实履行《禁止生物武器公约》缔约国义务，对俄方提出的一系列问题作出全面、深入澄清。应俄罗斯要求，《禁止生物武器公约》缔约国于今年 9 月就此举行正式协商会议。令人遗憾的是，有关方面没有对俄罗斯提出的疑问作出充分解答和澄清。国际社会可以考虑利用公约第六条相关安排推动解决问题。

　　建立核查机制是确保裁军、军控领域各项条约权威性和有效性的必要手段，《禁止生物武器公约》不应成为例外、留有空白。中方再次呼吁各方相向而行，以 11 月底即将举行的《公约》九审会为契机，进一步加强建立信任措施机制，尽早重启停滞 20 多年的核查议定书谈判，推动建立多边核查机制，切实提升全球生物安全水平。

　　主席先生，

　　关于乌克兰问题本身，中方的立场是一贯、明确的。我们始终期待早日实现停火止战，防止造成更大规模的人道危机；始终呼吁当事各方保持冷静克制，避免局势继续升级扩大；始终主张对话谈判，实现乌克兰危机的政治解决。乌克兰冲突长期化、扩大化、复杂化不符合任何一方利益。国际社会应当增强紧迫感，加大斡旋努力，推动俄乌双方尽快重启谈判，为和平积累政治条件。中方愿同国际社会一道，继续为此发挥建设性作用。

谢谢主席先生。

中国裁军大使李松在 77 届
联大一委关于美国《2022 年核态势审议报告》的发言

(2022 年 10 月 28 日)

主席先生：

美国昨天发表的《2022 年核态势审议报告》有助于我们看清，美国握着手中的核武器，是如何看待这个世界、如何对待其他国家的。这个报告极力渲染大国竞争、阵营对抗，充斥着冷战思维、零和理念，反映出美国谋求绝对军事优势的霸权逻辑，与防止核战争、避免核军备竞赛的国际期待背道而驰。美方进一步强化核武器在国家安全政策中的作用，降低核武器使用门槛，日益成为核冲突风险的源头。美国新出台的核战略及相关政策、规划，必将对全球战略安全与稳定、大国战略安全关系、国际和多边核军控、裁军与防扩散进程产生复杂、深远的严重消极影响。

美方在报告中对中国正常的核力量现代化指手画脚、妄加揣测，明目张胆针对中国量身定制核威慑战略，中方对此严重关切并坚决反对。我们奉劝美方，不要"以美国之心度中国之腹"，总是用霸权心态揣度其他国家，把其他国家想象成对手或敌手。中国不是美国，不会变成另外一个美国，也不会奉行美国的核战略。与此同时，中方有能力、有信心维护国家安全利益，美方的核讹诈吓不倒中国。

我们敦促美方摒弃冷战思维和霸权逻辑，采取理性、负责任的核政策，切实履行核裁军特殊优先责任，为维护全球战略稳定、增进世界和平与安全发挥应有作用。

主席先生，

中国一贯主张最终全面禁止和彻底销毁核武器。中国的核战略与核政策具有高度稳定性、连续性和可预见性，在核武器国家中最为负责、最为透明。中国自拥有核武器第一天起就郑重承诺任何时候、任何情况下都不首先使用核武器，并承诺无条件不对无核武器国家和无核武器区使用或威胁使用核武器，这一直是中国为国际核军控与裁军进程作出的独特贡献。中国将核力量维持在国家安全需要的最低水平，不与任何核武器国家开展军备竞赛。

谢谢，主席先生。

耿爽大使在安理会表决
乌克兰生物军事活动问题决议草案后的解释性发言

(2022 年 11 月 2 日)

主席先生：

刚才中方对俄罗斯提交的一项援引《禁止生物武器公约》（以下简称《公约》）第 6 条、由安理会就有关遵约问题启动调查的决议草案投了赞成票。我愿就此阐述中方立场。

生物安全没有国界，事关全人类共同利益。今年 3 月以来，俄罗斯多次向安理会指称美国涉嫌在乌克兰开展生物军事活动，中方对此高度关注。我们认为，任何事关《公约》遵约问题的证据和线索都应得到国际社会充分重视，也理应得到当事方有针对性的充分回应和澄清。

《禁止生物武器公约》对如何解决缔约国有关遵约的关切作出明确规定。今年 9 月，缔约国根据《公约》第 5 条举行正式协商会议，显示了各方利用《公约》机制澄清和解决遵约问题的共同意愿，也凸显了在当前复杂国际形势下团结应对生物安全挑战的必要性。遗憾的是，俄方提出的一系列问题在会上未得到充分回应。在此情况下，俄方行使缔约国权利，根据《公约》第 6 条和此前审议大会最后文件规定，向安理会提出控诉并要求由安理会启动调查合理、合法，不应受到阻挠。中方认为，由安理会开展公正透明调查，是解决遵约关切的有效途径，也有利于维护《公约》权威性和有效性。

主席先生，

中国一贯主张全面禁止和彻底销毁包括生物武器在内的一切大规模杀伤性武器，坚决反对任何国家在任何情况下研发、储存或使用生物武器。中国国家主席习近平今年4月提出全球安全倡议，强调国际社会要共同应对包括生物安全在内的全球性问题。为此，中方呼吁各国坚持共同、综合、合作、可持续的安全观，不断加强全球生物安全合作，携手应对全球生物安全挑战。期待所有缔约国积极和建设性参与将于11月举行的《公约》九审会，进一步加强建立信任措施机制，尽早重启停滞20多年的核查议定书谈判，推动早日建立多边核查机制，进一步加强全球生物安全治理，提升全球生物安全水平。

谢谢主席先生。

中国成功推动联大一委再次通过"和平利用"决议

（2022 年 11 月 3 日）

当地时间 11 月 3 日，第 77 届联大一委表决通过中国提交的"在国际安全领域促进和平利用国际合作"决议草案。这是中国连续第二年向联大一委提交并推动通过"和平利用"决议。决议的核心要义是，广大发展中国家在和平利用领域仍存在不合理限制，呼吁在联大平台继续推进开放包容对话进程，促进防扩散出口管制与和平利用携手并进，兼顾国际安全与可持续发展。

在对上述决议草案表决之前，中国出席联大一委代表团团长、裁军大使李松发言指出，和平与发展是时代主题。维护世界和平是各国热切期盼，促进共同发展是广大发展中国家长期诉求。多年来，发展中国家不受歧视地和平利用科技并开展国际合作的权利尚未得到充分重视，正常获取材料、设备和技术仍然面临一些不合理限制。中国推动通过"和平利用"决议，开启了在联合国框架内就和平利用和出口管制等问题开展开放包容对话的新进程。中国倡议体现了广大发展中国家的共同利益，中方推动有关决议的进程光明磊落、开放透明，体现了真正的多边主义。支持"和平利用"决议不是选边站队，而是支持真正的多边主义，站在广大发展中国家共同利益和促进和平利用国际合作一边。

巴基斯坦、古巴、埃及等发展中国家纷纷发言，高度赞赏中方再次向联大提交"和平利用"决议草案，继续为发展中国家仗义执言、争取权益。他们表示，和平利用受限问题长期困扰一些发展中国家，中国倡导开启的多边对话进程，对促进国际社会持续关注并探讨解决有关问题具有重大、深远意义。

在决议草案通过后，李松大使接受了媒体专访。他指出，在联合国框架内开启"和平利用"对话进程，是中国向国际社会提供的一项重要公共产品。"和平利用"决议在今年联大一委再次通过，并获得更广泛支持，是中方积极践行习近平主席提出的全球发展倡议与全球安全倡议的重要实践。决议倡导兼顾发展与安全，平衡推进防扩散与和平利用，充分诠释了全球发展倡议与全球安全倡议的内在逻辑，得到广大发展中国家积极拥护。

李松表示，部分西方国家以意识形态划线，为了继续主导出口管制集团性机制，维持科技霸权，对中国提出的决议草案大肆攻击，百般阻挠。中方迎难而上，坦然应对，赢得了这场较量。广大发展中国家进一步看清了西方国家的双重标准和虚伪面目，进一步深化了对中国理念、中国方案的理解和认同。

李松强调，中国将继续坚定致力于做世界和平的建设者、全球发展的贡献者、国际秩序的维护者、公共产品的提供者，团结广大发展中国家，倡导科技进步成果普惠共享，为维护国际和平安全，实现可持续发展作出更大贡献。

张军大使在安理会审议朝鲜半岛局势时的发言

(2022 年 11 月 4 日)

主席先生：

我认真听取了基亚利助理秘书长的通报。

中方一直密切关注朝鲜半岛形势走向，对紧张态势不断升级深表关切。在当前国际局势复杂动荡的背景下，我们希望有关各方保持冷静克制，谨言慎行，避免采取任何可能加剧紧张局势、导致误判的行动。

半岛形势出现当前的局面，其脉络和根源是清楚的。朝方近期的发射活动并非孤立存在，与相关方言行有直接关系。美国与有关国家时隔 5 年重启大规模联合空中军事演习，并出动数百架军机参演。美国防部在 2022 年《核态势审议报告》中设想朝鲜使用核武情形，声称把朝政权终结作为核战略主要目标之一。美国还与有关国家推进核潜艇合作，声称将在地区部署战略武器。

美等声称军演是防御性的，朝方强调开展国防建设是自卫需要。如各方继续各执一词，互不相让，半岛形势只会陷入恶性循环与困境。2018 年以来半岛局势的发展表明，只有恢复对话协商，才能推动半岛缓和紧张局势、打破恶性循环，才能推动各方不断积累互信、彻底摆脱困境。我们呼吁美方停止单方面渲染紧张对抗的做法，负起责任、拿出行动、体现诚意，切实回应朝方正当合理关切，为重启有意义的对话创造条件。

安理会应当在半岛问题上发挥建设性作用，而不应一味强调施压。安理会讨论应有助于半岛维稳防乱，重启对话谈判，解决朝人道民生面临的现实困难，而不是为此制造障碍。当前形势下，安理会尤其应当在缓和对抗氛围、缓解紧张局势、推动政治解决方面作出切实努力。中俄在安理会共提的涉朝决议出发点是缓解朝人道民生形势，为各方增强互信、恢复对话营造氛围，为半岛问题政治解决注入动力。这一草案仍在桌面上，希望各方积极考虑。

作为半岛近邻，中国高度关注半岛局势，始终坚持维护半岛和平稳定，坚持实现半岛无核化，坚持通过对话协商解决问题。我们再次呼吁有关各方正视半岛形势久陷僵局的症结，按照"双轨并进"思路和分阶段、同步走原则，坚持政治解决方向，坚持通过对话协商均衡解决彼此关切，努力相向而行，防止事态轮番升级。中国愿继续为此发挥建设性作用。

谢谢主席。

张军大使在安理会审议朝鲜半岛局势时的发言

（2022 年 11 月 21 日）

主席先生：

我认真听取了迪卡洛副秘书长的通报。

当前半岛局势趋紧，对抗加重，呈现螺旋式上升态势，中方对此感到关切。我们希望有关各方坚持政治解决方向，相向而行，防止局势轮番升级甚至失控。

朝鲜半岛局势紧张升级不符合任何一方利益，也是中方不想看到的。当今世界充满不确定性，半岛也承受不起局势进一步恶化的危险。有关各方必须着眼半岛和东北亚和平稳定大局，采取切实措施，发挥积极作用，全力推动政治解决问题。

一是全力推动局势降温，维稳防乱。当前形势下，各方都应保持冷静克制，谨言慎行，避免采取任何可能升级紧张局势、导致误判的行动，防止事态发展陷入恶性循环。

二是回到正确途径，重启对话。各方应正视半岛问题久陷僵局的症结，在均衡解决各自关切上下功夫，坚持对话协商的正确方向。美国应采取主动，展现诚意，提出现实可行的方案，正面回应朝方合理关切，推动对话早日由形式变为现实。要致力于解决问题，坚持推进半岛无核化进程，同时在停止军演、缓解对朝制裁方面拿出实际行动。

三是创造有利条件，劝和促谈。安理会应在半岛问题上发挥建设性作用，不应一味对朝谴责施压。安理会讨论应有助于缓和紧张气氛，推动局势尽快降温，为外交努力留出空间，而不是为此制造障碍。中俄在安理会共提的涉朝决议草案有助于缓解朝鲜人道局势，营造对话谈判氛围，推动实现政治解决，希望各方积极考虑。

作为半岛近邻，中国始终坚持维护半岛和平稳定，坚持实现半岛无核化，推动建立半岛和平机制，坚持通过对话协商解决问题。我们再次呼吁有关各方正视半岛形势久陷僵局的症结，着眼半岛和平稳定大局，按照"双轨并进"思路和分阶段、同步走原则，通过有意义的对话均衡解决各自关切，推进半岛问题政治解决进程。中方将继续为此发挥建设性作用。

谢谢主席。

耿爽大使在安理会伊核问题公开会上的发言

（2022 年 12 月 19 日）

主席女士：

我感谢迪卡洛副秘书长、欧盟驻联合国代表团副团长贡扎多大使及爱尔兰常驻代表梅森大使所作通报。

伊核问题全面协议是经安理会决议核可的重要多边外交成果，是对话协商解决争端的经典范例，也是维护国际核不扩散体系和中东地区和平稳定的关键支柱。

上届美国政府单方面退出全面协议、对伊极限施压，引发了伊核危机。本届美国政府决定重返全面协议后，各方开展多轮谈判，取得不少积极进展。但令人遗憾的是，今年 8 月以来，恢复履约谈判再次陷入停滞，伊核问题的走向前景不明。在全球安全形势复杂严峻、国际核不扩散体系面临挑战、地缘政治因素日益突出的背景下，中方呼吁有关各方增强紧迫意识，体现责任担当，加紧对话接触，争取早日就未决问题达成共识，推动全面协议恢复完整、有效执行。我讲四点：

一、坚持政治解决的正确方向。对话谈判始终是解决伊核问题的唯一正确途径。有关各方应珍惜过去两年来之不易的谈判成果，展现外交智慧，作出政治决断，扫除前进障碍。中方欢迎伊朗日前就处理未决问题显示的灵活姿态，希望美等其他有关各方抓住机会，与伊方相向而行，推动谈判取得关键进展。

二、秉持公平公道的基本原则。作为伊核危机的始作俑者，美方理应认清自身责任，率先采取切实措施。中方呼吁美方履行协议承诺，解除对伊及第三方的所有单边制裁及"长臂管辖"措施，停止对伊威胁使用武力。中方还要强调，全面协议有关方应履行自身防扩散责任，避免开展有违《不扩散核武器条约》目的和宗旨、导致武器级核材料扩散的核合作，为恢复履约谈判树立正确导向。

三、营造积极有利的谈判氛围。推动国际原子能机构理事会通过决议对伊施压只会激化矛盾，损害互信，给谈判蒙上阴影。事实一再证明，对伊施压无助于问题解决。各方应从长远和大局出发，避免采取任何可能升级局势、破坏谈判进程的举动。希望包括秘书处在内的有关各方准确解读安理会决议和文件，审慎处理伊空间发射及所谓的无人机转让等问题，避免影响恢复履约谈判大局。将伊核问题同伊国内局势等其他问题挂钩，只会让谈判走进死胡同，甚至导致外交努力前功尽弃。

四、妥善解决地区安全问题。今年4月，中国国家主席习近平提出全球安全倡议，倡导共同、综合、合作、可持续的安全观，主张构建均衡、有效、可持续的安全架构。这一倡议为推动解决包括伊核问题在内的中东地区热点问题提供了有益启示。中方鼓励有关各方秉持共同安全理念，构建海湾地区多边对话平台，通过对话缓和矛盾、建立互信、共建安全。域外国家应为缓和局势发挥建设性作用，而不是制造对立、煽动对抗。

主席女士，

作为安理会常任理事国和全面协议参与方，中方始终致力于维护全面协议有效性和安理会决议权威性，推动伊核问题政治外交解决进程。今年9月以来，中国国家主席习近平分别同伊朗、美国元首会晤，就伊核问题做工作。中国国务委员兼外长王毅也同有关各方就伊核问题保持密切沟通协调。中方将继续秉持客观公正立场，为推动全面协议重返正轨、推进伊核问题政治外交解决、维护国际核不扩散体系和中东地区和平稳定发挥建设性作用。

谢谢主席。

三、热点军控问题

外交部副部长马朝旭就
五核国领导人防止核战争联合声明接受媒体采访

（2022 年 1 月 3 日）

北京时间 2022 年 1 月 3 日，中国、俄罗斯、美国、英国、法国五个核武器国家领导人共同发表《关于防止核战争与避免军备竞赛的联合声明》。外交部副部长马朝旭接受媒体采访，介绍联合声明的重要意义和中方所做努力，以及中方关于加强核领域全球治理的主张。

马朝旭表示，新年伊始，中、俄、美、英、法五个核武器国家共同发表《关于防止核战争与避免军备竞赛的联合声明》，强调核战争打不赢也打不得，重申不将核武器瞄准彼此或其他任何国家。这是五国领导人首次就核武器问题发表声明，体现了五国防止核战争的政治意愿，也发出了维护全球战略稳定、减少核冲突风险的共同声音。

当前，世界百年变局和世纪疫情交织叠加，国际战略安全领域面临许多重大挑战。五核国领导人发表联合声明，有助于增进相互信任，以协调合作代替大国竞争，对于构建总体稳定、均衡发展的大国关系也具有积极意义。

马朝旭强调，中国一直积极倡导"核战争打不赢也打不得"理念，并且为五国采取共同行动发挥了有力的引领作用。在联合声明磋商过程中，中方还推动写入重申不将核武器瞄准彼此或其他任何国家等重要内容，为五国达成一份内容积极、有分量的声明起到了重要的推动作用。

马朝旭表示，五核国既是联合国安理会常任理事国，也是《不扩散核武器条约》法定的核武器国家，都负有防止核战争、维护世界和平的共同责任。五国理应以联合声明为新的起点，增进互信，加强协作，为建设持久和平、普遍安全的世界发挥积极作用。

中国始终坚持自卫防御的核战略，奉行不首先使用核武器政策，将核力量维持在维护国家安全需要的最低水平，这本身就是对全球战略稳定的重要贡献。中国将继续为推动核领域全球治理贡献中国智慧、提出中国方案，愿同所有爱好和平的国家开展合作。

外交部军控司司长傅聪就五核国领导人
发表防止核战争联合声明举行中外媒体吹风会

（2022 年 1 月 4 日）

2022 年 1 月 4 日，外交部军控司司长傅聪就五核国领导人发表防止核战争联合声明举行中外媒体吹风会，介绍声明重要意义、主要亮点和中方主张。

傅聪表示，北京时间 1 月 3 日晚 9 点，中、俄、美、英、法五个核武器国家领导人共同发表《关于防止核战争与避免军备竞赛的联合声明》。这是五国领导人首次就核武器问题共同发声，也是继 2000 年五国领导人在纽约举行会晤并发表声明后，再次就重大国际议题共同发声。

傅聪指出，联合声明内容有四大亮点。一是强调"核战争打不赢也打不得"，核武器应服务于防御目的、慑止侵略和防止战争。五核国领导人重申上述理念，在核武器使用问题上展示极为慎重和克制的态度，有助于改善国际安全环境，维护全球战略稳定。

二是重申不将核武器瞄准彼此或其他任何国家。五核国在领导人层面共同重申核武器不瞄准彼此和任何国家，有助于增进战略互信，降低误解误判引发的核冲突风险。

三是强调维护和遵守双多边军控协议和承诺的重要性。五核国作出上述承诺是一种自我约束，有助于维护以国际法为基础的国际秩序，有助于增加国际社会对大国遵守军控条约的信心。

四是强调避免军事对抗、防止军备竞赛。五核国发出防止军备竞赛的明确信号，有助于以协调合作代替大国竞争，构建总体稳定、均衡发展的大国关系。

351

傅聪强调，中国是五核国合作的积极推动者。2019 年，中国举办五核国北京会议，重启了陷入僵局的五核国合作进程。中方为达成一份内容积极的联合声明贡献了重要智慧。在声明磋商过程中，除推动各方同意强调"核战争打不赢也打不得"外，中方还推动写入重申不将核武器瞄准彼此或其他任何国家等重要内容。中方认为，五核国应进一步就战略稳定问题加强沟通，围绕降低核武器在国家安全政策中的作用，以及反导、外空、网络、人工智能等广泛议题进行深入对话。中方愿继续与其他四国加强沟通协作，增进战略互信，为建设持久和平、普遍安全的世界发挥领导作用。

傅聪并就中国的核政策、伊朗核、美英澳核潜艇合作等核军控热点问题回答了媒体提问。

王毅国务委员兼外长致日内瓦裁军
谈判会议 2022 年第一期会全会的信函

（2022 年 1 月 25 日）

在日内瓦裁军谈判会议开启 2022 年年度会议之际，我谨向会议的召开表示祝贺，并致以良好的祝愿！

当前，世界百年未有之大变局与世纪疫情叠加共振，国际关系和全球战略安全形势正经历复杂深刻调整，传统安全威胁与新兴安全挑战相互交织，国际军控、裁军与防扩散体系处在重要的十字路口。

面对新形势、新挑战，国际社会应该大力弘扬和平、发展、公平、正义、民主、自由的全人类共同价值，秉持共同、综合、合作、可持续的全球安全观，坚决捍卫联合国的权威和地位，不断推进全球安全治理体系改革和国际军控、裁军与防扩散进程，携手推动构建持久和平、普遍安全的人类命运共同体。

作为唯一多边裁军谈判机构，裁谈会曾达成《全面禁止核试验条约》《禁止化学武器公约》等重要成果，为维护国际和平与安全作出了重要的历史贡献。在新的历史时期，裁谈会作为全球安全治理重要平台的地位和作用更加突出，国际社会对裁谈会工作充满期待。中国呼吁裁谈会所有成员国本着相互尊重、协商一致的原则，就裁谈会传统议题和新兴挑战开展深入讨论，努力激发裁谈会活力，在各国安全不受减损的基础上寻求妥善的解决方案，努力实现全球普遍、持久、共同安全。

中国始终坚持走和平发展道路，坚定致力于做世界和平的建设者、全球发展的贡献者、国际秩序的维护者。作为今年裁谈会首任轮值主席，中国将积极履职尽责，努力发挥建设性作用，与其他轮值主席和各成员国加强协作，为振兴裁谈会作出应有的贡献。

中国裁军大使李松在 2022 年裁谈会首次全会上的发言

（2022 年 1 月 25 日）

现在，我以裁谈会主席和中国裁军大使的名义发言。

首先，我荣幸地宣读中国国务委员兼外长王毅阁下致日内瓦裁军谈判会议 2022 年第一期会全会信函。

"在日内瓦裁军谈判会议开启 2022 年年度会议之际，我谨向会议的召开表示祝贺，并致以良好的祝愿！

当前，世界百年未有之大变局与世纪疫情叠加共振，国际关系和全球战略安全形势正经历复杂深刻调整，传统安全威胁与新兴安全挑战相互交织，国际军控、裁军与防扩散体系处在重要的十字路口。

面对新形势、新挑战，国际社会应该大力弘扬和平、发展、公平、正义、民主、自由的全人类共同价值，秉持共同、综合、合作、可持续的全球安全观，坚决捍卫联合国的权威和地位，不断推进全球安全治理体系改革和国际军控、裁军与防扩散进程，携手推动构建持久和平、普遍安全的人类命运共同体。

作为唯一多边裁军谈判机构，裁谈会曾达成《全面禁止核试验条约》《禁止化学武器公约》等重要成果，为维护国际和平与安全作出了重要的历史贡献。在新的历史时期，裁谈会作为全球安全治理重要平台的地位和作用更加突出，国际社会对裁谈会工作充满期待。中国呼吁裁谈会所有成员国本着相互尊重、协商一致的原则，就裁谈会传统议题和新兴挑战开展深入讨论，努力激发裁谈会活力，在各国安全不受减损的基础上寻求妥善的解决方案，努力实现全球普遍、持久、共同安全。

中国始终坚持走和平发展道路，坚定致力于做世界和平的建设者、全球发展的贡献者、国际秩序的维护者。作为今年裁谈会首任轮值主席，中国将积极履职尽责，努力发挥建设性作用，与其他轮值主席和各成员国加强协作，为振兴裁谈会作出应有的贡献。"

以上是信函的全部内容。

各位同事，

王毅国务委员兼外长的信函充分体现了中国对裁谈会的信心和支持。作为今年裁谈会首任轮值主席，我将与其他轮值主席（P6+2）通力协作，为推进裁谈会工作作出积极努力。我愿在此重点与大家分享三点想法：

首先，裁谈会工作应全面综合反映国际安全现实，与时俱进，守正创新。裁谈会肩负第一届裁军特别联大赋予的历史使命。四十多年来，国际形势经历一系列重要和深刻变化，其中很多方面与裁谈会工作息息相关。新形势下，成员国应站在更高层面、以更宽广的战略视野审视裁谈会工作，使裁谈会围绕传统议题的工作与新的国际安全现实和发展前景有机结合起来。

与此同时，裁谈会也肩负时代赋予的新使命。面对新兴科技发展给国际安全带来的新课题、新挑战，成员国有必要探讨预防性军控外交方案和举措。裁谈会现有议程为我们从事这样前瞻性、开放性、创新性工作提供了充分空间。

作为轮值主席，我积极鼓励成员国充分利用全会平台，就上述问题展开深入交流和讨论，畅所欲言，集思广益，共同推动形成真正符合成员国普遍安全利益的共识和思路。

第二，裁谈会工作应全面回归健康、专业轨道。裁谈会既不是大国竞争对抗的场所，也不是大国整治小国的工具，而是践行真正多边主义、推进全球安全治理、促进共同安全的重要平台。裁谈会成员国无论国家大小一律平等，必须相互尊重，各国正当安全关切和利益诉求均应得到充分重视、合理解决，"各国安全不受减损"原则必须落到实处。

近年来，裁谈会受到"政治化"的严重干扰和冲击，成员国之间的互信与合作严重受损，这是导致裁谈会工作停滞的重要原因。我衷心希望，通过大家的共同努力，我们能够推动裁谈会"去政治化"，全面回归健康、专业的工作正轨，以和谐工作氛围和崭新工作姿态，担负起应尽的职责。

第三，裁谈会应继续致力于制定全面平衡的工作计划，就各项重要议题开展实质性工作。多年来，裁谈会未能启动新条约谈判，深层原因在于全球战略安全形势进一步复杂化。这是国际安全现实在裁谈会的深刻体现，不能归咎于议事规则和工作方式本身，进一步凸显"全面平衡"原则的价值和意义。这一重要原则尊重各成员国立场主张、安全关切和利益诉求，是指导裁谈会开展工作的重要保证。

2018年，裁谈会成功设立有关附属机构，就各项重要议题开展实质性工作。过去3年来，在裁谈会初始阶段，各位轮值主席遵循"全面平衡"原则，为推动达成工作计划进行了锲而不舍的努力。他们所做的工作值得大家高度赞赏和肯定，也应成为我们启动今年工作的重要基础。

我希望，成员国在今年初始阶段重点围绕工作计划问题充分发表意见，我也将积极致力于与每一位成员的双边磋商，认真听取各方建议。在此基础上，我将与其他轮值主席共同研拟有关具体方案，供成员国讨论决定。

各位同事，

每一年都是新的一年。形势是新的，裁谈会和我们自己，也都是新的。新年伊始，中、俄、美、英、法五个核武器国家领导人发表了《关于防止核战争与避免军备竞赛的联合声明》，申明"核战争打不赢也打不得"，重申不将核武器瞄准彼此或其他任何国家，承诺维护和遵守双多边军控协议，强调五国应避免军事对抗、防止军备竞赛。法国大使将以五核国机制协调员身份，在本次全会上进一步介绍有关情况。

中国一直积极倡导"核战争打不赢也打不得"理念，为五核国采取上述共同行动发挥了积极引领和推动作用。五国领导人首次就核武器问题发表联合声明，体现了五国防止核战争的政治意愿，发出了维护全球战略稳定、减少核冲突风险的共同声音，对于构建总体稳定、均衡发展的大国关系也具有积极意义。中方希望五国不断增进战略互信，加强沟通与合作，为建设持久和平、普遍安全的世界发挥积极作用。

各位同事，

我们所从事的工作，不是重复过去，而是开启未来。今年裁谈会启动工作正值中国农历"虎年"新年。"虎年"是个好年头，"虎"寓示祈福、驱邪，象征勇气和力量。国际社会普遍期待，今年人类能够更加团结一心，以更大的勇气和力量战胜新冠肺炎疫情，维护世界和平，促进共同发展。

即将举行的北京冬奥会也将给世界带来新的活力和希望。我希望并相信，裁谈会成员国也能以更加团结向前的姿态，展现更大的勇气和力量，推动裁谈会的激活和振兴，致力于维护国际和平、安全与稳定，推进多边军控、裁军和防扩散进程，我和我的团队愿为此作出新的努力，期待大家的倾力支持。

谢谢大家。

中国裁军大使李松在 2022 年
裁谈会中国轮值主席任期结束时的发言

(2022 年 2 月 18 日)

尊敬的各位大使、各位同事：

请允许在裁谈会中国主席任期即将结束之际，同大家分享一些感想。

首先，我对中国担任轮值主席过程中，全体成员国对我本人、中方团队的支持和帮助表示衷心感谢！

在今年首次全会上，中国国务委员兼外长王毅致函裁谈会，充分表达了中国对裁谈会的信心和支持。他强调，在新的历史时期，裁谈会的地位和作用更加突出，呼吁裁谈会成员国本着相互尊重、协商一致的原则，激发裁谈会活力，在各国安全不受减损的基础上寻求妥善的解决方案，实现全球普遍、持久、共同安全。四周来，我和我的团队正是本着这样的认识，全力以赴，为推进裁谈会各项工作作出中国贡献。

首先，我们积极鼓励和引导各方结合当前国际形势，就如何看待裁谈会、如何推进裁谈会工作充分发表意见。大家普遍认识到，裁谈会从来都不是在真空中运行，与国际政治和安全现实息息相关。裁谈会成员国只有站在更高战略层面、以更宽广视野面对现实，展望未来，才能肩负时代使命，前瞻性、开放性、创新性地开展工作，形成真正符合成员国普遍安全利益的新共识、新思路。

其次，我们积极致力于推动裁谈会"去政治化"，全面回归健康、专业轨道。经过各方共同努力，我们成功解决了非成员国与会问题，迄今所有 39 个申请参加裁谈会工作的非成员国均获批准，一个都不少。这为今年裁谈会平稳开局、推进工作打下了坚实基础，受到国际社会普遍欢迎。在此过程中，各方充分展现了善意与耐心、信任与尊重，这是我们通过实际行动践行真正多边主义的生动体现。这是裁谈会的胜利，更是真正多边主义的胜利！

第三，我们为达成全面平衡、简明扼要的工作计划作出新的重要尝试，取得可喜进展，中国代表裁谈会主席团（P6）提出的工作计划草案（CD/WP. 639/Rev. 1）受到广大成员国的普遍支持。我们基于近年来裁谈会制定工作计划的成败得失，立足于裁谈会长期难以就任何一项议题启动谈判的客观现实，找到了一条通过建立相关附属机构就各项议题开展实质性工作的现实可行之路，旨在"让裁谈会行动起来"。通过这项工作，各方进一步认识到，工作计划本身不可能解决各方之间的所有分歧，唯有删繁就简、求同存异，为裁谈会工作搭建一个全面平衡的基本框架，才能为各领域工作渐次展开、逐步推进奠定坚实基础。

各位同事，

中国担任轮值主席期间，北京冬奥会与我们相伴而行。在本届冬奥会上获得奖牌的国家，都是裁谈会成员国或观察员国。奥林匹克精神和北京冬奥会进展时刻鼓舞着我们。我愿借此机会，再次对积极支持和参加北京冬奥会的各方表示衷心感谢，对大家在本届冬奥会期间取得的优异成绩表示热烈祝贺！

各位同事，

在日内瓦街头，可以看到一家爱尔兰酒吧，招牌上写着"Uniting the Nations in Geneva"。我想，日内瓦就应该是这样一个地方，一个各国加强沟通、增进互信、互利合作，共同推进真正多边主义的平台。让我们在今后的岁月里继续努力，Uniting the Nations in the CD，共同致力于推动裁谈会振兴，为维护国际和平、安全与稳定，为推进多边军控、裁军和防扩散进程作出更大贡献。

谢谢大家。

李松大使在裁军谈判会议 3 月 3 日全会上的发言

（2022 年 3 月 3 日）

主席女士：

在本周举行的裁谈会高级别会议期间，各方围绕国际安全形势和多边军控裁军工作积极发表了看法，其中不少国家已就乌克兰局势等问题充分表达立场。

乌克兰局势急剧变化，中方对此高度关注。局势发展到这一步，不符合任何一方利益。中方一贯根据事情本身的是非曲直决定自身立场。中方在乌克兰问题上的基本立场是一贯、明确的。我们始终主张尊重各国主权和领土完整，根据联合国宪章宗旨和原则和平解决国际争端。当务之急是防止局势进一步恶化，同时加大外交努力。俄罗斯同乌克兰已举行首轮谈判，双方都表现出继续推进谈判的意愿，我们对此表示欢迎。面对复杂敏感的形势，中方不赞成任何激化矛盾的做法，呼吁国际社会坚持政治解决大方向，为当事方直接对话谈判创造有利氛围和条件。

乌克兰问题不是今天才出现的，当前事态也不是一夜之间突然发生的，而是各种因素长期共同作用的结果。乌克兰应当成为东西方沟通的桥梁，而不应成为大国对抗的前沿。冷战早已结束，新冷战不得人心。一味施压制裁，制造分裂对抗，只会导致局面更加复杂，使危机消极影响迅速外溢，甚至涉及更多国家。乌克兰危机的最终解决，还是要摒弃冷战思维，摒弃以损害他国安全为代价维护自身安全的逻辑，摒弃以扩张军事集团谋求地区安全的做法，要在重视和尊重各国合理安全关切基础上，通过对话谈判寻求构建均衡、有效、可持续的欧洲安全机制，实现欧洲大陆的长治久安。中方倡导共同、综合、合作、可持续的安全观。我们呼吁国际社会本着负责任态度，推动有关各方尽快回到政治解决的轨道上来，通过对话协商寻求乌克兰问题的全面解决。中方愿继续为此发挥建设性作用。

主席女士，

裁谈会不是专门处理乌克兰问题的场所。同时，裁谈会工作与会场外的国际形势密切相关。裁谈会各方就国际政治和安全形势进行讨论，落脚点应该放在结合国际安全现实，更深刻地认识裁谈会及其作用，认真致力于成员国之间的相互尊重、理解与信任，以更务实的态度致力于各项重要议题的实质性工作。这才是重新激活和振兴裁谈会的正确途径。中方愿在上周协商一致通过的关于今年裁谈会工作的决定基础上，与各方共同致力于筹备五个附属机构的工作，通过我们脚踏实地、坚持不懈的努力，为维护国际和平、安全与稳定，推动多边军控、裁军和防扩散进程作出应有贡献。

谢谢主席女士。

王群大使在国际原子能机构
三月理事会上关于乌克兰核设施安全问题的发言

(2022 年 3 月 9 日)

主席先生:

中方关切乌克兰境内核设施核安全、核安保以及核保障问题,重视机构理事会就这一重要问题展开讨论。

中方一贯支持国际原子能机构在促进核安全、核安保问题上发挥积极作用,并严格按照授权履行保障监督职责。在乌克兰核安全、核安保问题上,中方注意到机构及时通报从乌克兰核安全监管当局获得的信息,也注意到俄方就有关问题提供的情况和所做澄清。中方认为,有关国家应切实履行好责任,机构秘书处应严格按照授权提供必要帮助。希望相关当事方谨慎行事,避免造成认为核安全、核安保事故。同时,机构也应根据授权,充分考虑乌克兰安全局势,妥善处理好对乌保障监督问题。

中方将继续密切关注乌克兰局势变化,支持一切有利于缓和乌克兰局势和推动政治解决的外交努力,愿继续为此发挥建设性作用。我们也呼吁国际社会保持冷静和理性,本着负责任和公正客观态度,为当事方直接谈判创造良好氛围和条件。

谢谢主席先生!

王昶参赞在国际原子能机构
三月理事会上关于伊朗核问题的发言

（2022 年 3 月 14 日）

主席先生，

中方注意到国际原子能机构（下称"机构"）总干事提交的"根据联合国安理会第 2231 号决议在伊朗实施监督与核查"的报告（GOV/2022/4）。中方支持机构继续秉持客观、中立和公正的原则，严格根据授权开展对伊监督核查工作。

当前，伊核全面协议恢复履约谈判来到最后关头，各方应加大外交努力，早日作出政治决断，一鼓作气解决遗留问题。美方作为当前伊核危机的始作俑者，理应彻底纠正错误，进一步采取切实举措，积极回应伊方合理关切，推动谈判尽早达成协议。所有各方均应为外交努力取得进展创造必要条件和良好氛围。

如果各方能够达成协议，将为全面协议恢复完整、有效执行铺平道路。中方高度重视机构在监督协议执行中的重要作用，期待机构与伊朗加强对话合作，共同推动恢复履约工作顺利起步并行稳致远。

中方始终坚定维护全面协议和安理会第 2231 号决议的权威性和有效性，建设性参与谈判，积极劝和促谈，目的就是要推动全面协议早日重返正轨。我们将继续为推动伊核问题政治外交解决进程而不懈努力，同时也将坚定维护自身的合法正当权益。

谢谢主席先生。

王昶参赞在国际原子能机构
三月理事会上关于对伊朗保障监督问题的发言

(2022 年 3 月 14 日)

主席先生，

中方注意到国际原子能机构（下称"机构"）总干事提交的"与伊朗伊斯兰共和国缔结的《不扩散核武器条约》相关保障协定"的报告（GOV/2022/5）。支持国际原子能机构继续秉持客观、中立和公正的原则，并严格根据授权履行对伊朗核计划的保障监督职责。中方欢迎伊邀请机构总干事访伊并取得积极成果，特别是机构与伊于 3 月 5 日发表共同声明，就有关问题的解决达成"路线图"，支持双方继续通过对话解决分歧。我们也赞赏伊方在此方面展现的建设性态度。

中方支持伊方与机构加强对话合作，落实好双方就解决有关未决问题达成的"路线图"。我们也希望有关各方都能向前看，坚持对话协商大方向，多做有助于缓和局势的事，并为落实上述"路线图"创造有利条件。

机构理事会曾在 2015 年通过决议，就伊核计划可能的军事层面问题得出结论。我愿重申，中方坚决反对将机构保障监督问题政治化，反对任何国家借保障监督问题翻伊核计划历史旧账，反对有关方借此干扰和破坏全面协议的执行。

谢谢主席先生。

李森公参在国际原子能机构
三月理事会上关于朝鲜半岛核问题的发言

(2022 年 3 月 14 日)

主席先生，

今年以来半岛形势呈现紧张态势，主要原因是朝方的正当合理关切没有得到应有重视。美方口头上说要对话，却没有采取任何有实质意义的行动，反而通过追加制裁等手段不断刺激朝方，使得矛盾对立升级。

主席先生，

维护半岛和平稳定，防止形势持续恶化，关键是坚持政治解决方向，通过对话协商解决问题，这符合各方共同利益。当前形势下，美方应采取实质步骤，回应朝方合理安全关切，为重启对话创造条件。有关各方应认清半岛僵局症结所在，多做美工作，共同促美担责。

中方一直以自己的方式同朝在内的各方保持沟通，始终认真履行自身国际义务，发挥了建设性作用。同时，解决半岛问题的关键是均衡解决各方合理关切，有关各方也应为此作出努力。中方愿继续同国际社会一道，按照"双轨并进"思路和分阶段、同步走原则，为推进半岛问题政治解决进程发挥建设性作用。

谢谢主席先生。

王群大使在国际原子能机构三月理事会上
关于美英澳核潜艇合作及相关防扩散问题的发言

(2022 年 3 月 14 日)

主席先生,

本次国际原子能机构理事会以协商一致方式再次决定设置单独正式议题,专门讨论"美英澳核潜艇合作(AUKUS)所涉核材料转让及其保障监督等影响《不扩散核武器条约》(NPT)各方面的问题"。这是继去年 11 月以来机构理事会再一次将该议题列入正式议程,我们认为这一问题必须通过相关政府间进程来处理。

主席先生,

去年 11 月以来,三国核潜艇合作动作连连。去年 12 月,美英澳就核潜艇合作举行了三边联合督导组会议(AUKUS Trilateral Joint Steering Group)。三国并签署了《海军核动力信息交换协议》(ENNPIA),该协议于今年 2 月正式生效。2 月 16 日,英、澳两国领导人在共同声明中表示"三国核潜艇合作取得了重大进展"。除了这些媒体报道,三国核潜艇合作到底进行到什么程度,采取了哪些实质举措,取得了什么"重大进展",国际社会对此一无所知,机构成员国更没有听到三国的任何通报。

主席先生,

三国核潜艇合作违反 NPT 目的和宗旨,构成严重核扩散风险,中方对此坚决反对。

去年 11 月理事会上,中方已就三国核潜艇合作表明了立场,要求三国明确澄清相关合作到底有没有涉及核武器材料,到底是否涉及核武器国家向无核武器国家转让核武器材料的问题。但三国从始至终都没有正面回应上述问题、没有解决理事会广大成员的关切、没有给国际社会一个交代!

鉴于上述,中方认为,此次理事会有必要继续通过政府间进程继续讨论三国核潜艇合作问题。

要讨论这一问题,最重要的是要聚焦其核心和症结,也就是三国核潜艇合作到底涉不涉及核武器材料的非法转让。这事关 NPT 的完整性、有效性和权威性,关系到机构全体成员国利益,对此三国必须明确作出澄清。

首先,NPT 第一条开宗明义规定了核武器国家的条约义务,美英作为核武器国家公然、直接输出成吨成吨的核武器材料,对照 NPT 第一条规定,该如何解读?澳大利亚作为无核武器国家,对照 NPT 第二条规定,能不能接受美英提供的核武器材料?三国核潜艇合作究竟是否涉及非法转让核武器材料,这个根本性问题不容回避,也回避不了。

其次,如果三国核潜艇合作确实涉及核武器国家向无核武器国家非法转让核武器材料,那三国核潜艇合作就是公然、直接违反和挑战 NPT,公然损害国际核不扩散体系、破坏全球战略稳定和国际安全秩序。三国必须立即、彻底放弃这种违法行为。

最后,如果三国拒不放弃相关合作,机构成员国就有权利、有责任继续推进相关政府间讨论进程,就此寻求解决方案,以维护 NPT 权威和有效性、维护机构保障监督体系的严肃性。为此,中方已经在去年 11 月理事会上建议成立所有成员国均可参加的特别委员会,继续进行深入讨论,并向机构理事会和大会提交建议报告。在通过共识找到妥善解决方案之前,三国不应开展核潜艇相关合作,机构秘书处也不应擅自与三国谈判针对三国核潜艇合作的保障监督安排。

主席先生,

三国 3 月 5 日散发的非文件混淆是非、偷换概念,刻意回避三国合作是否涉及非法转让核武器材料这一根本性问题,这只会更加凸显出三国的色厉内荏。

第一,三国在非文件中将成员国置于从属总干事的位置,充分反映了他们对规则的蔑视。国际原子能机构是政府间国际组织,不论是在大会、还是理事会，成员国作为主权国家有权利、有责任、有义务通过政府间讨论进程，寻求三国核潜艇合作问题的解决方案。根据机构规约和理事会议事规则，机构秘书处不管是谁，都应处于"理事会权力之下、接受理事会领导"并履职尽责，为机构成员国保持相关讨论进程、寻求解决方案积极提供服务。我们相信机构秘书处能够秉持正确的是非观，妥善处理这一问题。

第二，三国声称将按照澳大利亚和机构签订的全面保障监督协定及其附加议定书推进核潜艇合作。然而，全面保障监督协定和附加议定书不能凌驾和抵触作为习惯性国际法的NPT，更不能挑战NPT的母法地位。三国核潜艇合作首先就不是一个保障监督安排的问题，而是相关合作是否涉及非法转让核武器材料的"合法性问题"，这是一切问题的核心和症结所在。三国刻意误导理事会、偷换概念，但效果只会适得其反。如果三国合作确实涉及核武器材料的非法转让，机构被卷进去开展保障监督，那就是"洗白"了来路不明的核武器材料，这和银行"洗黑钱"有什么区别？届时任何无核武器国家都可循此先例，假借"核潜艇合作"之名获取核武器材料和核武器技术，国际核不扩散体系岂不将名存实亡？

第三，三国公然威胁利用"小圈子"和机构理事会在成员构成方面的缺陷，叫嚣打"程序仗"，阻拦后续讨论进程，中方对此感到十分诧异。这一行径不仅充满了傲慢与偏见、还充分反映出三国对多边主义的极度蔑视。中方坚信，正义也许会迟到，但绝不会缺席。如果届时三国要打程序仗，中方必将奉陪到底，将继续推进机构框架下的政府间讨论，并加大实质性举措。三国利用"小圈子"打群架和威胁施压的行径不仅是徒劳的，也注定会失败。

主席先生，

中方呼吁机构所有成员国继续通过政府间进程，就美英澳三国核潜艇合作问题开展实质性讨论并予以处理，聚焦核心问题，弄清事实真相，探寻解决方案，以实际行动共同捍卫NPT，维护国际核不扩散体系，维护国际和平与安全。

谢谢主席先生。

李松大使在裁军谈判会议
第一附属机构（核裁军问题）第一次会议上的发言

（2022 年 3 月 16 日）

协调员先生：

中国代表团祝贺你担任第一附属机构协调员一职，我和我的团队将积极支持和参与你主持的工作。我认真听取了联合国裁研所同事所作的介绍和各代表团的发言，借此机会，也想和大家初步分享一些总体看法。

首先，核军备竞赛是冷战的产物。然而，在冷战结束 30 年后的今天，冷战思维仍是核裁军最顽固的敌人和最大障碍。冷战期间，两个超级大国全球争霸，为达到相互确保摧毁的恐怖平衡，疯狂开展核军备竞赛。冷战结束后，国际社会普遍呼吁美俄作为两个最大的核武器国家，履行核裁军特殊、优先历史责任，通过可核查、不可逆的方式，大幅度、实质性地核裁军，使我们的星球彻底摆脱冷战期间庞大核武库的威胁。其后 20 年，美俄核裁军进程续有进展，但消除冷战期间庞大核武库的历史任务远未完成。

近 20 年来，我们目睹个别国家大肆破坏战略安全和军控条约体系，放手发展军力，不断发展和部署全球反导系统，寻求在远离本土的欧洲和亚太部署陆基中程导弹，并计划在外空部署武器，以谋求攻防兼备的压倒性战略优势。有关国家渲染大国战略竞争，强化军事同盟体系，给欧亚大陆东西两侧的地缘安全环境带来严重冲击，对国家之间战略互信和安全关系带来严重影响，甚至引发冲突。所有上述，深究原因，都是个别大国固守冷战思维，甚至企图搞"新冷战"的结果。在此，我想讲一句也许很多人不愿听、不愿面对的话，只要超级大国抱着冷战思维和大国竞争不放，核军备竞赛的动因恐怕就难以根除，进一步核裁军就可能成为纸上谈兵。

第二，尽管面临严峻复杂的形势，核武器国家应在核武器相关问题上采取高度负责态度，创造有利于促进裁军的安全环境，坚持不懈地致力于在各国安全不受减损原则基础上建立无核武器世界。有关国家必须摒弃冷战思维，放弃大国竞争战略，与其他核武器国家一道，在国际和多边层面就维护战略稳定、增进战略互信、防止核战争、降低战略风险、避免核军备竞赛、防止核扩散等领域作出努力，通过循序渐进的措施，最终实现全面禁止和彻底消除核武器。

应该看到，核武器国家的核战略与核政策，是该国核力量发展与核态势的根本遵循，其本身就对全球战略稳定、国际核军控与裁军进程具有重要意义。中国的核战略与核政策，在所有核武器国家中最具稳定性、连续性和可预见性。中国自拥有核武器第一天起，就积极倡导全面禁止和彻底销毁核武器。中国始终不渝奉行防御性国防政策和自卫防御的核战略，一直并将继续把本国核力量维持在国家安全需要的最低、可靠水平，从来不与任何国家比投入、比数量、比规模。一言以蔽之，中国的核武器既不是用来与核武器国家称王争霸的，也不是用来吓唬、欺负无核武器国家的。任何国家只要不对中国使用核武器，就不会受到中国核武器的威胁。中国过去、现在和将来都不参加任何形式的核军备竞赛。我愿强调，任何关于中国大幅扩展核能力的鼓噪，都很可能是个别核大国加强本国核武库的借口；在有关国家将自身核武库降低到中国的水平之前，对中国军力任何说三道四，都是虚伪和苍白无力的。

第三，尽管面临严峻复杂的形势，裁谈会就停止核军备竞赛和核裁军议题开展实质性工作，具有重要现实意义。本附属机构的议题，是1978年首届裁军特别联大最后文件确定的首要议题，也是裁谈会议程上综合性最强的议题之一。多年来，裁谈会成员国通过全会、附属机构等多种形式，围绕核裁军问题进行了深入、丰富的讨论。随着国际政治和安全形势的进一步发展，一些新因素、新主张、新课题、新动向也不可避免地进入裁谈会视野，值得成员国在平等和相互尊重基础上，开展更加全面、深入的探讨。

今年伊始，在中国积极参与和推动下，五核国领导人就防止核战略和避免军备竞赛发表了举世瞩目的联合声明，受到国际社会普遍欢迎，也为包括裁谈会在内的多边工作提供了新活力。中方将继续致力于在联大、裁谈会和五核国合作机制等平台，围绕防止核军备竞赛、核裁军等问题与各方积极沟通。本代表团也将积极参加第一附属机构各方面具体问题的实质性讨论。

　　谢谢，协调员先生。

李松大使在《禁止生物武器公约》
第九次审议大会第二次筹备会上的发言

(2022 年 4 月 4 日)

副主席先生：

首先，请允许我代表中国代表团，对二位共同担任《禁止生物武器公约》审议大会筹备会主席表示祝贺。你们克服疫情影响等困难，积极协调、推动审议大会筹备进程，中方对此表示赞赏。中方将继续全力配合你们的工作，共同推动本次会议顺利举行，为审议大会做好准备。

《禁止生物武器公约》是全球生物安全治理的基石。本周日，也就是 4 月 10 日，公约将迎来开放签署 50 周年。站在新的起点上，我们既要充分肯定公约在防范生物安全威胁、促进生物科技和平利用等方面发挥的重要作用，也要直面威胁和挑战，通过审议大会全面加强公约机制，使之更好地促进普遍安全和共同发展。为推动审议大会取得实质性成果，中方有以下几点主张：

首先，要发出明确、有力的政治信号。无论国际安全形势如何变化，183 个缔约国对公约的政治承诺不应动摇。中方建议缔约国在审议大会上发表共同政治宣言，充分肯定公约的地位和作用，并希望两位副主席就此广泛征求各方意见。

第二，要尽快谈判建立核查机制。"以核查确保遵约"是国际共识。几十年实践已充分证明，建立核查机制是确保军控、裁军领域各项条约权威性、有效性的最佳手段。生物安全领域不应成为例外，更不能因为某个国家的反对而止步不前。我们再次呼吁审议大会作出决定并成立特设机制，以 2001 年接近达成一致的草案为基础，重启有法律约束力的核查议定书谈判。

第三，要加强建立信任措施机制。在建立核查机制之前，自愿性透明对增进战略互信、解决遵约关切具有重要意义。某个国家在国防部的主导下，在全世界开展生物安全"合作项目"，数量、规模远远超出所有其他国家。这些项目完全应该对国际社会、对东道国保持公开、透明。这也有助于增进互信，加强国际交流，更好地减少生物安全威胁、提高公共卫生水平。我们呼吁在建立信任措施表格中，增加缔约国在其他国家开展的生物军事活动这一项目。

第四，要加强国际合作与援助。疫情背景下，促进和平利用、加强国际合作更加重要，这事关所有缔约国的切身利益。中方呼吁审议大会将公约第十条执行作为工作重点，采取切实举措维护发展中国家合法权利，全面实现公约宗旨和目标。要确保各国能够不受歧视和阻碍地获取抗疫物资和药物、疫苗及其研发技术，长远看要不断促进生物科技的和平利用及普惠共享。去年，第76届联大通过了"在国际安全领域促进和平利用国际合作"决议。希望各方积极支持并参与联大后续进程，共同促进包括生物在内各领域的和平利用与国际合作。

第五，要倡导负责任的生物科研。《科学家生物安全行为准则天津指南》（以下简称《天津指南》）受到广泛欢迎，中方对此表示赞赏。希望《天津指南》能够为所有利益攸关方提供参考，更好地防止生物技术被误用滥用，更好地促进生物科技健康发展。我们将向本次会议提交工作文件，介绍推广《天津指南》的最新进展。我们将与国际科学院组织秘书处一道，于4月6日中午举办"共享生物安全——《天津指南》在科学界的应用"线上专题边会，欢迎各方参加。我们再次鼓励缔约国联署、支持《天津指南》，并共同推动审议大会核可。同时，中方支持设立公约科技审议机构，将继续参与相关讨论。

第六，要统筹加强生物安全机制。中方对加强履约支持机构的人力、财政等各方面配备持开放态度。我们支持加强公约与其他相关国际组织和机制的协作，在符合各自授权前提下，加强在专业、职能和资源等方面的协调整合，更好地促进全球生物安全治理。我们也支持哈萨克斯坦总统托卡耶夫提出的建立国际生物安全机构的倡议，愿与各方就此开展建设性讨论。

副主席先生，

最近，俄罗斯公布了美国在乌克兰开展生物军事活动的相关文件，并对美国遵守《禁止生物武器公约》的情况提出了严重关切，引起国际社会广泛关注，这一事态发展也进一步凸显缔约国在公约框架内开展磋商与合作，澄清履约关切的重要性和紧迫性。遵守公约是所有缔约国的义务。美国是全球生物军事活动最多的国家，也是唯一反对建立公约核查机制的国家，国际社会有疑虑是完全合情合理的。我愿强调，这不是美方在乌克兰一国的生物实验室的问题，也不是因当前局势而产生的新问题。

中国历史上曾深受生物武器之害，一贯主张全面禁止和彻底销毁包括生物武器在内的一切大规模杀伤性武器，坚决反对任何国家在任何情况下研发、拥有或使用生物武器。我们欢迎在《禁止生物武器公约》、联合国等框架下，由国际社会对俄方披露的文件进行评估，同时也公平、公正地听取美方的澄清。是不是虚假信息，通过澄清和评估，国际社会自有公论。这完全符合公约第五、第六条的规定。我们期待美方作出建设性回应，以恢复国际社会对其履约的信心。与此同时，美方也有必要对其在世界其他地方的生物军事活动作出澄清，给国际社会一个明确的、令人信服的交代。作为公约存约国，在切实履行公约各项义务方面，美国理应作表率，不能成为例外。

副主席先生，

中国高度重视生物安全。习近平主席多次强调，生物安全是全球性问题，要同国际社会携手应对日益严峻的生物安全挑战。中国一贯全面、严格履行《禁止生物武器公约》各项义务，自 1989 年以来每年均完整提交建立信任措施宣布材料。2021 年 4 月生效的《中华人民共和国生物安全法》明确规定，中国履行缔结或参加的国际条约规定的义务。这既包括禁止开发、制造或以其他方式获取、储存、持有和使用生物武器，也包括参与并加强生物安全领域的国际合作。这充分体现了中国对公约的政治承诺。

中方正在不断完善配套法规和工作机制，以确保该法得到全面、有效实施。中方愿与感兴趣的国家一道，加强生物安全立法和政策制定、风险评估、应急响应、能力建设等方面的交流与合作，相互借鉴有益经验，不断提升生物安全水平。

自疫情暴发以来，中国坚持与国际社会同舟共济，全方位推进抗疫国际合作，发起新中国成立以来最大规模的全球紧急人道主义行动。中国最早分享新冠病毒全基因组序列信息，定期向世卫组织和有关国家通报疫情信息，多次接待世卫组织国际专家组来华开展疫情防控和病毒溯源研究考察，为全球疫情防控贡献中国力量。

中国致力于弥合免疫鸿沟。早在疫情初期，习近平主席就提出新冠疫苗应成为全球公共产品。截至今年3月初，中国已经向120多个国家和国际组织提供了超过21亿剂疫苗，占中国以外全球疫苗使用总量的三分之一，是对外提供疫苗最多的国家。中国将继续坚持把发展中国家作为疫苗合作的主要伙伴，帮助发展中国家构筑免疫屏障，尽快恢复社会生活。

生物安全没有国界，人类命运紧密相连，国际社会需要团结合作。中方期待着与其他缔约国一道，坚定维护和加强《禁止生物武器公约》，推动即将到来的第九次审议大会取得实质成果。

谢谢，副主席先生！

守护世界和平与安宁的重大倡议

——李松大使在裁谈会5月26日全会上的发言

（2022年5月26日）

主席先生：

中国代表团祝贺古巴顺利完成裁谈会轮值主席任期，对你和你的团队体现的公正负责、公开透明的工作方式，以及古巴为推动裁谈会工作发挥的建设性作用表示高度赞赏和衷心感谢。

我今天发言的主要内容，是向裁谈会成员国介绍习近平主席4月21日在博鳌亚洲论坛2022年年会开幕式主旨演讲中提出的全球安全倡议。

当前，百年变局和世纪疫情叠加影响，国际形势中不稳定、不确定、不安全因素日益突出，世界正前所未有地面临分裂的危险。但是，正如习近平主席所指出的，和平与发展的时代主题没有变，各国人民对美好生活的追求没有变，国际社会同舟共济、合作共赢的历史使命也没有变。

习近平主席指出，安全是发展的前提，人类是不可分割的安全共同体。事实再次证明，冷战思维只会破坏全球和平框架，霸权主义和强权政治只会危害世界和平，集团对抗只会加剧21世纪安全挑战。以牺牲别国安全为代价，片面追求自身安全，只会造成新的矛盾和风险。

为了促进世界安危与共，习近平主席提出了全球安全倡议，明确回答了"世界需要什么样的安全理念、各国怎样实现共同安全"的时代课题，为弥补人类和平赤字贡献了中国智慧，为应对国际安全挑战提供了中国方案。全球安全倡议植根于真正多边主义理念，呼吁世界各国遵守联合国宪章宗旨和原则，摒弃零和博弈、阵营对抗过时观念，倡导以共赢思维应对复杂交织的安全挑战，以团结精神适应深刻调整的国际格局，为进一步完善全球安全治理提供了新思路。

全球安全倡议以"六个坚持"为核心要义：

首先，坚持共同、综合、合作、可持续的新安全观，共同维护世界和平和安全。8年前，习近平主席在亚信上海峰会上首次提出新安全观，为世界消弭安全赤字、破解安全难题提供了"金钥匙"，赢得国际社会普遍认同和广泛支持。在百年变局与世纪疫情交织叠加、战火阴云笼罩的今天，新安全观的意义更加凸显，进一步推动铸剑为犁、安危与共的和平合作理念深植人心，指明一条对话而不对抗、结伴而不结盟、共赢而非零和的新型安全之路。

第二，坚持尊重各国主权、领土完整，不干涉别国内政，尊重各国人民自主选择的发展道路和社会制度。国家不分大小、强弱、贫富都是国际社会的平等一员，各国内政不容干涉，主权和尊严必须得到尊重，自主选择社会制度和发展道路的权利必须得到维护。历史反复告诫我们，唯我独尊、以强凌弱是动荡之因，丛林法则、强权逻辑是战乱之源。面对剧烈变化的世界，我们要反对霸权侵犯主权，坚持主权独立平等，推动各国权利平等、机会平等、规则平等。

第三，坚持遵守《联合国宪章》宗旨和原则，摒弃冷战思维，反对单边主义，不搞集团政治和阵营对抗。当今世界发生的各种对抗和不公，不是因为联合国宪章宗旨和原则过时了，而恰恰是由于这些宗旨和原则未能得到有效履行。在百年变局和世纪疫情下，我们必须践行真正的多边主义，坚决摒弃单边主义和一切形式的伪多边主义，坚定维护以联合国宪章宗旨和原则为基础的国际关系基本准则，反对一切未经联合国授权、与联合国宪章精神相违背的家法帮规。

第四，坚持重视各国合理安全关切，秉持安全不可分割原则，构建均衡、有效、可持续的安全架构，反对把本国安全建立在他国不安全的基础之上。人类是不可分割的安全共同体。一国安全不能以损害他国安全为代价，地区安全也不能以强化甚至扩张军事集团来保障。各国安全利益都是彼此平等的，也是相互依赖的。任何国家的正当合理安全关切都应得到重视和妥善解决，不应被长期忽视和系统性侵犯。应对全球安全挑战的长久之道，在于实现普遍安全、共同安全。

第五，坚持通过对话协商以和平方式解决国家间的分歧和争端，支持一切有利于和平解决危机的努力，不能搞双重标准，反对滥用单边制裁和"长臂管辖"。国际实践充分显示，战争和制裁都不是解决争端的根本途径。国际社会应旗帜鲜明支持一切有利于和平解决危机的努力，反对任何势力借机煽风拱火、阻挠破坏和谈，各方共同致力于降温灭火、维稳劝和，鼓励冲突各方谈起来、谈下去，通过对话建立互信、化解纷争、促进安全。

第六，坚持统筹维护传统领域和非传统领域安全，共同应对地区争端和恐怖主义、气候变化、网络安全、生物安全等全球性问题。在经济全球化深入发展的今天，安全的内涵和外延更加丰富，时空和领域更加宽广，呈现出更加突出的联动性、跨国性、多样性，需要安全思维不断创新，安全合作与时俱进。面对错综复杂的国际安全威胁，世界上没有哪个国家能独善其身，也不应让任何国家成为世界孤岛，各国必须同舟共济、携手应对。

主席先生，

全球安全倡议植根于新中国独立自主的和平外交政策与实践，来源于独具中国特色的外交传统与智慧。长期以来，作为负责任大国，中国高举和平、发展、合作、共赢的旗帜，为维护全球和平与安全作出了积极贡献。中国坚持和平发展理念，坚持走和平发展道路，从未主动挑起过一场战争，从未侵略过别国一寸土地，从来不搞代理人战争，不参加或组建任何军事集团，是全世界在和平与安全问题上纪录最好的大国。目前，中国依然是世界上唯一一个将"坚持和平发展道路"载入宪法的国家，也是五个核武器国家中唯一承诺在任何时候、任何情况下都不首先使用核武器，无条件不对无核武器国家和无核武器区使用或威胁使用核武器的国家。无论发展到什么程度，中国永远不称霸、不扩张、不谋求势力范围，不搞军备竞赛，始终做守护人类和平安宁的中坚力量。与此同时，中国有充分的信心、充分的能力、充分的准备，坚决捍卫国家主权和领土完整。

我们愿与国际社会一道，让习近平主席提出的全球安全倡议落地生根、开花结果，让世界变得更加和平、更加安全、更加繁荣。我们要坚定维护联合国权威和地位，共同践行真正的多边主义，维护以联合国为核心的国际体系，维护以国际法为基础的国际秩序，坚守和平、发展、公平、正义、民主、自由的全人类共同价值，反对以意识形态划线煽动对抗分裂，反对搞拉帮结派的"小圈子"，反对打着所谓"规则"的旗号破坏国际秩序，反对将世界拖入"新冷战"的阴云下。大国对国际和地区热点问题解决负有特殊重要责任。要加强国家间战略沟通，增进安全互信，化解矛盾，管控分歧，消除危机产生的根源。要积极探索国家间合作，扩大安全利益汇合点，构建兼顾各方诉求、包容各方利益的国际和区域安全格局。

主席先生，

亚太是中国安身立命之所。亚太人民对霸权主导的冲突对抗记忆犹新，现在追求的是国家稳定和生活幸福。亚太国家普遍不愿选边站队，主流声音是希望各国和睦相处、合作共赢。中国愿与亚洲各国一道，努力搭建地区安全新架构，共同维护亚洲和平稳定。我们坚决反对借"印太战略"分裂地区、制造阵营对抗，坚决反对借军事同盟拼凑"亚太版北约"。早已过时的冷战剧本，绝不能在亚洲重演；世界上正在发生的动乱战乱，绝不容在本地区发生。中国将继续立足亚太、造福亚太，以实际行动为亚太长治久安和可持续发展作出更大贡献。

主席先生，

今年以来，国际政治和安全形势发生新的复杂变化，传统安全威胁与新兴安全挑战相互交织，国际军控、裁军与防扩散体系面临严峻挑战，处在新的重要十字路口。今年又是多边军控、裁军和防扩散会务的"大年"，我们肩负的使命更为艰巨。中国将积极落实习近平主席提出的全球安全倡议，继续以积极主动、认真负责的态度，建设性参与裁谈会实质性工作、《不扩散核武器条约》第十次审议大会、《禁止生物武器公约》第九次审议大会，以及在外空安全、常规军控等其他各领域多边工作，坚定不移地致力于维护、巩固和加强现有多边军控、裁军和防扩散机制，坚决反对任何形式的军备竞赛和大规模杀伤性武器扩散，坚持维护全球战略平衡与稳定，守护世界和平与安宁。

主席先生，

今年裁谈会主席团成员都来自发展中国家。中国很荣幸地作为其中一员，为推动裁谈会破解难题、打破僵局，就各项重要议题开展实质性工作作出了应有贡献。今年裁谈会工作，在今天刚好过半。发展中国家轮值主席所作出的努力，体现了发展中国家在多边事务中相互尊重、平等互利、公平公正、认真负责的诉求和追求。这也是发展中国家成员国为裁谈会工作和裁谈会文化作出的独特贡献。我愿借此机会，再次感谢古巴作为现任轮值主席发挥的领导作用，也期待着与朝鲜、刚果民主共和国和厄瓜多尔大使继续合作，共同为稳步推进裁谈会工作作出努力。

谢谢，主席先生。

中国代表团在国际原子能机构
六月理事会上关于日本福岛核污染水处置问题的发言

（2022 年 6 月 10 日）

尊敬的主席先生，

日本福岛核电站事故核污染水排海对海洋生态环境、食品安全和人类健康的潜在影响不容忽视，这不仅关乎周边国家切身利益，更是关乎全人类共同利益的国际议题。

主席先生，

去年 4 月，日本政府在未穷尽安全处置手段、未全面公开相关信息、未与周边国家和国际机构充分协商的情况下，仓促宣布将核污染水排海的决定。时至今日，包括中国在内的太平洋沿岸国家的质疑和反对声音一直没有停止。日本国内多个民间组织约 18 万人联署反对核污染水排海，要求日政府放弃排海方案。各方十分关切核污染水排海方案正当性、数据可靠性、净化装置有效性、环境影响不确定性等问题。

但一年多来，日本政府非但没有就上述问题作出充分、可信的说明，反而加快推进排海方案审批进程，启动排海基础设施工程建设，这种罔顾国内外民意、企图造成既定事实的做法十分不负责任。国际社会有理由对此提出质疑并保持警惕。

主席先生，

中方注意到，国际原子能机构技术工作组今年以来两次赴日实地考察并于 4 月发布首份评估报告，机构总干事格罗西先生 5 月中旬访日。相关报告和访问还没有得出任何结论性意见，但要求日方就核污染水放射性特征、环境影响评价、源监测和环境监测方案、利益攸关方参与等问题作出进一步澄清和改进。这印证了国际社会关于福岛核污染水排海方案的关切是完全合理的。下阶段，机构技术工作组将继续对福岛核污染水处置进行事前、事中、事后的评估和监督，包括进行抽样分析、环境采样等。中方支持机构秉持客观、公正、科学和负责任的态度，充分听取利益攸关方意见，协助国际社会确保日本核污染水处置的绝对安全。

不得不指出的是，囿于其授权，机构技术工作组没有对排海以外的核污染水处置方案进行评估，因而也不可能就最佳处置方案得出结论。这不符合利益攸关方期待。日方理应给予机构及工作组全面配合，包括就所有可能的核污染水处置方案选项进行充分协商，接受包括利益攸关国家在内的第三方实验室参与核污染水取样监测，确保以安全的方式处置核污染水。

主席先生，

作为一衣带水的邻国，日本核污染水处置直接关系到中国的海洋环境、食品安全及民众健康，中国政府对此高度重视。中、俄不久前向日方提供了对核污染水处置问题的36个技术问题，并通过机构秘书处向成员国散发。中方希望日方加强同利益攸关方协商，尽快就有关技术问题作出答复，妥善解决各方合理关切。

日本福岛核污染水处置问题不是日方一家私事。国际社会应共同敦促日方正视各国及本国民众的正当合理关切，敦促日方同利益攸关方和有关国际机构充分协商，寻找核污染水的妥善处置办法，而不是强推排海方案。中方将继续密切关注事态发展，并保留作出进一步反应的权利。

谢谢主席先生。

岳萍参赞在国际原子能机构
六月理事会上关于朝鲜半岛核问题的发言

（2022 年 6 月 14 日）

主席先生：

近期，朝鲜半岛形势趋紧，中方对此感到关切。事态发展至今的症结在于，美方未回应朝方已采取的积极行动和正当合理关切。维护半岛和平稳定，推动半岛问题政治解决进程，符合各方共同利益。当前形势下，各方都应保持冷静克制，坚持政治解决大方向，开展有意义的对话。特别是美方应担起应尽责任，切实回应朝方正当合理关切，停止在核不扩散问题上的双标做法，以实际行动展现解决半岛问题的诚意，为重启对话创造条件。

中方一贯坚持实现半岛无核化，坚持维护半岛和平稳定，坚持通过对话协商解决问题，不赞成任何一方采取加剧局势紧张的行动。中方一直以自己的方式同朝在内的各方保持沟通，始终认真履行自身国际义务。我们愿继续同国际社会一道，按照"双轨并进"思路和分阶段、同步走原则，为推进半岛问题政治解决进程发挥建设性作用。

谢谢主席先生。

岳萍参赞在国际原子能机构
六月理事会上关于日本鼓噪"核共享"问题的发言

（2022 年 6 月 14 日）

主席先生，

近期，日本执政党成员及其他政客频频发表消极言论，妄言要同美国讨论"核共享"安排，引进美国核武器。5 月 23 日，日美领导人发表联合声明称，双方将确保美对日延伸威慑的可靠性和韧性，巩固关于延伸威慑的双边对话机制。中方和地区国家对上述动向表示严重关切。

主席先生，

根据《不扩散核武器条约》（NPT）规定，无核武器缔约国承诺不直接或间接从任何让与国接受核武器或对这种武器的控制权。如果日本与美"核共享"，将违反 NPT 规定，加剧核扩散与核冲突风险。延伸威慑本就是冷战遗产，日美声言要巩固延伸威慑，只会刺激军备竞赛，加剧地区紧张局势，引发极大的核扩散风险。

日本作为 NPT 无核武器缔约国，长期唱着推进核裁军、反对核扩散的高调，却在实践中享受着美国的"核保护伞"，反对和阻挠美国放弃首先使用核武器政策。我们并关切地注意到，日方在向 NPT 十审会提交的最新版国家报告中删除了以往报告中提及的"无核三原则"。此外，日方还囤积超出自身合理需求的大量核材料。国际社会有理由对日方的政策取向感到担忧并保持警惕。

中方敦促日方采取负责任态度，切实履行作为无核武器国家的义务，继续恪守"无核三原则"，不以任何形式寻求核武器。中方同样敦促美方就"核共享"问题尽早表明反对态度，撤销所谓延伸威慑安排，打消有关政客的妄想，以实际行动维护国际核不扩散体系，维护国际和地区的和平与稳定。

　　谢谢主席先生。

王昶参赞在国际原子能机构
六月理事会上关于对伊朗保障监督问题的发言

(2022 年 6 月 14 日)

主席先生，

中方注意到国际原子能机构总干事提交的"伊朗履行《不扩散核武器条约》保障监督协定"报告（GOV/2022/26）。中方支持机构与伊方通过对话合作解决在保障监督问题上的分歧。我们希望双方继续相向而行，使有关共识得到切实履行。中方也呼吁各方都能为此发挥建设性作用，避免将机构工作政治化。

中方认为，当务之急是推动伊核全面协议恢复履约谈判尽快达成协议，推动全面协议早日重返正轨，相信届时保障监督相关问题都将迎刃而解。我们呼吁有关各方保持克制，寻求从根源上解决问题，避免采取推动决议等可能破坏伊核谈判进程的言行。

谢谢主席先生。

岳萍参赞在国际原子能机构
六月理事会上关于乌克兰核设施安全问题的发言

(2022 年 6 月 14 日)

主席先生，

中方关切乌克兰境内核设施核安全、核安保以及核保障问题，重视机构理事会就这一重要问题展开讨论。

中方一贯支持国际原子能机构在促进核安全、核安保问题上发挥积极作用，并严格按照授权履行保障监督职责。在乌克兰核安全、核安保问题上，中方注意到机构总干事及时通报从乌克兰核安全监管当局获得的信息，也注意到俄方就有关问题提供的情况和所做澄清。中方认为，有关国家应切实履行好责任，机构秘书处应严格按照授权提供必要帮助。希望相关当事方谨慎行事，避免造成人为核安全、核安保事故。同时，机构也应根据授权，充分考虑乌克兰安全局势，妥善处理好对乌保障监督问题。

中方将继续密切关注乌克兰局势变化，支持一切有利于缓和乌克兰局势和推动政治解决的外交努力，愿继续为此发挥建设性作用。我们也呼吁国际社会保持冷静和理性，本着负责任和公正客观态度，为当事方直接谈判创造良好氛围和条件。

谢谢主席先生。

王昶参赞在国际原子能机构
六月理事会上关于伊朗核问题的发言

（2022 年 6 月 14 日）

主席先生，

中方注意到国际原子能机构（下称"机构"）总干事提交的"根据联合国安理会第 2231 号决议在伊朗实施监督与核查"的报告（GOV/2022/24）。中方支持机构继续秉持客观、中立和公正的原则，严格遵照授权开展对伊监督核查工作。

当前，伊核全面协议恢复履约谈判来到最后关头。有关各方应增强紧迫感，加大外交努力，尽快就剩余未决问题达成共识，推动谈判顺利收官，为恢复全面协议完整、有效执行扫除障碍。美方作为伊核危机的始作俑者，理应彻底纠正错误，采取切实举措，积极回应伊方合理关切，推动谈判尽早达成协议。所有各方均应为外交努力创造必要条件和良好氛围。

中方始终坚定维护全面协议和安理会第 2231 号决议的权威性和有效性，建设性参与恢复履约谈判，目的就是要推动全面协议早日重返正轨。我们将继续为推动伊核问题政治外交解决进程而不懈努力，同时也将坚定维护自身的合法正当权益。

谢谢主席先生。

王群大使在国际原子能机构六月理事会上
关于美英澳核潜艇合作及相关防扩散问题的发言

（2022 年 6 月 14 日）

主席先生，

本周，国际原子能机构理事会连续第三次以协商一致方式决定设置单独正式议题，专门讨论"美英澳核潜艇合作（AUKUS）所涉核材料转让及其保障监督等影响《不扩散核武器条约》（NPT）各方面的问题"。这充分反映了国际社会和理事会广大成员对此事的持续关切。

在前两次理事会上，中方已就三国核潜艇合作表明了严正立场，要求三国明确澄清相关合作到底有没有涉及核武器材料，到底是否涉及核武器国家向无核武器国家转让核武器材料等一系列问题。机构广大成员国在积极、专业地参与讨论的同时，纷纷要求三国及时、全面向机构成员国报告相关合作所涉核武器材料转让等各方面情况。机构总干事也提醒并督促三国所需履行的防扩散法律义务。

主席先生，

一段时间以来，三国核潜艇合作动作不断。去年 9 月，美国、英国、澳大利亚宣布建立三边安全伙伴关系（AUKUS），随后向机构正式通报称美、英将协助澳建造核潜艇。今年 2 月，英、澳两国领导人公开声明宣称"三国核潜艇合作取得了重大进展"。4 月，三国再次就此发表联合声明及事实文件，宣布正在进一步推进核潜艇合作。

同时，美、英、澳根据其内部签订的所谓《海军核动力信息交换协议》中的保密条款，迄未向机构申报三国有关核潜艇合作、特别是该合作所涉核武器材料转让情况。

主席先生，

总的看，美英澳核潜艇合作的违法性可概括为"三个违反"，突出体现在以下两个方面：

1. 三国合作违反《不扩散核武器条约》（NPT）

NPT第一条规定核武器国家"不直接或间接向任何接受国转让核武器""不以任何方式协助、鼓励或引导任何无核武器国家获取核武器"；第二条规定无核武器国家"不直接或间接从任何输出国接受核武器或核武器的控制权"；第三条规定无核武器国家承诺"接受按机构的规约及保障制度与机构谈判缔结协定中规定的各项保障措施"，保障措施须适用于"各种核原料或特殊裂变物质"。上述条款明确规定了核武器国家和无核武器国家的防扩散条约义务、更明确了核扩散行为的定义和法理依据。根据上述规定，三国合作涉及核武器国家向无核武器国家非法转让核武器材料，是赤裸裸的核扩散行为。

首先，无论三国对其核潜艇合作冠以何种名义、包括所谓"海军核动力堆"转让，都回避不了三国合作中核武器材料从核武器国家转移到无核武器国家这一基本事实。

其次，无论相关核武器材料怎样处理、包括封存在核潜艇动力堆中等，也都否认不了核武器材料本身业已在核武器国家和无核武器国家之间进行了非法转让这一基本事实。

三国合作所涉核武器材料转让问题，本质上是核扩散行为，因此自然也不能适用机构全面保障监督协定第14条（例外条款）。同时，无论从政治上还是法律上，任何保障监督协定都不能抵触或凌驾作为母法的NPT。

2. 三国合作违反全面保障监督协定及附加议定书

首先，根据全面保障监督协定补充安排经修订的准则3.1，澳大利亚作为NPT规定的无核武器国家，必须在各阶段及时、全面申报其核材料库存变化及核设施信息情况。据此，澳须及时、全面向机构秘书处申报其有关确定开展核潜艇合作、相关设施动工、修改合作方案、接受相关核材料等各阶段的情况。

其次，根据澳大利亚与机构签署的附加议定书第2a（i）和第18条有关申报与反应堆有关场所信息的规定，澳必须及时申报澳核潜艇基地、岸上保障设施等相关信息。

第三，美英澳之间的《海军核动力信息交换协议》或其他任何双边或三边安排，均不能妨碍三国作为机构成员国根据其全面保障监督协定及附加议定书所需履行的法律义务。

然而，三国自2021年9月正式宣布其核潜艇合作决定以来，迄未向机构通报上述合作的任何情况，但同时三国领导人却多次公开宣称相关合作进展顺利；三国专家密集召开技术会议，就合作具体问题进行磋商；澳已确定在东海岸建设核潜艇基地。这充分说明，美、英、澳在自去年9月就三国核潜艇合作作出决定并持续推进相关合作进程的同时，始终刻意向机构秘书处和成员国隐瞒其核武器材料转让信息。澳大利亚作为机构成员国的上述行径实质性违反其保障监督法律义务，必须及时予以纠正。掩耳盗铃的做法行不通。

主席先生，

必须指出的是，如不及时对美、英、澳的核扩散行径予以纠正，三国核潜艇合作将造成一系列严重危害和负面影响：

从全球战略稳定层面看，三国核潜艇合作以意识形态划线，打造新的军事集团，将加剧地缘紧张，并破坏全球战略稳定与平衡。

从国际安全秩序层面看，三国核潜艇合作与"四边机制"一脉相承，都服从和服务于美国主导的"印太战略"，旨在挑动阵营对抗，进行地缘零和博弈，严重威胁国际安全秩序。

从地区和平稳定层面看，三国核潜艇合作将制造地区紧张局势，对地区国家构成现实威胁，刺激地区国家加紧发展军力，诱发新一轮军备竞赛，极大推高军事冲突风险。

从全球防扩散体系层面看，三国核潜艇合作是NPT达成以来，核武器国家首次公然向无核武器国家转让核武器材料。此举将冲击核不扩散体系，损害《南太平洋无核区条约》，破坏东盟国家建立东南亚无核武器区的努力。美国对有些无核武器国家开发铀浓缩技术、获取民用核材料予以单边制裁，却对澳大利亚网开一面，这是赤裸裸的双重标准。未来不排除其他国家效仿行事，甚至寻求突破核门槛。

主席先生，

中国国家主席习近平在全球安全倡议中提出，倡导各方坚持共同、综合、合作、可持续的安全观，摒弃冷战思维，反对单边主义，不搞集团政治和阵营对抗，得到国际社会普遍欢迎。而个别国家却坚持"中心论"和"例外论"，抱持冷战思维，沿袭霸权逻辑，推行集团政治，这是逆历史潮流而动，只会引发冲突对抗，分裂国际社会。

美英澳核潜艇合作事关全球战略稳定、国际安全秩序、地区和平稳定及全球防扩散体系，负面影响巨大而深远，理应由相应国际和地区安全机制从政治角度作出反应。同时，国际原子能机构也须按照机构职责和授权就此作出反应。中方建议，机构下步应重点推进以下工作：

一是继续推进相关政府间讨论进程，特别是通过常设议题及特别委员会等形式，由机构成员国共同探讨解决美英澳核潜艇合作问题，并据此向机构理事会和大会提交建议报告。

二是澳大利亚必须切实履行其保障监督法律义务，按照全面保障监督协定及附加议定书要求，及时、全面向机构秘书处申报三国核潜艇合作各阶段情况。

三是机构总干事必须根据机构《规约》第 12 条，向理事会全面报告三国合作各阶段情况，并采取措施促使三国立即纠正相关违约行为。

四是在机构成员国就相关解决方案达成共识前，美、英、澳不得推进其核潜艇合作，机构秘书处也不得擅自与三国就上述核潜艇合作谈判任何保障监督安排。

主席先生，

中方呼吁机构所有成员国共同积极参与相关政府间讨论进程，聚焦三国核潜艇合作的本质，弄清事实真相，共同探寻解决方案，以实际行动共同捍卫NPT，维护国际核不扩散体系，维护国际和平与安全。

谢谢主席先生。

王群大使在国际原子能机构六月理事会"其他事项"议题下就美英澳核潜艇合作问题的回应

（2022 年 6 月 14 日）

主席先生，

关于美英澳核潜艇合作问题，中方已在相关单独正式议题下详细阐明了立场。针对有的国家在本议题下的发言，中方愿做以下简要回应：

第一，三国发言避重就轻，始终没有回答国际社会和机构广大成员国对三国核潜艇合作提出的实质性问题，始终回避三国合作所涉核武器材料非法转让这一本质。这恰恰印证了三国仍在刻意隐瞒其核武器材料转让信息。对此，机构必须继续保持相关政府间讨论进程，特别是通过常设议题及特别委员会等形式，由成员国共同探讨解决三国核潜艇合作问题，并据此向机构理事会和大会提交建议报告。在各方达成共识前，三国不应开展核潜艇合作。

第二，三国必须切实履行其保障监督法律义务，按照全面保障监督协定及附加议定书要求，及时、全面向机构秘书处申报三国核潜艇合作各阶段情况。否则，势必影响机构秘书处和总干事履行其《规约》义务。总干事在《2021 年保障执行情况报告》中也就此对三国进行了提醒和督促。

第三，我们再次敦促三国停止违法行为、改弦更张，不要在核扩散的道路上越走越远，不要成为全球防扩散体系的破坏者，不要走到国际社会和机构全体成员国的对立面。同时，我们呼吁机构广大成员国继续密切关注三国核潜艇合作动向，积极参与相关讨论进程，以实际行动共同捍卫 NPT，维护国际核不扩散体系，维护国际和平与安全。

谢谢主席先生。

维护《不扩散核武器条约》，促进世界和平与发展

——中国代表团团长、外交部军控司司长傅聪在《不扩散核武器条约》第十次审议大会一般性辩论中的发言

（2022 年 8 月 3 日）

尊敬的主席先生，

我谨代表中国代表团祝贺你当选本次审议大会主席，也对新当选的三个主要委员会的主席表示祝贺。中方将全力支持你们的工作。

50 多年来，《不扩散核武器条约》经受住了国际风云变幻的考验，成为国际核裁军与核不扩散体系的基石、战后国际安全体系的重要组成部分。当前，世界百年变局和世纪疫情交织叠加，冷战思维阴魂不散，以军事同盟为标志的旧安全观回潮。在所谓"大国战略竞争"执念驱动下，全球战略安全环境不断恶化，军备竞赛与军事冲突风险加剧，以《不扩散核武器条约》为代表的国际防扩散体系受到严重冲击，甚至面临冷战结束以来最严峻的新挑战。

我们应以本次大会为契机，切实维护条约的权威性和有效性，平衡推进核裁军、核不扩散与和平利用核能三大支柱，推动条约在服务和平与发展方面焕发新的生机。为此，中方提出以下三点主张：

第一，坚持共同安全理念，推进国际核裁军事业。中国坚定走和平发展道路，始终坚持自卫防御的核战略，在任何时候和任何情况下都不首先使用核武器。中国在坚决维护国家主权、安全和领土完整的同时，坚持把自身核力量维持在国家安全需要的最低水平，不与其他国家比投入、比数量、比规模，不与任何国家搞核军备竞赛。中国的核政策具有高度的稳定性、连续性和可预见性，是对国际核裁军事业的重要贡献。

核裁军应该遵循"维护全球战略稳定"和"各国安全不受减损"原则。拥有最大核武库的国家应该履行特殊、优先责任，以可核查、不可逆和具有法律约束力的方式，进一步大幅、实质削减核武库。这将为其他核武器国家加入核裁军进程创造条件。

核武器国家应合作减少核风险。今年1月3日，中国、俄罗斯、美国、英国、法国五国领导人发表联合声明，强调"核战争打不赢也打不得"，重申不将核武器瞄准彼此或其他任何国家。这一历史性声明有助于增进大国互信，防止核战争，避免军备竞赛。在此基础上，核武器国家应进一步就战略稳定问题加强沟通，围绕降低核武器在国家安全政策中的作用，以及反导、外空、网络、人工智能等广泛议题进行深入对话。核武器国家也应与无核武器国家加强对话，增进相互理解和支持。

第二，坚持政治解决方向，应对核不扩散挑战。各方要坚持通过外交谈判推动伊朗核问题全面协议早日重返正轨，摒弃制裁施压和武力威胁的消极举动。美国应彻底解除对伊相关非法制裁及对第三方的"长臂管辖"，伊朗则在此基础上恢复履行核领域的承诺。

国际社会应坚决反对在防扩散领域搞"双重标准"。美国、英国、澳大利亚开展核潜艇合作，构成严重核扩散风险，违反《不扩散核武器条约》的目的和宗旨。条约审议大会应深入讨论其各方面影响，包括其对国际原子能机构保障监督体系的挑战，坚定维护国际核不扩散体系。

朝鲜半岛安全形势依然复杂严峻。要坚持按照"双轨并进"思路和"分阶段、同步走"原则，推进朝鲜半岛建立和平机制及实现半岛无核化进程。

"核共享"安排违反《不扩散核武器条约》规定，加剧核扩散与核冲突风险。美国应撤回部署在欧洲的核武器，不在其他地区部署核武器。有关无核武器国家应切实履行条约义务和自身承诺，停止鼓噪"核共享"或其他形式的核威慑安排。任何在亚太地区复制北约"核共享"模式的企图，都将损害该地区的战略平衡与稳定，必将遭到地区国家的坚决反对，以及必要时的严厉反制。

无核武器区建设有助于实现核不扩散目标。国际社会应全力支持建立中东无核武器及其他大规模杀伤性武器区。核武器国家应尽快签批包括中亚无核区在内的所有无核武器区条约相关议定书。中方愿率先签署《东南亚无核武器区条约》议定书。

第三，要坚持共同发展初心，促进和平利用核能。国际社会应该支持国际原子能机构发挥中心作用，加大对发展中国家的资金和技术援助，充分释放核能与核技术应对气候变化、促进绿色发展的潜力，为加快落实2030年可持续发展议程提供助力。各方应以此次审议大会为契机，共同描绘促进和平利用核能国际合作的崭新蓝图。

防扩散与和平利用必须得到平衡处理。一些国家打着防扩散旗号，以意识形态划线，泛化国家安全概念，滥用多边出口控制机制，甚至妄图打造新的"巴统"。这种做法违背时代潮流，干扰正常国际合作，损害发展中国家正当权益，必须坚决摒弃。

核安全是核能发展和核技术应用的生命线，核能和平利用不能以牺牲自然环境和人类健康为代价。日方应认真回应周边邻国与国际社会对福岛核污染水处置问题的正当关切，同利益攸关方和有关国际机构充分协商，寻找核污染水的妥善处置办法。

主席先生，

人类是不可分割的安全共同体。冷战思维只会破坏全球和平框架，霸权主义和强权政治只会危害世界和平，集团对抗只会加剧21世纪安全挑战。今年4月，习近平主席在博鳌亚洲论坛年会上提出了全球安全倡议，强调应坚持共同、综合、合作、可持续的安全观，重视各国合理安全关切，秉持安全不可分割原则，构建均衡、有效、可持续的安全架构。中国愿以此为遵循，与各方携手努力，不断加强《不扩散核武器条约》的普遍性、权威性和有效性，为这个动荡与变革的时代增加更多的稳定性与确定性，为促进世界和平、安全与发展作出新的贡献。

最后，我祝愿本次审议大会取得成功。

谢谢主席先生。

中国裁军大使李松在《不扩散核武器条约》第十次审议大会上关于核裁军议题的发言

(2022 年 8 月 8 日)

主席先生：

全面禁止和彻底销毁核武器，最终建立无核武器世界，符合全人类的共同利益，是世界各国的共同夙愿。十审会面临 1995 年《不扩散核武器条约》（下称《条约》）无限期延长以来最为复杂严峻的形势。在冷战思维驱动下，美国执迷"大国战略竞争"，谋求绝对战略优势，强化军事同盟，在欧亚大陆东西两侧挑动阵营对立对抗，推进核导等战略力量前沿部署。这一系列消极举措严重破坏大国互信，冲击战略平衡与稳定，为现行国际核裁军努力制造障碍，加剧核军备竞赛与核冲突风险。

国际社会应以《条约》十审会为契机，践行真正的多边主义，坚决抵制冷战思维、阵营对抗，秉持共同、综合、合作、可持续的全球安全观，深入讨论推进国际核裁军进程的有效途径，加强《条约》的权威性和有效性。

第一，维护国际核裁军共识。核武器国家应遵循"维护全球战略稳定"和"各国安全不受减损"原则，依据公正合理、逐步削减、向下平衡原则，循序渐进推进核裁军。拥有最大核武库的美国和俄罗斯，应切实履行核裁军特殊、优先历史责任，以可核查、不可逆和有法律约束力的方式进一步大幅、实质削减各自核武库，为最终实现全面、彻底核裁军创造条件。

第二，努力减少核风险。1 月 3 日，五核国领导人发表《关于防止核战争与避免军备竞赛的联合声明》。今年以来的事态发展表明，这一历史性声明及时发表，对防止核战争、维护全球战略稳定具有重要深远意义。核武器国家应进一步就战略稳定问题加强沟通，并可着手就反导、外空、网络、人工智能等更广泛议题开展深入对话。减少核风险没有统一模板，需充分考虑不同国家所处的安全环境。国际社会尤其应该共同抵制一边煽动对抗、制造紧张，另一边呼吁减少核风险的虚伪做法。

第三，切实降低核武器在国家安全政策中的作用。所有核武器国家均应像中国一样奉行不首先使用核武器政策，缔结"互不首先使用核武器条约"，不把任何国家列为核打击目标。采取一切措施，避免意外或未经授权的核武器发射。支持裁谈会尽早谈判一项消极安全保证问题的国际法律文书，支持建立无核武器区的努力。美国应放弃发展部署全球导弹防御系统，不寻求在亚太及欧洲部署陆基中导，废除核保护伞及核共享政策，将部署在国外的核武器全部撤回本国。国际社会应共同反对有关国家在亚太地区复制"核共享"安排。

第四，维护并加强以《条约》为基石的国际核裁军与核不扩散体系。核武器国家应恪守历届审议大会达成的核裁军共识，公开承诺不寻求永远拥有核武器。国际社会应共共同维护联大一委、裁谈会等多边军控机制权威性和有效性、全面、平衡推进核裁军、核不扩散与和平利用核能三大支柱，抵制双重标准和实用主义。坚决反对有关国家基于狭隘地缘政治考量，开展违背《条约》目的和宗旨的核合作。

主席先生，

中国坚持走和平发展道路，始终不渝奉行防御性国防政策，坚持"人不犯我、我不犯人，人若犯我、我必犯人"。中方将坚决捍卫国家主权和领土完整，坚决挫败外部势力干涉和"台独"分裂图谋。

中国的核武器从来不是用来称霸世界、欺凌他国的。中国发展核武器的目的在于慑止敌人对中国使用核武器，在国家遭到核袭击时对敌实施坚决反击。自拥有核武器第一天起，中国就积极倡导全面禁止和彻底销毁核武器。中国明确承诺在任何时候和任何情况下都不首先使用核武器，无条件不对无核武器国家和无核武器区使用或威胁使用核武器。中国始终把自身核力量维持在国家安全需要的最低水平，从不与其他国家比投入、比数量、比规模，不会参加任何形式的军备竞赛。

中国支持《全面禁止核试验条约》尽早生效，始终恪守"暂停试"承诺，稳步推进各项履约筹备工作。中国支持裁谈会达成全面平衡工作计划，并根据"香农报告"及其所载授权，尽早启动"禁产条约"谈判。中国还积极参与联合国核裁军核查政府专家组工作。

中国一直在以实际行动积极推动五核国对话与合作。中国牵头五核国完成制订新版《五核国核术语》，愿继续牵头后续工作。中国支持五核国向《条约》十审会提交减少战略风险的共同工作文件。中国并一直积极协调五核国与东盟就《东南亚无核武器区条约》议定书签署问题重启对话。中方认为，五核国应保持并加强对话合作，致力于重建战略互信，并在此基础上为履行《条约》第六条义务作出新的努力。

中国愿继续同无核武器国家开展对话，以理性务实态度推动国际核裁军进程。

主席先生，

中国代表团已向本次审议大会提交履约国家报告以及核裁军等工作文件，希其内容能在大会最后文件中得到充分反映。中国将继续为推动国际核裁军进程、最终实现无核武器世界作出不懈努力。

谢谢主席先生。

中国裁军大使李松在《不扩散核武器条约》第十次审议大会上关于和平利用核能议题的发言

（2022 年 8 月 9 日）

主席女士：

和平利用核能是《不扩散核武器条约》（下称《条约》）的三大支柱之一，也是《条约》赋予各缔约国不可剥夺的权利。中方认为，应充分发挥《条约》在新时期服务世界和平与发展的作用，从以下三方面促进和平利用核能国际合作：

第一，要加强国际原子能机构（下称"机构"）的中心作用。成员国应积极支持机构技术合作活动，足额和及时缴纳技术合作基金份额，保障技术合作资源的充足和可预见性，加大对发展中国家援助与支持。同时，支持机构加强保障监督工作的效率和有效性，促进全面保障监督协定和附加议定书的普遍性，完善保障监督体系，应对核不扩散新挑战。

第二，要扭转将和平利用核能政治化的趋势。近年来，某些国家将出口控制当作地缘政治工具，滥用国家安全借口打压他国企业，甚至试图将多边出口控制机制改造成新的"巴黎统筹委员会"，严重干扰和限制核能等新兴科技领域国际合作。国际社会应坚决反对人为构筑技术壁垒，维护正常的国际合作秩序。第 76 届联大通过了中方主提的"在国际安全领域促进和平利用国际合作"决议。该决议将在加强现有防扩散机制基础上，为推进和平利用国际合作作出新的贡献，中方将继续在联大框架下推动决议后续进程。

第三，要高度重视核安全与核安保问题。核安全与核安保是和平利用核能可持续发展的生命线，加强核设施和核材料安全、防范核恐怖主义符合各方共同利益。国际社会应携手努力，秉持理性、协调、并进的核安全观，共同构建公平、合作、共赢的国际核安全体系，打造核安全命运共同体。中方高度关注乌克兰核设施安全、安保问题，支持机构及总干事积极履行职责，并呼吁各方防止因政治纷争干扰相关工作。

主席女士，

日本向海洋排放福岛核电站事故污染水，对海洋生态环境、食品安全和人类健康的潜在影响不容忽视。去年4月，日本政府单方面决定向海洋排放核污染水。日方作出这一决定纯粹是出于经济成本考虑，既没有穷尽安全处置手段，也没有与周边国家和国际机构充分协商。出于一己之私向国际社会转嫁风险，既不负责，也不道德。不仅日本国内民众强烈不满，中、韩、俄和太平洋岛国等也表达了关切。

迄今为止，很多国家仍高度关注日方核污染水排海方案正当性、数据可靠性、净化装置有效性和环境影响不确定性等问题。国际原子能机构工作组对日方排海方案的评估迄未得出最终结论，反而提出诸多改进意见。令人遗憾的是，日方对此置若罔闻，持续推进排海准备，并仓促批准排海计划。这种企图造成既成事实的做法，不是负责任国家所为。

日本核污染水排海不是日方一家私事。日方应认真回应国际社会关切，回到与利益攸关方及有关国际机构充分协商的轨道上来，停止强推核污染水排海方案。我们奉劝日方确保以公开、透明、科学、安全的方式处置核污染水，包括考虑排海以外的替代方案，并接受国际原子能机构的严格监督。这是检验日本能否有效履行国际责任的试金石。

主席女士，

中国将核电作为构建清洁高效能源体系的重要组成部分，以应对气候变化挑战，实现碳达峰、碳中和目标。截至2022年6月底，中国大陆在运核电机组54台，装机容量5581万千瓦；核准及在建核电机组24台，装机容量2746万千瓦。2021年以来，中国自主三代核电"华龙一号"海内外首堆相继投入商业运行。中国还积极推动核技术在社会民生和经济领域的多元化应用，形成了较完备的产业体系，年产值接近 7000 亿元人民币。中国利用核技术开展医疗废水和废弃物处置等，为新冠肺炎疫情防控提供了绿色、环保、高效的解决方案。

中国积极通过机构技术合作渠道扩大对其他发展中国家的技术援助，已成为机构技术合作基金的第二大捐赠国。截至 2022 年 8 月，中国已累计向技术合作基金捐款近 1 亿美元。自 2020 年以来每年捐款超过 1000 万美元。多年来，中国已接收其他发展中国家来华科技访问进修和培训 4000 余人次，向发展中国家派出专家服务 3000 余人次。同时，中国与 30 多个国家签订了政府间和平利用核能合作协定，通过互利务实合作，为共享核能发展红利、促进社会经济繁荣作出积极贡献。

中国一贯高度重视核安全与核安保问题，不断着力提升国家核安全能力，保持着良好的核安全记录。同时，中国忠实履行核安全国际义务，大力推动核安全国际合作，深入参与国际核安全机制和进程。中国将继续参与高浓铀微堆低浓化改造合作，支持各国根据本国需要，在经济和技术条件可行的情况下，尽量减少使用高浓铀，降低核安全风险。

主席女士，

中国代表团已提交关于和平利用核能问题的工作文件，全面阐述了中方有关立场，希望其内容能反映到审议大会最后文件中。

谢谢主席女士。

中国裁军大使李松在《不扩散核武器条约》第十次审议大会上关于核不扩散议题的发言

（2022 年 8 月 9 日）

主席女士：

中国代表团祝贺你就任本委员会主席，将全力支持你的工作，共同推动本委员会工作取得成功。

《不扩散核武器条约》是国际防扩散体系的基石。核不扩散的宗旨和目标，在于通过国际社会共同努力，坚决反对和杜绝一切形式的核扩散，妥善有效处理热点问题，增进各国共同和普遍安全。《条约》缔约国特别是核武器国家不应采取实用主义，奉行"双重标准"。任何利用核扩散服务狭隘地缘政治私利的行径，都与《条约》防扩散初衷背道而驰，并严重损害《条约》有效性和权威性。

主席女士，

自上届审议大会以来，国际政治和安全形势深刻演变。美国固守冷战思维，执迷"大国战略竞争"，大搞集团政治和阵营对抗，拼凑排他性的"小圈子""小集团"，在亚太地区兴风作浪。这些消极政策举措对国际核不扩散体系构成新的冲击和挑战。当前，美英澳核潜艇合作和亚太地区"核共享"论调，是国际核不扩散机制面临的两个重大新课题。与此同时，朝鲜半岛核问题和伊朗核问题正处于重要十字路口。大国政策何去何从，国际努力能否奏效，对这两大热点问题的走向具有重要影响。本届大会期间，缔约国有必要对上述问题进行认真审议。

首先，要充分讨论美英澳核潜艇合作问题，坚定维护国际核不扩散体系。

这一合作史无前例，是教科书级别的核扩散。三国的地缘战略意图"司马昭之心，路人皆知"。美英身为《条约》存约国，作为核武器国家，悍然决定向无核武器国家转让核潜艇动力堆和数以吨计的武器级高浓铀，构成严重扩散风险，充分暴露两国的"双重标准"。三国核潜艇合作威胁亚太各国安全，挑动阵营对抗，刺激军备竞赛，对南太平洋无核区和东南亚无核武器区造成严重损害，是对《条约》目的和宗旨的公然践踏。中方敦促三国改弦更张，撤销开展上述核潜艇合作的决定，为维护亚太地区和平稳定做些实实在在的好事。

美英澳核潜艇合作对国际原子能机构保障监督体系构成新挑战。国际社会普遍关注上述消极动向，各国有识之士纷纷提出严重质疑。在包括中国在内成员国的坚决要求和推动下，机构理事会已三次讨论有关问题。本届审议大会上，中方和不少其他国家进一步提出严重关切。中国专门向大会提交了工作文件，并认为印尼、巴西提交的有关工作文件，以及其他各方提出的看法和关切，都值得广大缔约国高度重视，进行认真研究讨论，并在本委员会报告和审议大会成果文件中予以体现。

我愿强调，美英澳核潜艇合作不只是三国之间的事，也不是三国与国际原子能机构秘书处之间的事。这一问题事关重大，理应在《条约》审议进程和机构成员国中进行全面、充分、透明的讨论。中方主张，机构成立所有成员国均可参加的特别委员会，专门讨论美英澳核动力潜艇合作及其相关保障监督各方面问题。各方不同立场主张、看法关切，都应摆到桌面上来讨论。在有关问题得到妥善解决之前，美英澳不应开展核潜艇合作，机构秘书处不应与三国谈判相关保障监督安排。

第二，要严肃对待"核共享"问题，坚决反对"核共享"在世界其他地区扩散。本次审议大会期间，北约继续自称为"核联盟"。就《条约》而言，"核共享"长期存在争议，从未得到全体缔约国普遍、明确认可。"核共享"与《条约》宗旨和原则背道而驰，本身就是核扩散。半个多世纪之后的今天，《条约》缔约国更有必要结合新的国际安全形势，认真思考"核共享"对国际核不扩散机制，以及对国际和地区和平与稳定的严重消极影响。我们敦促美国废除"核共享"政策,将部署在国外的核武器全部撤回本国。

需要特别指出的是,"核共享"有向亚太地区扩散的迹象,本地区国家必须高度警惕。日本等个别国家近来反复出现寻求与美"核共享"的声音。在日本向本次审议大会提交的报告中,删除了以往报告提及的"无核三原则"。这是否意味着日本的核不扩散政策出现重大调整?日方欠缔约国和国际社会一个明确的交代!我愿强调,任何把"核共享"模式复制到亚太地区的企图,都是明目张胆的核扩散,必将遭到本地区国家的坚决反对,以及必要时的严厉反制。

中方主张,本次审议会应就"核共享"扩散等消极动向国际社会发出明确信号,敦促有关国家切实履行《条约》义务,废除现行"核共享"政策,承诺无意向世界其他地区扩散"核共享",以实际行动维护国际核不扩散体系,维护国际和地区的和平与稳定。

第三,要坚持通过政治外交手段解决朝鲜半岛核问题和伊朗核问题,避免局势升级和冲突对抗。防扩散热点问题的出现,有其复杂深刻的历史背景;有关问题长期延宕难决,与个别大国对防扩散的真实态度及其政策连续性密切相关。历史与实践反复证明,如果不能认真对待有关国家的正当安全关切,充分尊重各国和平利用核能权利,一味武力威胁和制裁施压,不仅不可能解决问题,反而会制造新的矛盾和对抗。核不扩散宗旨和目标不能动摇,联合国安理会决议必须遵守。在此前提下,坚持不懈的政治外交努力,才是解决问题的根本出路。

朝鲜半岛形势紧张升温,中方对此感到关切。我们一贯坚持维护半岛和平稳定,坚持实现半岛无核化,不赞成任何一方采取可能加剧紧张的行动。半岛问题症结在于和平机制缺失,美方只把"对话"停留在口头上,没有切实回应朝方合理关切。当前各方应保持冷静克制,坚持政治解决大方向,通过有意义的对话均衡解决各自关切,平衡推进半岛建立和平机制及实现半岛无核化进程。

伊朗核问题全面协议是新世纪多边外交重要成果,是维护国际核不扩散体系、促进中东地区和平稳定的重要支柱。当前，恢复履约谈判再次来到关键节点，各方正在维也纳展开新一轮努力。有关各方应秉持相互尊重的态度解决分歧，扫清达成协议的障碍。美方作为伊核协议危机的始作俑者，应彻底解除对伊单边制裁和"长臂管辖"措施，伊朗则在此基础上恢复履行核领域承诺。十审会的讨论和行动，应切实有助于各方在维也纳的外交努力。

主席女士，

中国代表团已向本次审议大会提交关于核不扩散问题、美英澳核潜艇合作等问题的工作文件，这些文件更加广泛全面地介绍了中方有关立场主张，希望其内容能在大会最后文件中得到充分反映。

谢谢。

中国就日本核污染水排海问题表达严重关切

（2022 年 8 月 9 日）

2022 年 8 月 8 日，中国裁军事务大使李松在《不扩散核武器条约》（下称"条约"）第十次审议大会上做专题发言，全面阐述中国关于和平利用核能问题有关立场，并就日本核污染水排海问题表达严重关切。

李松指出，日本向海洋排放福岛核电站事故污染水，对海洋生态环境、食品安全和人类健康的潜在影响不容忽视。日本政府单方面决定向海洋排放核污染水，纯粹是出于经济成本考虑，既没有穷尽安全处置手段，也没有同周边国家和国际机构充分协商。出于一己之私向国际社会转嫁风险，既不负责，也不道德。不仅日本国内民众强烈不满，中、韩、俄和太平洋岛国等也表达了关切。

李松表示，国际社会高度关注日方核污染水排海方案正当性、数据可靠性、净化装置有效性和环境影响不确定性等问题。国际原子能机构工作组对日方排海方案的评估迄未得出最终结论，反而提出诸多改进意见。令人遗憾的是，日方对此置若罔闻，持续推进排海准备，并仓促批准排海计划。这种企图造成既成事实的做法，不是负责任国家所为。

李松强调，日本核污染水排海不是日方一家私事。日方应认真回应国际社会关切，回到与利益攸关方及有关国际机构充分协商的轨道上来，停止强推核污染水排海方案。日方应确保以公开、透明、科学、安全的方式处置核污染水，包括考虑排海以外的替代方案，并接受国际原子能机构的严格监督。这是检验日本能否有效履行国际责任的试金石。

李松大使在
《禁止生物武器公约》缔约国正式协商会议上的发言

(2022 年 9 月 7 日)

主席先生：

中国代表团祝贺你就任本次协商会议主席，对你引导会议有序开展表示赞赏。中方将全力配合你的工作，共同致力于通过此次会议，妥善处理有关遵约关切。

生物安全没有国界。中国国家主席习近平提出全球安全倡议，强调要共同维护世界和平安宁，共同应对包括生物安全在内的全球性问题。中方期待与各方一道，通过这次会议，进一步加强《禁止生物武器公约》的权威性和有效性。

主席先生，

中国一贯主张全面禁止和彻底销毁包括生物武器在内的一切大规模杀伤性武器。俄罗斯指控美国从事违反《公约》的活动，中方对此高度关注。实际上，对于美国的生物军事活动，国际社会早有关切。中方支持缔约国按照《公约》第五条、第六条以及第二次、第三次审议大会成果文件的规定，以严肃、认真的态度进行审议，致力于得出经得起历史考验的结论，并采取必要的后续行动。

本次会议受到《公约》缔约国高度重视和广泛参与，体现了缔约国在当前复杂国际形势下致力于团结应对生物安全挑战的决心，显示了各方尊重和利用《公约》现有机制，致力于澄清和解决重大遵约关切，确保《公约》有效运行的共同意愿。

中国代表团认真听取了俄罗斯代表团所作陈述，以及美国、乌克兰代表团介绍的美、乌在乌境内生物实验室开展合作的有关情况。三国代表团的介绍和互动，有助于各方从不同角度增进对相关问题的了解和认识。然而，与其他一些代表团的感觉一样，中方认为，俄方提出的一系列具体问题，尚未得到美方更有针对性的回应。美国作为《公约》缔约国和存约国，理应正视国际关切，作出遵约表率，结合俄方提出的一系列材料和问题单，作出更加全面、深入的澄清，给缔约国和国际社会一个明确的交代。

从会议情况看，尽管直接当事方之间进行了陈述和澄清，但缔约国显然难以就明确结论达成共识。对俄方提出的有关问题单，以及美方、乌方提供的大量介绍性材料，与会各国代表团也需要报回首都进行认真研究。我们期待有关各方就具体问题继续保持协商和澄清，并鼓励其他缔约国进一步提交书面意见，或提出希望得到进一步澄清的问题。根据过去两天会议的情况，中方也形成了初步问题单，将与我的发言一道，作为本次会议工作文件提交。

我们认为，本次会议结束后，在《公约》框架内，各方可根据协商和澄清情况，考虑通过专家组等形式开展技术评估；必要时，还可研究针对美方生物军事活动开展国际独立调查的可能性。所有这些，目的只有一个，那就是对所有问题进行全面澄清，确保全面严格履约，维护和加强《公约》的有效性和权威性。

会议期间，不少代表团在发言中都谈到根据《公约》第十条加强生物安全等领域国际合作的重要性。中方对此表示支持。同时我愿指出，缔约国履行禁止生物武器的《公约》义务和促进生物科技、生物安全领域国际合作，二者互不矛盾，相辅相成。我们既要坚决反对以防扩散为名制约和平利用、生物安全领域的国际合作，又要严格防止以生物安全合作为幌子，开展《公约》禁止的活动。

主席先生，

本次会议进一步凸显加强《公约》机制的重要性和紧迫性。对此，中方提出两项主张：

加强建立信任措施机制。自愿性透明对增进互信、解决关切具有重要意义。中方继续倡议在建立信任措施表格中，增加"缔约国在其他国家开展的生物军事活动"项目。我们注意到，美方在就其生物军事活动陆续作了一些澄清，但并未彻底解决国际社会关切，澄清过程中还出现不少不一致的内容。这充分说明增设上述项目、实现连续宣布的可行性和必要性。希望美方作为境外生物军事活动最多的国家，支持上述倡议并自愿、率先作出宣布。

尽快谈判建立公约核查机制。从这两天会议情况看，当前事态主要根源在于有关缔约国之间缺乏互信、《公约》缺少核查机制。我们再次呼吁各方相向而行，推动第九次审议大会作出决定并成立特设机制，以 2001 年接近达成一致的草案为基础，重启有法律约束力的核查议定书谈判。我们也再次敦促美方停止独家反对立场，积极支持和参加上述谈判。

谢谢，主席先生。

王群大使在国际原子能机构
九月理事会通过议程前的解释性发言

（2022 年 9 月 12 日）

主席先生，

中方对美英澳三国无视理事会三次以协商一致方式就三国核潜艇合作问题通过的相关议题，以及据此正式启动的政府间进程，推动就同一问题重复设置议题的做法深表关切。鉴于三国所提议题的非正当性，中方在此声明，不参与（disassociation）三国所提议题的协商一致，请将中方立场记录在案。

第一，三国公然胁迫机构，大搞政治操弄。三国企图胁迫秘书处提出豁免三国核潜艇合作的保障监督方案，然后凭借自己在理事会的票数优势，强行推动理事会通过，从而迫使机构为其非法扩散行径背书。如上述企图得逞，机构将实质性违反《规约》的目标，从而沦为"核扩散机构"。

第二，三国公然制造分裂，挑起阵营对抗。三国凭借票数优势，无视理事会此前三次以协商一致方式通过的共识议题，强行另起炉灶，推动就同一问题重复设置议题，劫持有关讨论进程。这一行径将分裂理事会，挑起对抗，严重影响机构正常工作。

第三，三国刻意混淆是非，误导国际社会。三国合作，本质上是核扩散行为，直接违反《不扩散核武器条约》（NPT）第一、二条。三国用所谓"海军动力堆"为借口回避三国合作涉及核武器材料从核武器国家转移到无核武器国家这一"原罪"，妄图抛开 NPT 援引全面保障监督协定（CSA）第 14 条，这从程序上、实质上和法理上都行不通。任何 CSA 条款都从 NPT 而来，故此自然不能凌驾或抵触 NPT 的母法地位。

主席先生，

鉴于上述，中方呼吁机构全体成员国继续在中方所提议题下参与讨论，包括讨论总干事报告，进一步推进此前三次协商一致达成的政府间进程，聚焦三国核潜艇合作的本质，共同探讨解决方案，以实际行动捍卫 NPT，维护国际核不扩散体系，维护国际和平与安全。

谢谢主席先生。

王群大使：机构理事会连续四次
以协商一致方式设置中方主提的美英澳核潜艇合作议题

（2022 年 9 月 12 日）

9 月 12 日，国际原子能机构理事会在维也纳召开。会议第四次协商一致决定以单独正式议题形式讨论美英澳核潜艇合作有关问题。中国常驻维也纳联合国代表王群大使在通过上述议程后接受中外记者采访。

王群说，在中方主张下，机构理事会连续四次以协商一致方式决定设置单独正式议题，专门讨论"美英澳核潜艇合作（AUKUS）所涉核材料转让及其保障监督等影响《不扩散核武器条约》（NPT）各方面的问题"，挫败了一些国家企图劫持理事会的图谋，是"维也纳精神"对"霸权主义"的胜利。这充分反映了国际社会对三国核潜艇合作所涉核武器材料转让问题的关切，说明美国式"小圈子"在机构不得人心。

王群强调，美英澳核潜艇合作所涉核材料转让问题，本质上就是核扩散，三国必须放弃这一危害全球的举动。三国核潜艇合作超出了现有国际核不扩散体系，也超出了机构秘书处的职责范围，不是三国就可以私自处理的，必须由机构成员国来管。中方一直主张通过政府间进程予以充分讨论，理事会前三次的讨论让国际社会和机构广大成员国更为深入地认识到三国核潜艇合作的严重负面影响、特别是其防扩散风险和隐患。

王群指出，机构秘书处一直以公正客观的态度，按照《规约》授权，为国际社会提供了探讨三国核潜艇合作问题的平台。总干事近期发布报告，在督促三国需履行防扩散法律义务的道路上迈出了正确的一步，各国也将推动围绕三国核潜艇合作问题的讨论走向深入。然而，三国却无视理事会三次以协商一致方式就三国核潜艇合作问题通过的相关议题，以及据此正式启动的政府间进程，另起炉灶，推动就同一问题设置重复议题，公然搞政治操弄，公然蔑视机构规则，公然绑架机构秘书处"洗白"其核扩散行径，公然在机构制造分裂。是非自有公论，三国这一卑劣伎俩终将失败。

王群最后表示，得道多助失道寡助，希望机构继续秉持中立，为解决三国核潜艇合作对核不扩散体系的影响提供平台。希望各成员国通过本次专题讨论，聚焦三国核材料非法转让这一"原罪"和事实真相，探寻解决方案，以实际行动共同捍卫《不扩散核武器条约》，维护国际和平与安全。希望三国不要为机构的正常履职增设障碍，不要继续充当国际秩序的破坏者、多边主义的搅局者、世界和平的破坏者。

中国裁军大使反击美国关于反卫星导弹试验的倡议

（2022 年 9 月 15 日）

联合国"负责任外空行为准则"开放式工作组会议本周正在日内瓦万国宫举行。会议期间，美国代表宣称，美方已率先承诺不再进行破坏性直升式反卫星导弹试验，呼吁其他国家效仿，并表示美方拟向第 77 届联合国大会第一委员会提交相关决议草案。中国裁军大使李松发言予以反击，指出美方有关倡议并未对美国自己的外空军力发展构成任何限制和束缚，对推动国际外空军控进程没有实际价值。

李松指出，美国是开展反卫星试验时间最早、次数最多、种类最全的国家。早在 1959 年人类发射首颗人造地球卫星之后 2 年，美国就开始进行直升式反卫星武器试验。美国在历史上进行的反卫星武器试验不仅严重破坏外空环境和外空系统，还直接助长了大国对抗和军备竞赛。经过半个多世纪的发展，美国的反卫星手段已十分完备，并能够利用反导装备形成实战化反卫星能力，早已不再需要进行破坏性直升式反卫导弹试验。

李松表示，美国是最热衷于发展太空攻防作战能力的国家，现在提交这个决议草案，颇具讽刺意味。如果美方真正致力于维护外空安全，那么早在 60 年前就应提出这项决议草案。美方决议草案仅涉及试验，未提及反卫星武器的研发、生产、部署或使用，这充分表明美方倡议是片面的，不会对自身构成丝毫约束，军控意义也十分有限。中方欢迎一切真正有利于实现防止外空军备竞赛目标的军控倡议，但坚决反对任何假借军控之名扩大单边军事优势的做法。

李松指出，"扬汤止沸，莫如釜底抽薪"。从历史和现实角度看，外空武器化和军备竞赛风险的根源在于美国企图称霸外空。冷战虽已结束 30 年，但美国固守冷战思维、单方面谋取外空战略优势的做法并未停止，外空作战相关规划和行动不断增加。从美方最近发布的新版太空政策文件看，文件中公然将太空视为"国家军事力量优先领域"，谋求在外空持久战略优势，增强外空领域威慑力，要求美太空军"在外空、从外空、向外空作战"。这样的外空安全政策举措，是美国长期奉行的"主导外空"战略的延续，也是当前外空武器化和军备竞赛风险上升的最突出因素，对外空和平与安全构成根本性和持久的威胁。

李松强调，今年4月，中国国家主席习近平提出全球安全倡议，倡导共同、综合、合作、可持续的全球安全观，呼吁各国摒弃冷战思维、反对单边主义，坚持通过对话协商以和平方式解决国家间的分歧和争端。全球安全倡议对解决外空安全问题具有重要指导意义。中方愿与各方一道，积极落实全球安全倡议，共同致力于防止外空军备竞赛、防止外空武器化目标，积极推动日内瓦裁军谈判会议开展外空军控法律文书谈判，从根本上维护外空持久和平与安全。

国际原子能机构大会将首次审议
中方所提美英澳核潜艇合作相关议题

(2022 年 9 月 28 日)

国际原子能机构第 66 届大会于 9 月 26 日在奥地利维也纳开幕。大会选举意大利常驻维也纳联合国代表科尔特斯大使为会议主席，选举中国代表团团长、常驻维也纳联合国代表王群大使等为会议副主席。27 日，王群大使主持了大会当日的一般性辩论。

此次大会将审议核科技应用、加强保障监督有效性、财政预算，以及朝核、中东、乌克兰核安全等地区热点核问题等议题。大会还将审议中方首次在机构大会增设的"美英澳核潜艇合作所涉核材料转让及其保障监督等影响《不扩散核武器条约》各方面问题"这一议题。经过审议后，大会将就部分议题通过决议草案。大会将于 9 月 30 日闭幕。

此前，机构还于 9 月 12 日至 16 日举行了理事会。

中方代表王昶在国际原子能机构第66届大会上的发言

(2022年9月29日)

主席先生：

首先，我谨代表中国代表团祝贺你当选大会主席，并预祝本届大会取得圆满成功。

主席先生，

中国国家主席习近平指出，"发展是人类社会的永恒主题"。近年来，在格罗西总干事领导下，机构着力扩大核技术在经济社会发展中的作用，制定了2024—2029年中期战略，启动了"希望之光""核技术控制塑料污染""核协调统一和标准化倡议"等新倡议，着力强化保障核能安全的法律框架，成功召开首届国际核法律大会、《核材料实物保护公约》修订案首次审议大会、《放射性废物管理安全和乏燃料管理安全联合公约》第七次审议大会，着力增强公众对核安全问题的信心，组建技术专家组对日本福岛核污染水排海开展评估监督，协调推进对乌克兰扎波罗热核电站安全评估和技术援助。中国代表团对机构为促进核能发展、保障核能安全所付出的努力表示赞赏。

主席先生，

中国致力于构建清洁低碳、安全高效的现代能源体系，将核能作为实现碳达峰碳中和目标的重要选项。目前，中国大陆在运核电机组53台，总装机容量5559万千瓦，年发电量位列全球第二；在建核电机组23台，总装机容量2419万千瓦，在建规模连续保持全球第一、"华龙一号"国内外首批4台机组全面建成投运，先进三代核电技术在中国逐步实现大规模应用。2022年，中国的核电发展步伐进一步提速，已经核准建设10台核电机组，是自日本福岛核事故以来核准核电机组数量最多的一年。中国还积极推进核能技术创新发展与综合利用，世界首座具有第四代先进核能系统特征的球床模块式高温气冷堆首次并网成功、"国和一号"示范工程稳步推进，山东海阳和浙江海盐两个核能供暖项目正式投运，首个工业用途核能供汽工程在江苏田湾开工建设。中国愿与各国加强合作交流，分享核能发展的成功经验。

中国致力于推动核技术产业化发展，将核技术非动力应用作为促进社会民生发展的重要途径。近年来，辐照灭菌技术为中国抗击疫情提供了绿色高效的解决方案，辐射探测技术为北京冬奥会等大型公众活动保驾护航，电子束技术在污水处理领域实现产业化应用。中国加大了高端核医疗设备以及放射性药物研发力度，服务医疗健康事业发展。中国与机构紧密合作，相继设立了核农学、核技术昆虫不育、医用同位素和放射性药物、海洋同位素分析等 4 个协作中心、促进地区与世界核技术应用能力提升。中国愿发挥核技术优势，与各国合作解决粮食安全、卫生健康、环境治理等全球性问题。

主席先生，

当今是充满挑战的时代，也是充满希望的时代。人类社会是命运共同体，唯有坚持团结协作，才能防范化解全球核能事业发展的各种风险挑战，实现"原子用于和平与发展"的共同目标。

一是坚持安全第一，确保核事业行稳致远。各方要秉持共同、综合、合作、可持续的安全观。加强核安全、核安保努力，切实履行相关责任义务、为全球核能事业发展夯实安全基础、创造良好环境。

二是坚持务实合作，促进核能高质量发展。机构应协调全球核领域优势资源，继续通过技术合作渠道，为成员国实现可持续发展目标提供更有针对性的技术支持和服务。

三是坚持客观公正，妥善解决热点核问题。机构应恪守专业精神，秉持客观公正立场，遵循《规约》要求和理事会授权，为解决热点核问题。推进全球核治理发挥建设性作用。

主席先生，

道阻且长、行则将至。中方愿与机构和成员国携手并进，加强经验共享和互利合作，促进全球核能基础设施建设。科技创新和人才培养，推动核技术更好地服务发展中国家社会民生和经济发展，为应对气候变化挑战、实现联合国2030年可持续发展目标作出更大贡献。

谢谢主席先生。

王群大使在机构大会 AUKUS 议题项下的主发言

（2022 年 10 月 1 日）

主席先生：

在刚刚结束的机构九月理事会上，中方就美英澳核潜艇合作问题详细阐述了立场，就三国合作所涉核武器材料转让问题表明了严正关切。今天，中方愿在去年 11 月以来历次理事会发言的基础上，进一步就三国核潜艇合作问题阐述以下观点：

一、美英澳三国核潜艇合作违反《不扩散核武器条约》（NPT）、违反机构全面保障监督协定、违反澳大利亚与机构签署的附加议定书。无论三国对其核潜艇合作冠以何种名义、无论相关核武器材料怎样处理，都掩盖不了三国合作所涉核武器材料非法转让这一问题本质。三国核潜艇合作负面影响巨大，三国理应立即停止相关行径。

然而，美英澳三国无视机构成员国和国际社会的严重关切，非但不停止其核扩散行径，还一味采取鸵鸟政策，颠倒黑白、混淆是非，一再干扰破坏机构成员国共同推进的相关政府间进程。

一是罔顾事实，误导舆论。三国为推进其核潜艇合作，企图将以下三个结论强加给全体成员国：（1）NPT 允许三国核潜艇合作这种涉及核武器材料非法转让的"海军动力堆"合作；（2）机构总干事"有权"自行处理核扩散问题；（3）总干事个人有权自行解释 NPT，声称澳大利亚"有权"援引并适用机构全面保障监督协定（CSA）第 14 条"例外条款"。

二是将中方议题"妖魔化"。三国不愿在相关决议中承认 NPT 和机构《规约》第二条，也不承认机构广大成员国和国际社会的严重关切，甚至还不承认机构成员国在对总干事报告的评价上存在明显分歧，始终回避三国核潜艇合作所涉核武器材料非法转让这一根本性问题，刻意回避机构政府间审议进程的必要性，以所谓占用机构资源、影响总干事独立决策、妨碍秘书处工作等拙劣借口指责中方和广大成员国应有的责任和义务。

三是将核扩散行径"合法化"。三国胁迫总干事逾越职权作出误导性报告；在机构理事会另起炉灶强行设置重复议题、在大会例行协商一致通过的决议中强行推动相关整段整段的实质性修正案，企图藉此绑架相关政府间进程、绑架机构成员国为三国背书，"洗白"其核扩散行径。

二、三国核潜艇合作是历史上首次核武器国家公然、直接向无核武器国家扩散成吨成吨的核武器材料。机构如何处理三国核潜艇合作问题，关系到要不要坚持以 NPT 为基石的国际核不扩散体系；要不要坚持机构《规约》明确的相关规定；要不要坚持机构总干事和秘书处所应履行的防扩散和保障监督职责。

这些大是大非的问题，不仅关系到三国核潜艇合作所涉及的一系列政治、法律和技术问题，更是关系到机构能否履行其防扩散职能，关系到国际核不扩散体系完整性的大是大非问题，不能有丝毫的含糊。为切实解决国际社会对三国核潜艇合作问题的防扩散关切，切实维护国际核不扩散体系，中方主张：

一是坚持政治方向。机构作为履行防扩散职能的国际组织，必须坚决维护 NPT 作为国际防扩散体系的基石作用，也不能以任何方式参与任何核扩散行径，更不能以任何方式参与任何推进军事目的的活动。

二是坚持规则底线。NPT 和机构《规约》是战后国际体系的重要组成部分，明确了成员国所需履行的防扩散和保障监督法律义务。没有规矩不成方圆，从国际体系的角度出发，万事都要讲规则，三国在规则问题上谈虎色变，恰恰说明他们从事核扩散行径"做贼心虚"的虚伪本质。

三是坚持成员国主导的政府间进程。机构成员国应继续参与、共同推动在机构业已启动的政府间审议进程。三国应根据机构全面保障监督协定和附加议定书规定的申报义务，如实向机构报告核潜艇合作各阶段各方面情况。机构总干事和秘书处应就三国核潜艇合作问题作出客观、公正的报告。各方应共同努力，为三国核潜艇合作问题的妥善解决创造条件。

四是坚持求同存异。各方存在分歧不足为奇，关键是要把握住防扩散这个共同目标，搁置争议分歧，聚焦共同挑战，携手维护机构权威和国际防扩散体系，本着对历史负责的态度，认真处理好这一史无前例的防扩散问题，探寻各方均可接受的解决方案。

三、中方最后要指出的是，当前机构关于三国核潜艇合作问题的政府间审议进程业已启动、且不断深化，得到国际社会广泛支持，犹如巨浪宏潮，浩浩荡荡、奔腾激越，谁都不能阻挡，谁也阻挡不了。三国试图脱离机构政府间进程强行闯关是行不通的。中方敦促三国重返防扩散体系的轨道，不要在核扩散的道路上一错再错，不要走到国际社会的对立面。

谢谢主席先生。

耿爽大使在第三届建立中东无核武器
及其他大规模杀伤性武器区会议上的发言

(2022 年 11 月 15 日)

主席女士：

中方祝贺第三届建立中东无核及其他大规模杀伤性武器区会议成功召开，相信你丰富的外交经验和卓越才能，将引导本次会议取得成功。

主席女士，

当今世界正经历前所未有的复杂深刻变化，国际安全领域不确定、不稳定因素显著增多，多边军控、裁军和防扩散机制面临严峻挑战。在此背景下，建立中东无核及其他大规模杀伤性武器区的必要性和紧迫性进一步凸显。尽快建立这一机制有助于减少大规模杀伤性武器扩散风险，遏制军备竞赛势头，提升地区国家互信，为中东实现长治久安提供重要保障。

联合国大会及《不扩散核武器条约》审议大会多次达成成果文件，强调推进中东和平进程的重要性。上述共识体现了国际社会的共同期盼和地区国家的正当诉求，理应尽快得到全面、有效落实。中方作为观察员国参加了前两届会议，深感这一讨论进程理性、务实、富有成效。希望各方在前两届会议成果基础上，共同努力，保持团结，展现智慧，推动本届会议取得新的进展。

主席女士，

今年 4 月，中国国家主席习近平提出了全球安全倡议，倡导坚持共同、综合、合作、可持续的安全观，构建均衡、有效、可持续的安全架构，以共赢思维应对复杂交织的安全挑战，以团结精神适应深刻调整的国际格局。这一倡议为消弭国际冲突根源、实现世界长治久安提供了中国智慧和中国方案，也为推进建立中东无核及其他大规模杀伤性武器区、实现中东由乱及治提供了重要启示。在此，我愿强调三点：

第一，培育维护地区安全的内生动力。中东地区历史和现实矛盾复杂交织，实践早已证明，军事对抗不是正确出路，对话协作才是实现地区安全的现实途径。中方鼓励各国秉持共同安全理念，加强对话沟通，缓和紧张关系，管控矛盾分歧，消除误解敌意，不断积累互信，为最终政治外交解决彼此安全关切创造条件。各国还应努力构建各种正式或非正式地区对话平台，保持可持续的对话进程，为建立中东无核及其他大规模杀伤性武器区寻找可行路径和现实办法。中方提出的"海湾地区多边对话平台"倡议，可以为此作出积极贡献。

第二，增强促进地区安全的外部正能量。大国争夺和外部干涉是中东地区持续动荡的重要原因。长期以来，冷战零和思维、地缘政治博弈和集团阵营对抗，放大地区国家分歧、破坏地区合作氛围、恶化地区安全形势，其危害有目共睹。中方敦促有关国家摒弃狭隘政治私利，停止拉帮结派、挑动对立的错误做法，为维护地区安全作出切实贡献。同时，地区国家应加大自主意识，增强互信协作，共同抵制域外国家政治干涉，努力构建中东集体安全机制。核武器国家要切实承担应有责任，积极参与建立中东无核及其他大规模杀伤性武器区会议进程。

第三，维护国际防扩散体系的普遍性、权威性和有效性。《不扩散核武器条约》《禁止化学武器公约》《禁止生物武器公约》等国际军控法律文书，为建立中东无核及其他大规模杀伤性武器区奠定了坚实基础。这一基础只能加强、不能削弱。所有尚未加入上述条约的国家均应尽快加入并严格遵守条约义务。以色列尤其应尽快以无核武器国家身份加入《不扩散核武器条约》，并将所有核设施置于国际原子能机构保障监督之下。个别核武器国家应摒弃双重标准，切实履行自身责任，避免开展有违《不扩散核武器条约》目的与宗旨的核合作，为建立中东无核及其他大规模杀伤性武器区树立正确导向。

主席女士，

中国一贯支持建立中东无核及其他大规模杀伤性武器区，签署和批准了所有开放供签署的无核武器区条约议定书，并严格履行相关义务。中国也是唯一明确承诺无条件不对无核武器国家和无核武器区使用或威胁使用核武器的国家。今年 1 月中方还积极推动五核国发表联合声明，重申"核战争打不赢也打不得"这一重要共识。本着上述精神，中国愿同有关各方一道，为建立中东无核及其他大规模杀伤性武器区国际进程凝聚更多共识、注入更多动力。

谢谢主席女士。

李松大使在
《特定常规武器公约》2022 年缔约国大会上的发言

(2022 年 11 月 16 日)

主席先生：

中国代表团祝贺阁下当选本次会议主席，愿与你及各国代表团通力合作，共同推动本次会议取得成功。

中国积极参与全球治理体系改革和建设，践行共商共建共享的全球治理观，坚持真正的多边主义，推动全球治理朝着更加公正合理的方向发展。中国坚定支持并积极推进国际常规武器军控进程，主张在平衡处理各国正当安全需要和人道主义关切的基础上，不断加强和完善常规军控领域的国际法律机制。

作为常规军控领域的重要法律文书，《特定常规武器公约》在解决常规武器滥用引发的人道主义问题方面发挥着不可替代的作用，同时也为规范人工智能等新兴技术军事应用提供了重要平台。

人工智能，伦理先行。人工智能作为最具代表性的颠覆性技术，在给人类社会带来潜在巨大发展红利的同时，其不确定性也可能带来诸多全球性挑战。在伦理层面，国际社会普遍担心如不及时加以规范，人工智能技术恐将产生损害人的尊严和平等、侵犯人权和基本自由、加剧歧视和偏见、冲击现有法律体系等后果，并对各国政府管理、国防建设、社会稳定甚至全球治理产生负面影响。

中国始终积极倡导"以人为本"和"智能向善"原则，主张增进各国理解和互信，推动人工智能技术发展安全、可靠、可控，在人工智能领域构建人类命运共同体。为实现这一目标，中国建设性参与了包括公约框架下"致命性自主武器系统"政府专家组在内的人工智能安全治理进程。去年 12 月，中国向公约六审会提交了《关于规范人工智能军事应用的立场文件》，就人工智能军事应用问题提出解决方案。

针对国际社会对人工智能伦理问题的广泛关注，中国结合自身在科技伦理领域的政策实践，参考国际社会相关有益成果，就人工智能生命周期监管、研发及使用等问题向本届缔约国大会提交了《关于加强人工智能伦理治理的立场文件》。中方在文件中提出了以下主张：

一是人工智能治理应坚持伦理先行，通过制度建设、风险管控、协同共治等推进人工智能伦理监管。二是应加强自我约束，提高人工智能研发过程中算法安全与数据质量，减少偏见歧视。三是应提倡负责任使用人工智能，避免误用、滥用及恶用，加强公众宣传教育。四是应鼓励国际合作，在充分尊重各国人工智能治理原则和实践的前提下，推动形成具有广泛共识的国际人工智能治理框架和标准规范。

中方希望上述文件能对各方提供有益启发，在公约框架内继续深入探讨和妥善处理有关问题。

主席先生，

作为公约及其五个附加议定书的"完全成员国"，中方一贯重视并全面参与公约框架下各项议题的工作，按时提交国家履约报告，及时足额缴纳会费，每年向公约"支持机构"捐款，用于支持发展中国家参加公约相关会议和活动。

中国政府积极致力于国际人道主义扫雷援助与合作，迄今已向 40 余国提供了总额超过 1 亿人民币的人道主义扫雷援助，培训 1000 余名专业扫雷技术人员。今年，中国向东盟区域扫雷行动中心捐赠了 20 万美元，用于合办相关地区会议。中国还向柬埔寨和老挝提供了一批人道主义物资，帮助其加强扫雷能力建设。

中方支持在公约框架下就非国家行为体滥用"简易爆炸装置"（IED）研究制定合理可行的解决办法。2017 年，中方与比利时作为联合国 IED 处置标准工作组共同主席，研究制定了一套 IED 处置标准，旨在清除维和行动的障碍、减少人道主义伤亡，特别是为深受其害的国家提供借鉴，提高其处置能力。我们希望这一标准能为有关国家和国际组织提供技术借鉴，帮助其提高处置能力。

主席先生，

特定常规武器问题涉及面广，各国利益关切不尽一致，地区安全形势千差万别，处理起来并非易事。各国应本着广泛参与、平等协商、求同存异的原则，积极稳妥处理各方面问题，充分考虑不同地区实际和各国国情，共同推进公约各项工作取得新进展。

中方愿与国际社会携手努力，不断增强公约权威性和生命力，为解决常规武器滥用引发的人道主义问题作出积极贡献，共同推动建设一个普遍安全的世界。

谢谢主席先生。

美英澳核潜艇合作是
当今国际社会面临的严峻防扩散挑战

(2022 年 11 月 19 日)

主席先生：

去年 9 月，美英澳三国宣布启动核潜艇合作，引发国际社会广泛关切。一年多来，机构理事会和大会连续六次设置单独正式议题审议三国核潜艇合作问题，包括中方在内的广大成员国纷纷在议题下发言，针对三国合作所涉核武器材料非法转让等一系列问题表达了严重关切。美英澳核潜艇合作是赤裸裸的核扩散行径，是当今国际社会面临的严峻的防扩散挑战，要妥善处理。为此，必须坚持好以下四项原则：

一、必须坚持机构防扩散职能和政治方向

众所周知，防扩散是国际原子能机构除和平利用核能之外的一项重要职能。根据《不扩散核武器条约》（NPT）第 3 条，无核武器缔约国须按照机构《规约》及机构保障监督制度，与机构谈判签署全面保障监督协定（CSA）及各项保障措施，以防止将核能从和平用途转用于核武器或其他核爆炸装置。据此，NPT 不仅从法律上赋予了机构防扩散职能，而且通过机构的保障监督制度就实施防扩散目标作出了机制性安排。

维护 NPT、履行防扩散职能和不推进任何军事目的是机构成立的初衷和安身立命之本，必须一以贯之、毫不动摇。坚持机构防扩散职能，就是在维护 NPT、维护国际防扩散体系。在当前国际防扩散体系不断面临新风险和新挑战的形势下，实现这一目标的重要性更为凸显。因此，机构决不能以任何方式和任何借口卷入任何核扩散行径。

三国核潜艇合作的本质是核扩散行为，鉴此，机构全面保障监督协定（CSA）、特别是其第 14 条（例外条款），不适用于三国核潜艇合作这种核扩散行径。

二、必须坚持机构秘书处和总干事的职业操守

（一）总干事自 2019 年 12 月上任以来，积极履职尽责，在推动核电应对气候变化、机构核技术实验室改造、核安保培训演示中心建设，以及伊核等地区热点问题解决等方面都作出了大量工作，发挥了积极作用，对此中方予以肯定。同时，我们不否认，中方对总干事在三国核潜艇合作问题上的做法存有关切。中方支持总干事按机构《规约》授权开展工作，但有必要搞清楚什么是总干事的职责，什么是成员国的职责，特别是两者之间是什么关系。

机构《规约》第 7 条 B 款规定，总干事应接受理事会领导，受理事会管辖，依据理事会制定的条例履行职责。据此，总干事能做什么、不能做什么都要有章可循。就两者的关系而言，总干事应当在成员国"领导下"，严格按照机构《规约》授权和议事规则行事，而不能超越职权，更不能凌驾于作为主权国家的成员国之上。

（二）在三国核潜艇合作问题上，机构《规约》已明确规定了总干事的报告义务。就三国核潜艇合作问题提交报告是总干事的义务和职责所在，且去年11 月理事会以来，广大成员国也一直在促请总干事提交报告。

今年 9 月，总干事首次向理事会提交了相关报告，这是正确的一步，但应当报告什么内容，机构《规约》和 CSA 及 AP 都作出了明确规定，不应自行其是，擅自提出超越其职权及授权的问题，擅自作出所谓"结论"。

根据机构《规约》第 12 条 C 款，总干事须向理事会报告三国合作各阶段情况：

一是报告澳履行 CSA 补充安排经修订的准则 3.1 义务的情况，特别是澳及时申报其有关确定开展核潜艇合作、相关设施动工、修改合作方案等各阶段各方面情况；

二是报告澳履行其与机构签订的附加议定书（AP）义务的情况，特别是

澳及时申报核潜艇基地、岸上保障设施等信息；

三是总干事还应报告其根据《规约》第 11 条 A 款、F.4 款及第 12 条 A.1 款、A.6 款规定所需履行的《规约》义务。

需要指出的是，根据机构《规约》第 12 条 C 款，总干事还应报告澳大利亚等有无违约行为，并采取措施促使其立即纠正违约行为。但自去年 11 月政府间审议进程启动以来，在这长达一年的时间，总干事迄未向成员国报告任何上述情况。

同时还需指出，自三国启动核潜艇合作以来，广大成员国从政治、法律、技术等不同角度，先后多次就三国核潜艇合作所涉核扩散行径的隐患提出了一系列问题，包括：三国核潜艇合作是否涉及核武器材料非法转让？是否违反 NPT 的目的和宗旨？三国核潜艇合作是否违反 CSA 及经修订的准则 3.1？是否违反澳大利亚与机构签订的附加议定书？机构 CSA 第 14 条是否能够用来"洗白"核扩散行径？机构秘书处能否依据 CSA 模板文件自行处理核扩散活动？

三国核潜艇合作是一国主权范围内的军事活动，还是核武器国家与无核武器国家之间的核扩散活动？

如何采取措施避免三国核潜艇合作损害机构防扩散职能和权威？如何防止三国绑架秘书处从事 NPT 和机构《规约》禁止的活动，等等。

上述问题仅仅是广大成员国提出诸多问题的一小部分。然而，总干事报告不仅没有回答成员国提出的正当问题，其《规约》义务也没有在报告中得以应有的体现。

令我们不解和诧异的是，总干事非但没有在报告中如实报告三国合作情况，反而利用总干事身份，逾越责权提出所谓法律依据、法律框架，更是在三国从未申报核潜艇合作相关核材料和核设施任何信息的情况下，提出所谓"澳有引用 CSA 第 14 条豁免其核潜艇合作的酌处权"的结论，这既是荒唐的，也是无效的，不仅超出了总干事的职权、有违其职业操守，更将严重损害总干事的公信力。

中方呼吁总干事在后续报告中，切实履行机构《规约》及 CSA、AP 规定的相关义务，及时回应成员国的关切和提出的一系列问题，以公开、客观、透明的方式向成员国报告三国核潜艇合作各方面情况，为通过成员国主导的政府间审议进程妥善解决三国核潜艇合作问题创造条件。

三、必须坚持成员国主导的政府间进程处理三国核潜艇合作所涉保障监督问题

鉴于三国核潜艇合作的核扩散本质及严重负面影响，三国理应立即停止相关合作。如果三国不停止上述合作，机构全体成员国有责任、有义务通过政府间审议进程处理这一涉及国际核不扩散体系、涉及全体成员国共同利益的重大问题，以协商一致方式达成解决方案，并据此向机构理事会和大会提交建议。

机构成员国主导的政府间审议进程已于去年11月启动。然而，这一政府间审议进程尚未取得应有的效果，就实质原因而言，一是缺少必要的情况和资料。迄今为止，澳始终未按CSA和AP规定的义务向机构申报三国核潜艇合作各方面情况和资料，使成员国无法实质性推进相关审议进程。二是缺少共同的政治意愿。三国大搞政治操弄，企图用三国与秘书处私下的双边技术磋商取代政府间审议进程，最终将保障监督义务的所谓"安排"强加给机构成员国，造成既成事实。

四、必须坚持协商一致达成三国核潜艇合作所涉保障监督问题的解决方案

历史上，对保障监督协定进行修改和解释等任何重大问题都是由机构成员国广泛参与的，所形成的建议都是成员国协商一致的结果。自机构成立以来，机构与成员国之间的保障监督协定也均是由理事会协商一致批准的。这些都有案可查。若非经理事会协商一致，不会有效。此中的原因是显而易见的。

三国核潜艇合作，有鉴于其涉及核武器材料的扩散，超出现有CSA范本的范畴，也超出了澳与机构之间的CSA的范畴。涉及三国核潜艇合作的任何保障监督安排均须通过开放式政府间进程，由成员国协商一致得出结论。秘书处只能根据成员国的授权与澳作出相应保障监督安排，无权擅自作出决定。即便是与澳商签现有CSA的补充安排，鉴于三国核潜艇合作的核扩散本质，也必须首先经过理事会以协商一致的方式讨论解决。

总干事擅自提出的所谓"法律依据""法律框架"及"结论"，不论以什么名义、不论叫什么，本质上也仅仅只是总干事个人的看法和建议，如不经成员国认可并经协商一致批准，都是无效的。同样，三国以总干事报告作为所谓"依据"，凭借其在理事会的票数优势，不经协商一致，强行推动达成所谓"保障监督安排"，也是无效的。

总之，就三国核潜艇合作而言，机构预算的使用需符合《规约》所有相应条款；中方反对机构将预算用于三国核潜艇合作相关的保障监督活动。

主席先生，

在机构成员国就相关解决方案达成共识前，三国不得推进其核潜艇合作，机构秘书处也不得擅自与三国就上述核潜艇合作谈判任何保障监督安排。如果三国和总干事强行推动达成相关保障监督安排，将严重破坏机构团结、瘫痪机构职能，使机构分崩离析，甚至危及 NPT 和国际核不扩散体系的有效性和完整性。为此，中方呼吁三国三思而后行，放弃上述对抗行径，重返国际防扩散体系的正轨。同时，我们也呼吁总干事切实履职尽责，严格按机构《规约》和成员国授权行事；中方也呼吁全体成员国勠力同心，共同采取有效措施，共同维护 NPT 和国际核不扩散体系。

谢谢主席先生。

国际原子能机构不能
以任何方式和任何借口卷入美英澳的核扩散行径

（2022 年 11 月 19 日）

去年 9 月，美英澳三国宣布启动核潜艇合作，国际社会针对三国合作所涉核武器材料非法转让等一系列问题表达了严重关切。美英澳核潜艇合作是赤裸裸的核扩散，是当今国际社会面临的严峻防扩散挑战，必须妥善应对。国际原子能机构不能以任何方式和任何借口卷入美英澳的核扩散行径。

防扩散是国际原子能机构除和平利用核能之外的一项重要职能。根据《不扩散核武器条约》（NPT）第 3 条，无核武器缔约国须按照机构《规约》及机构保障监督制度，与机构谈判签署全面保障监督协定（CSA）及各项保障措施，以防止将核能从和平用途转用于核武器或其他核爆炸装置。据此，NPT 不仅从法律上赋予了机构防扩散职能，而且通过机构的保障监督制度就实施防扩散目标作出了机制性安排。

维护 NPT、履行防扩散职能和不推进任何军事目的是机构成立的初衷和安身立命之本，必须一以贯之、毫不动摇。坚持机构防扩散职能，就是在维护 NPT、维护国际防扩散体系。在当前国际防扩散体系不断面临新风险和新挑战的形势下，实现这一目标的重要性更为凸显。因此，机构绝不能以任何方式和任何借口卷入任何核扩散行径。

鉴于三国核潜艇合作的本质是核扩散行为，机构全面保障监督协定（CSA）、特别是其第 14 条（例外条款），不适用于三国核潜艇合作这种核扩散行径。

国际原子能机构总干事不能
超越授权擅自处理美英澳的核扩散行径

(2022 年 11 月 19 日)

在应对美英澳核潜艇合作所带来的严峻防扩散挑战问题上，国际原子能机构总干事不能超越授权，擅自处理美英澳的核扩散行径。

今年 9 月，国际原子能机构总干事就美英澳核潜艇合作提交报告，逾越责权，为三国提出所谓的法律依据、法律框架，更是在三国从未申报核潜艇合作相关核材料和核设施任何信息的情况下，提出所谓"澳有引用 CSA 第 14 条豁免其核潜艇合作的酌处权"的结论。这不仅是荒唐的，也是无效的。

机构《规约》第 7 条 B 款规定，总干事应接受理事会领导，受理事会管辖，依据理事会制定的条例履行职责。据此，总干事能做什么、不能做什么都要有章可循。就两者的关系而言，总干事应当在成员国"领导下"，严格按照机构《规约》授权和议事规则行事，而不能超越职权，更不能凌驾于作为主权国家的成员国之上。

在三国核潜艇合作问题上，机构《规约》已明确规定了总干事的报告义务。就三国核潜艇合作问题提交报告是总干事的义务和职责所在。总干事于今年 9 月首次向理事会提交了相关报告，这是正确的一步，但应当报告什么内容，机构《规约》和 CSA 及 AP 都作出了明确规定，不应自行其是，擅自提出超越其职权及授权的问题，擅自作出所谓"结论"。

根据机构《规约》第 12 条 C 款，总干事须向理事会报告三国合作各阶段情况，以及澳大利亚等有无违约行为，并采取措施促使其立即纠正违约行为。总干事的报告还应回答自三国启动核潜艇合作以来，广大成员国从政治、法律、技术等角度，先后多次就该合作所涉核扩散行径的隐患提出的一系列问题。然而，总干事报告不仅没有回答成员国提出的正当问题，其《规约》义务也没有在报告中得以应有的体现。

中方希望总干事在后续报告中切实履行机构《规约》及 CSA、AP 规定的相关义务，及时回应成员国的关切和提出的一系列问题，以公开、客观、透明的方式向成员国报告三国核潜艇合作各方面情况，并为通过成员国主导的政府间审议进程妥善解决三国核潜艇合作问题创造条件。

通过成员国主导的政府间审议进程应对
美英澳核合作带来的防扩散挑战是唯一可行的解决途径

（2022 年 11 月 19 日）

要妥善应对美英澳核潜艇合作带来的严峻防扩散挑战，在国际原子能机构通过成员国主导的政府间审议是唯一可行的解决途径。

在去年 11 月的国际原子能机构理事会上，应中方建议，机构理事会成员国协商一致通过单独正式议题，专门讨论"AUKUS 合作所涉核材料转让及其保障监督等影响《不扩散核武器条约》各方面的问题"，启动了机构成员国主导的政府间审议进程。

尽管业已连续六次在机构理事会和大会进行了审议，但这一政府间审议进程尚未取得应有的效果。就实质原因而言，一是缺少必要的情况和资料。迄今为止，澳始终未按 CSA 和 AP 规定的义务向机构申报三国核潜艇合作各方面情况和资料，使成员国无法实质性推进相关审议进程。二是缺少共同的政治意愿。三国大搞政治操弄，企图用三国与秘书处私下的双边技术磋商取代政府间审议进程，最终将保障监督义务的所谓"安排"强加给机构成员国，造成既成事实。

鉴于三国核潜艇合作的核扩散本质及严重负面影响，三国理应立即停止相关合作。如果三国不停止上述合作，机构全体成员国有责任、有义务继续通过政府间审议进程处理这一涉及国际核不扩散体系、涉及全体成员国共同利益的重大问题，以协商一致方式达成解决方案，并据此向机构理事会和大会提交建议。

必须通过协商一致的方式来解决
美英澳核潜艇合作所带来的防扩散挑战

(2022 年 11 月 19 日)

美英澳核潜艇合作无疑给当今国际社会带来了严峻的防扩散挑战，对此，不仅必须在国际原子能机构通过成员国主导的政府间审议进程予以处理，而且还必须通过协商一致的方式来寻求解决方案。

在国际原子能机构的历史上，对保障监督协定进行修改和解释等任何重大问题都是由机构成员国广泛参与的，所形成的建议都是成员国协商一致的结果。自机构成立以来，机构与成员国之间的保障监督协定也均是由理事会协商一致批准的。这些都有案可查。若非经理事会协商一致，不会有效。此中的原因是显而易见的。

美英澳核潜艇合作，有鉴于其涉及核武器材料的扩散，超出现有 CSA 范本的范畴，也超出了澳与机构之间的 CSA 的范畴。涉及三国核潜艇合作的任何保障监督安排均须通过开放式政府间进程，由成员国协商一致得出结论。秘书处只能根据成员国的授权与澳作出相应保障监督安排，无权擅自作出决定。即便是与澳商签现有 CSA 的补充安排，鉴于三国核潜艇合作的核扩散本质，也必须首先经过理事会以协商一致的方式讨论解决。

总干事擅自提出的所谓"法律依据""法律框架"及"结论"，不论以什么名义、不论叫什么，本质上也仅仅只是总干事个人的看法和建议，如不经成员国认可并经协商一致批准，都是无效的。同样，三国以总干事报告作为所谓"依据"，凭借其在理事会的票数优势，不经协商一致，强行推动达成所谓"保障监督安排"，也是无效的。

就三国核潜艇合作而言，机构预算的使用需符合《规约》所有相应条款。中方也反对机构将预算用于三国核潜艇合作相关的保障监督活动。

中国代表团团长谈践大使在《禁止化学武器公约》第 27 届缔约国大会一般性辩论中的发言

(2022 年 11 月 30 日)

主席先生：

首先，中国代表团祝贺你当选《禁止化学武器公约》（下称"公约"）第 27 届缔约国大会主席。中国代表团愿与你和各国代表团充分合作，推动大会取得成功。借此机会，我也愿对前任主席斯文森（Bard Ivar Svendsen）大使所做工作表示赞赏。

中方赞同阿塞拜疆代表不结盟运动和中国所作发言。下面，请允许我进一步阐述中方立场。

主席先生，

当前，世界之变、时代之变、历史之变正以前所未有的方式展开，和平、发展、合作、共赢的历史潮流不可阻挡，同时和平赤字、发展赤字、安全赤字、治理赤字加重。公约是全球安全治理的重要支柱之一，也是保障化工经济发展和技术和平利用的重要基础。今年是公约生效 25 周年，明年将召开五审会，禁化武组织应总结 25 年履约的历史经验，既立足当前，又着眼长远，统筹好发展与安全两大目标，为切实实现公约宗旨、促进化武与化工领域的全球治理作出新的贡献。中方愿分享以下几点主张：

第一，坚守公约初心，尽快全面彻底销毁化武。

25 年来，缔约国秉持公约宗旨和目标，在推进彻底销毁化武方面取得显著进展，全球 99%的已宣布化学武器已完成销毁，完全禁止和彻底销毁化武理念深入人心。然而，美国库存化武、日本遗弃在华化武仍然是阻挡迈进"无化武世界"的两块最大的绊脚石。

美国作为唯一未完成库存化武销毁的国家,我们敦促美方切实履行承诺,按期完成销毁。日方已在日遗化武销毁问题上三次逾期并面临第四次逾期。销毁工作不能一而再,再而三延期。我们敦促日方全面、完整、准确落实自身义务和承诺,尽早干净彻底完成销毁。

尽管面临疫情挑战,国际社会和技秘处仍一如既往保持对日遗化武问题的重视和投入。今年9月,禁化武组织总干事阿里亚斯和执理会主席阿蒂亚大使率执理会代表团视频访问哈尔巴岭销毁设施,并重申对加快日遗化武销毁进程的支持。中方对此表示高度赞赏。

第二,加大资源投入,开启国际合作新篇章。

促进共同发展是发展中国家的长期诉求。中国国家主席习近平在去年联大提出全球发展倡议,提出将发展议程置于国际议程的核心,共建全球发展共同体。公约第十一条明确了化学领域经济和技术发展的基本原则,保障缔约国和平利用的权利。多年来,发展中国家不受歧视地和平利用化工科技并开展国际合作的权利并未得到充分重视,正常获取材料、设备和技术仍面临一些不合理限制。近年来,因个别国家搞脱钩断链,国际产业链供应链稳定面临新的威胁。

疫情背景下,技秘处投入国际合作的资源仍保持稳定,2021年68%的缔约国受益于能力建设活动,比2020年提升了13%,殊为不易。中方表示赞赏。下一步,禁化武组织应以公约五审会为契机,坚持共商共建共享,完善国际合作机制和框架,充实国际合作内涵,加大资源投入,使化学领域的科学技术发展切实惠及广大发展中国家。中方注意到总干事和技秘处在化学和技术中心建设方面作出大量努力,并将国际合作作为中心的工作重点之一。中方将发挥自身优势,加强同中心对接,积极参与有关项目合作。

今年11月,联大一委通过包括中国在内的23个国家共提的"在国际安全领域促进和平利用国际合作"决议,强调切实保障发展中国家和平利用科技的权利、倡导就和平利用国际合作开启开放包容对话。中方愿在公约框架下同各国就落实该决议和推进公约第十一条开展对话合作，共同反对"筑墙设垒""脱钩断链"。

第三，跳出政治对抗恶性循环，走向良性互动合作正轨。

中国国家主席习近平提出全球安全倡议，倡导构建均衡、有效、可持续的安全架构，以共赢思维应对复杂交织的安全挑战。近年来禁化武组织实践表明，遏制打压和挑动对抗不是解决问题的正道。有关国家把叙化武等问题高度政治化不但没有解决问题，反而使禁化武组织陷入政治对抗的恶性循环，给禁化武组织工作造成极大干扰。包括中方在内的广大缔约国深表担忧。

中方始终根据事情是非曲直决定自己的立场和政策，维护国际关系的基本准则，维护国际公平正义，维护公约权威和有效性。比如，作为第二大会费国，中方坚定支持为禁化武组织工作提供预算支持，但反对有关国家用叙化武等问题绑架整体预算，强行推动投票。有关国家应停止政治操弄、绑架组织正常工作。希望技秘处坚持客观中立立场，在推动缔约国弥合分歧、团结合作上发挥更积极作用。

第四，继往开来，共同推动公约五审会取得实质成果。

公约五审会筹备工作已经进入关键阶段。中方赞赏筹备工作组主席爱沙尼亚大使所做大量工作，赞同广大缔约国关于五审会要"向前看"的呼声。一是会议成果要平衡过去和未来，照顾各方不同关切，客观反映过去几年的工作，更重要的是对未来工作作出战略规划。二是要开拓创新，进一步提升禁化武组织能见度，在全球安全治理体系改革中发挥更加重要的作用。三是重建对话合作共识，回归协商一致传统。中方将与各方一道继续积极参与筹备进程。

主席先生，

面对百年变局，习近平主席在中国共产党二十大报告中给出了中国方案，那就是促进世界和平与发展，推动构建人类命运共同体。构建人类命运共同体，中国既是坚定的倡导者，又是脚踏实地的行动派。作为公约原始缔约国和禁化武组织第二大会费国，中方坚定支持公约宗旨和目标，认真履行公约义务。中方坚决反对任何国家、任何组织和个人在任何情况下使用化武。中国宣布的工业设施居世界首位。今年以来，中方克服疫情影响成功接待技秘处对附表一设施和九处附表二设施的现场视察，年内有望完成全部附表二设施视察任务。经中日双方协商，技秘处还首次通过视频方式对哈尔巴岭日遗化武设施进行远程视察。中国国家履约机构还成功举办公约生效 25 周年系列宣传活动，在全国范围内征集视频、海报等多种形式的宣传作品，在线举行履约普法知识竞赛，持续提升公众履约意识和能力。

此外，中国政府指导香港、澳门特区政府全面落实公约规定，不断完善履约立法，严格履行公约义务，及时提交宣布，加强附表化学品管理。

中方将继续坚定不移维护公约宗旨和目标，与禁化武组织技秘处和各缔约国一道，为实现"无化武世界"目标、维护国际和平与安全贡献力量。

中国代表团要求将此发言作为会议正式文件散发，并刊载于禁化武组织公众网和内网。

谢谢主席先生。

《禁止化学武器公约》
在中国香港特别行政区实施情况

按照"一国两制"原则和《中华人民共和国香港特别行政区基本法》（《基本法》）的相关条文，中国中央政府已将《禁止化学武器公约》（《公约》）的适用范围延伸到香港特别行政区（香港特区）。香港特区政府负责在香港特区执行《公约》。

《化学武器（公约）条例》（《条例》）于2004年生效，以在香港特区全面落实《公约》规定。香港特区亦已将《公约》自2020年6月起增列的四组有毒化学品加入规管范围。

《条例》严禁使用、发展、生产、获取、储存、保有和参与转让化学武器。《条例》亦规定，除非取得香港特区政府工业贸易署（工贸署）发出的许可证，任何人均严禁生产、获取、保有、使用、转让或消耗超过规定数量的附表化学品。所有许可证持有人须定期呈报其有关的生产活动。有关化学品设施的营运人亦必须对生产超过规定数量的非附表所列的特定有机化学品向工贸署作出呈报。进出口《公约》所管制的化学品受香港特区战略贸易管制制度所规管。

目前香港特区辖区内并没有生产或储存任何化学武器，亦没有需按《公约》规定而作宣布的化学品设施，只有少量涉及《公约》附表所列化学品的贸易活动，进口作科研、实验室或工业用途。为履行向禁止化学武器组织（禁化武组织）提交年度报告的责任，香港特区政府自2004年起定期将有关资料呈报中央政府。

香港海关获《条例》赋予全面的执法权力，以调查可疑案件，包括：进入并搜查有关处所、车辆、船只或飞机；检取和没收违法物品；以及逮捕与检控违法人士。他们可视察受许可证和呈报制度所监管的化学品设施。《条例》亦授权香港海关容许禁化武组织技秘处根据《公约》派遣的视察组视察香港特区的有关设施。违反《条例》规定属于犯刑事罪行，于香港特区的法院经公诉程序定罪后，最高刑罚为终身监禁。

香港特区政府会一如以往，维持全面的许可证制度，并配合严厉执法和积极参与国际合作，以打击化学武器的扩散。

中国代表团团长、裁军大使李松在
《禁止生物武器公约》第九次审议大会一般性辩论的发言

（2022 年 12 月 2 日）

主席先生：

中国代表团祝贺你担任《禁止生物武器公约》第九次审议大会主席。我们将全力支持你的工作，并与各国代表团通力合作，共同推动大会取得成功。借此机会，中国代表团也愿向本轮审议周期历次缔约国会议、专家会议主席以及公约履约支持机构表示赞赏。同时，中方欢迎纳米比亚加入公约。

主席先生，

当今世界正在经历百年未有之大变局。世界之变、时代之变、历史之变正以前所未有的方式展开。和平、发展、合作、共赢的历史潮流不可阻挡。同时，和平赤字、发展赤字、安全赤字、治理赤字加重。世界又一次站在历史的十字路口，《禁止生物武器公约》也面临新的机遇和挑战。

历经半个世纪国际风云变幻考验，《公约》已成为全球生物安全治理的重要柱石，在防范生物安全威胁、促进生物科技和平利用和国际合作等方面发挥了不可替代的作用。另一方面，全球地缘政治局势紧张，新冠肺炎疫情反复延宕，生物科技迅猛发展，传统生物安全问题和新型生物安全风险相互叠加，呈现出许多新特点和新趋势。全球生物安全治理面临史无前例全新挑战，也蕴藏重要机遇。

生物安全风险与挑战没有国界。习近平主席在全球安全倡议中提出，要坚持统筹维护传统领域和非传统领域安全，共同应对包括生物安全在内的全球性问题。《公约》缔约国是利益交织叠加、命运休戚与共的共同体。结合新的国际形势，因应新的安全需要，推动《公约》在维护世界和平、促进共同发展方面焕发新的活力、发挥更大作用，是广大缔约国的共同心声。中国代表团愿与各方一道，以本次审议大会为契机，深入交流、积极沟通，努力落实全球发展倡议和全球安全倡议，推动审议大会取得积极成果。我们有以下几点主张：

第一，重申《公约》在全球生物安全治理中的支柱作用，就巩固和加强公约机制形成新共识。半个世纪以来，《公约》在防范生物安全威胁、促进生物科技和平利用与国际合作方面发挥着不可替代的重要作用，但迄今没有履约执行机构。"以核查确保遵约"既是国际共识，也是实现《公约》宗旨和目标、完善和加强公约机制的应有之义。本轮审议周期系列会议的讨论，新冠肺炎疫情期间甚嚣尘上的各种"阴谋论"，以及缔约国间围绕遵约等问题的纠纷，进一步加深了各国对加强《公约》机制紧迫性的认识，特别是重启多边谈判，致力于达成一项非歧视性的、包括有效核查措施的、有助于全面平衡加强《公约》的、具有法律约束力的议定书。中国一如既往地坚定支持有关努力。

21年前，由于一个超级大国的反对，《公约》议定书谈判功亏一篑。这一僵局持续至今。中方欢迎有关国家就打破僵局表达出的积极意愿，期待本次审议大会在这方面取得突破，缔约国形成新的共识，结合与《公约》相关的科技发展及生物安全新形势，深入评估在既有努力基础上重启相关谈判的可行性，尽快行动起来，就建立核查机制相关具体问题开展实质性工作。中方敦促个别需为此承担历史责任的缔约国停止阻挠建立核查机制，与各方相向而行，共同促成本次审议大会在核查问题上取得实质进展。

近期，缔约国召开了正式协商会议和安理会公开会审议有关缔约国的遵约问题。中方支持缔约国充分利用《公约》第五条、第六条规定的机制，就遵约相关问题进行客观、公正、有效的评估。中方支持缔约国就此开展进一步讨论，并采取共同行动确保普遍遵约。

在建立核查机制之前，自愿性透明对增进战略互信、解决遵约关切具有重要意义。为妥善解决国际社会对个别国家军方主导的全球生物安全"合作项目"的疑虑，中方赞同在建立信任措施中，增加"缔约国在其他国家开展的生物军事活动"项目。

第二，坚持共商共建原则，通过开放包容、务实管用的会间会进程，认真研究与时俱进地加强公约机制问题。今年是《公约》开放签署 50 周年。《公约》达成并生效以来，普遍性不断增加，履约机制逐步完善。在本轮审议周期，缔约国充分利用缔约国年度会议和五个专题会议等机制，围绕加强《公约》机制各方面问题进行了认真有益的探讨。九审会期间，各方有必要在认真、全面审议《公约》执行情况基础上，就如何加强《公约》机制、重点在哪些方面予以加强以及会间会机制等问题坦诚、深入地交换意见，开启新一轮审议进程。

目前，已有一些缔约国提出具体设想和倡议。可以看出，加强《公约》机制是各方倡议的最终目标，也是缔约国最广泛的共识所在。在核查、遵约、国际合作、科技审议等诸多具体问题上，各方存在一些矛盾分歧，有待进一步寻求解决。九审会之后的会间会进程应坚持共商共建原则，践行真正的多边主义，最大程度体现广泛性、开放性和包容性；所有各方提出的意见和主张，只要有益于加强公约机制，就应得到充分尊重和认真探讨；在集思广益的过程中凝聚共识、明确方向。

中方重视加强顶层设计，支持哈萨克斯坦提出的建立"国际生物安全机构"的倡议，此类倡议有助于更加包容地纳入针对加强《公约》具体条款的各类建议。中方支持加强《公约》与联合国、世界卫生组织等其他相关国际组织的协作，在符合各自授权的前提下整合资源、协调行动，更好地促进全球生物安全治理。中方支持加强履约支持机构的人力、财政等各方面配备，为强化公约机制提供必要支撑。

加强《公约》机制是缔约国共同的事业，需要由大家一起商量着办。只要本着相互尊重、求同存异的精神，就一定能够形成全面、平衡，能够为所有缔约国接受和支持的思路和方案。中方愿以积极和建设性态度，参加上述努力。

第三，统筹安全与发展，充分有效地保障生物科技和平利用与国际合作。生物科技进步始终是经济社会发展的重要动力。与此同时，生物科技误用、谬用也造成新的风险挑战。为降低生物安全风险、促进生物科学造福人类，各国科学家历经数年努力，共同达成了《科学家生物安全行为准则天津指南》，这是《公约》框架下"倡导负责任科研"对话进程结出的硕果。经过近年来多方努力，在《公约》框架内进一步推广《天津指南》的时机已经成熟。中方期待审议大会以适当方式核可《天津指南》，鼓励所有利益攸关方自愿采纳，更好防止生物技术被误用、谬用，更好促进生物科技健康发展。同时，我们鼓励各方加强生物实验室监管和自律，愿与各方就实验室监管规则、技术标准、最佳实践等开展交流，共同加强全球实验室生物安全能力建设。中方支持在《公约》框架下建立必要的科学咨询机构。

促进生物科技和平利用是发展中国家不可剥夺的权利，加强国际合作与援助理应成为《公约》践行发展理念的重中之重。中方始终主张，防扩散与和平利用必须得到平衡处理。一些国家打着防扩散旗号，以意识形态划线，滥用多边出口管制机制，干扰发展中国家正常国际合作，这种做法违背时代潮流，必须坚决摒弃。

中方呼吁审议大会将第十条执行作为重点之一，对不结盟国家提出的建立"第十条遵约机制"与"国际合作委员会"的倡议开展充分讨论。中方也鼓励缔约国积极落实联大"在国际安全领域促进和平利用国际合作"决议，共同探讨在《公约》框架下建立公正、包容的防扩散出口管制与国际合作机制，使《公约》得到更加全面、平衡的执行。

主席先生，

中国一贯全面、严格履行公约义务，及时足额缴纳缔约国会费，按时提交建立信任措施宣布材料，深入参与《公约》审议进程，积极贡献中国智慧、提供中国方案。中国高度重视国家生物安全治理体系建设，于2021年起施行《生物安全法》。我们愿同广大缔约国一道，不断加强生物安全建章立制、风险评估、应急响应、信息共享、能力建设等方面的多双边交流与合作，共同为全面履行《公约》作出新的努力。

中国不仅是生物安全国际合作的倡导者，更是行动派。中国不断提高生物实验室安全管理水平，延续"南南合作"良好传统，多次举办生物安全实验室管理与技术国际培训班和研讨会，助力发展中国家生物安全人才储备。面对世纪疫情，中国开展了新中国成立以来规模最大、时间最长的紧急人道主义援助，已累计向 150 多个国家、15 个国际组织提供数千亿件抗疫物资，向 120 多个国家和国际组织提供超过 22 亿剂疫苗。中国最早支持疫苗知识产权豁免，率先向发展中国家转让技术。中国支持世界卫生组织发挥中心协调作用，优先保障"新冠肺炎疫苗实施计划"采购需求。

主席先生，

我们所处的是一个充满挑战的时代，也是一个充满希望的时代。不久前，中国共产党第二十次全国代表大会胜利闭幕，大会向世界庄严宣告了中国的坚定抉择，发出了维护世界和平、促进共同发展、推动构建人类命运共同体的时代强音。

中国将一如既往积极参与全球生物安全治理，同国际社会携手应对日益严峻的生物安全挑战，推动加强《禁止生物武器公约》的普遍性、权威性和有效性，为促进全球安全与发展作出新的贡献。

谢谢，主席先生。

中国成功推动
《禁止生物武器公约》审议大会取得积极成果

（2022 年 12 月 17 日）

12 月 16 日，《禁止生物武器公约》第九次审议大会在日内瓦闭幕，中国裁军事务大使李松率团出席本次大会。在中方积极推动下，大会达成最后文件，决定进一步加强《公约》有效性，促进全面遵约，并为此设立工作组，在遵约与核查、国际合作、科技审议、国家履约等方面开展实质性工作，致力于探讨达成包括具有法律约束力方式在内的加强公约措施。与会各方普遍认为，在当前国际形势下，大会取得上述成果是近年来国际军控裁军领域多边努力取得的重要突破，对加强全球生物安全治理具有重大和深远意义。

会议结束后，李松大使接受媒体专访，全面介绍中方对大会取得积极成果所作出的重要贡献。李松表示，本次大会是在全球地缘局势紧张、新冠肺炎疫情反复延宕、生物科技迅猛发展的背景下召开的。大会期间，中国代表团积极推动《公约》在维护世界和平、促进共同发展方面焕发新的活力、发挥更大作用。

李松指出，众所周知，谈判核查议定书有助于全面加强《公约》机制、增强《公约》有效性，但由于美国独家阻挠，有关谈判已停滞长达 20 年。大会伊始，中方就旗帜鲜明地指出，广大缔约国应抓住契机，重申在新形势下加强《公约》机制的共同目标，并为今后加强《公约》制定详细规划，重点围绕核查与遵约、国际合作等问题进行全面深入的研究和讨论。大会成果充分实现了中方上述主张，重新激活了全面加强《公约》机制的多边进程，体现了包括中国在内广大发展中国家长期坚持的共同立场。

李松表示，会议期间，中方与各方广泛沟通、积极斡旋，为各方在最后一刻达成最后文件作出了重要贡献。中国发挥的建设性引领作用，得到大会主席团、联合国副秘书长和裁军事务高级代表以及与会各国代表团的普遍赞誉。在最后文件通过后，会场响起经久不息的热烈掌声。我在发言中强调指出，这是真正多边主义的胜利，是全体缔约国共同的胜利！

李松谈到，本次审议大会期间，中国代表团的另一项突出贡献，就是积极推动缔约国认可和支持《科学家生物安全行为准则天津指南》（以下简称《天津指南》）。《天津指南》是《公约》框架下倡导负责任科研对话进程的产物，最初于2016年由中国和巴基斯坦首倡，天津大学联手约翰斯·霍普金斯大学在国际科学界积极推动达成，包含10项指导原则和行为标准，主张从科研责任、成果传播、科技普及、国际交流等环节提高科研人员生物安全意识，现已由国际科学院组织核可并面向全球150多个国家级科学院网络大力推广。

李松指出，《天津指南》作为一项恰逢其时的重要国际公共产品，得到与会各方普遍欢迎和高度关注，是会议期间受到最广泛认可和支持的倡议。中方积极推进《天津指南》的努力，成为本次大会浓墨重彩的篇章。

李松强调指出，生物安全没有国界。习近平主席在全球安全倡议中提出，要坚持统筹维护传统领域和非传统领域安全，共同应对生物安全等全球性问题。《公约》缔约国是利益交织叠加、命运休戚与共的共同体。中方为本次审议大会取得成功所作的努力，是积极落实习近平主席提出的全球安全倡议和全球发展倡议的重要实践。中方将一如既往地积极参与全球生物安全治理，同国际社会携手应对日益严峻的生物安全挑战，推动加强《禁止生物武器公约》的普遍性、权威性和有效性，为促进全球安全与发展作出新的贡献。

四、其他军控与裁军问题

孙志强参赞在安理会叙利亚化武问题公开会上的发言

（2022 年 1 月 5 日）

主席女士：

我首先祝贺挪威担任 1 月安理会轮值主席。今天是新年第一场安理会公开会，我们借此机会欢迎阿尔巴尼亚、巴西、加蓬、加纳、阿联酋加入安理会，期待同你们加强合作，促进安理会团结，推动安理会有效履行职责。中方也感谢越南、突尼斯、尼日尔、圣文森特和格林纳丁斯、爱沙尼亚过去两年对安理会工作所作的贡献。

主席女士，

我感谢中满泉高级代表的通报。根据禁化武组织总干事提交的最新月度报告，12 月 10 日至 17 日，技秘处对叙利亚科学研究中心开展第八轮视察，联合国项目办公室、技秘处和叙利亚将三方合作协议延期至今年 6 月 30 日，总干事同叙利亚外长的面对面会晤也在筹备之中，中方对有关进展表示欢迎。我们鼓励技秘处同叙方保持接触与合作。我们注意到，事实调查组近期派成员前往叙利亚开展为期两周的调查活动，希望他们严格根据《禁化武公约》的规定开展工作。

关于第 25 轮技术性磋商，我们希望技秘处重视缔约国在签证问题上的关切，保持开放灵活态度，避免讨论陷入僵局。我也想提一个问题，鉴于叙方仅对申报评估组 1 名成员的签证申请提出异议，技秘处能否找到替代人选，或者先请申报评估组其他成员前往叙利亚开展磋商？

主席女士，

《禁化武公约》是解决化武相关问题的依据和准绳。遗憾的是，近年来一些国家无视公约规定，罔顾协商一致传统，在各方远未达成共识的情况下多次强行推动就叙化武追责问题诉诸表决，包括建立超出公约授权的"调查鉴定组"、暂停叙利亚作为缔约国的权利等等。上述行为损害禁化武组织的权威，毒化禁化武组织的氛围，破坏缔约国之间的互信。中方敦促有关国家改弦更张，停止将禁化武组织工作政治化。我们也希望技秘处特别是总干事在工作中保持客观公正，广泛听取意见，推动各缔约国从分裂对抗走向团结合作。

谢谢主席女士。

中国代表在联合国外空委
科技小组委员会第 59 届会议上的一般性发言

(2022 年 2 月 10 日)

主席先生：

首先祝贺您担任本届主席。借此机会，中国国家航天局高度赞赏迪皮蓬女士对联合国外空司作出的重要贡献，祝愿迪皮蓬女士在新岗位上获得更大成就。感谢秘书处为本次会议举行所做的努力。预祝本次会议取得圆满成功。

2022 年 1 月，中国政府发布第五部航天白皮书——《2021 中国的航天》，全面介绍中国航天发展宗旨、原则及相关政策。中国将继续同各国一道，积极参与外空全球治理与交流合作，持续推进联合国空间 2030 议程，促进外空活动长期可持续发展。

主席先生，

2021 年，中国天问一号成功着陆火星。迄今天问一号在轨运行正常，获取大量科学数据。中国还发布嫦娥五号科研样品研究成果，证实 20 亿年前月球仍存在岩浆活动，使人类对月球演化有了新的认识。

目前，中国政府已经批准了中国探月四期任务和行星探测任务，将继续开展嫦娥六号、七号和八号任务，小行星附着、取样返回任务、火星取样返回和木星系探测任务。中国也正在论证太阳系边际探测任务。中国的月球及深空探测任务将向国际社会提供更多的合作机遇。

2021 年，中国空间站天和核心舱发射升空，标志着中国空间站建造进入全面实施阶段。"天舟二号""天舟三号"货运飞船和"神舟十二号""神舟十三号"载人飞船成功发射，6 名航天员先后进驻中国空间站，实施舱外作业、在轨维护、科学实验等任务。正如外空条约第五条提及的各缔约国应把航天员视为人类派往外空的使节。空间站和航天员在轨安全应引起各缔约国的关注，中方愿意与相关国家保持沟通，希望影响空间站和航天员在轨安全的事件不再发生。

2021 年，中国首颗太阳探测科学技术试验卫星"羲和号"成功发射。中国的"慧眼"硬 X 射线调制望远镜成功观测到黑洞爆发，"悟空"暗物质卫星获取宇宙射线的能谱精细结构。

中国卫星应用业务服务能力显著增强。通信卫星为农村及边远地区 1.4 亿多户家庭提供远程教育、远程医疗、农村电商等服务；北斗导航系统广泛应用于交通运输、大众出行、智慧物流、精细农业。

2021 年，中国海洋卫星、高分卫星先后成功组网运行，为资源和环境保护、防灾减灾、全球气候变化等领域提供数据服务。高分一号、六号卫星数据向全世界免费分发，访问国家和地区 158 个，访问用户约 55 万个。中国气象卫星为 121 个国家和地区提供服务，成为世界气象观测的重要力量。

主席先生，

在国际合作交流方面，2021 年中国和俄罗斯联合签署国际月球科研站合作谅解备忘录，联合发布了《国际月球科研站路线图》和《国际月球科研站合作伙伴指南》，中俄欢迎所有国家和国际组织广泛参与。中法海洋卫星已超期服役，中法天文卫星、中意电磁 02 星及埃及二号卫星研制工作进展顺利。中美开展了火星星历数据交换。

2021 年，金砖国家航天机构签署了《金砖国家遥感卫星星座合作协定》，将利用 6 颗卫星和 5 个地面站资源助力金砖国家经济社会发展。中国还积极参与国际空间气候观测（SCO）平台建设，分享最佳实践。

2021 年，中国为亚太空间合作组织成功搭载发射了大学生小卫星，继续向亚太空间合作组织及其成员国提供中国遥感卫星数据。中国 8 颗卫星和 3 个星座加入国际减灾宪章机制，2021 年向近 40 个国家的 87 次灾害提供中国卫星数据千余景支持各国防灾减灾。今年 1 月汤加火山爆发，中国除紧急援助外，还安排 11 颗卫星数据提供给 CHARTER、联合国亚太经社会（UNESCAP）等国际组织，为灾害救援和灾情评估提供强有力支持。

中国航天日和世界空间周已经成为中国航天科普的重要平台。2021 年中国国家航天局发起"空间先锋教育计划"——HOPE 计划，中学生参与研制的"101 科普小卫星"成功发射，中国与埃及、埃塞俄比亚等国的中学生开展了交流。

中方欢迎在科技小组委员会设立新议题，就低轨道巨型卫星星座对天文观测的影响进行深入讨论。中方认为有必要在外空委框架内就如何应对低轨道巨型卫星星座带来的挑战开展广泛讨论。

未来，中国将继续秉承平等互利、和平利用、包容发展的原则，与各国广泛开展航天国际交流合作，使航天科技更好地服务人类科技进步、经济和社会发展。

邢继盛参赞在安理会叙利亚化武问题公开会上的发言

（2022 年 2 月 28 日）

主席先生：

我感谢中满泉高级代表的通报。中方注意到禁化武组织总干事提交的叙利亚化武问题月度报告，也注意到事实调查组最近提交的两份报告。

对于指称使用化武事件进行调查和处理，必须严格遵循《禁化武公约》的要求，尊重科学和事实，做到程序合规、证据可靠、结论可信。围绕事实调查组杜马事件报告的信息来源、工作方法、证据链完整性，还有很多质疑，至今未能澄清，这不可避免地影响事实调查组工作的可信度。中方呼吁维护禁化武组织技术属性，避免其工作政治化。近年来有些国家一再强行推动表决，严重损害禁化武组织权威性和有效性。中方呼吁总干事发挥积极作用，推动各缔约国加强对话，回归协商一致做决定的传统，避免在分歧的路上越走越远。禁化武组织不能被用作谋求地缘政治目标的工具。

主席先生，

叙利亚方面多次表达同技秘处开展合作的积极意愿，建设性态度值得肯定。技秘处应采取同样建设性的态度，在一些细节问题上展示灵活。希望双方尽快举行第 25 轮技术性磋商，推动解决未决事项，并就视察叙利亚科学研究中心、总干事同叙利亚外长面对面会晤等工作保持沟通。2017 年以来，叙利亚政府多次向技秘处提供关于恐怖组织拥有和使用化武的信息，请技秘处加以重视。

最后我想说，安理会资源有限，工作繁忙。中方强烈建议减少叙利亚问题的审议频率，或考虑将叙利亚问题合并审议。这样既有利于以综合视角处理叙利亚问题，也有利于提高安理会的效率。

谢谢主席先生。

中国代表团团长谈践大使
出席禁化武组织第 99 届执理会一般性辩论发言

(2022 年 3 月 8 日)

主席女士，

首先，请允许我代表中国代表团祝贺你当选执理会主席，我本人和中国代表团将与各方一道积极支持你的工作，为会议各项审议顺利进行作出贡献。

中方感谢总干事和几位副主席的报告，赞同阿塞拜疆代表不结盟运动和中国所做的发言。下面，请允许我进一步阐述中方立场。

主席女士，

当前，百年变局和世纪疫情交织，国际社会比任何时候都需要推进和平发展、公平正义和普遍安全。不久前，中国国务委员兼外长王毅向裁军谈判会议致信，呼吁国际社会大力弘扬和平、发展、公平、正义、民主、自由的全人类共同价值，秉持共同、综合、合作、可持续的全球安全观，坚决捍卫联合国权威和地位，不断推进全球安全治理体系改革和国际军控、裁军和防扩散进程，携手推动构建持久和平、普遍安全的人类命运共同体。中方对当前禁化武组织政治化深表关切，呼吁缔约国加强团结，维护协商一致传统，共同维护《禁止化学武器公约》的权威性和有效性。关于加强公约，中方有如下具体主张：

一要坚持不懈地推进化武销毁。销毁化学武器是公约的核心目标，是实现"无化武世界"的关键步骤。中方注意到近年来库存化武销毁所取得的进展，敦促目前唯一的化武拥有国尽快完成销毁。受新冠肺炎疫情影响，日遗化武销毁进程有所迟滞。中方对日方未能在公约和执理会决定规定的时限内完成日遗化武销毁感到遗憾，敦促日方切实履行遗弃国责任，加快推进销毁进程，并妥善处理污染土壤等问题。中方将一如既往地予以配合。

二要加大力度推进国际合作。国际合作是公约的重要支持，也是禁化武组织转型方向所在。中方高度重视国际合作，一贯支持技秘处开展各类国际合作活动。中方鼓励各方以化学技术中心落成为契机，加大对国际合作的投入，切实提高缔约国能力建设。此外，第76届联大通过"在国际安全领域促进和平利用国际合作"决议，将促进各国平衡处理防扩散与和平利用的关系，推动包括化学在内的相关领域技术和资源的和平利用与共享，希望各方积极参与联大后续进程。

三要坚定维护公约权威性和有效性。公约是解决化武相关问题的依据和准绳，按照公约规定处理问题是唯一正确途径。对于指称使用化武事件，事实调查组应严格依照公约及其核查附件的规定，秉持客观、公正、专业的精神开展调查。中方认为"应对使用化武威胁决定"以及调查鉴定组的成立超出公约范畴。技秘处应严格按照公约及其核查附件的规定调查指称使用化武事件。中方注意到有关国家在一般性辩论发言中就纳瓦尼中毒事件对俄罗斯进行指责。中方认为，有关各方应按照公约规定通过协商和对话处理分歧，而不是动辄使用制裁或以制裁相威胁。

四要为公约组织未来发展制定切实可行的计划。2022年对于禁化武组织来说是继往开来的一年，缔约国将庆祝公约生效暨禁化武组织成立25周年，并启动公约第五次审议大会的筹备工作。我们既要回顾过去，也将展望未来。中方欢迎成立五审会开放式工作组，愿积极参与五审会筹备进程，与各方一道团结协作，推动禁化武组织继续为实现"无化武世界"、维护国际和平安全稳定发挥不可或缺的作用。

主席女士，

中方高度重视履行公约，即使受到新冠肺炎疫情影响，依然严格履行公约义务，按时高效提交国家宣布，依法加强附表化学品出口管理。中方还积极开展履约宣传教育，指导高校、企业举办教育外联活动，面向公众开展纪念公约生效25周年活动，推动青年学生、化工行业及全社会提高履约意识，为公约全面有效实施作出突出贡献。

谢谢主席女士。

李森公参在国际原子能机构
三月理事会上关于核安全议题的发言

（2022 年 3 月 8 日）

尊敬的主席先生：

中国代表团感谢秘书处准备的报告和此前所作的吹风，认真研读了《2022 年核安全评论》，支持尊敬的摩洛哥大使代表 77 国集团和中国就本议题所做的发言。

2021 年，国际原子能机构努力克服新冠肺炎疫情带来的挑战，继续修订完善核安全相关标准导则，开展核安全同行评估服务，举办核安全、核应急准备和响应相关培训及研讨班，协助成员国确保动力堆、研究堆和燃料循环设施等在运核装置安全运行，为提升全球核安全水平作出积极贡献，中方对此表示赞赏。中方原则同意报告所列 2022 年重点工作计划，注意到机构就小型模块化堆提出了"核统一和标准化倡议"（NHSI），希望机构后续抓好相关重点工作的落实，并向成员国介绍更多有关 NHSI 倡议的信息，持续推动提升全球核安全水平。

主席先生，

中国政府一贯高度重视核安全，始终坚持"安全第一、质量第一"的方针。2021 年，中国共发布了 26 项核安全相关法规标准，其中部门规章 3 项、核安全导则 11 项、国家标准 2 项、环境标准 10 项，举办依法行政和法规标准专题培训，不断深化核安全法治体系现代化建设，持续提升核安全文化水平，增强核安全监管有效性。过去一年，中国在运核电站未发生危及公众和环境安全的放射性事件，在役核燃料生产、加工、贮存和后处理设施继续保持安全运行，在建核设施建造质量受控。中国首次完成秦山核电站 1 号机组运行许可证延续审查，并批准该机组延寿至 2041 年。

一年来，中国与机构和其他成员国在核安全、核应急领域开展了广泛深入的合作交流，中国选派专家参加机构组织的各类线上培训和研讨活动 100 余次，中国核应急主管部门积极组织国内相关单位参与机构各个级别的核应急准备和响应演习，及时向机构核应急统一系统（USIE）报告有关信息；中方专家还参加了福岛核污染水处置机构技术工作组、机构对巴基斯坦核监管的综合监管评审服务（IRRS）等核安全评审工作等。

2022 年，中国将承办机构"加强核电站安全运行国际会议"，中方欢迎各成员国积极派团与会，中方愿与各成员国共享核电站长期安全运行经验，为全球核能安全发展作出积极贡献。

主席先生，

中方注意到，机构继续开展福岛核污染水处置技术工作组相关活动，2 月已首次赴现场开展工作。在此，我想重申中方立场，中方支持机构根据授权，在日本核污染水处置问题上发挥作用。我们希望机构特别工作组秉持客观、公正、科学原则，对日本福岛核污染水处置进行全过程的独立评估与监督核查，确保核污染水处置绝对安全。日方应提供全面配合，在核污染水安全性、数据准确性和处置手段有效性等方面接受监督检查。中方会持续关注机构特别工作组的工作进展，希望机构及时向国际社会，尤其是利益攸关方进行通报。

在发表上述评论后，中方注意到载于 GOV/2022/3 号文件的《2022 年核安全评论》。

谢谢主席先生！

李森公参在国际原子能机构 3 月理事会
《核技术评论》议题下就核能核技术和平利用发言

（2022 年 3 月 8 日）

国际原子能机构 2022 年 3 月理事会 7 日起在奥地利维也纳召开，中国代表团出席会议。中国常驻维也纳代表团公使衔参赞李森 3 月 8 日在《核技术评论》议题下发言，呼吁各国继续推广核能核技术和平利用，为实现更加强劲、绿色、健康的全球发展作出积极贡献。

李森对机构 2021 年在推动和平利用核能方面所做工作表示赞赏，指出机构通过 ZODIAC、NUTECH Plastic、Rays of Hope 等重要倡议，积极发展伙伴关系，大力推动核能和核技术广泛应用，在帮助成员国实现联合国 2030 目标方面发挥了积极作用。

李森全面介绍了中国在核电建设、先进核电技术研发建设与核燃料制造、高放废物地质处置、核技术应用等领域的最新进展，指出 2021 年中国核电累计发电量超过 4100 亿千瓦时，占比首次达到 5.0%；第四代高温气冷堆核电示范工程首堆建成并网发电；示范快堆建设稳步推进；模块化小堆"玲珑一号"开工建设；全超导托卡马克核聚变实验装置 EAST 实现 1056 秒高温等离子体运行全球新纪录；甘肃北山地下实验室开工建设；"国和一号+"核电综合智慧能源项目正式启动；首个电子束无害化处理抗生素菌渣示范项目建成投运；首台自主知识产权的硼中子俘获肿瘤治疗示范装置在福建建成并完成总装调试等。此外，中国为巴基斯坦建设的卡拉奇 3 号核电机组并网发电；与阿根廷签署 EPC 总包合同，将在阿建设一台"华龙一号"机组。

李森表示，中国国家主席习近平在出席第 76 届联大一般性辩论时提出全球发展倡议，呼吁国际社会形成合力，加快落实联合国 2030 可持续发展议程，实现更加强劲、绿色、健康的全球发展。中方愿通过"核农学""昆虫不育""医用同位素""高放废物地质处置"等协作中心，与机构及成员国携手共进，继续加强核科学技术在粮食和农业、卫生健康、医疗环保等民生领域合作，共同开展"小而美""慧民生"的务实合作项目，为推动核能和平利用，构建"全球发展命运共同体"作出积极贡献。

李森公参在国际原子能机构
三月理事会上关于叙利亚核问题的发言

(2022 年 3 月 14 日)

主席先生，

　　中方注意到，机构近年来发布的报告均表示未能就该问题获得新信息，相关工作一直无实质性进展。在此情况下，中方认为理事会继续将该问题单列为议题进行讨论不具实际意义。为此，中方支持有关国家提议，不再将该问题列为理事会会议议题。同时，中方鼓励叙方认真履行保障监督协定义务，继续与机构加强合作。

　　谢谢主席先生。

吴剑剑参赞在安理会
审议 1540 委员会工作公开会上的发言

（2022 年 3 月 14 日）

主席先生：

我感谢 1540 委员会主席富恩特大使所作通报。

过去一年，委员会在促进第 1540 号决议执行、处理援助申请、开展国际合作与外联、推进全面审议进程等方面做了大量卓有成效工作。中方对主席先生及其团队所做努力表示赞赏，也感谢专家小组和秘书处的贡献。

第 1540 号决议通过 18 年以来，国际防扩散共识不断加深，防扩散体系日趋完善，防扩散国际合作稳步推进，应对非国家行为体扩散活动的国际努力有效增强。也应看到，全球安全形势依然复杂严峻，产生扩散问题的根源远未消除，非国家行为体扩散活动的风险更加多样化。单边主义和双重标准在防扩散领域进一步抬头，国际防扩散体系不公平、不合理的一面更加突出，广大发展中国家和平利用科技受到诸多限制。新形势下，中方愿就加强防扩散全球治理提出以下主张：

第一，坚持真正的多边主义，巩固国际防扩散体系。多边主义是避免分裂对抗、促进团结合作的最佳途径。各方应秉持共同、综合、合作和可持续的全球安全观，照顾各国合理关切，消除扩散动因，寻求共同安全。国际社会特别是主要大国应摒弃双重标准做法，停止开展存在扩散风险的军事合作，忠实履行自身义务，进一步增强《不扩散核武器条约》《禁止生物武器公约》《禁止化学武器公约》的权威性、普遍性和有效性。

第二，重视新兴科技发展，消除多元扩散风险。人工智能、3D 打印、基因编辑、合成生物学等新兴科技迅猛发展，正在催生新一轮科技革命，为人类发展进步注入强大动力。同时，相关技术可能被非国家行为体用于大规模杀伤性武器及其运载工具的扩散。各国应加强政府监管，开展国际合作，切实杜绝非国家行为体滥用新兴科技从事扩散活动的风险。

第三，保障和平利用权利，促进相关国际合作。和平利用科技是各国不可剥夺的合法权利，不应受到不公平、不合理的限制。国际社会既要有效应对扩散风险、防止非国家行为体获取大规模杀伤性武器，也要促进相关国际合作、捍卫各国特别是发展中国家和平利用的权利。联大去年12月通过中方主提的"在国际安全领域促进和平利用国际合作"决议。希望在各方共同努力下，和平利用权利得到尊重和保护，不合理限制得以减少和革除，更好实现各国的普遍安全与发展。

第四，推进全面审议进程，加强第1540号决议执行。中方支持委员会制定合理工作计划，继续实质性推进决议全面审议工作，对各国执行决议情况进行客观评估，就应对防扩散风险挑战提出切实可行的建议，进一步推进防扩散领域国际合作，提高援助活动成效，促进决议全面有效执行。在此过程中，应坚持会员国在防扩散工作中的主导地位，统筹考虑各国国际义务与实际国情，保证各国特别是发展中国家的参与度和发言权。

主席先生，

中国坚决反对大规模杀伤性武器的扩散，一贯严格履行自身国际义务，积极参与国际防扩散合作，同时坚定致力于维护各国特别是发展中国家和平利用的权利。中方将继续与各方一道，促进第1540号决议执行，推进决议全面审议，为加强防扩散全球治理作出积极贡献。

谢谢主席。

张军大使在安理会
表决 1718 委员会专家小组授权延期决议后的解释性发言

(2022 年 3 月 25 日)

主席女士：

中方支持安理会 1718 委员会专家小组严格根据授权履职，切实改进工作方法，以客观公正方式开展工作，真正帮助会员国更好执行安理会决议。我们对专家小组授权延期决议草案投了赞成票。

同时我们关切地注意到，专家小组 2021 年中期报告和最终报告均在公开发布前就被泄露，引发媒体不实炒作。甚至还有个别媒体公然援引专家小组离任专家口述的细节材料，详细报道委员会和专家小组内部工作情况。中方对此严重关切，认为安理会有必要在今年的授权延期决议中提出报告泄露和信息保密问题，并据此提出了相关案文建议。决议草案磋商中，中方意见获得大多数安理会成员支持，但决议执笔国拒绝反映这一合理关切，我们对此深感不满和遗憾。

报告泄露和信息保密问题已成为专家小组的一个"痼疾"，如再不加以重视并及时解决，将严重损害专家小组信誉，干扰委员会正常工作，也必然会给安理会处理涉朝问题增加复杂因素，并在其他专家小组中产生不良连锁反应。我们呼吁安理会各方提高对有关问题的重视，要求委员会和秘书处加强对专家小组的指导与约束，敦促其严格按照授权行事，无论是任职期间还是离职以后都要保守秘密，杜绝泄密事件再次发生。中方保留在安理会和委员会提出进一步要求的权利，期待届时得到各方的支持。

对于朝鲜半岛问题本身，我将在稍后的公开会上全面阐述中方立场。

谢谢主席。

中国代表团在联合国
信息安全问题开放式工作组二期会上的发言

(2022 年 3 月 28 日)

主席先生：

感谢你主持此次会议。相信在你的睿智领导下，本次会议能够取得积极和有建设性的成果。

近来网络空间不太平也不安宁。在此背景下，作为联合国信息安全唯一进程，我们应团结而非分裂，对话而非对抗，对外释放维护网络空间和平与稳定的积极信号，携手构建网络空间命运共同体。

首先，维护网络空间的和平至关重要。和平一直是中国网络安全政策的第一要素。我注意到有同事提到"网络空间和平时期"概念。中方反对将网络空间划分为和平和非和平时期，这将向国际社会发出错误信号。人类不需要一个新的战场，一个和平安宁的网络空间符合所有国家的利益。多年来，中方一直呼吁建立和平、安全、开放、合作的网络空间。令人遗憾的是，当年联合国信息安全政府专家组报告磋商期间，由于个别国家坚持，"和平"被列在"促进开放、安全、稳定、可及、和平的信息通信技术环境"的最后，但事实证明，和平是促进开放、安全、稳定、可及的信息通信技术环境的前提和基础。

其次，网络安全是各国的共同安全。网络空间是各国共存共荣的命运共同体。应摒弃零和思维和冷战意识形态，树立互信、互利、平等、协作的新安全观，在充分尊重别国安全的基础上，致力于在共同安全中实现自身安全，切实防止网络军事化和网络军备竞赛。不能以一个国家安全而其他国家不安全，一部分国家安全而另一部分国家不安全，更不能以牺牲别国安全谋求自身所谓绝对安全。凭借自身网络军事优势，炫耀发展进攻性网络军事力量，将军事同盟引入网络空间，推动制定网络空间交战规则，无助于维护网络空间和平，也不会有国家或军事集团会因此获得单方面网络安全。

第三，不能把网络空间先发优势"武器化"。中方担忧地看到，近年来个别国家将互联网基础资源和技术优势当作打压他国、实施单边制裁的工具。这不仅损害全球互联网的安全、稳定的联通，也严重影响国际安全。网络空间是人类的共同家园，不应成为各国角力的战场，各国合法权益不应受到损害。各方应推动建立多边、民主、透明的全球互联网治理体系。

第四，不能对"负责任国家行为框架"合则用不合则弃。负责任国家行为框架，是联合国信息安全进程来之不易重要共识，应得到全面完整准确执行。中方遗憾地看到，个别国家在 2021 年政府专家组（GGE）和开放式工作组（OEWG）协商一致报告墨迹未干时，就无视有关"应发展和执行全球可互操作的、共同的供应链安全规则和标准"的共识，出于狭隘的地缘政治目的，蓄意打造讨论供应链问题的封闭的、排他性的小圈子。这令人不得不怀疑，某些国家参与联合国信息安全进程的真实目标是，构建"其他各国都遵守，而其自身则凌驾于各国的网络空间国际规则"。

谢谢主席先生。

王群大使在《核材料实物保护公约》修订案缔约国大会关于"国家报告"的发言

（2022 年 3 月 28 日）

主席先生、各位同事，

首先，我代表中国代表团祝贺拉格纳大使和苏莱曼大使担任此次《核材料实物保护公约》修订案缔约大会双主席，相信在两位阁下的领导下，大会定将取得圆满成功。

主席先生、各位同事，

当今世界正处于百年未有之大变局，安全领域威胁和挑战层出不穷，产生恐怖主义的根源远未消除。防范非法获取、使用、贩卖核材料，蓄意破坏核设施等涉核违法犯罪、应对核恐怖主义威胁不仅事关各国和平利用核能事业发展，更事关国际和平与安全。《公约》修订案自生效以来，对缔约国强化国家责任、健全法规体系、完善制度措施奠定了国际法基础，为维护国际核安保体系、推进全球核安保治理发挥了重要作用。

中国作为《公约》及其修订案的缔约国，始终严格履行相关国际义务，高度重视核安保国家责任。中国践行理性、协调、并进的核安全观，将核安保作为总体国家安全的重要组成部分。

一是秉持依法治国理念，早在 1989 年加入《公约》时，就颁布实施了《核材料管制条例》及其实施细则；随着《公约》修订案的生效，又颁布实施了《国家安全法》《核安全法》，建立了完备、有效的核安保法规体系和实物保护制度。

二是严格执行核材料许可管理，建立了多部门协同的监管和执法机制，对核设施实物保护系统设计、建设、运行和核材料生产、运输、存储、使用实施全过程监管，对口岸、边境、交通枢纽、大型活动采取严格的核安保管控措施，构筑了严密持久的核防线，保持了良好的核安保记录。

三是大力推进核安保能力建设，对老旧核设施实物保护系统进行升级改造，对新建核设施实物保护执行国际最高标准，持续加大核安保技术创新投入，建立全国核材料与核设施安保管控中心，显著提升了应对各种传统和新兴威胁的能力。

四是坚持培育核安保文化，将法制意识、忧患意识、自律意识、协作意识作为核安保文化的核心，贯穿到每位从业人员的思想和行动中。

主席先生、各位同事，

中国致力于推动构建"和平、合作、共赢"的国际核安保体系，积极开展相关国际合作。中国一贯支持机构在促进核安保国际合作方面发挥主导作用，已连续10年向核安保基金捐款，并积极参与机构核安保行动计划。中国邀请机构开展了国际实物保护咨询服务（IPPAS），与机构和有关国家合作完成了加纳、尼日利亚的高浓铀微堆低浓化改造，在华设立了"核安保技术协作中心"和"一线官员核安保能力建设协作中心"。中国与30多个国家缔结了政府间和平利用核能合作协定，在双边合作中严格履行实物保护相关责任义务。中国与美国、俄罗斯、日本、韩国、巴基斯坦、欧盟、东盟等多个国家和地区建立了核安保合作机制。中美合作建设的核安保示范中心已培训国内外从业人员5000余人次，成为亚太地区具有重要影响力的核安保培训与交流平台。

主席先生、各位同事，

结合自身履约实践，中方认为《公约》修订案在当前情况下依然是适当的。中方赞赏各缔约国和机构为修订案的有效实施所作的努力，呼吁更多国家积极考虑批准修订案，建立与之相适应的国家制度和措施；同时，中方尊重各国根据本国国情，采取最适合自己的核安保政策措施的权力。中方愿与机构和各方一道，推动《公约》修订案普遍实施。中方支持根据《公约》修订案相关规定，适时再次举行缔约国大会，根据核能技术发展和安全威胁变化形势，适时审议修订案的执行情况和适当性，为国际核安保体系和全球核安保治理固本强基。

主席先生、各位同事，

根据《公约》修订案有关规定，武装冲突中武装部队的活动或一国军事部队为执行公务而进行的活动不受本公约管辖，有关问题不属于本次缔约国大会审议范围。关于乌克兰境内核设施核安全、核安保问题，中方十分关切。我们注意到机构及时通报从乌克兰核监管当局获得的信息，也注意到俄方就有关问题提供的情况和所做的澄清。中方支持机构根据职责就妥善解决有关问题提供帮助。呼吁有关国家谨慎行事，确保乌境内核材料和核设施安全。

谢谢主席。

李森公参在
《核材料实物保护公约》修订案缔约国
大会关于"12.ⅰ.实物保护条款"议题的发言

（2022 年 3 月 30 日）

尊敬的大会双主席、各位同事：

今天我报告的题目是"中国在建立和维护核材料与核设施实物保护制度方面的有关实践"，报告共分三部分。

一、中国的核能发展政策

中国坚持在确保安全的前提下，积极有序发展核能，改善能源结构，应对气候变化挑战。中国将核能作为实现碳达峰碳中和目标的重要选择，截至 2021 年 12 月底，中国大陆并网发电的核电机组共计 53 台，总装机容量为 5464.7 万千瓦，在建核电机组 18 台，装机容量 2005.9 万千瓦。中国是当前核能发展最快、在建核电规模最大的国家，并基本具备了铀资源勘探开发、核燃料加工制造、乏燃料后处理、放射性废物处理处置等核工业全产业链协同发展能力。

二、中国的核安保理念和实践

中国坚持总体国家安全观，践行理性、协调、并进的核安全观，一向把核安保工作放在和平利用核能事业的重要位置，对核材料和核设施实施严格管理，发展核能事业 60 多年来，保持了良好的核安保记录。

（一）履行《公约》修订案第二条有关义务的国家措施

中国高度重视核安保国家责任。建立了与本国核工业发展相适应的核安保法规体系和监管框架，制定了中长期核安保发展规划，确保相关工作得到足够投入和支持。早在 1989 年加入《公约》时，中国就相继颁布实施了《核材料管制条例》及其实施细则，建立了国家实物保护制度；2015 年以来，又相继颁布实施了《国家安全法》《反恐怖主义法》《核安全法》，进一步强化了在核材料和核设施核安保、打击涉核违法犯罪、应对核恐怖主义威胁等方面的国家责任。

中国建立了由法律、行政法规、部门规章、标准导则组成的核安保法规体系和监管框架，建立了国家核安全工作协调机制，统筹协调有关部门推进相关工作。按照《公约》修订案规定和国际原子能机构 INFCIRC/225 文件要求，中国对核材料实行许可证管理制度，持有核材料数量达到规定限额的单位，必须申请取得核材料许可证，建立核材料衡算与控制制度，并建立与核材料保护等级相适应的实物保护系统。

中国建立了多部门协同的核安保监管和执法机制。中国国家原子能机构负责实施全国核材料管制，审查和颁发核材料许可证，建立和检查全国核材料账务系统，拟定核材料管制规章制度，审查核设施实物保护系统设计，组织实物保护系统竣工验收，对未经许可持有核材料的行为实施处罚，并负责核安保相关国际合作及国际履约。公安部负责指导核材料持有单位的安全保卫工作，对核材料道路运输实物保护实施监督，查处针对核材料犯罪的案件，并参与核安保相关国际合作及国际履约。国家核安全局负责民用核材料和核设施安全监督。海关负责口岸的通关查验，查缉核材料和其他放射性物质走私活动。

中国不断加强核安保政府监管能力建设，成立了国家核安保技术中心、核与辐射安全中心、海关辐射探测培训中心等政府监管技术支持机构；建立了核材料管制视察制度，对核材料许可证持有单位进行例行和非例行现场监管检查；对核设施实物保护系统设计、建设、运行和核材料生产、运输、存储、使用实施全过程监督；对口岸、边境、交通枢纽、大型活动采取严格的核安保管控措施。通过上述举措，构筑了严密持久的核安保防线。

中国要求核材料许可证持有单位对所持有的核材料负全面安全责任，直至核材料安全责任合法转移为止；必须建立专门的核材料管理机构，建立核材料衡算制度和分析测量系统，保持核材料收支平衡；必须对生产、使用、贮存和处置核材料的场所建立严格的安全保卫制度，采取可靠的安全防范措施，严防盗窃、破坏、火灾等事故的发生，并做好核材料和核设施实物保护相关敏感信息和文件资料的安全保密工作。

中国坚持培育和发展核安保文化，建立了政府管理、企业自律、公众参与的核安保文化培育机构。政府部门发挥引导和监督作用，制定核安保文化建设的导则、规范和标准，完善核安保文化管理与评估机制。核设施营运单位不断完善自身制度建设，开展核安保文化宣传和自我评估，促进核材料与核设施实物保护相关制度和措施的有效落实。通过组织开展核安保文化培训宣贯和经验交流，在全行业普及核安保知识，提升核安保意识，为核能事业安全发展营造良好氛围。

中国建立了设计基准威胁的维护、审查和评估机制。核材料许可证持有单位必须按照主管部门审查批准的设计基准威胁文件进行实物保护系统设计、建造、运行、维护和评估，并对威胁进行定期审查，评估威胁变更对实物保护系统的影响；必须确保设计基准威胁的任何变更都体现在实物保护措施中。

中国对核材料实行分级保护和管理，对核设施进行分区保护和管理。参考《核材料实物保护公约》修订案附件二及机构 INFCIRC/225 文件有关要求，对核材料的实物保护分为三级；根据保护目标的重要程度和潜在风险等级，实施核实施的实物保护分级和分区保护。实物保护系统设计、建造和维护必须遵循纵深防御和均衡保护的原则；核材料许可证持有单位必须制定实物保护系统质量保证大纲并定期开展实物保护系统有效性评价。

中国要求核材料许可证持有单位、核设施营运单位及从事相关活动的单位，必须制定突发事件应急响应预案，定期开展实战演练。2016 年以来，国家原子能机构成功组织实施了五次"风暴"系列"实战化"核安保突发事件应对演练，核安保突发事件应对响应能力得到了检验和提升。

（二）履行公约第三条、第四条有关义务的国家措施

中国重视在核不扩散前提下与致力于发展核能的国家开展合作，已与 30 多个国家缔结了政府间和平利用核能合作协定。协定中均载有专门条款，要求缔约双方必须对转让的材料、核材料、设备和设施采取适当的实物保护措施。

中国政府并发布了《核材料国际运输实物保护规定》，明确核材料国际运输由国家主管部门统一管理、分级负责，并实行许可证制度。

中国要求核材料进出口贸易业务的经营单位经营核材料国际运输必须经过国家主管部门批准，建立核材料国际运输实物保护制度，并申请获得核材料国际运输实物保护许可证。在核材料国际运输过程中，经营单位和承运单位必须严格遵守国家有关法律和规定，落实实物保护措施。核材料运输容器、安全保护措施必须符合相关国际标准。中国对核材料国际运输实物保护措施的分级规定与《公约》及其修订案附件一要求相一致。

在涉及核材料的核出口审查、许可中，中国政府要求接受方政府必须保证对中国供应的核材料以及通过其使用而产生的特种可裂变材料采取适当的实物保护措施。在涉及核材料进出口的商务合作文件中，必须载入核材料实物保护条款。对《公约》缔约国与中国缔结核能合作协定的国家，出口第一类核材料的，经营单位必须要求接受方主管部门对核材料实物保护的安排予以书面确认；对非《公约》缔约国或未与中国缔结核能合作协定的国家，经营单位必须要求接受方主管部门对核材料实物保护作出书面承诺。

三、结论

综上，中国在建立和维护核材料和核设施实物保护制度方面的国家措施，严格履行了《公约》修订案第二条、第三条、第四条有关规定，为核材料安全生产、使用、存储、运输，核设施安全运行，以及和平利用核能事业安全发展提供了可靠保障。

谢谢双主席！

李森公参在
《核材料实物保护公约》修订案缔约国大会
关于"12. ii. 国际合作相关条款"议题的发言

(2022 年 3 月 31 日)

尊敬的大会双主席，各位代表：

核恐怖主义是全人类的公敌，核安保事业的影响超越国界。加强国际核安保体系，是核能事业健康发展的基本前提，更是推进全球安全治理、构建新型国际关系、完善世界秩序的重要环节。中国主张在尊重各国主权的前提下，所有国家都要参与到核安保事务中来，以开放包容的精神，努力打造核安保命运共同体。

今天我报告的题目是"中国在核安保国际合作领域有关实践"，报告共分四部分。

一、与国际原子能机构的合作

中国一贯支持国际原子能机构发挥主导作用，协调、整合全球核安保资源，并利用其专业特长服务各国，帮助发展中国家提高核安保能力。中国欢迎其他有关国际组织和机制提供有益补充，促进执法等领域务实合作。中国希望在此过程中，要照顾广大发展中国家合理诉求，向他们提供援助。

自 2012 年以来，中国已连续 10 年向机构核安保基金捐款，总额超过 300 万美元，并多次向机构提供核安保实物捐赠，用于支持亚太及其他地区发展中国家核安保能力建设。中国利用国内优势资源平台，积极支持并参与机构"核安保支持中心网络""核安保教育网络"等相关活动，与机构合作在华设立了"核安保技术协作中心""海关一线官员核安保能力建设协作中心"，并签署了核法证学、大型公众活动核安保等多项合作文件。这些合作为中国的核安保能力建设和技术发展提供了有力支持，也为亚太地区乃至全球核安保能力提升和人才培养作出了积极贡献。

中国积极支持机构"核安保计划"和核安保系列导则的制定、修订、实施和推广，积极参与机构总干事核安保高级顾问组、核安保导则委员会等相关工作，积极开展机构"事件与非法贩卖数据库"（ITDB）相关信息交流。自《公约》修订案生效以来，中国已累计派出专家200余人次参与机构组织的各类核安保专家咨询、同行评估、培训研讨任务，并在中国举办了核材料与核设施实物保护、核材料运输实物保护、国家实物保护制度与措施、核安保文化、核安保风险识别与威胁评估等20余个国家级和地区级培训班，为《公约》修订案的有效实施和普遍加入作出了切实努力。

2017年9月，中国邀请机构来华开展了国际实物保护咨询服务（IPPAS），就国家实物保护制度和核设施实物保护措施进行了国际同行评估。国际评估专家组通过查阅法律法规文件、访谈主管部门和核设施营运单位人员、实地考察核设施实物保护措施等方式，对中国履行《公约》修订案义务、落实核安保国家责任的良好实践和举措给予了充分肯定。中国并积极选派专家参加了机构对其他国家开展的国际实物保护咨询服务。

二、与其他国家和地区的合作

中国积极推进双边核安保交流合作。2016年3月，中国与美国合作建设的核安保示范中心在北京建成投运。核安保示范中心自投运以来，在核安保技术发展、人员培训、国际交流与合作等方面的作用不断扩大，截至2021年底，已累计举办核安保培训交流活动近200次，培训国内核安保从业人员近4000人次，国外核安保从业人员1500余人次，并与巴基斯坦、韩国、日本、欧盟等所属的核安保支持机构建立了良好合作。核安保示范中心不仅为中国核安保能力建设发挥了重要作用，也逐步成为亚太地区乃至全球具有一定影响力的核安保培训与交流平台。

中国重视与其他国家的核安保政策沟通。2015年9月，中美两国元首宣布建立核安全（Nuclear Security）年度对话机制，并于 2016、2017、2018 年举行三次对话。2016 年 3 月，中美两国元首发表《中美核安全合作联合声明》（*China-US Joint Statement on Nuclear Security Cooperation*），随后于当年 10 月及 2017 年成功举办两次打击核走私对话。2018 年 2 月，中国与俄罗斯举行了首次核安全对话。

中国积极践行"减少高浓铀使用"政治承诺，支持各国根据本国需要，在经济和技术条件可行的情况下，尽量减少使用高浓铀。2016 年 3 月，中国顺利完成中国原子能科学研究院高浓铀微堆低浓化改造。2017 年 8 月和 2018 年 12 月，中国在国际原子能机构框架内与有关国家合作，相继完成加纳和尼日利亚高浓铀微堆的低浓化改造。通过技术改造，一方面降低了微堆的核扩散风险，另一方面加强了微堆安全性，为有关国家更好地开展和平利用核能活动贡献了自己的力量。中国愿在已有的成功模式基础上，继续协助其他国家开展微堆低浓化改造工作。

三、与其他组织和倡议的合作

中国积极参与"核安全问题联络小组"相关工作，并担任小组地区能力建设与合作牵头国。2018 年 4 月和 2019 年 9 月，中国先后在核安保示范中心举办了核安全问题联络小组地区能力建设与合作研讨会、亚太地区核安保能力建设高级研讨会。中国将继续在小组地区能力建设与合作上发挥牵头作用，加强核安保能力建设、促进能力建设国际合作。

中国作为"打击核恐怖主义全球倡议"创始伙伴国，积极支持"倡议"工作，为伙伴国提升反核恐能力搭建对话交流平台，共同构筑国际反核恐统一战线。2018 年 10 月，中国在北京举办了"打击核恐怖主义全球倡议"重大公共活动反核恐与核应急研讨会。中国并将继续依托核安保示范中心、海关辐射探测培训中心等平台，协助伙伴国提高反核恐能力，继续深入参与"倡议"各项工作。

四、结束语

中国支持机构继续通过核安保综合支助计划（INSSP）、国际实物保护咨询服务（IPPAS）等同行评估和立法援助等方式，向成员国就实施《公约》修订案所面临的技术或法律挑战提供帮助，愿意在有关双多边合作机制下，继续与机构和成员国加强合作，分享经验，共同推动《公约》及其修订案在各国的有效实施和普遍加入，为维护国际核安保体系、推进全球核安保治理发挥建设性作用。

谢谢双主席！

李森公参在
《核材料实物保护公约》修订案缔约国大会
关于"12.3：违法犯罪惩处相关国家措施"议题的发言

（2022 年 3 月 31 日）

尊敬的大会双主席、各位代表：

中国政府本着依法治国原则，严密防范、严厉打击各种涉及核材料与其他放射性物质、相关设施和活动的违法犯罪行为，以维护国家安全、公共安全和人民生命财产安全。

根据《中华人民共和国行政处罚法》《中华人民共和国治安管理处罚法》《中华人民共和国刑法》以及核安保相关法律、法规和部门规章，中国对涉及核材料与其他放射性物质、相关设施和活动的违法犯罪行为主要采取行政处罚、治安管理处罚和刑事处罚三种处罚措施。

根据《中华人民共和国核安全法》《中华人民共和国核材料管制条例》，核材料许可证持有单位如存在未经批准或违规从事核材料生产、使用、贮存和处置；不按照规定报告或谎报有关事实和材料；拒绝监督检查；不按照规定管理，造成事故等行为之一，将依其情节轻重给予警告、限期改进、罚款和吊销许可证等行政处罚。

根据《中华人民共和国核材料管制条例》，对于不服从核材料管制、违反规章制度，因而发生重大事故，造成严重后果的，或者盗窃、抢劫、破坏本条例管制的核材料，构成犯罪的，将由司法机关依法追究刑事责任。

根据公安部、国家原子能机构《核材料国际运输实物保护规定》，核材料进出口贸易业务的经营单位如未依法依规采取实物保护措施或申报不实的，主管部门将责令其限期整改，逾期不改的，视情节轻重予以警告、严重警告、罚款或吊销许可证等行政处罚。根据公安部、国家原子能机构《核材料国际运输实物保护规定》，对于具有以下行为之一，构成犯罪的，将由司法机关依法追究刑事责任：一是未经合法授权，收受、拥有、使用、转移、更换、处理核材料的；二是盗窃、抢劫核材料的；三是以欺骗、敲诈等非法手段获取核材料的；四是使用核材料威胁自然人或法人、国际组织或国家作或不作某种行为的。上述四种行为，凡发生在中国境内或在中国注册的交通工具上的，适用中国法律；凡被控犯有上述行为之一逃往国外的，依照中国法律和国际条约的有关规定予以引渡回国，依法惩处。

《中华人民共和国治安管理处罚法》对涉及核材料等危险物质，尚不构成犯罪的扰乱公共秩序、妨害公共安全，侵犯人身权利、财产权利，妨害社会管理等违法行为的治安管理处罚措施作出了明文规定。《中华人民共和国刑法》对涉及核材料等危险物质的犯罪行为定罪处刑进行了详细规定。

为了保障引渡的正常进行，加强惩罚犯罪方面的国际合作，保护个人和组织的合法权益，维护国家利益和社会秩序，中国政府于 2000 年 12 月 28 日颁布实施了《中华人民共和国引渡法》。截至 2021 年底，中国政府已与 60 个国家政府缔结了引渡条约。

谢谢双主席！

李森公参在
《核材料实物保护公约》修订案缔约国大会
关于"12.4：实物保护相关法律法规信息"议题的发言

(2022 年 3 月 31 日)

尊敬的大会双主席、各位代表：

中国坚持总体国家安全观，践行理性、协调、并进的核安全观，一向把核安保工作放在和平利用核能事业的重要位置，对核材料和核设施实施严格管理，发展核能事业 60 多年来，保持了良好的核安保记录。为有效落实《核材料实物保护公约》及其修订案规定的国家责任和国际义务，中国建立了由法律、行政法规、部门规章、标准导则组成的核安保法规体系和监管框架。

根据《中华人民共和国宪法》，全国人民代表大会和全国人民代表大会常务委员会行使国家立法权，负责法律的制定和修改，立法通过后，由国家主席签署主席令予以公布。与核安保相关的法律主要包括《中华人民共和国安全法》《中华人民共和国核安全法》《中华人民共和国放射性污染防治法》《中华人民共和国反恐怖主义法》，以及《中华人民共和国治安管理处罚法》《中华人民共和国刑法》等。

行政法规由国务院根据宪法和法律的授权制定，由国务院总理签署国务院令予以公布，效力仅次于宪法和法律，高于部门规章和地方性法规，是对法律规定的进一步具体化。与核安保相关的行政法规主要包括《中华人民共和国核材料管制条例》《中华人民共和国核出口管制条例》等。

部门规章由国务院有关部门根据法律、行政法规相关规定，在自身职责范围内制定并发布，是对法律和行政法规相关规定的进一步补充和细化，同样具有法律效力。与核安保，特别是核材料和核设施实物保护相关的部门规章主要包括国家核安全局、国家原子能机构等部门联合发布的《中华人民共和国核材料管制实施细则》；公安部、国家原子能机构联合发布的《核材料国际运输实物保护规定》；国家原子能机构、外交部、对外贸易经济合作部联合发布的《核进出口及对外核合作保障监督管理规定》；国家原子能机构、对外贸易经济合作部、海关总署联合发布的《核产品转运及过境运输审批管理办法》；国家原子能机构发布的《核材料管制报告管理办法》《核材料管制视察管理办法》等。

标准和导则由主管部门制定并发布，属于具体指导文件。中国参考机构INFCIRC/225 文件以及核安保系列导则，不断制定、更新和完善国内相关导则和标准，用于规范、指导核材料和核设施实物保护工作。多年来，国家原子能机构、国家核安全局等部门陆续发布了《核设施实物保护》《核材料运输实物保护》《核材料和核设施核安保的实物保护要求》等技术导则，并发布了 10 余项涉及核材料和核设施实物保护的核工业行业标准，涵盖了对视频监控、通信对讲、入侵探测、出入口控制、保卫控制中心等实物保护各子系统的设计规范和技术要求。

中方已按照《公约》修订案第十四条第一款之规定，于本次缔约国大会前向机构提交了与核材料和核设施实物保护有关的法律法规信息。

谢谢双主席！

李森公参在

《核材料实物保护公约》修订案缔约国大会

关于"13：《公约》修订案普遍加入"议题的发言

（2022 年 4 月 1 日）

尊敬的大会双主席、各位代表：

核安保事关国际和平与安全，事关核能事业健康发展，各国要切实履行核安保国家责任和有关国际义务，全面执行联合国安理会有关决议，巩固和发展现有核安保法律框架，为国际核安保努力提供制度保障和普遍遵循的指导原则，中国呼吁更多国家积极考虑批准《核材料实物保护公约》及其修订案、制止核恐怖主义行为国际公约。

中国主张，在强调各国履行有关国际义务的同时，也要尊重各国根据本国国情采取最适合自己的核安保政策和举措的权利，尊重各国保护核安保敏感信息的权利，坚持公平原则，本着务实精神，积极稳妥推进国际核安保进程。

中国支持国际原子能机构继续通过核安保综合支助计划（INSSP）、国际实物保护咨询服务（IPPAS）等同行评估和立法援助等方式，向成员国就实施《公约》修订案所面临的技术或法律挑战提供帮助，愿意继续与机构和成员国加强合作，分享经验，共同推动《公约》及其修订案在各国的有效实施和普遍加入。

中国认为，在当前情况下，《公约》修订案的序言、整个执行部分和附件依然是适当的。中国赞赏机构多年来在制定、完善、推广核安保系列建议、指南和技术导则方面所作的努力，这些建议、指南和技术导则对成员国不断完善核安保制度、强化核安保措施，提高应对各种传统和新兴核安保威胁的能力发挥了重要指导和参考作用。

《公约》修订案作为核不扩散和核安保领域最重要的公约之一，是国际核安保体系和全球核安保治理的基础。中国重视本次缔约国大会所取得的成果和共识，并支持在满足《公约》修订案第十六条第二款之规定的前提下召开下次缔约国大会，根据新兴技术发展和安全威胁变化形势，适时审议《公约》修订案的执行情况和适当性，为国际核安保体系和全球核安保治理固本强基。

谢谢双主席！

中国代表团在 2022 年
联合国裁军审议委员会一般性辩论中的发言

（2022 年 4 月 4 日）

主席先生：

中方祝贺阁下担任本届裁审会主席。中国代表团愿与你及各国代表团全力合作，共同推动会议取得积极成果。

当前，国际安全格局正经历复杂深刻演变，传统安全危机与非传统安全挑战此起彼伏，本来就充满不确定性的世界进入新的动荡变革期。个别国家抱守冷战思维，推行单边主义与利己主义，寻求自身绝对安全。在此背景下，国际和地区安全形势更加复杂，全球战略平衡与稳定面临挑战，多边军控、裁军和防扩散机制受到冲击。

面对新时代复杂的国际形势，中国主张构建人类命运共同体，呼吁各国树立共同、综合、合作、可持续的安全观，共同推进全球安全治理，为维护世界和平与稳定作出贡献。中国将坚定维护真正的多边主义，推动国际安全秩序朝更加公正合理的方向发展，为建设持久和平、普遍安全的世界不懈努力。

主席先生，

中国的核战略与核政策，在所有核武器国家中最具稳定性、连续性和可预见性。中国自拥有核武器第一天起，就积极倡导全面禁止和彻底销毁核武器。中国始终不渝奉行防御性国防政策和自卫防御的核战略，一直并将继续把本国核力量维持在国家安全需要的最低、可靠水平，从来不与任何国家比投入、比数量、比规模。

拥有最大核武库的国家对核裁军负有特殊和优先责任，理应继续以可核查、不可逆和具有法律约束力的方式进一步大幅度实质性削减核武库。但个别国家为谋求自身绝对安全，大力推进核武器现代化，强化核武器在国家安全政策中的作用，试图回避自身核裁军责任，给国际核裁军进程制造了障碍。有关国家还无视国际社会关切，执意推进存在严重核扩散风险的核潜艇合作。这种做法违背《不扩散核武器条约》目的和宗旨，损害地区和平与稳定，破坏国际核不扩散体系。中方敦促有关国家忠实履行核不扩散义务，切实维护国际核不扩散机制、维护地区和平稳定。

今年初，在中国的积极参与和推动下，五个核武器国家的领导人发表《关于防止核战争与避免军备竞赛的联合声明》，强调核战争打不赢也打不得，重申不将核武器瞄准彼此或其他任何国家。这是五国领导人首次就核武器问题发表声明，不仅发出了维护全球战略稳定、减少核冲突风险的声音，对实现核裁军与核不扩散目标也有重要意义。我们要继续沿着这一目标深化合作，增进互信，为全球核裁军与核不扩散进程作出贡献。

主席先生，

当前外空安全领域形势严峻，个别国家大力推进外空军事战略，寻求主导外空，并为此大力研发、试验、谋求部署外空武器及武器系统，加剧了外空军备竞赛和武器化风险。中方认为，谈判缔结新的国际法律文书，是解决当前外空安全问题的最佳途径和当务之急。外空透明与建立信任措施作为自愿性措施有其局限性，不能取代国际法律文书谈判，也不能成为谈判的前提条件。而所谓"负责任外空行为准则"更是把外空安全与和平利用两个维度纠缠在一起，混淆了外空军备竞赛带来的安全风险以及在和平利用外空中可能产生的安保问题，试图通过宽泛、模糊且具有强烈主观色彩的方式规范外空行为，可能给个别国家"甩锅卸责"提供借口，导致外空领域多边军控进一步"失焦"。

多年来，中国与俄罗斯同其他许多国家一道，积极推动在裁谈会谈判缔结防止外空武器化条约，并提出了条约草案。2018 至 2019 年，中俄推动联合国成立的"防止外空军备竞赛"政府专家组全面评估当前外空安全形势，梳理现有外空国际法律文书的现状及不足，重点就未来法律文书的要素进行广泛、深入讨论。专家组虽未能达成报告，但这是数十年来外空军控讨论最为深入、实质的一次。这一努力进一步说明，谈判外空军控法律文书不仅具有广泛政治意愿和扎实技术基础，而且愈发必要和紧迫。

主席先生，

裁审会作为唯一的多边裁军审议机构，地位和作用无可替代。多年来，裁审会为推动国际军控和裁军进程提出了许多宝贵建议，其制定的一些准则成为相关领域的指导性文件。今年是裁审会本轮审议周期的承前启后之年，中方希望各方以积极和务实的态度参与两项议题实质性讨论，推动本轮审议取得新进展。

谢谢主席先生。

关于在国际安全领域促进和平利用国际合作的国家报告

（2022 年 4 月 22 日）

一、概述

根据第 76 届联大 A/RES/76/234 号决议，各国应就"在国际安全领域促进和平利用国际合作"涉及的各方面问题向联合国秘书长提交意见和建议。中方认为，出于和平目的利用科学技术并开展相关国际合作是国际法赋予各国不可剥夺的权利。在新的时代背景下，国际社会亟须加强统筹协调，切实促进和平利用科学技术及相关国际合作，共同维护普遍安全，共享发展成果。

当务之急是在联大框架下持续开展开放、包容、公正的对话，对和平利用及相关国际合作的现状进行充分评估。在肯定并维护现有国际条约、组织和机制，遵守相关国际义务的前提下，梳理国际社会面临的挑战，明确指导原则，采取切实行动，促进和平利用及相关国际合作。特别是要解决发展中国家长期以来的关切，通过对话协商凝聚共识，革除不合理的限制，以确保发展中国家充分享受和平利用科技的权利，更好地实现可持续发展目标，同时维护国际和平与安全。

二、促进和平利用及相关国际合作的重要性

经过几十年讨论与实践，国际社会达成一系列法律与政治文书，确立了关于和平利用的基本原则，即既要防范大规模杀伤性武器及其运载工具扩散，维护国际和平与安全，也要保障各国出于和平目的利用科技并开展国际合作的合法权利，以促进经济社会可持续发展。各国在享有和平利用权利的同时，也承担着促进和平利用及相关国际合作的责任和义务。上述原则在《不扩散核武器条约》《禁止生物武器公约》《禁止化学武器公约》等国际法律文书以及联大、联合国安理会和相关国际组织的决议和文件中反复得到确认。

纵观人类历史，科学技术始终是经济社会发展的关键动力。在全球化背景下，各国经济高度相互依存，全球产业链、供应链深度交融。在核能、生物、化工、航空、航天、信息通信等领域，科技发展和产业变革方兴未艾。促进相关领域科技的和平利用，加强国际交流与合作，推动科技成果普惠共享，对于实现可持续发展目标具有重要作用，也是各国履行防扩散等国际义务的重要保障。在新冠肺炎疫情背景下，发展中国家更加迫切需要共享科技发展成果，破解发展难题，弥合"科技鸿沟"与"发展鸿沟"。

三、对和平利用及相关国际合作现状的评估

（一）多年来，国际社会通过联合国、国际原子能机构、禁止化学武器组织等国际组织，以及相关地区组织和双边渠道，围绕和平利用科技开展国际合作，取得了显著进展。《不扩散核武器条约》《禁止生物武器公约》《禁止化学武器公约》历次审议大会成果文件对各国为促进和平利用及相关国际合作所作的政治承诺和务实努力均予以积极评价，并强调相关工作对实现上述国际法律文书的宗旨和目标具有重要意义。

随着时代发展，国际社会对和平利用重要性的共识日益凝聚，发展中国家对促进相关国际合作的愿望更加强烈、需求更加多样化，援助提供方的资金、人力等方面投入不断增加，国际合作的利益攸关方持续拓展。对一些重要问题，例如和平利用的范畴、和平利用与防扩散出口管制的关系、和平利用对实现可持续发展目标的作用、开展国际合作的渠道和方式、和平利用面临的现实挑战等，各方开展了有益的讨论和探索。

值得注意的是，在和平利用相关国际合作中，通过跨领域、跨机制协作整合资源、提高效率日益受到重视。例如，核技术广泛应用于卫生、粮农、环保等领域，对促进可持续发展、增进人类福祉发挥了重要作用。生物科技的和平利用对提升全球公共卫生水平具有重要意义，疫情背景下《禁止生物武器公约》框架下的国际合作与世卫组织、世界粮农组织、世界动物卫生组织等组织之间的联系更加紧密。

（二）另一方面，发展中国家不受歧视地参与和平利用国际合作正面临严峻挑战。这些挑战的根源在于，个别国家出于冷战思维和地缘政治目的，无视发展中国家和平利用的合法权利、无视自身促进和平利用的国际责任和义务，背离维护国际安全和防止大规模杀伤性武器扩散初衷，甚至将科技领域描绘成"民主对抗威权"的战场，给他国贴上"科技威权主义"标签，将科技问题政治化，对和平利用实施过度限制。突出表现在：

——以防扩散、国家安全、人权、价值观等为借口，肆意抹黑、打压其他国家政府和实体；

——变相扩大管制范围，滥用出口管制"全面控制"原则，无视合法、合理的最终用途，干扰、阻挠不受清单管控物项和技术的正常进出口；

——炮制各类歧视性出口管制黑名单，实施非法的单边制裁和长臂管辖；

——推动科技脱钩，过度限制甚至阻断对特定国家在人工智能、数字经济、半导体、核能、航空航天、生物医药等领域的正常科技转让；

——以管控"无形技术转让"等为借口，干扰甚至阻止正常的科技交流与合作项目。通过污名化、背景审查、拒发签证等方式，阻挠科研人员正常往来、学术交流、参加国际会议。限制正常留学项目；

——推动将现有防扩散出口管制多边机制改造成新的"巴黎统筹委员会"，拉拢盟友组建各类"小圈子"，企图将本国的单边政策措施多边化；

——阻挠发展中国家参与科技领域特别是新兴技术相关标准和规则制定。

这些错误做法不仅严重损害了发展中国家的合法权益，还从根本上动摇了促进和平利用国际合作的法律基础，加剧了发展中国家对和平利用权利无从保障的担忧，并阻碍了国际社会关于促进和平利用及相关国际合作的讨论。这些错误做法也严重打击了各国开展正常经贸往来及科技合作的信心。

个别国家的错误做法早已引发国际社会广泛关切。自1998年不结盟运动德班峰会以来，历次峰会成果文件均就和平利用受到的过度限制表达严重关切。在联合国及相关条约、组织框架下，发展中国家反复呼吁取消歧视性出口管制措施。对于个别国家在执行联合国安理会制裁决议时肆意加码，加剧有关国家和地区的人道主义危机，国际社会予以强烈谴责。在新冠肺炎疫情背景下，许多发展中国家指出在获取抗疫物资和药物、疫苗研发等技术时屡屡受阻，极大影响抗疫成效。

作为最大的发展中国家，中国也是个别国家错误做法的受害者。近年来，个别国家频频叫嚣对华"科技脱钩"，通过制定制裁和限制清单、修订出口管制规则等方式，企图掐断中国获取半导体、生物医药等领域技术、产品和设备的渠道。个别国家还对其他国家施加政治压力，极力干扰中国与其他国家的正常贸易往来和科技合作，阻挠有关国家企业对华高科技物项出口，甚至限制科技研究人员的正常交流。中方已反复表明了严正关切，并采取了必要的反制措施。

（三）现有防扩散出口管制机制，即核供应国集团、瓦森纳安排、导弹及其技术控制制度、澳大利亚集团，对实现防扩散目标具有重要作用，其最佳实践、管制清单得到包括中国在内许多国家重视和借鉴。中国将继续致力于推动核供应国集团健康、可持续发展，维护国际核不扩散体系的权威。中方也愿本着平等互利的精神，与瓦森纳安排、导弹及其技术控制制度、澳大利亚集团开展对话、发展关系。

上述机制的宗旨和目标都强调和平利用的重要性。例如，核供应国集团强调应确保核领域的国际贸易与合作不受损害，瓦森纳安排强调该机制不针对任何国家、不妨碍军民两用产品和技术的民用转让，导弹及其技术控制制度强调该机制无意阻碍各国的太空计划及相关国际合作，澳大利亚集团强调该机制无意阻碍生物和化工领域的贸易或国际合作。

但另一方面，上述现有机制的发展面临挑战。尽管相关机制都开展了外联活动，但包容性和透明度不足的问题并未根本解决。对某些物项和技术实施管制事关各国切身利益，发展中国家一直呼吁避免对正常的人员往来、科技交流、国际贸易实施过度限制。科技的发展要求对各领域出口管制标准和清单进行及时更新，既实施必要的管制，又避免影响科技成果转化和普惠共享。这些问题都应由出口方、进口方和使用方共同协商解决，而不能仅由相关机制的成员国自行决定。个别国家企图将现有机制改造为新的"巴黎统筹委员会"模式，进一步加剧了相关机制固有的问题，很可能将相关机制引入歧途，其他成员国应对此高度警惕。

四、促进和平利用及相关国际合作应遵循的基本原则

中方倡导各国本着"和平利用造福全人类"的精神，共同遵循并推广以下原则：

（一）践行真正的多边主义，秉持共商共建共享原则，切实保障各国共同享有和平利用科技的合法权利，共同促进和平利用及相关国际合作。

（二）发挥联合国作为最具普遍性的国际组织、全球治理核心平台的作用，以开放、包容、公正的方式开展经常性、综合性对话，促进和平利用及相关国际合作。

（三）发挥现有国际、区域和双边条约、组织、机制、安排等的作用，在各自授权范围内，促进和平利用及相关国际合作，与联大框架下的对话互为补充。

（四）统筹安全和发展，持续促进和平利用及相关国际合作，促进实现可持续发展目标，同时有效应对科技发展带来的安全挑战。

（五）平衡处理和平利用与防扩散出口管制的关系。实现防扩散目标不应建立在损害和平利用权利的基础上，维护和平利用的合法权利不妨碍各国履行防扩散国际义务、行使出口管制的国家主权。

（六）防扩散出口管制不应成为意识形态和地缘政治工具。各国应确保其政策、法律、实践不与促进和平利用及相关国际合作相抵触，取消过度及不合理限制。

（七）坚持目标导向、结果导向，通过实际行动履行义务、兑现承诺，加强跨领域、跨组织协作，在全球范围内整合资源、提高效率，持续促进和平利用及相关国际合作。

五、新形势下促进和平利用及相关国际合作的努力方向

（一）推进联大框架下的对话进程。在第 76 届联大"在国际安全领域促进

和平利用国际合作"决议（A/RES/76/234）基础上，探索以下方式：每年举行联大一委会议或联大一委与联大二委联席会议进行讨论；在联大全会每两年举行一次专题高级别会；在联大组建限定名额的政府专家组或开放式工作组；鼓励成员国每两年向秘书长提交报告，请秘书长在此基础上向联大提交报告等。

（二）发挥现有条约审议机制作用。通过 2022 年《不扩散核武器条约》十审会和《禁止生物武器公约》九审会以及 2023 年《禁止化学武器公约》五审会，对各自授权范围内的和平利用及相关国际合作进行全面审议，并作为后续审议进程的最优先事项。鼓励在上述审议大会成果文件中，制定关于促进和平利用及相关国际合作的行动计划，加强与联合国 2030 年可持续发展议程和相关技术促进机制的对接。完善上述条约的争端解决机制，通过对话协商解决分歧。

（三）完善现有防扩散出口管制多边机制。鼓励核供应国集团、瓦森纳安排、导弹及其技术控制制度、澳大利亚集团本着开放原则，吸收有兴趣且符合条件的国家加入。鼓励上述机制进一步提高透明度，通过参与上述联大对话进程及条约审议大会等方式，向国际社会介绍其实现自身宗旨和目标所做努力。尤其是通报其针对某些物项或技术加强管制的情况，阐述相关决定的合理性，并听取其他国家的意见和建议。

（四）探讨制定建立信任措施的可行性。基于自愿原则，以成员国向联合国秘书长提交的报告为载体，报告本国为促进和平利用及相关国际合作所采取的措施、进展和规划，本国参与和平利用相关国际合作的需求及面临的困难等。

（五）探讨建立全球性新机制的可行性。研究通过多边谈判，在联大框架下建立普遍、全面、非歧视性的机制。主要职责可包括：作为常设性对话和政策协调平台，共享并整合和平利用及相关国际合作与援助的资源和需求，建立并管理用于促进和平利用及相关国际合作的自愿性基金，讨论制定普适性的出口管制规则和清单等。

（六）推动更多利益攸关方参与。鼓励各国加大宣贯力度，使本国民众更加了解和平利用的重要性与合法性。鼓励企业界、科学界及相关非政府组织等参与对话合作。

中国根据联大"防止外空军备竞赛进一步切实措施"（76/230 号）决议提交的文件

（2022 年 5 月 3 日）

作为全球公域，外空与人类安全福祉息息相关，外空领域人类命运共同体特征尤为突出。人类外空开发利用 65 年的历史表明，外空在推动人类文明和经济社会发展方面的作用日益凸显，同时人类在外空领域面临的安全挑战和威胁不断增加，特别是外空武器化和军备竞赛风险日益上升，已成为和平利用外空面临的最根本威胁。

防止外空军备竞赛、确保外空用于和平目的是国际社会的普遍共识，也是当前外空安全面临的最优先、最紧迫的任务和目标。近年来，个别超级大国为谋取单方面军事和战略优势，企图控制外空的计划和行动不断增加。各国维护外空安全、和平利用外空的迫切需求与超级大国称霸外空之间的矛盾更加尖锐，进一步凸显现有外空相关国际法律文书在适应新挑战方面的不足。国际社会有必要尽快采取进一步切实行动，通过谈判防止外空军备竞赛国际法律文书，弥补现有国际法漏洞，为防止外空军备竞赛、确保外空和平利用提供最根本和最有效的保障。

一、关于当前外空安全形势

外空攸关人类安全福祉，各国在其中利益交融、休戚与共。近年来，越来越多的国家广泛深入地开展空间活动，一些商业机构也开始涉足空间发射和空间应用活动，外空利益攸关方不断增加，维护这一新疆域持久和平与安全的重要性日益凸显。

在安保层面，随着外空活动和参与主体大量增加，空间轨道拥挤、碰撞风险和空间碎片等问题给外空活动长期可持续带来挑战；在安全层面，个别国家谋求主导外空，对外空过度和不当军事利用，加剧外空武器化和战场化风险，影响外空安全和全球战略稳定。就重要性而言，两个层面的问题优先次序不一，解决路径有别，不能混为一谈，更不能本末倒置。如不能防止外空武器化和军备竞赛，外空安全与和平利用将无从谈起。

当前，外空武器化和军备竞赛风险问题更加现实而紧迫，主要体现在以下三个方面：

一是外空竞争对抗氛围加剧。个别超级大国在外空领域突出大国竞争，炒作他国外空威胁，挑动军事对抗，同时强调维护在外空领域的全球领导地位。上述霸权思想和冷战思维是当前外空武器化和军备竞赛风险上升的根本动因。

二是外空战场化势头上升。在个别超级大国推动下，一些国家和军事集团公开将外空界定为"作战疆域"，组建独立外空军事机构，持续加大外空军事投入，加速构建外空作战体系和军事同盟，全面推进外空作战准备。一些国家集团将外空界定为"行动疆域"并纳入"集体防御"适用范畴。上述围绕外空战场化扩军备战、构建军事同盟的做法，是当前外空武器化和军备竞赛风险上升的突出表现。

三是外空安全脆弱性凸显。个别超级大国最先在外空开展反卫星试验，是开展此类试验次数最多、造成空间碎片最多的国家，其持续发展全球反导系统及远程快速精确打击等武器，严重威胁外空安全和全球战略稳定。该国还频繁开展高低轨抵近侦察与交会技术试验，部署可干扰甚至中断对手卫星通信的升级版"反卫星系统"，利用"星链"等商业低轨巨型卫星星座抢占外空频轨资源，干扰别国正常外空活动，威胁外空资产和航天员安全，增加了在外空发生冲突的风险。

二、关于防止外空军备竞赛现有保障措施及国际努力

人类利用外空伊始，国际社会就已未雨绸缪，致力于防止外空像陆地、海洋、天空等成为新的战场。早在1958年，联大即通过"和平利用外空问题"决议，明确表达了避免将"国家间敌对状态"延伸至外空的愿望。1978年第

一届裁军特别联大，明确要求通过谈判实现防止外空军备竞赛的目的。数十年来，国际社会为落实上述共识作出了不懈努力。

法律方面，20世纪60至70年代，国际社会制定了《外空条约》等一系列国际法律文书，确立了和平利用外空等基本原则，并包括了防止外空军备竞赛的要素。如：1963年《部分禁止核试验条约》禁止在外空开展核试验、核爆炸；1967年《外空条约》要求缔约国不在外空放置核武器或其他大规模杀伤性武器。

上述规定有助于防止大规模杀伤性武器进入外空或开展其他军事活动，在确保外空和平性质方面发挥了重要作用。但这些条约未禁止非大规模杀伤性武器进入外空，也不能防止对外空物体使用或威胁使用武力，在防止外空武器化方面存在明显漏洞，已不能满足当前及今后维护外空安全的现实和长远需要。

有鉴于此，自1981年以来，联大每年以压倒性多数通过决议，要求裁谈会谈判新的防止外空军备竞赛国际法律文书，以弥补现有相关外空法律文书的不足，并从根本上解决当前的外空军备竞赛风险和武器化威胁。为此，中国与俄罗斯于2008年向裁谈会提交了"防止在外空放置武器、对外空物体使用或威胁使用武力条约"（PPWT）草案，并于2014年提交更新案文，为未来外空军控条约谈判提供了良好基础。在中俄共同推动下，联合国2018年成立"防止外空军备竞赛"政府专家组，就制定相关国际法律文书要素开展了深入、实质性讨论。

然而，个别超级大国不愿自身外空军力发展受到任何实质约束，长期消极抵制外空军控进程，以技术性问题全面否定中俄外空条约草案，甚至独家阻挡联合国防止外空军备竞赛政府专家组通过报告，导致国际社会相关努力停滞不前。

透明与建立信任措施方面，作为促进防止外空军备竞赛工作的重要举措，国际社会在透明与建立信任措施方面取得了一定进展。2013年，联大外空透明与建立信任措施政府专家组通过报告，提出外空政策透明、活动通报及航天设施互访等一系列自愿性措施。2019年，联合国外空委通过《外空活动长期可持续准则》，作出了关于联络点、空间交会评估、空间碎片、空间物体登记等方面的具体规定。

上述透明与建立信任措施对于防止外空军备竞赛具有一定积极作用，但有关措施基于自愿执行的原则，不具法律强制约束力，无法有效地界定外空军事行为的法律边界，无法从根本上约束部分国家外空军事活动，无法及时有效应对外空武器化和军备竞赛威胁。因此，透明与建立信任措施仅可作为外空国际法律文书的补充，不能替代防止外空军备竞赛法律文书谈判。

三、国际社会可采取的进一步保障措施

在当前外空安全形势下，国际社会有必要加强形势评估研判，找准问题根源，加强国际合作，坚持综合施策，从根本上为防止外空军备竞赛、维护外空和平利用提供切实保障。中方认为，国际社会可进一步采取以下举措：

一是树立共同、综合、合作、可持续的全球安全观。各国应秉持构建人类命运共同体的理念，将外空打造成国际合作共赢的新疆域，而非竞争对抗的新战场。拥有最强空间能力的国家，要真正负起特殊责任，摒弃在外空追求绝对优势、绝对自由、绝对安全的单边思维，改变将个别国家或集团的安全凌驾于他国安全之上的安全战略。

二是坚持推进谈判外空军控国际法律文书。积极支持裁谈会立即开展相关工作，在正式启动谈判前可考虑成立技术专家组，深入讨论未来外空军控法律文书定义、范围、核查等技术性问题；再次成立防止外空军备竞赛政府专家组，充分利用目前共识及成果，进一步细化和完善，为谈判外空军控法律文书做好充分准备；围绕中俄外空军控条约草案开展讨论，结合新形势和新发展研提建设性意见，为未来条约文本奠定基础。

三是采取适当透明与建立信任措施作为补充。各国应在坚持谈判外空军控国际法律文书作为根本目标的前提下，加强沟通对话，不断弥合分歧、扩大共识，寻求适当、可行的透明和建立信任措施。各国应采取切实措施，避免采取以意识形态划线、泛化国家安全概念的做法，消除人为制造的科技壁垒。

四是规范商业航天参与外空军事活动。一些商业航天部门大量参与军事航天活动，客观上加速外空军备扩张，模糊军事活动和民事活动的边界。各国应严格遵守《外空条约》规定，强化国家监管责任，对本国商业航天活动加强监督管理，避免发生意外和非常规行为，加剧外空对抗冲突，同时约束本国商业航天部门合理使用外空频率和轨位资源，避免损害发展中国家和平利用外空的权利。

中国要求秘书长先生在根据 2021 年 12 月 24 日通过的联大 76/230 号决议执行段第 7 段起草实质性报告时，考虑中方立场，并将本文件作为报告附件。

李松大使在联合国
"负责任外空行为"开放式工作组会议上的发言

（2022 年 5 月 10 日）

主席先生：

中国代表团祝贺你就任开放式工作组主席。我们将同各国代表团一道，积极支持你的工作。我们高兴地看到，在你的专业领导下，各方本着平等和相互尊重的精神，围绕各项议题展开认真和实质性讨论。我愿在此特别感谢你所邀请的外空领域资深同行和各国专家，为工作组讨论作出的精彩贡献。我们期待工作组根据联大决议授权，就"负责任外空行为"所涉及的准则、规则和原则等问题全面、深入交换意见，在集思广益基础上凝聚共识，致力于实现防止外空军备竞赛目标，切实维护外空安全。

主席先生，

作为全球公域，外空与人类安全福祉息息相关，外空领域人类命运共同体特征尤为突出。随着外空开发利用和科技进步，外空在推动人类文明和经济社会发展方面的贡献越来越大，惠及世界各国。同时，外空安全挑战和威胁与日俱增。防止外空军备竞赛，是确保外空和平、安宁、可持续利用的重要前提。

从历史和现实角度看，外空军备竞赛的根源在于，超级大国企图称霸外空。这是长期悬于外空的"达摩克利斯之剑"。冷战虽已结束 30 年，但个别国家固守冷战思维，单方面谋取外空战略优势并没有停止，控制外空的计划和行动不断增加。有关国家推进"主导外空"战略，将外空界定为"作战疆域"，组建外空军和外空司令部并将商业航天融入外空作战体系，频频开展外空武器试验和军事演习，构建外空军事同盟，全面推动外空作战准备。一些空间大国成立外空军事机构，加快外空军力建设。个别军事政治集团将外空界定为"行动疆域"，并将其纳入"集体防御"条款适用范畴。上述举动是外空武器化和军备竞赛风险上升的最突出表现，给全球战略稳定带来严重消极影响，对外空和平与安全构成持久威胁。

主席先生，

人类利用外空伊始，国际社会就未雨绸缪，致力于防止外空成为新的战场。1958年，联大通过"和平利用外空决议"，申明避免将"国家间敌对状态"延至外空的愿望。1978年第一届裁军特别联大明确提出通过谈判实现防止外空军备竞赛的目标。1981年以来，联大每年以压倒性多数通过决议，要求裁谈会谈判防止外空军备竞赛国际法律文书，这项决议去年获得协商一致通过。近两年来支持在联大"防止外空军备竞赛"议题项下的"负责任外空行为"决议的国家，绝大多数长期支持"防止外空军备竞赛"传统决议。这充分表明，国际社会主流意见是坚持谈判缔结外空军控条约总目标，在此基础上探讨"负责任外空行为"才是有意义的，后者不能迟滞甚至取代外空条约谈判。

坦率地讲，从近年联大有关讨论，通过决议过程，以及各方向联合国秘书长提交的意见看，围绕"负责任外空行为"所涉各方面问题存在许多不同立场、关切、意见和主张。这就更需要本工作组坚持真正多边主义，对所有各方提出的意见主张采取一视同仁、充分尊重的态度，直面分歧、深入沟通，避免政治化、歧视性和排他性。协商一致是工作组成果最终得到联合国成员国普遍支持和采纳的重要保证。

中方认为，"负责任外空行为"国际讨论应遵循以下原则：

一是维护共同和普遍的外空安全。拥有最大空间能力的国家，在此方面负有特殊责任。最为首要的"负责任外空行为"，是超级大国承诺不称霸外空，不寻求"主导外空"。任何国家都不应将本国安全建立在他国不安全的基础之上，不在外空搞"大国竞争"、集团政治和阵营对抗。各国应秉持构建人类命运共同体理念，树立共同、综合、合作、可持续的全球安全观，共担维护外空安全责任，通过合作应对外空安全各方面威胁。

二是坚持防止外空军备竞赛的根本目标，加强谈判缔结外空军控条约的国际努力。各国积极支持裁谈会就此开展实质性工作，本身就是最重要的"负责任外空行为"。今年伊始，中国作为裁谈会轮值主席，推动达成全面平衡、简明扼要的工作计划，为各方围绕包括防止外空军备竞赛在内的重要议题开展实质性工作搭建了新平台。

2008 年以来，中俄共同向裁谈会提交并予以更新的外空条约（PPWT）草案，是当前防止外空军备竞赛国际法律文书领域唯一的正式建议。PPWT 草案明确禁止在外空放置武器、禁止对外空物体使用或威胁使用武力等外空行为或行动，这两条基本义务充分考虑外空技术的两用性和外空武器的复杂性，采取结果导向，聚焦对外空和平与安全最具威胁的行动，为防止外空武器化和军备竞赛找到一条有效可行的国际法出路。是否支持 PPWT 谈判，是衡量一个国家外空行为是否"负责任"的"试金石"。

中方注意到，美国最近宣布不再进行"破坏性直升式反卫星导弹试验"。我们欢迎一切真正有利于实现防止外空军备竞赛目标的军控倡议，但反对任何假借军控之名扩大单边军事优势的做法。美方倡议并未提及此类武器的研发、生产、部署、使用，更未提及其他威胁或破坏卫星正常运行的活动，完全不足以解决外空领域面临的各方面问题。中俄 PPWT 草案的内涵和外延比上述倡议广泛得多，为外空安全提出了简明有效的解决方案，包括"直升式反卫导弹试验"问题。我们呼吁有关国家停止以各种理由阻挠外空军控条约谈判，以负责任态度加入谈判进程中来。

三是平衡处理外空安全与和平利用的关系。必须尊重并确保各国平等享有和平利用外空权利，特别是关注发展中国家和新兴航天国家利益，促进各国出于和平目的的国际交流、技术援助与合作，提升外空科技发展红利的普惠性，推动和平利用外空事业更好促进各国经济发展和社会进步。应摒弃意识形态偏见、双重标准和单边制裁等做法，消除政治隔阂和技术壁垒，避免滥用"安全威胁"等借口，妨碍他国和平利用外空活动。

我还想借此机会谈及商业航天参与外空军事活动问题。一些国家的商业航天部门大量参与军事航天活动，客观上加速外空军备扩张，模糊军事活动和民事活动的边界。昨天上午，美国乔治敦大学大卫·A.克普劳（David A. Koplow）先生在发言中提及《外空条约》第6条规定。中方主张，各国应严格遵守《外空条约》义务，强化国家监管责任，对本国商业航天活动加强监督管理，避免发生意外和非常规行为，加剧外空对抗冲突；同时，约束本国商业航天部门合理使用外空频率和轨位资源，避免损害发展中国家和平利用外空的权利。

四是坚持多边主义和综合协调应对。支持联合国在外空国际治理中发挥主平台作用，确保外空国际规则制定进程的广泛参与性、公正性、全面性和包容性，最大限度凝聚国际共识，避免将少数国家意志强加于人。联合国框架内各相关机构工作各有分工和侧重，应加强协调合作，避免过度交叉重叠。

中国代表团向本次会议提交了2份工作文件，更加全面、详细地介绍了中方有关看法和主张，欢迎各方在秘书处网站上查阅。我和我的团队愿以积极、建设性和负责任态度参加本工作组的工作，围绕有关议题进一步提出中方主张，并认真听取和研究各方意见、建议，与大家一道积极探寻应对外空安全威胁的根本和有效途径，为维护外空持久和平与安全作出应有贡献。

张军大使在第 1540 号决议全面审议公开会上的发言

（2022 年 5 月 31 日）

主席先生：

中国代表团感谢你召开此次会议。

大规模杀伤性武器及其运载工具的扩散事关国际和平、安全与稳定。2004 年通过的第 1540 号决议，是安理会首个专门的防扩散决议，也是国际防扩散努力的重要支柱。在国际社会不懈努力下，国际防扩散共识不断深化，防扩散体系日趋完善，防扩散国际合作稳步推进，应对非国家行为体扩散活动的国际努力有效增强。

也要看到，国际安全形势正经历复杂深刻变化，扩散风险和挑战依然存在。朝核、伊核等防扩散热点问题延宕难决，半岛和中东地区局势紧张升级加剧扩散风险。科技进步导致非国家行为体，特别是恐怖分子获取大规模杀伤性武器的风险更加多元。单边主义和双重标准在防扩散领域进一步抬头，国际防扩散体系不公平、不合理的一面更加突出，广大发展中国家和平利用科技仍然受到诸多限制。

主席先生，

新形势下，着眼第 1540 号决议全面审议及推进国际防扩散进程，中方愿提出以下主张：

第一，坚持真正的多边主义。防扩散问题是全球性挑战，解决防扩散问题离不开多边合作，离不开联合国引领。各方应秉持共同、综合、合作、可持续的安全观，重视彼此合理安全关切，消除扩散动因，致力于实现普遍安全、共同安全。要遵循联合国宪章宗旨和原则，强化以联合国为核心的集体安全机制，维护安理会权威，坚持通过对话协商以和平方式解决防扩散热点问题。一味依赖制裁无助于解决防扩散问题，只会导致冲突升级和风险外溢。单边制裁和所谓的"长臂管辖"损害他国合法权益，不得人心，应予摒弃。

第二，巩固国际防扩散体系。《不扩散核武器条约》是国际核裁军与核不扩散体系的基石，是战后国际安全体系的重要组成部分。各国不能对其"合则用、不合则弃"，不能采取双重标准和选择性做法，应坚决抵制条约被侵蚀、掏空。有关国家不顾国际社会反对开展核潜艇合作，执意将武器级核材料引入亚太地区，明显违反条约目的和宗旨，造成严重核扩散风险。这种不负责任的行径值得密切关注。同时，各国应进一步增强《不扩散核武器条约》《禁止生物武器公约》《禁止化学武器公约》的普遍性，并以各项条约审议大会等为契机，确保其得到全面、有效、平衡执行。

第三，保障各国和平利用权利。为了和平目的利用科技并开展国际合作，是国际法赋予各国不可剥夺的权利。多年来，一些国家凭借自身主导的防扩散多国机制"小圈子"，对发展中国家实施歧视性出口管制措施，大搞双重标准。个别国家还以防扩散或国家安全为借口，对科技交流合作滥施限制，推动脱钩断链，严重侵蚀防扩散国际合作的基础。第76届联大通过中国和其他26个国家一道提出的和平利用国际合作决议，要求取消对发展中国家和平利用的限制。中方欢迎在联大持续开展包容对话，确保和平利用权利得到尊重和保护，不合理限制得以革除，更好实现各国的普遍安全与发展。

第四，深入推进全面审议进程。中方支持委员会制定合理工作计划，继续实质性推进决议全面审议工作，对各国执行决议情况进行客观评估，重视新兴科技带来的扩散挑战，就应对防扩散风险挑战提出切实可行的建议，进一步推进防扩散领域国际合作，提高援助活动成效，促进决议全面有效执行。在此过程中，应坚持会员国在防扩散工作中的主导地位，统筹考虑各国国际义务与实际国情，支持发展中国家加强防扩散能力建设，保证各国特别是发展中国家的参与度和发言权。

主席先生，

中方坚决反对大规模杀伤性武器及其运载工具的扩散，一贯严格履行防扩散国际义务，不断完善防扩散出口管制机制和能力建设，以实际行动为加强国家、地区和国际层面的防扩散努力作出贡献。

在国内立法层面，中方已基本形成以《出口管制法》为统领的出口管制法律体系。《出口管制法》明确规定通过实施出口管制，防止相关物项、技术和服务被用于大规模杀伤性武器及其运载工具，或被用于恐怖主义目的。

在机制建设层面，中方逐步建立健全跨部门出口管制工作机制，对两用物项、军品、核出口进行归口管理，实现对生产、研发、出口、融资等各个环节的防扩散监管，并持续推进出口管制体系现代化。

在决议执行层面，中方积极参与委员会及其专家小组工作，努力推动决议执行。中方多次提交执行决议情况的国家报告，并于2014年接受了执行决议国家访问。中方三次同委员会合办亚太地区国家联络点培训班，加强地区国家决议执行能力建设，愿继续为此发挥作用。

在国际合作层面，中方积极参与《不扩散核武器条约》《禁止生物武器公约》《禁止化学武器公约》以及国际原子能机构等国际组织框架下的审议及国际合作，贡献中国方案与中国智慧。

中方将继续与各方一道，促进第1540号决议的有效执行，推进决议全面审议，为加强防扩散全球治理作出积极贡献。

谢谢主席先生。

中国代表团在联合国
外空委第 65 届会议上的一般性发言

(2022 年 6 月 3 日)

主席先生,

祝贺您当选联合国外空委第 65 届会议主席,相信在您的领导下,本届会议将取得圆满成功。主席先生和海德曼（Niklas Hedman）先生带领的秘书处克服新冠肺炎疫情影响召开本届会议,中方对此表示赞赏。中方支持摩洛哥代表"77 国集团加中国"所做发言。

主席先生,

当前,新型空间活动不断涌现,空间活动主体日益多元。面对外空技术快速发展传播带来的机遇和挑战,加强外空治理,维护以国际法为基础的外空国际秩序势在必行。各方应继续支持外空委发挥主平台作用,促进和平利用外空全球治理和国际合作,避免这种作用遭到侵蚀;维护并践行真正的多边主义,确保发展中国家和新兴航天国家在规则制定中全过程参与权、发言权。中方乐见外空委持续扩员和提升影响力,支持危地马拉、乌兹别克斯坦成为外空委成员国。中方期待与各方一道,依据国际法加强外空全球治理,为世界各国人民共享航天技术发展成果作出贡献。

中方欢迎第 59 届科技小组委员会和第 61 届法律小组委员会的报告,乐见两小组委员会下设外空活动长期可持续性（LTS）工作组和空间资源工作组高效推进,赞赏工作组在主席团领导下完成建章立制工作,期待两工作组在后续实质讨论中坚持外空条约及其奠定的外空法基本原则,促进有关空间活动以合法、有序且有利于各国共同利益的方式开展。中方注意到众多成员国及一些国际组织关注低轨巨型卫星星座带来的挑战，支持外空委对此开展更有针对性的讨论，以确保星座活动符合对轨道和频率的可持续利用，维护外空的可进入性（accessibility）。

"空间2030"议程业经2021年第76届联大审议通过，中方期待同各方一道，进一步发挥空间技术的经济和社会价值，将议程所反映的各方在和平探索外空、为全人类谋福利方面的共同利益落到实处。

主席先生，

过去一年，中方始终秉持人类命运共同体愿景，持续推进和平利用外空领域国际合作。今年3月，中国国家航天局同巴西航天局就中巴地球资源卫星后续星达成共识；4月，中国国家航天局发布《国家民用卫星遥感数据国际合作管理暂行办法》，促进卫星遥感数据的国际应用与开放共享。中俄共同发起的国际月球科研站项目持续推进，欢迎感兴趣的国家、国际组织和国际合作伙伴共同参与相关合作。

自去年10月至今年4月，中国空间站神舟十三号乘组共在轨飞行183天，创造了中国航天员连续在轨飞行时间的最长纪录。中国空间站开放国际合作，与外空司共同遴选出首批空间科学国际合作实验项目，并已签署合作协议和任务规划，正在按计划推进实施工作，中方还将适时发布第二轮合作机会。

去年12月，中国卫星导航系统管理办公室与南非国家航天局签署《中国卫星导航系统管理办公室与南非国家航天局关于卫星导航用于和平目的的合作谅解备忘录》，与阿拉伯信息通信技术组织签订《中国—阿拉伯国家卫星导航领域合作行动计划（2022—2023年）》，继续加强与发展中国家在卫星导航领域的合作。

中方重视运用空间技术应对气候变化、自然灾害等共同挑战。今年5月，金砖国家航天合作联委会成立，将引导五国航天机构在环境保护、应对气候变化等领域开展更高水平合作。2019年6月，中国国家航天局与全球23个航天机构与组织共同签订《空间气候观测平台（SCO）联合声明》，共建SCO平台。中国的8颗卫星和3个卫星星座加入空间与重大灾害国际宪章（CHARTER）机制，于 2021 年向近 40 个国家的 87 次自然灾害提供千余景卫星数据，支持各国防灾减灾。中国还持续支持联合国灾害管理与应急反应天基信息平台（UN-SPIDER）项目，为 UN-SPIDER 北京办公室提供资金和技术保障。

外空安全（security）挑战和威胁与日俱增，防止外空军备竞赛，是确保外空和平、安宁、可持续利用的重要前提。要注意的是，夸大甚至滥用"安全威胁"，可能为发展中国家和平利用外空设置过高门槛。中方呼吁各方平衡处理外空安全与和平利用的关系，尊重并确保各国平等享有和平利用外空的权利，特别是关注发展中国家和新兴航天国家利益。

谢谢主席先生。

李森公参在国际原子能机构
六月理事会关于 2021 年年度报告的发言

（2022 年 6 月 6 日）

尊敬的主席先生：

中国代表团认真研读了载于 GOV/2022/8 号文件的机构《2021 年年度报告》，感谢秘书处就本报告所做的吹风，赞成尊敬的摩洛哥大使代表"77 国集团"和中国就本议题所做的发言。

主席先生，

过去一年，机构在总干事格罗西带领下，通过推动"人畜共患病综合行动计划""核技术应用实验室二期改造项目"，启动"核技术用于控制塑料污染"倡议等，继续帮助成员国应对新冠肺炎疫情挑战，大力协助成员国核能绿色发展、推动核技术在粮食和农业、人体健康、水资源管理、环境保护、同位素生产等方面广泛应用，助力成员国可持续发展目标的实现，成效显著。与此同时，机构克服疫情困难，继续促进核安全安保领域国际合作，帮助成员国加强能力建设，持续开展保障核查工作，为促进世界和平与发展作出了重要贡献。中方对总干事及秘书处一年来所做积极努力及取得的成绩表示赞赏。

主席先生，

中国政府高度重视核能在促进绿色低碳发展、实现碳达峰碳中和目标所发挥的重要作用。2022 年 3 月中国政府发布的《"十四五"现代能源体系》提出，在确保安全的前提下，积极有序推动核电项目建设；开展核能综合利用示范，积极推动高温气冷堆、快堆、模块化小型堆、海上浮动堆等先进堆型示范工程，推动核能在清洁供暖、工业供热、海水淡化等领域的综合利用。

目前，中国核电在运机组 54 台，在建机组 18 台。2022 年 4 月，国务院再次核准 6 台核电机组建设。中国自主知识产权的"华龙一号"国内外 4 个机组均已建成投运，"国和一号"大型压水堆投入建设；高温气冷堆示范工程成功实现并网发电。山东海阳、浙江秦山核电供暖项目安全稳定运行；现役核电机组热电联供和小型堆核能综合利用示范取得积极进展。中国已具备完整、高效的核电全产业链供应能力。

2021 年，中国的全超导托克马克核聚变实验装置（EAST）实现可重复的 1.2 亿摄氏度燃烧 101 秒，创造新的世界纪录；中国首座高放废液玻璃固化设施正式投运，中国北山高放废物地下实验室开工建设，并与机构合作成立协作中心，未来将为国际高放废物地质处置提供实验和合作交流平台。

主席先生，

近年来，中国的核技术应用产业迅速发展，核技术广泛应用于粮食和农业、植物诱变育种、蚊虫媒疾病防控、癌症诊疗、环境保护、水资源管理等各个领域，经济和社会效益显著。2021 年 6 月，中国国家原子能机构等部门联合发布《医用同位素中长期发展规划（2021—2035 年）》，为加快建立稳定自主的医用同位素供应保障体系提供政策支持。

2021 年 9 月，机构与联合国粮农组织联合向中国科学家团队授予了"卓越成就奖""杰出女性奖"和"青年科学家奖"，以表彰中国科技工作者在核技术诱变育种方面作出的突出贡献。中国与机构不断加强核技术应用领域的合作，近年来相继成立了核农学协作中心、核技术昆虫不育协作中心、医用同位素和放射源协作中心等，正在探讨成立核技术处理工业、医疗废水协作中心，并通过参与机构协调研究项目与广大发展中成员国分享技术和经验。

主席先生，

当前全球新冠肺炎疫情仍在肆虐，时代之变和世纪疫情相互叠加对全球发展进程造成严重冲击，如期实现联合国 2030 可持续发展目标面临更大挑战。2021 年 9 月，习近平主席在联合国大会上提出了"全球发展倡议"，呼吁实现更加绿色、更为强劲的发展。中国是全球发展的倡导者，更是发展合作的行动派。中国将进一步深入参与机构框架下国际合作，加强与各成员国特别是广大发展中国家在中小型反应堆开发部署、核技术广泛应用、核科普与公众沟通等各领域合作，积极开展"小而美、惠民生"的合作项目，为推动共同发展，实现联合国 2030 可持续发展目标作出不懈努力。

在发表上述评论后，中国代表团注意到载于 GOV/2022/8 号文件的《2021 年年度报告》。

谢谢主席先生。

中国代表团在国际原子能机构
六月理事会上关于 2021 年技术合作报告的发言

(2022 年 6 月 7 日)

尊敬的主席先生：

中国代表团认真研读了载于 GOV/2022/19 号文件的机构《2021 技术合作报告》，感谢秘书处就本报告所做的吹风，赞成尊敬的摩洛哥大使代表"77 国集团"和中国就本议题所做的发言。

主席先生，

2021 年，机构秘书处特别是技术合作司在刘华副总干事带领下，继续克服新冠肺炎疫情不利因素，不断加强与成员国沟通并采取各种措施，推动技术合作项目的有效实施，项目执行率达到 84.1%，保持较高水平，中方对此表示赞赏。中方同时注意到，因受疫情影响，机构技合项目中用于成员国科访、进修、技术交流等方面的资源与往年相比有所下降，设备采购的比例有所增加，长此以往会对机构技合活动产生不良影响，希望秘书处高度重视，认真研究应对措施，不断提高技术合作项目管理水平，进一步提升技术合作项目执行效率和效果，为成员国促进社会经济发展、实现可持续发展目标作出积极贡献。

主席先生，

技术合作是机构帮助成员国推动核能发展、核技术应用，进而促进其经济社会发展、实现联合国可持续发展目标的重要手段和平台。技术合作资金是机构开展技合活动的主要资源保障，应确保其充足、有保障、可预见。中方高兴地注意到，机构 2021 年的技合资金捐款到达率达 95.2%，创下 10 年来历史第二高点，充分显示了成员国对机构技术合作活动的高度重视。

中方也注意到，随着成员国特别是广大发展中国家日益增长的需求，大量的无资金来源的"脚注 A"项目在不断增加，且这种趋势未能得到有效改变。中方对此表示关切，呼吁所有成员国切实履行对技合活动的政治承诺，及时足额缴纳技合资金捐款和国家参项费，确保机构技合活动资金充足、有保障、可预见。同时，希望秘书处加强寻求和建立伙伴关系，不断拓宽包括实物捐助在内的融资渠道，妥善解决机构技术合作资源不足问题，并保持机构促进性活动和非促进性活动之间适当平衡。

主席先生，

中国政府一贯高度重视机构技术合作，是技合活动的坚定支持、积极参与和重要贡献者。2021 年，中国向机构技合资金缴纳的分摊额超过 1000 万欧元，占比达 11.6%，位居成员国第二位。此外，机构技合司亚太处与清华大学核工程和管理国际硕士项目（TUNEM）建立了合作关系，今后将接受更多来自发展中国家的学员通过技术合作渠道来华攻读核工程管理硕士学位。中国政府原子能奖学金自 2017 年设立以来，已经为来自亚洲、非洲、美洲地区近 30 个国家培养了近 200 名硕士和博士，其中通过机构技术合作渠道共推荐了近 40 名学员，为相关国家核工程领域人才培养作出了积极贡献。

中方将一如既往，坚定支持和积极参与机构的技术合作活动，通过中国政府原子能奖学金以及与机构合作成立的协作中心等资源平台，与各成员国分享核能发展、核安全与安保、核技术在农业、工业、健康、环境等领域应用经验，共同为推动实现 2030 可持续发展目标作出不懈努力。

在发表上述评论后，中国代表团注意到载于 G0V/2022/19 号文件的机构《2021 技术合作报告》。

谢谢主席先生。

中国代表团在国际原子能机构
六月理事会关于中期战略（2024—2029）的发言

（2022 年 6 月 7 日）

尊敬的主席先生：

中国代表团赞成尊敬的摩洛哥大使代表"77 国集团"和中国就本议题所做的发言。

中方对秘书处认真准备机构《2024—2029 中期战略》草案表示感谢，赞赏尊敬的哥伦比亚大使布兰科（Miguel Lamilo Ruiz Blanco）先生作为工作组主席，主持该中期战略讨论所做积极努力，将继续支持大使先生的工作，以建设性姿态参与相关讨论。

主席先生，

当前百年变局同世纪疫情叠加共振，全球经济复苏受挫，落实联合国 2030 可持续发展目标面临前所未有的挑战。《2024—2029 中期战略》将为机构未来发展及重点领域工作指明方向，是机构后续三个两年期计划与预算制订的指导性文件，编制好该中期战略具有重大意义，中方对此高度重视，愿表达如下原则立场：

一是要进一步强化核科学技术在促进各国社会经济发展中的作用，处理好发展与安全之间的关系。应高度重视成员国特别是广大发展中国家的现实需求，着重发挥核能和核技术应用在促进成员国应对气候变化，实现可持续发展目标方面的重要作用，推动实现更加强劲、绿色、健康的全球发展。

二是要保持机构促进类与非促进类活动的适当平衡，在资金和资源分配上应向核能发展、核技术应用、技术合作方向适度倾斜。

三是要高度重视并积极发挥技术合作作为机构向成员国转让和推广核科学技术重要平台作用，积极构建新型伙伴关系，不断拓展资源渠道，确保技术合作资金的充足、有保障和可预测。同时，注重以成员国实际需求为牵引，以结果为导向，不断提升技术合作项目的效率和效果，助力成员国能力建设和人才培养，让发展中国家真正受益。

谢谢主席先生。

岳萍参赞在国际原子能机构
三月理事会上关于叙利亚核问题的发言

（2022 年 6 月 14 日）

主席先生，

中方注意到，机构近年来发布的报告均表示未能就该问题获得新信息，相关工作一直无实质性进展。在此情况下，中方认为理事会继续将该问题单列为议题进行讨论不具实际意义。为此，中方支持有关国家提议，不再将该问题列为理事会会议议题。同时，中方鼓励叙方认真履行保障监督协定义务，继续与机构加强合作。

谢谢主席先生。

中国代表团团长谈践大使出席
禁化武组织第 100 届执理会一般性辩论发言

(2022 年 7 月 6 日)

主席先生，

首先，请允许我代表中国代表团祝贺你当选执理会主席。中方相信你将充分利用外交经验和技巧，改善执理会工作和氛围，维护协商一致传统，推动本届执理会顺利进行。中国代表团将积极支持你的工作。

中方赞同阿塞拜疆菲克拉特·阿洪多夫阁下代表不结盟运动和中国所作的发言。下面，请允许我进一步阐述中方立场。

当前，世界之变、时代之变、历史之变正以前所未有的方式展开，国际社会面临严肃挑战。在此背景下，习近平主席在博鳌亚洲论坛 2022 年年会开幕式发表主旨演讲，首次提出了全球安全倡议，呼吁坚持共同、综合、合作、可持续的安全观，共同维护世界和平与安全；坚定捍卫以联合国为核心的国际体系和以国际法为基础的国际秩序，坚持真正的多边主义；重视各国合理安全关切，坚持通过对话协商解决分歧和争端。上述倡议同样适用于禁化武组织。今年是《禁止化学武器公约》（以下简称"公约"）生效和禁化武组织成立 25 周年，明年将迎来公约第五次审议大会。各方应以此为契机，加强团结合作，恢复协商一致传统，全面审议公约执行情况，为禁化武组织未来发展制定有效战略规划，共同维护公约权威性和有效性。中方有以下几点主张：

一是坚持不懈推进化武销毁进程。全面、彻底销毁化武是公约的核心目标，关乎"无化武世界"的实现。中方注意到近年来库存化武销毁所取得的进展，敦促唯一库存化武拥有国尽快完成销毁。日遗化武处理进程严重滞后于计划。中方对日方未能在公约和执理会决定规定的时限内完成销毁深表关切，强烈要求日方加大投入，全面加快销毁进程，并尽快解决污染土壤问题。中方将一如既往地提供必要帮助。

二是坚决维护公约权威性和有效性。公约是处理化武相关问题的根本遵循，必须毫不动摇加以维护。各国利益和关切只能以制度和规则加以协调，不能谁拉到的票多就听谁的。在指称使用化武或威胁使用化武问题上，中方认为"应对使用化武威胁决定"以及"调查鉴定组"的成立超出公约授权，严重侵蚀公约权威，破坏缔约国团结。中方呼吁有关各方按照公约规定，通过协商和对话处理分歧，避免无端指责甚至火上浇油。

三是加大力度推进国际合作。国际合作是公约的重要支柱，也是禁化武组织未来工作的重点方向。要统筹安全与发展，切实促进国际合作，确保缔约国充分享受和平利用的合法权利。中方高度重视国际合作，一贯支持技秘处开展各类国际合作活动。中方赞赏技秘处克服疫情困难，创新工作方法，充分利用在线资源开展国际合作。鼓励技秘处总结经验做法，不断丰富国际合作工具箱。中方注意到技秘处最近关于化学和技术中心建设进展的通报。我们鼓励各方以中心落成为契机，加大国际合作投入，加强缔约国能力建设。

四是为公约及组织未来发展制定规划。公约五审会筹备工作已经启动。中方呼吁各方发挥建设性作用，从维护公约权威性和有效性、推动实现"无化武世界"目标出发，共同回顾过去，展望未来，凝聚共识，改进工作，为禁化武组织未来发展制定切实有效的战略规划，为维护国际和平与安全贡献积极力量。中方期待主席团积极履行职责，在各地区缔约国间充当桥梁，致力于推动协商一致，最终促进五审会取得积极成果。

主席先生，

中方高度重视公约履约。中方克服疫情影响，按时提交国家宣布，依法加强附表化学品进出口管理。中方注意到总干事发言称，因中方旅行限制将导致今年工业视察计划无法完成。我想强调，多年来，中方一直是接受核查最多的国家。今年以来中方与技秘处密切沟通，积极协调国内相关部门，推动恢复赴华工业视察。总干事将问题归咎于中方，与事实不符，中方无法理解和接受。中方将继续履行公约义务，接待工业视察。同时，我们也要求技秘处尊重中方疫情防控政策，与中方相向而行，推进工业视察顺利进行。

中国代表团要求将此发言作为会议正式文件散发，并刊载于禁化武组织公众网和内网。

谢谢主席先生。

外交部网络事务协调员王磊接受中央电视台记者专访

（2022 年 9 月 6 日）

2022 年 9 月 6 日，外交部网络事务协调员王磊就美政府对西北工业大学等中国信息网络目标实施网络攻击和窃密活动相关报告接受中央电视台记者专访，实录如下：

央视记者：日前，国家计算机病毒应急处理中心和 360 公司分别发布报告，揭露了美国国家安全局下属的"特定入侵行动办公室"（TAO）对西北工业大学等中国信息网络目标实施了持续性网络攻击和窃密活动。您对此有何评论？

王磊：这是一份重要的报告，因为它首次披露了遭受美政府网络攻击的具体受害单位。

今年以来，中国的网络安全机构相继发布了一系列报告，揭露了美国对中国长达十余年的网络攻击和网络窃密。以往报告主要列出了中国遭受攻击的行业，包括金融、电信、科研、医疗等。而这份报告首次明确了受攻击的单位是西北工业大学，使得整个证据链更加完整，也有助于国际社会进一步了解美国政府从事恶意网络活动的危害。

根据我前面提到的系列报告，美国的恶意网络活动严重危害了中国的关键基础设施安全，个人数据安全，特别是商业技术秘密以及知识产权。美国在网络空间可以说是无法无天，它没有遵守任何国际规则，也彻底抛弃了中美 2015 年达成的双边网络安全协议。可以说，中美在网络领域的既有共识已经发生了颠覆性的变化。

央视记者：报告提到美国国安局先后通过 17 个国家，其中多数是中国周边国家，特别是位于日本、韩国的教育机构、商业公司为掩护，通过跳板和代理服务器对中国发动攻击。美方近来也加大与中国周边国家的网络安全合作，对此您怎么看？

王磊：美国近年来不断以开展"网络安全合作"为名，在中国周边国家谋求网络军事力量的存在。中国对这一问题的立场是非常明确的。我们认为，这将严重损害中国的安全利益。这个问题和美国在中国周边谋求部署中导和反导系统有类似之处。美方对外宣称其这些活动是防御性，是帮助有关国家提高网络防护能力。把水搅浑，趁机摸鱼，是美方惯常手法。但他们的真实目的到底是什么，相信周边国家会有自己的判断。

央视记者：我们注意到，近期网络安全形势不稳定因素突出，网络空间正在演变为地缘冲突的新战场。美国网络司令部司令近日公开承认在乌克兰危机中对俄罗斯执行了"进攻性"网络行动，同时美又坚称不会直接介入俄乌危机。对此您有何看法？

王磊：美国似乎正在利用乌克兰危机进行一种危险的试验。他们自信拥有全球最强大的网络军事力量，可以掌控网络攻击产生的各种后果。但现实情况不可能每一次都按着美方的剧本走。一旦发生误判，很可能会导致局势升级甚至失控。所以美方的这种行为是非常危险的，也是非常不负责任的。

美国不应奢望损害别国安全利益而不承担任何责任，更不应该奢望，它能够凭借实力，单方面界定网络行动的边界与规则。

如果美方坚持"美国例外，美国优先"，不讲道理，也不守规则，那网络空间最后就可能会演变为一个"丛林世界"。这不符合国际社会的共同利益。

总体而言，我们仍然相信，中美在维护网络空间的和平与稳定方面，有共同利益。我们希望美方能与中方一起，承担一个大国应该承担的国际责任，维护现有的国际体系，遵守共同的规则，在相互尊重、平等互利的基础上，通过对话与协商，共同构建一个和平、安全、开放与合作的网络空间。

任洪岩公使在联大
纪念"国际反核试验日"高级别会议上的发言

(2022 年 9 月 7 日)

主席先生:

感谢你举行本次会议。

全面禁止和彻底销毁核武器,消除核战争威胁,最终建立无核武器世界,符合全人类共同利益。《全面禁止核试验条约》是国际核裁军与核不扩散体系的重要支柱,是人类迈向建立无核武器世界目标的重要里程碑。条约达成 26 年来,为遏制核军备竞赛、降低核战争风险、维护国际和平与安全作出重要贡献,引导国际社会朝着共建持久和平、普遍安全的世界这一目标不断迈进。

当前,国际军控、裁军与防扩散体系面临严峻挑战,条约重要作用日益凸显。面对新挑战、新变化,国际社会要坚持真正的多边主义,坚守合作共赢与公平正义,反对冷战思维与零和博弈,秉持共同、综合、合作、可持续的安全观,致力于实现共同安全。

主席先生,

中国是最早签署《全面禁止核试验条约》的国家之一,也是核试验次数最少的核武器国家。自 1996 年宣布暂停核试验以来,中国始终恪守"暂停试"承诺,从未动摇过对条约的政治支持。中国始终倡导最终全面禁止和彻底销毁核武器,始终恪守在任何时候和任何情况下都不首先使用核武器的政策,始终明确承诺无条件不对无核武器国家和无核武器区使用或威胁使用核武器,始终坚持把自身核力量维持在国家安全需要的最低水平,不与其他国家比投入、比数量、比规模,不与任何国家搞核军备竞赛。中国是核武器国家中唯一作出上述承诺的国家。我们敦促其他核武器国家采取同样政策，切实减少核战争风险。

今年1月3日，五核国领导人发表《关于防止核战争与避免军备竞赛的联合声明》，强调"核战争打不赢也打不得"，重申不将核武器瞄准彼此或其他任何国家。这一历史性声明的发表，体现了五国防止核战争的政治意愿，对维护全球战略稳定具有重要深远意义。中方希望五国不断增进战略互信，加强沟通与合作。

主席先生，

《全面禁止核试验条约》和《不扩散核武器条约》都是国际核裁军与核不扩散体系的重要支柱。《不扩散核武器条约》第十次审议大会刚结束不久，希望各方以本次会议为契机，共同探讨如何应对国际核不扩散领域挑战，不断加强《不扩散核武器条约》普遍性、权威性和有效性，同时推动《全面禁止核试验条约》早日生效。中方愿同各方一道，为实现全面禁止和彻底销毁核武器的崇高目标，为促进世界和平与安全作出新的贡献。

谢谢主席。

李松大使在联合国"负责任外空行为准则"开放式工作组二期会首次会议上的发言

（2022 年 9 月 12 日）

主席先生：

中国代表团对你主持开放式工作组二期会表示祝贺，将同各国代表团一道，继续积极支持你的工作。我们期待在你的专业领导下，会议各方能够本着平等和相互尊重精神，在一期会基础上通过务实讨论，进一步聚焦"防止外空军备竞赛"目标，为工作组后续工作打下更坚实基础。

关于你在一期会后散发的主席总结，中方同其他一些国家在认真研究后提出了建设性的反馈意见，希望有助于更加全面、客观、平衡地反映各方在一期会上提出的观点，帮助主席先生在此基础上更好地推进下步工作。

主席先生，

我认真听取了今天上午专家的讨论，刚才也听取了联合国裁军问题研究所（UNIDIR）专家介绍的有关报告，我们会进行认真研究。各位专家的发言，其中包括中国专家分享的思路和看法，具有很好的启发性。中方认为，我们在讨论具体问题前，首先要明确外空威胁包含哪些方面，以及本工作组的目标是"治标"还是"治本"。

中国人讲，"扬汤止沸，莫如釜底抽薪"。我们注意到，本期会议题主要聚焦外空安全物理威胁相关具体场景。坦率地讲，这些具体场景都是问题的表象，问题的真正根源在于个别空间大国企图主导外空的政策、理念和战略，以及由此驱动产生的一系列以实战化为导向的外空军备发展规划、军力建设和军事活动，可以称之为政策性威胁。

我在一期会上讲过，从历史和现实角度看，外空军备竞赛风险的根源在于超级大国企图称霸外空。冷战虽已结束 30 年，但个别国家固守冷战思维、单方面谋取外空战略优势的做法并未停止，相反其外空作战相关计划行动不断增加。从有关超级大国近日发布的新版太空政策文件看，文件中公然将太空视为"国家军事力量优先领域"，谋求在外空持久战略优势，增强外空领域威慑力，要求其太空军"在外空、从外空、向外空作战"。上述外空安全政策和举措是这个国家长期奉行的"主导外空"战略的延续，也是当前外空武器化和军备竞赛风险上升的最突出因素，对外空和平与安全构成根本性和持久的威胁。这显然是当前我们亟须深入讨论的问题，也应是工作组优先讨论的议题。

如果抛开这个根本性威胁不谈，只讨论所谓具体场景的物理威胁，并在此基础上制定负责任外空行为准则，最终恐将形成"超级大国主导外空、其他国家遵守规矩"的局面。这是否有助于实现防止外空军备竞赛目标，是否有助于维护外空持久和平与安全，值得我们深入思考。

主席先生，

中方注意到，许多国家主张要用全面的视角讨论外空威胁问题，包括地对天、天对天、天对地、地对地等具体场景。一些专家在上午讨论中也提到了全面、系统的方法，中方原则赞同这一思路，支持全面讨论包括政策性威胁在内的所有外空威胁，并主张围绕应对外空威胁统筹研究，综合施策，避免"头疼医头，脚疼医脚"。

关于禁止"破坏性直升式反卫星导弹试验"的倡议，一些国家在一期会上已就此发表看法。中方欢迎一切真正有利于实现防止外空军备竞赛目标的军控倡议，但反对任何假借军控之名扩大单边军事优势的做法。上述倡议并未提及此类武器的研发、生产、部署、使用，更未提及其他威胁或破坏卫星正常运行的活动，不足以解决外空领域面临的各方面问题。

事实上，中俄共同向裁谈会提交并更新的外空条约（PPWT）草案，无论是内涵还是外延，都要比上述倡议广泛得多。通过禁止在外空部署武器、禁止对外空物体使用或威胁使用武力，PPWT 草案限制了所有反卫武器的扩散和使用，无论该武器是来自陆地、海上、天空还是外空，从而一揽子解决了各方关注的反卫武器试验问题。我愿强调指出，本次会议所讨论的各类场景威胁，均在 PPWT 适用范围内。如果各国都承诺不在外空放置武器、不对外空物体使用或威胁使用武力，这些威胁自然就不复存在。中方欢迎各方继续支持在 PPWT 基础上谈判缔结外空军控条约，期待本工作组积极考虑就消除包括外空政策性威胁在内的一系列外空威胁提出综合性建议。

主席先生，

今年 4 月，中国国家主席习近平提出全球安全倡议，倡导共同、综合、合作、可持续的全球安全观，呼吁各国摒弃冷战思维、反对单边主义，坚持通过对话协商以和平方式解决国家间的分歧和争端。全球安全倡议对解决外空安全问题具有重要指导意义。中方愿与各方一道，积极落实全球安全倡议，共同致力于防止外空军备竞赛、防止外空武器化目标，积极推进外空军控法律文书谈判，从根本上维护外空持久和平与安全。

谢谢主席先生。

李松大使在联合国"负责任外空行为准则"
开放式工作组二期会关于地对天威胁议题的发言

(2022 年 9 月 14 日)

主席先生：

中方认为，地对天威胁只是外空环境和外空系统面临的诸多威胁中的一个方面，不能孤立看待。外空环境和外空系统受到威胁的根源来自一国在地面的决策与行动。具体表现在以下方面：

一是在地面采取进攻性、不负责任的外空政策。中方在昨天的发言中已经讲到，工作组会议不能对个别空间大国企图主导外空的政策、战略和学说、对超级大国企图称霸外空的政策性威胁视而不见，无所作为。如一国将外空界定为"作战疆域"和"国家军事力量的优先领域"，不断完善外空军事力量架构、开展外空军事演习、鼓吹外空对抗，该国在外空部署武器、对外空物体使用或威胁使用武力的风险显然就会上升，危及世界。

二是通过地面活动直接威胁外空物体安全。例如，利用陆地、海上、空中平台开展反卫试验，从地面利用电磁干扰、网络攻击等手段干扰别国发射活动、破坏空间物体的正常飞行轨迹等。

三是打着反导的旗号发展反卫能力。本周一日本学者提到，反导体系可被用于直升式反卫，这一点很重要。反卫与反导技术相通，反导武器看似用于防御目的，但其也能成为进攻手段，对空间物体构成严重威胁并产生长期在轨空间碎片。在昨天上午的互动环节，有些专家特别提到 2008 年"标准-3"导弹（SM-3）击毁卫星并产生大量碎片这件事。有关国家还与欧洲、亚太盟国联合开发并向其转让反导武器，人为造成反卫能力扩散。我们在讨论地对天威胁问题时，不能忽视和排除能够击毁卫星的反导能力。

主席先生，

中方在本周一发言中阐述了对美国宣布不再进行破坏性直升式反卫星导弹试验的总体看法。中方也注意到，美方表示将就此向联大提交决议草案，呼吁其他国家亦作出类似承诺。我愿重申，中方欢迎一切真正有利于实现防止外空军备竞赛目标的军控倡议，但反对任何假借军控之名扩大单边军事优势的做法。

从历史上看，美国是开展反卫试验时间最早、次数最多、种类最全的国家。早在1959年，也就是人类发射首颗人造卫星后仅仅2年，美国就开始进行直升式反卫导弹试验。美在历史上进行的反卫试验不仅严重破坏外空环境和外空系统，还直接助长了大国对抗和军备竞赛。

经过半个多世纪的发展，美国的反卫手段已十分完备，并能够利用反导装备形成实战化反卫能力，早已不需要进行破坏性直升式反卫导弹试验了。美国是最热衷于发展太空攻防作战能力的国家，现在提交这个决议草案，多少有些讽刺意味。如果美方真正致力于维护外空安全，那么早在60年前就应提出这项决议草案。就美国作出的承诺本身而言，其未提及反卫武器的研发、生产、部署、使用，未对美外空军力发展产生任何限制和束缚，对推动国际外空军控进程没有实际价值，就在昨天，美国太空军高官在参议院军事委员会作证时还表示，"美方并未放弃太多，仍有其他办法验证反卫星能力"。基于上述，我们不得不指出，美方的倡议是片面的，丝毫不会约束自己的，从军控角度看，实际意义十分有限。

主席先生，

解决地对天威胁的根本方式是摒弃进攻性的外空政策和军事学说。外空实力最强的国家在谈判外空军控法律文书方面负有优先责任，理应发挥积极领导作用。自中俄向裁谈会提交PPWT草案以来，一些国家反复攻击草案，但自己从未向裁谈会提交任何外空军控条约草案或其他实质性建议。有些人认为，PPWT控制的是"武器"，解决不了规范国家行为的问题。这是对PPWT的刻意曲解。事实上，PPWT 倡导的不在外空部署武器、承诺不对空间物体使用或威胁使用武力都是"行为"，完全能够涵盖工作组讨论的各项问题，其中当然包括有效解决反卫问题。我们呼吁有关国家尽快以负责任的态度加入谈判进程，以法律约束力的方式解决地对天等各种威胁，保障外空的和平安宁。

中方建议，为彻底解决地对天威胁，工作组在后续讨论负责任行为准则时应写入以下三点：

一是外空战打不赢也打不得，任何国家都不应奉行称霸外空、主导外空的政策或战略；各国不得将外空视为"作战疆域"；

二是各国应以具有法律约束力的方式承诺不对空间物体使用或威胁使用武力；

三是各国应致力于早日谈判达成防止外空军备竞赛和防止外空武器化的国际法律文书。

主席先生，

昨天我们认真听取了斯里兰卡、古巴、印度、印尼等国的发言，他们都强调了国际法的重要性，认为工作组的讨论应建立在明确的法律概念与含义的基础上。中方赞同这一观点。一期会上各方未能就法律问题达成一致，对国际法问题的讨论远远不够。如果工作组在此情况下开始讨论行为准则，这种工作方式本身就是不负责任的，很可能会出现任意解读国际法的情况。因此，工作组应继续深入讨论相关法律问题，明确现有国际法体系存在哪些不足、"适当顾及"（due regard）+法律概念在各种场景下的适用性等问题。

谢谢，主席先生。

孙志强参赞在安理会叙利亚化武问题公开会上的发言

（2022 年 9 月 29 日）

主席先生：

我感谢中满泉高级代表的通报。

中方坚决反对任何国家、组织或个人，在任何情况下使用化学武器。世界应该早日摆脱化学武器带来的一切威胁。

对话协商是解决叙利亚化武问题的唯一途径。根据禁化武组织总干事提交的最新月度报告，9 月 11 日至 18 日，技秘处对叙利亚科学研究中心开展第九轮视察，中方对这一进展表示欢迎。我们注意到叙利亚政府和技秘处已经开始通过通信方式就申报评估问题进行磋商，呼吁技秘处充分尊重缔约国在签证问题上的关切。我们鼓励叙利亚政府和技秘处就叙外长同禁化武组织总干事会晤等继续保持沟通。

我们重申，禁化武组织对指称使用化武事件的调查和追责应该严格限定在《禁化武公约》框架内，做到程序合规、证据可靠、结论可信。希望总干事和技秘处作出切实努力，维护好禁化武组织的技术属性。

最后，同其他许多成员一样，中方再次呼吁安理会应减少叙利亚化武问题的审议频率。

谢谢主席先生。

王群大使就国际原子能机构大会
核保障决议相关修正案的解释性发言

（2022 年 10 月 1 日）

主席先生：

本次大会的核保障决议本应例行协商一致通过，但在磋商中却出现空前激烈的争议和交锋，这在历次大会上都是不多见的。上述情况的根本原因在于，美英澳三国企图强行在上述决议中塞入三段实质性内容，刻意模糊和混淆一国主权范围内的"海军动力堆"问题与三国核潜艇合作核扩散行径所涉"海军动力堆"问题的区别，企图利用核保障决议"借船出海"，为其核潜艇合作所涉核武器材料非法转让行径的"合法性"背书。对此，中方出于维护《不扩散核武器条约》（NPT）、维护机构《规约》、维护国际防扩散体系的考虑，提出了相关对冲案文。

中方坚信，无论三国采用何种手段和伎俩，都无法动摇 NPT 作为国际防扩散体系的基石地位，无法胁迫机构参与核扩散行径和推进军事目的的活动，无法绑架机构秘书处达成有利于三国的保障监督方案，无法阻挡已五次在机构理事会协商一致达成的政府间审议进程。

中方再次强调，三国企图通过案文将其核潜艇合作的"合法性"强加给全部机构成员国，这种做法不得人心，注定失败。唯有坚持正确政治方向、坚持规则底线、坚持政府间进程、坚持求同存异，才是解决三国核潜艇合作问题的人间正道。

鉴于三国已撤回相关决议修正案，中方决定不再就核保障决议提出修正案，支持大会以协商一致方式通过该决议草案。

谢谢主席先生。

中国代表团团长谈践大使出席
禁化武组织第 101 届执理会一般性辩论发言

(2022 年 10 月 6 日)

10 月 4 日，禁止化学武器组织第 101 届执行理事会在荷兰海牙召开。中国驻荷兰大使兼常驻禁化武组织代表谈践率团与会。

谈大使在一般性辩论中发言，重点就日遗化武销毁、指称使用化武、国际合作等问题阐述中方立场和主张。

谈大使表示，上月，上海合作组织成员国领导人发表《撒马尔罕宣言》，呼吁各方全面履行《禁止化学武器公约》，使其成为裁军和防扩散领域的有效法律文书；呼吁尽快销毁所有已申报的库存化武；重申支持禁化武组织，支持通过协商决策弥合分歧，确保该组织完整性并根据公约有效开展工作。宣言精神为坚定推进公约宗旨目标、共同维护公约权威性和有效性提供了重要遵循和理念指引。

谈大使表示，中、日双方上月联合邀请总干事和执理会代表在线访问日遗化武最大埋藏点哈尔巴岭，增进了各方对日遗化武销毁工作紧迫性和重要性的了解。本届执理会将审议再次推迟销毁期限的有关决定草案。中方强烈敦促日方加大投入，加快销毁进程，并尽早解决污染土壤问题。中方敦促唯一库存化武拥有国美国早日完成销毁。

谈大使表示，对于有争议的问题，各方应充分讨论，争取协商一致，而不是动辄投票，制造分裂与对抗。对于指称使用化武问题，应严格以公约为准绳，以事实为依据，得出经得起历史和事实检验的结论。

谈大使表示，今年中方将再次向第 77 届联大一委提交"在国际安全领域促进和平利用国际合作"决议，推动在联合国框架下开启讨论进程，确保包括化学在内的相关领域技术和资源的和平利用与普惠共享。禁化武组织是落实上述决议的重要平台，呼吁各方积极支持。

会议于当日通过 2022 年以后中国境内日本遗弃化学武器销毁计划。

王群大使：
二十大为全球核能和平利用事业提供发展机遇

(2022 年 11 月 16 日)

11 月 16 日上午，中国常驻维也纳联合国代表王群大使出席国际原子能机构 11 月理事会，宣传中国共产党第二十次全国代表大会精神和重要成果，介绍大会为全球核能和平利用事业提供发展机遇。

王群表示，中国共产党第二十次全国代表大会在上个月胜利召开，大会为中国未来发展指明了方向，也对加强中国同世界各国和各国际组织的友好合作具有深远意义。大会选举产生了以习近平同志为核心的新一届中央领导集体，确定了中国共产党的中心任务就是团结带领全国各族人民全面建成社会主义现代化强国、实现第二个百年奋斗目标，以中国式现代化全面推进中华民族伟大复兴。

王群指出，中国式现代化具有五大特色：一是人口规模巨大，二是全体人民共同富裕，三是物质文明和精神文明相协调，四是人与自然和谐共生，五是走和平发展道路。从中国式现代化中，可以看出和平与发展是中国的发展战略和外交战略的出发点，这与机构"原子用于和平""防止核扩散"的宗旨理念相通。

中国的发展战略，是在发展全过程人民民主、丰富人民精神世界的同时，加强构建新发展格局，着力推动高质量发展，实现全体人民共同富裕，促进人与自然和谐共生。为此，中国将加快推动产业结构、能源结构等调整优化，推动能源清洁低碳高效利用，深入推进能源革命，加快规划建设新型能源体系，积极安全有序发展核电。

中国的外交战略，是坚持维护世界和平，促进共同发展，推动构建人类命运共同体。为此，中国将推动落实全球发展倡议和全球安全倡议，积极参与全球治理体系改革和建设，践行共商共建共享的全球治理观，坚定维护以联合国为核心的多边主义，推动全球治理朝着更加公正合理的方向发展。

王群最后强调，大会为进一步加强中国同机构的合作注入了强劲动力。中国常驻团将切实落实大会精神，以习近平外交思想为指引，以落实全球发展倡议、全球安全倡议为重要依托，继续深化与机构和各成员国的务实合作，持续加强核技术和平利用、推动实现联合国2030可持续发展目标，不断提升核安全水平、推动清洁绿色低碳能源健康发展；同时，有效应对核恐怖主义和核扩散威胁、共同维护世界和平与安宁。中方愿与各成员国携手利用机构平台，交流发展经验、共享发展成果，为增进世界人民福祉作出更大贡献。

中国关于加强人工智能伦理治理的立场文件

（2022 年 11 月 16 日）

一、人工智能作为最具代表性的颠覆性技术，在给人类社会带来潜在巨大发展红利的同时，其不确定性可能带来许多全球性挑战，甚至引发根本性的伦理关切。在伦理层面，国际社会普遍担心如不加以规范，人工智能技术的误用滥用恐将损害人的尊严和平等、侵犯人权和基本自由、加剧歧视和偏见、冲击现有法律体系等，并对各国政府管理、国防建设、社会稳定甚至全球治理产生深远影响。

中国始终致力于在人工智能领域构建人类命运共同体，积极倡导"以人为本"和"智能向善"理念，主张增进各国对人工智能伦理问题的理解，确保人工智能安全、可靠、可控，更好赋能全球可持续发展，增进全人类共同福祉。为实现这一目标，中国呼吁各方秉持共商共建共享理念，推动国际人工智能伦理治理。

二、2021 年 12 月，中国发布《关于规范人工智能军事应用的立场文件》，呼吁各方遵守国家或地区人工智能伦理道德准则。中国现结合自身在科技伦理领域的政策实践，参考国际社会相关有益成果，从人工智能技术监管、研发、使用及国际合作等方面提出以下主张：

（一）监管

各国政府应坚持伦理先行，建立并完善人工智能伦理准则、规范及问责机制，明确人工智能相关主体的职责和权力边界，充分尊重并保障各群体合法权益，及时回应国内和国际相关伦理关切。

各国政府应重视人工智能伦理与法律的基础理论问题研究，逐步建立并完善人工智能伦理规范、法律法规和政策体系，形成人工智能伦理指南，建立科技伦理审查和监管制度，加强人工智能安全评估和管控能力。

各国政府应增强底线思维和风险意识，加强研判人工智能技术的潜在伦理风险，逐步建立有效的风险预警机制，采取敏捷治理，分类分级管理，不断提升风险管控和处置能力。

各国政府应立足自身人工智能发展阶段及社会文化特点，遵循科技创新规律，逐步建立符合自身国情的人工智能伦理体系，健全多方参与、协同共治的人工智能伦理治理体制机制。

（二）研发

各国政府应要求研发主体加强对人工智能研发活动的自我约束，主动将伦理道德融入人工智能研发过程各环节，避免使用可能产生严重消极后果的不成熟技术，确保人工智能始终处于人类控制之下。

各国政府应要求研发主体努力确保人工智能研发过程的算法安全可控，在算法设计、实现、应用等环节，不断提升透明性、可解释性、可靠性，逐步实现可审核、可监督、可追溯、可预测、可信赖。

各国政府应要求研发主体努力提升人工智能研发过程的数据质量，在数据收集、存储、使用等环节，严格遵守所在国的数据安全规定、伦理道德及相关法律标准，提升数据的完整性、及时性、一致性、规范性和准确性等。

各国政府应要求研发主体加强对数据采集和算法开发伦理审查，充分考虑差异化诉求，避免可能存在的数据采集与算法偏见，努力实现人工智能系统的普惠性、公平性和非歧视性。

（三）使用

各国政府应禁止使用违背法律法规、伦理道德和标准规范的人工智能技术及相关应用，强化对已使用的人工智能产品与服务的质量监测和使用评估，研究制定应急机制和损失补偿措施。

各国政府应加强人工智能产品与服务使用前的论证和评估，推动人工智能伦理培训机制化，相关人员应充分了解人工智能技术的功能、特点、局限、潜在风险及后果，并具备必要的专业素质与技能。

各国政府应保障人工智能产品与服务使用中的个人隐私与数据安全，严格遵循国际或区域性规范处理个人信息，完善个人数据授权撤销机制，反对非法收集利用个人信息。

各国政府应重视公众人工智能伦理教育，保障公众知情权与有效参与，发挥科技相关社会团体作用，引导社会各界自觉遵守人工智能伦理准则与规范，提高人工智能伦理意识。

（四）国际合作

各国政府应鼓励在人工智能领域开展跨国家、跨领域、跨文化交流与协作，确保各国共享人工智能技术惠益，推动各国共同参与国际人工智能伦理重大议题探讨和规则制定，反对构建排他性集团、恶意阻挠他国技术发展的行为。

各国政府应加强对人工智能领域国际合作研究活动的伦理监管，相关科技活动应符合各方所在国家的人工智能伦理管理要求，并通过相应的人工智能伦理审查。

中国呼吁国际社会在普遍参与的基础上就人工智能伦理问题达成国际协议，在充分尊重各国人工智能治理原则和实践的前提下，推动形成具有广泛共识的国际人工智能治理框架和标准规范。

耿爽大使在安理会 1540 委员会
授权延期决议表决后的解释性发言

（2022 年 11 月 30 日）

主席先生：

我要再次感谢你和其他成员对前中国国家主席江泽民逝世表达的哀悼。

大规模杀伤性武器及其运载工具的扩散事关世界和平、安全与稳定。长期以来，在国际社会不懈努力下，国际防扩散体系日趋完善，防扩散进程不断走深走实。与此同时，国际防扩散形势仍十分严峻，非国家行为体获取大规模杀伤性武器的风险和挑战依然存在。国际防扩散体系不公平、不合理的一面依然突出，广大发展中国家和平利用科技的权利仍受到诸多限制。

第 1540 号决议是安理会通过的首个专门的防扩散决议，对加强国际防扩散体系建设、推进国际防扩散进程具有重要意义。1540 委员会自 2004 年设立以来，根据授权开展了大量卓有成效工作，有效促进了国际防扩散合作。当前形势下，安理会通过第 2663 号决议，将委员会授权延期十年，具有重要意义。

着眼未来十年，委员会应把握工作重点，制定合理规划，提高工作效率，推进决议执行。中方愿提出以下建议：

第一，委员会应恪守决议授权，紧密围绕防止非国家行为体从事扩散活动这一核心宗旨开展工作，妥善因应当前不断发展变化的扩散风险。

第二，委员会应支持各国根据自身国际义务与具体国情，制定执行决议的优先目标和领域，尊重各国在防扩散工作中的主导地位。

第三，委员会应全面履行各项职责，特别是要加大对技术援助和国际合作的投入，切实帮助发展中国家加强防扩散能力建设。

第四，委员会在有效应对扩散风险的同时，应充分重视发展中国家不受歧视地和平利用科技并开展国际合作的权利，更好地把握好安全与发展之间的平衡。

防扩散是国际社会肩负的一项长期任务，第 1540 号决议的执行也将是一个长期过程。我们希望各方秉持共同、综合、合作、可持续的安全观，以 1540 委员会授权延期为契机，共同促进第 1540 号决议的全面、有效执行，共同加强防扩散全球治理。中方也将继续为此作出努力与贡献。

谢谢主席先生。

外交部军控司副司长马升琨
在 2022 人工智能合作与治理国际论坛开幕式上的发言

(2022 年 12 月 9 日)

当前，人工智能技术日新月异，"元宇宙"浪潮席卷全球，让各国人民对未来智能生活充满向往。与此同时，人工智能带来的安全风险以及相关法律、伦理和社会问题开始显现，国际社会关注度不断提升。美国前国务卿基辛格近日警告称，人工智能的潜在破坏力可能"远超核弹"。在此背景下，联合国教科文组织发布了《人工智能伦理问题建议书》，《特定常规武器公约》框架下"致命性自主武器系统"讨论已历时多年，欧盟也制定了人工智能"高风险"用途清单。如何协调好安全与发展，更好推动人工智能赋能全球可持续发展、服务全人类福祉，已成为各国面临的共同课题。

中国政府高度重视人工智能技术带来的各方面风险。中国国家主席习近平明确指出，要加强人工智能发展的潜在风险研判和防范，维护人民利益和国家安全，确保人工智能安全、可靠、可控。要整合多学科力量，加强人工智能相关法律、伦理、社会问题研究，建立健全保障人工智能健康发展的法律法规、制度体系、伦理道德。这是中国发展和治理人工智能的基本思路。在国际上，规范人工智能技术应用、完善人工智能全球治理已成为各方共识，也是各国政府、行业和学界应共同努力的目标。借此机会，我想就人工智能全球治理谈几点认识和思考。

首先，人工智能全球治理应遵循以下三条基本理念：

一是坚持人类命运共同体理念。中国共产党二十大报告指出，构建人类命运共同体是世界各国人民前途所在。中方愿同国际社会一道，积极在人工智能领域落实全球发展倡议、全球安全倡议，推动跨国家、跨领域、跨文化交流与协作，确保各国共享人工智能技术成果，共同防范和应对人工智能技术带来的各种风险挑战。

二是践行真正的多边主义。中方呼吁各方秉持共商共建共享的全球治理观，鼓励政策沟通与对话，推动健全多方参与、协同共治的人工智能伦理治理机制。我们要反对一切形式的单边主义，反对搞针对特定国家的排他性小圈子。

三是积极倡导"伦理先行"。中方呼吁各方坚持"以人为本"和"智能向善"原则，将伦理道德理念贯穿人工智能全生命周期治理全过程，努力实现科技创新高质量发展与高水平安全良性互动，推动人工智能技术更好增进人类福祉。

具体而言，中国主张从四个角度推动人工智能全球治理：

一是健全政策治理体系。各国在发展人工智能技术时，应采取慎重和负责任的态度，重视人工智能法律规范研究，逐步建立并完善人工智能伦理规范、法律法规和政策体系。考虑到国情差异，各国应立足自身人工智能发展阶段及社会文化特点，遵循科技创新规律，逐步建立符合自身国情的人工智能治理体系。

二是加强技术风险管控。当前，人工智能相关技术发展和应用存在诸多不确定性。各国应增强底线思维和风险意识，通过采取适当的人防、技防措施，逐步建立有效的风险预警与应对机制；应加强人工智能全生命周期监测与评估，通过敏捷治理、分类分级管理，确保人工智能安全可控，并保证追责与问责；应重视对公众的人工智能教育，引导人工智能相关主体自觉遵守相关法律规范要求。

三是促进负责任创新应用。各国应开展负责任的创新，加强自我约束，不断提高人工智能活动的算法安全与数据质量，避免使用可能产生严重消极后果的不成熟技术，确保人工智能应用符合全人类共同价值，并始终处于人类控制之下。在军事领域，人工智能技术可能引发作战手段和战争形态的重大变革，甚至对全球战略平衡与稳定产生复杂影响。各国应秉持防御性国防政策，反对利用人工智能破坏其他国家主权和领土完整；应力求在军事必要性和人道主义考虑之间求得平衡，避免相关武器系统的滥用、误用甚至恶用。同时，各国发展人工智能军事应用应尊重公众道德良知，减少附带伤亡，保障人类尊严和人权。

四是鼓励各方协同共治。开放包容、协商合作是国际社会普遍接受的原则，是从根本上解决全球性挑战的重要保证。人工智能事关人类前途命运，需要各国深化合作、共享成果、共担风险，不能搞"筑墙设垒""脱钩断链"，更不能大搞冲突对抗。我们应树立开放合作的意识，发挥好联合国的主渠道作用，确保所有国家都能够公正、平等地参与国际规则制定。要不断增强发展中国家在人工智能全球治理的代表性和发言权，在广泛协商、凝聚共识基础上，逐步构建有效的人工智能全球治理框架及标准规范。

人工智能的影响是世界性、革命性的。中国始终以高度负责任的态度积极参与人工智能领域全球治理体系建设和改革。2021年以来，中方在联合国场合相继发布了《中国关于规范人工智能军事应用的立场文件》《中国关于加强人工智能伦理治理的立场文件》，为推进人工智能全球治理贡献了"中国智慧"与"中国方案"。中国将始终秉持开放、包容、互鉴的原则，认真听取各方有益建议，共促发展、共护安全、共享成果。中国将继续建设性参与联合国框架下的讨论，推动形成更多共识，最终达成反映各国意愿、尊重各方利益的国际规则。我们愿与各国政府、国际组织及所有利益攸关方一起为此作出努力。

王群大使在
国际原子能机构预算问题特别理事会上的发言

(2022 年 12 月 23 日)

主席先生：

经过近两个月来的艰苦努力，今天国际原子能机构（下称"机构"）特别理事会最终以协商一致方式通过了机构 2023 年预算修订案。中方感谢主席为此作出的不懈努力，也感谢各方体现出来的合作精神。

主席先生，

通过本次预算修订讨论，我们深深体会到规则的重要性。中国国家主席习近平在 2021 年世界经济论坛达沃斯会上指出，国际社会应该按照各国共同达成的规则和共识来治理。确实，"没有规矩不成方圆"，规则一旦确定，大家都得遵循和维护。规则一旦被一方随意突破，对其他方也就失去了约束，规则也就不成为其规则了。对国际原子能机构来说，同样如此。

这次预算修订案得以通过，是"协商一致"为核心的"维也纳精神"的胜利，也是真正的多边主义和国际秩序的胜利。19 世纪初的维也纳会议确立了"维也纳体系"，即国家之间严格遵守在相互协调基础上形成的"共识"。此时此刻我们身处的维也纳这个城市，正是这一现代国际关系准则建立的见证者。在这，我们更应当尊重规则、敬畏规则、维护规则。中方希望，这种规则意识能够在维也纳多边外交平台进一步发扬光大，进而在全球治理体系中进一步发扬光大。

国际原子能机构作为国际防扩散领域的重要组织，也是国际体系的重要组成部分。只有恪守规则，机构才能确保沿着正确的方向前进，不论是预算，还是伊核、日本福岛核污染水排海或是美英澳三国核潜艇合作等其他问题，都要讲规则。同时，在秘书处和成员国关系的定位问题上，我们也要讲规则。机构是一个政府间国际组织，根据其《规约》，成员国是决策者，秘书处是执行者，二者职责和定位不可混淆。中方作为成员国，呼吁秘书处和成员国共同遵守规则、勠力同心，特别是在当前形势下，共克时艰。

主席先生，

中方高兴地看到，本次特别理事会通过的预算修订案再次重申了要完整有效地执行《规约》各相关条款。为此，中方在此愿重申，机构预算不能用于美英澳核潜艇合作这样的核扩散活动。

中方也满意地注意到，关于因违规造成的2020—2022年预算缺口，秘书处已经根据成员国意见和相关决定立行立改，并承诺今年底之前完成整改，在现有资金范围内自行吸收解决。中方希望秘书处切实履行承诺，同时今后严格按规则办事。

主席先生，

在本次预算修订案讨论和通过过程中，在中方大力推动下，机构对很多长期以来未能解决的重要问题取得了重要共识、实现了三大突破：

第一，各方重申必须完整、有效地遵守现行规章制度；同时，现有因违规造成的预算缺口经过讨论得到了立行立改。我们对各方包括秘书处所做的努力表示赞赏。

第二，各方原则同意扭转机构人员成本在常规预算中占比过高的势头这一多年来在机构形成的积弊。刚刚通过的预算修订案将2023年人员成本占比下调了1%。虽然这只是一小步，但具有重要的方向性意义。中方理解此问题并非短期内形成，解决起来也需一个过程，希秘书处再接再厉，进一步将人员成本占比降低至更加合理的水平。

第三，各方同意立即采取措施，切实增加对发展中国家具有重要意义的技术合作资金。一方面，实现了技术合作基金和常规预算同步调增。另一方面，将人员成本下调1%所节约的资金用于"技术合作等活动"。二者相加，用于技术合作的总资金得到极大增长，在机构历史上尚属首次，对发展中国家来说具有里程碑意义。刚才77国集团（G77）和非洲组代表均在发言中强调了增加技合资金的重要性，中方支持G77和非洲组这一呼声，我们对此次理事会通过的增加技合资源的相关措施表示支持，并认为应当立即付诸实施。

主席先生，

机构是核领域最重要的政府间国际组织，近年来在总干事格罗西领导下，在推动核能应对气候变化、核技术促进社会经济发展、提升全球核安全核安保水平等多个领域积极主动，开展了不少有益工作，中方对此表示充分肯定。当然，机构秘书处也存在逾越职权的问题，这也不容回避。机构秘书处要继续保持自身活力和前进动力，"知错能改，善莫大焉"至关重要。希望机构秘书处和成员国一起共同遵循规则、维护规则。

一个强有力的机构离不开健康的预算体系。作为机构第二大会费国和技术合作基金第二大贡献国，中方一直及时足额缴纳会费和技术合作基金分摊，并提供了大量预算外资源和实物捐赠。当前全球经济面临严重挑战，中方愿和各方一道，携手支持机构秘书处在现有规则下更好履行职责，为促进"原子用于和平与发展"作出积极贡献。

谢谢主席！